Gabriele Sturm
Wege zum Raum

Gabriele Sturm

Wege zum Raum

Methodologische Annäherungen
an ein Basiskonzept
raumbezogener Wissenschaften

Leske + Budrich, Opladen 2000

Als Habilitationsschrift auf Empfehlung der Fakultät Raumplanung der Universität Dortmund gedruckt mit Unterstützung der Deutschen Forschungsgemeinschaft.

Die Deutsche Bibliothek – CIP-Einheitsaufnahme

Sturm, Gabriele:
Wege zum Raum : methodologische Annäherungen an ein
Basiskonzept raumbezogener Wissenschaften / Gabriele Sturm. –
Opladen : Leske + Budrich, 2000
   Zugl.: Habil.-Schr.
   ISBN 3-8100-2037-0

Satz: Leske + Budrich, Opladen
Druck: DruckPartner Rübelmann, Hemsbach
Printed in Germany

Inhalt

„Beim Streben nach begrifflicher Erfassung der schier unübersehbaren Masse des Erfahrungsmaterials bedient sich der Wissenschaftler eines Arsenals von Begriffen, die er sozusagen mit der Muttermilch eingesogen hat und deren ewig problematischen Charakter er sich nicht oder nur selten bewußt wird. Er verwendet ... diese begrifflichen Werkzeuge wie etwas unverrückbares und selbstverständlich Gegebenes, an dessen objektivem Wahrheitsgehalt er meist gar nicht im Ernst zweifelt ... Und doch ist es im Interesse der Wissenschaft nötig, daß immer wieder an diesen fundamentalen Begriffen Kritik geübt wird, damit wir nicht unwissentlich von ihnen beherrscht werden. Dies wird besonders deutlich in Situationen der Entwicklung, in denen der konsequente Gebrauch der überlieferten fundamentalen Begriffe uns zu nur schwer auflösbaren Paradoxien führt" (Einstein, zit. n. Werlen, 1987).

1. Raum als Gegenstand der Grundlagenforschung in den Planungswissenschaften

In der historischen Perspektive bescheinigt Ursula von Petz (1994) der Raumplanung runde 125 Jahre Wirkungsgeschichte. Ihren *Namen* trägt diese Disziplin in Deutschland jedoch erst seit den 30er Jahren, was mein *erstes Interesse* liefert, *Kontinuitäten und Veränderungen* nicht nur des Faches, sondern vor allem *des Bezugsobjektes ,Raum'* ins analytische Blickfeld zu nehmen. Für das Fach identifiziert von Petz bislang drei Phasen: Während der ersten ,industrialisierten' Phase war Raumplanung Städtebau. Der Städtebau als interdisziplinäre Wissenschaft entwickelte zwischen etwa 1870 und dem 1. Weltkrieg Analyse- und Planungsmethoden, die auf die Probleme veränderter gewerblicher Produktion, auf die neuen Netze der Märkte und der Kommunikation, auf die veränderte Lebensumwelt und die Lebensbedingungen der Menschen im Verstädterungsprozeß eingehen mußten. Ausgelöst durch Hygiene-Katastrophen – wie die Cholera – bedurften die wachsenden Gemeinden einer neuen kommunalen Regulation, deren Vertreter Konflikte wie zukünftige Entwicklungen als eigenständige Akteure zwischen der Bürgerschaft und dem kapitalistischen Unternehmertum zu steuern versuchten. So wuchsen mit dem Eisenbahnzeitalter die Aufgaben einer öffentlichen Planungsverwaltung. Die zweite Phase vom 1. Weltkrieg bis etwa 1970 diente der Konsolidierung der Disziplin unter dem Vorbild einer Modernisierung gemäß „Taylors Theorie und Fords Praxis" (ebd., S. 5). Die Eisenbahn als Massentransportmittel wird seitdem durch den Individualverkehr abgelöst, und das Planungsziel hieß während des ,kurzen' 20. Jahrhunderts „autogerechte Stadt" (ebd., S. 6f.). Die Leitbilder der Moderne wurden vom Nationalsozialismus nur sehr kurzfristig überdeckt durch Autarkie- und Autonomiebestrebungen und sehr bald für eigene Modernisierungszwecke (vgl. Prinz & Zitelmann, 1994) eingesetzt, denn die zeitgenössischen Rationalisierungen förderten die Durchsetzung hegemonialer Machtansprüche mit dem Mittel des Krieges. Die Geopolitik (vgl. Kap. 5) lieferte die Ideologie und die Sprache für eine nationale Expansions- und Aggressionspolitik für ein ‚Volk ohne Raum‘, für die das ganze Land gemäß rüstungspolitischen Gesichtspunkten umgestaltet werden mußte. Dazu paßte der Umbau der kommunalen wie regionalen Siedlungsstruktur für den Individualverkehr, da „dessen Eigenschaft als hierarchisches System ... Analogien zwischen politischen ... und räumlichen Ordnungssystemen" zuließ (v.Petz, 1994, S. 7). Städtebauliche und landesplanerische Konzepte veränderten nach 1945 eher die Begrifflichkeit denn ihren Gehalt, und auch die Organisationsformen blieben als adäquat moderne weitgehend erhalten. Die „professionelle Perfektion (, die die Planung in den 40er Jahren in Deutschland) erreicht hatte, (stellte) die Brücke in die Nachkriegszeit dar" (ebd., S. 10). Die universitären Fachbereiche für Raumplanung wurden mit dem Ende dieser fordistischen Planungsphase gegründet, was Michael Wegener „auf eine Fehleinschätzung" der weiteren „gesellschaftlichen und politischen Entwicklung" seitens der Politik zurückführt (1984, S. 4). Ursula von Petz fragt dazu selbstkritisch, ob es nicht auch bedeutet: „25 Jahre Planung im Postfordismus, ohne daß wir das hier entsprechend verifiziert hätten" (1994, S. 10). Ich möchte daran anknüpfend weniger nach dem heutigen Stellenwert von Planung fragen, sondern genauer beleuchten, *was* als Raum bzw. *wie* Raum als Planungsobjekt unterschiedlich rezipiert und gestaltet worden ist.

Aber Raum ist nicht nur ein forschungsweisender Namensbestandteil einer aktuellen Wissenschaftsdisziplin, sondern hat z.B. in den Ausprägungen ‚Ort‘ und ‚Verortung‘ eine für jeden Menschen bedeutsame *Alltagsrelevanz*. Die zeichnet sich unter anderem an den zahlreichen Wortverbindungen ab, die mit Raum gebildet werden können und die im Rechtschreib-Duden eine ganze Spalte ausfüllen. Die Kategorien Raum und Zeit wie die Formen ihrer Erfahrung und Aneignung sind unvermeidbar mit menschlichem Leben und Tätigsein verknüpft. Zugleich erscheint sowohl Raum als auch Zeit heute nicht mehr im Newtonschen Sinne als ‚absolut‘, was der Kantschen Vorstellung entsprach, daß sie ‚Erkenntnisquellen a priori‘ seien und somit unserer sinnlichen Wahrnehmung und damit aller Anschauung und Erkenntnis zugrunde lägen. Zwar werden beide Kategorien in der Regel wenig reflektiert, wenn dies jedoch geschieht, treten recht unterschiedliche Raumkonzepte zutage, die zum Teil historisch geschichtet, aber auch parallel oder komplementär zueinander erscheinen – was ich im Verlauf dieser Arbeit belegen möchte. Des weiteren ist zu konstatieren, daß die je aktuellen wissenschaftlichen Raumkonzepte oft wenig Übereinstimmung aufgewiesen haben mit alltäglichen Raumrezeptionen, obwohl beide Formen deutliche Abhängigkeit zeigen von der jeweiligen Gesellschaftsorganisation. Der Raumbegriff ist also keine objektive Widerspiegelung einer womöglich gar unveränderlichen Naturgegebenheit, sondern ein abstrakter Gegenstand, eine „menschliche Syntheseleistung" (Elias, 1984) und von historischem Charakter.

In der Alltagssprache finden sich zahlreiche Hinweise auf eine ursprünglich anthropozentrische Raumkonstitution, bei der von der eigenen Leiblichkeit ausgehend ein konkreter Aktions-Raum entwickelt und bezeichnet wird: Alle Richtungsangaben (oben – unten, vorne – hinten ebenso wie gehen, greifen), alte Maßangaben (Elle, Fuß, Tagwerk aber auch Lebenslauf) und auch Statusbezeichnungen (Häuptling, Familien-/Staats-oberhaupt, Fußvolk) verweisen darauf (vgl. z.B. Bollnow, 1963; Hall, 1966; Henley, 1987; List, 1993). Allerdings ist zu konstatieren, daß sich aus diesem körperzentrierten Raumbegriff in Europa schon während der griechischen Antike zahlreiche abstrakt-ideale wissenschaftliche Raumkonzepte herauslösten – von der axiomatisch aufgebauten Euklidischen Geometrie (vgl. Kap. 3), die die Hintergrundfolie aller folgenden trigonometrischen Messungen lieferte, bis hin zu einem Dutzend konkurrierender Kosmologien, die nicht nur verschiedene Modelle für das Weltall, sondern auch für die Struktur der Materie entwickelt hatten (vgl. Kap. 4). Der *konkrete Ort der Raumerfahrung* in traditionellen Gesellschaften ist weitgehend erst in der Neuzeit durch einen *abstrakten Darstellungs-Raum* überlagert worden: In Europa geschah dies im wissenschaftlichen Bereich während der Renaissance und erfuhr alltäglich-politisch spätestens mit der Gründung der Nationalstaaten seinen Abschluß. Der damit verbundene Übergang vom Ort zum Raum ging einher mit einem veränderten Subjekt-Objekt-Bewußtsein: Die ‚kopernikanische Wende‘ führte keineswegs zur Entmachtung des Menschen, der sich nun nicht mehr als Mittelpunkt des Kosmos verstehen durfte. Statt dessen stellten sich die neuzeitlichen Forscher großteils außerhalb jeglicher ‚natürlicher‘ Prozesse und entwickelten so nicht nur neue Erkenntnisweisen, sondern dehnten vor allem ihre Herrschaftsmöglichkeiten immens aus (vgl. Harding, 1990). Die Präferenz einer neuzeitlichen Erkenntnis durch Messen einer ausgelagerten Um-Welt – statt der vorher geübten Erkenntnis durch Erfahrung und Denken – führte zu einer Zergliederung der Wirklichkeit. Für die Zeit werden Kalender und (Stopp-)Uhr zum Maß aller Dinge. Für den Raum wird René Descartes' Analytische Geometrie zum neuen Bezugssystem (vgl. Kap. 3 und 4). Dessen Betonung des erkennenden Subjektes wurde bald vernachlässigt zugunsten eines völlig unabhängigen „Container-Raumes" (Einstein, 1960), der beliebig mit Inhalt gefüllt werden kann.

Dieses kartesianisch-mechanistische Raumkonzept prägte alle wissenschaftlichen Konzepte und Forschungen zumindest bis Ende des 19. Jahrhunderts und unsere alltäglich-politischen Vorstellungen und Aktionsweisen im wesentlichen bis heute. Raumplanung als dezidiert raumorientierte Wissenschaft sollte sich dieser im Raumbegriff mitschwingenden ‚Begleitmusik‘ klar werden, um die eigene Position besser verstehen zu können bzw. als wissenschaftsgeschichtliches und gesellschaftlich bestimmtes Substrat zu reflektieren. Diese Suche nach dem *Gewordensein eines theoretischen Konzepts in Auseinandersetzung der Menschen* mit ihresgleichen und mit belebter wie unbelebter Natur stellt mein *zweites Interesse* dar, das zudem sehr grundlegend meinen Zugang zu Wissenschaft kennzeichnet. Damit einher geht für mich die Erkenntnis, daß es *nicht den* Raum geben kann, da verschiedene menschliche Relevanzsysteme zumindest unterschiedliche Blicke auf Raum zulassen bzw. wir kontextabhängig unterschiedliches intersubjektiv entwikkeltes Wissen über Raum generieren.

Als interdisziplinär arbeitende Methodikerin habe ich zudem die Erfahrung gemacht, daß – entsprechend der schon angesprochenen lebensweltlichen Verankerung – zwar zahlreiche wissenschaftliche Disziplinen heute das Wort ‚Raum' zu ihren Fachtermini zählen, damit aber in der Regel ein sehr beschränktes Raum-Verstehen einhergeht und so gut wie nie eine Verknüpfung interdisziplinären Anspruchs. So wiederhole ich hier noch einmal einige Varianten begrenzten Raum-Verstehens in unterschiedlichen wissenschaftlichen Disziplinen, die ich zusammen mit Ingrid Breckner bereits an anderer Stelle (1997) diskutiert habe:

- Architektur: Repräsentation, Symbolik, ästhetische Gestalt, Ordnung der Dinge und Formen, Geschichte, Wohnraum, Bautechnik, Modellbau;
- Planung: Funktion, Nutzung, Entwicklung, Gebiet, Wohnungsversorgung, räumliche Leitbilder, Pläne, Bau-, Planungs- und Verwaltungsrecht;
- Sozial- und Kulturwissenschaften: Nähe und Distanz, Hierarchie, Position, Beziehung, sozio-kulturelle Ordnung, Körperräume, Normen und Werte, Bedeutung, anthropologische Orte, Siedlung und Wohnen;
- Psychologie: Körperräume, Sprachräume, Traumräume, Gestalttherapie, Wahrnehmungs- und Farbpsychologie;
- Erziehungswissenschaften: Kinderzimmer, Kindergarten, Klassenraum, Schule, Universität, dreidimensionales Denken, Kulturhoheit;
- Geographie: Erdoberfläche in ihrer physikalischen Beschaffenheit (z.B. Oberflächenstruktur, Stofflichkeit, Bodenschätze, Temperatur- und Klimazonen), Demographie, Dorf, Stadt, Region, Staat, Landkarten;
- Mathematik und Physik: Struktur, Koordinaten/Parameter, RaumZeit, Ereignis, Relation, Meßprobleme, Geometrien, Konventionen und Entscheidungsspielräume, Erfahrbarkeitsgrenze;
- Ökonomie: Standort, Fördergebiet, Entfernung als Transporthindernis, wirtschaftlich verwertbare Ressourcen (z.B. Bodenschätze, Verkehrsinfrastruktur, Ausbildungsniveau, Freizeitqualität), Arbeitsplatz, Wirtschaftssektoren;
- Geschichts- und Politikwissenschaft: Macht und Herrschaft, Territorium, Volk, geschichtlicher Ort, Öffentlichkeit und Privatheit, Recht und Gesetz, Handlungsnormen, Zeittafeln.

Von wenigen Überschneidungen und Anknüpfungspunkten abgesehen belegt diese Aufstellung, daß sich in der wissenschaftlichen Betrachtung des Raumes die totale Denk- und Arbeitsteilung durchgesetzt hat. Unsere Sammlung von Raum-Assoziationen ist keineswegs vollständig, verweist aber auf eine Vielfalt ideeller und materieller Substrate, die erst gemeinsam in je besonderen Beziehungen zueinander Raum bilden. Einzelwissenschaftliche Zugänge zum Gegenstand Raum begrenzen in der Gegenwart den Erkenntnishorizont und damit auch das Spektrum der Fragestellungen, unter denen Raum theoretisch und empirisch untersucht wird. Parallel zu der zuvor von mir proklamierten Vielfalt von Raum plädiere ich für eine Aufhebung der aus der zunehmend strikten wissenschaftlichen Arbeitsteilung folgernden Ignoranz, um nach *homologen Strukturen* (vgl. Bourdieu in Kap. 5) *von Raum* zu suchen. Diese Erwartung vergleichbarer Raumstrukturen kennzeichnet mein *drittes Interesse* am Thema.

Das *Interesse der Raumplanung am Thema ‚Raum'* spiegelt sich in Konferenzthemen wie „Die aufgeräumte Welt" (Mayer, 1993) oder „Vom Eigensinn des Raumes" (IRS, 1993). Solange die Raumplanung als Ordnungsfaktor modernisierender Weltanschauung erfolgreich funktionierte, mußte nicht über ihren Gegenstand Raum nachgedacht werden. Aber die Welt der Moderne ist seit den 70er Jahren in der Krise – auch in Europa, als der ökonomische ‚Traum immerwährender Prosperität' platzte. Seither ‚wachsen' mit den immer produktiveren industriellen Konzepten der Hunger in den ‚Räumen der Entwicklung', der Kampf um noch fruchtbaren Boden, saubere Luft und unverseuchtes Wasser und die Wanderungen der Kriegs- und ‚Wirtschafts'-Flüchtlinge. Auch innerhalb Europas erscheint die Vorstellung, mittels planerischer Interventionen einen Ausgleich der wirtschaftlichen Disparitäten zwischen den unterschiedlich ‚entwickelten' Regionen herbeiführen zu können, immer antiquierter. Von den Wechselwirkungen zwischen Globalisierungs- und Regionalisierungsprozessen sprechen inzwischen zwar alle, aber Theorie wie Praxis waren zu lange „noch rückwärts gewandten Konzepten verpflichtet gewesen" (v.Petz, 1994, S. 10), als daß schon neue Modelle für Analyse und planerisches Eingreifen entwickelt bzw. verbreitet wären. Die ‚postfordistische' Raumplanung kennzeichnende Begriffe sind Flexibilität, Verflechtung oder Vernetzung, Partizipation oder Mediation oder kooperatives Handeln, Sozial- und Umweltverträglichkeit, dezentrale Konzentration usw. – und ‚über allem' die Kennzeichnung als ‚perspektivischer Inkrementalismus' (vgl. Ringvorlesung „Was ist Raumplanung?" im WS 94/95: Schmals, 1998). Die räumlichen Dimensionen der aktuell anstehenden politischen Probleme sind nicht länger auf traditionelle Art territorial, regional oder geographisch zu verstehen; zu stark treten inzwischen „historische, symbolische, soziale und andere Komponenten räumlicher Strukturierung" (Mayer, 1993, S. 11) dazwischen. So hat in den 90er Jahren der *grundlagentheoretische Diskurs um den Raum* begonnen, an dem ich mich mit dieser Arbeit beteilige.

Meine *Perspektive* auf den Diskurs über Raum ist die der methodisch orientierten Soziologin, die in der Raumplanung ein weites und hochinteressantes Erfahrungs- und Betätigungsfeld für die *Modifikation von Forschungsmethoden* gefunden hat. Dieses wird derzeit zunehmend aktuell, weil krisenhafte gesellschaftliche Veränderungen nicht nur das Wissen über die Welt als nicht mehr angemessen erscheinen lassen, sondern auch die Art und

Weise, das theoretische Wissen mit der wahrnehmbaren und formulierbaren Erfahrung abzugleichen. Zudem bereitet die Erkundung von Ort und Raum unvorhersehbare wahrnehmungstechnische Schwierigkeiten – was jedes empirisch ausgerichtete Seminar mit egal welchem disziplinären Hintergrund immer wieder belegt. Wahrnehmung beinhaltet häufig nur noch das oberflächliche Sehen materieller Manifestationen im Raum. Zur Entschlüsselung ihrer Bedeutungen ist weitgehend verlernt worden, selbstverständlich auch andere Sinne heranzuziehen. Entsprechend ist kaum jemand darin geübt, die eigenen sinnlichen Wahrnehmungen mit vorhandenem Kontext-Wissen zu verknüpfen: Wir haben gelernt, systemische und lebensweltliche Phänomene aus analytischen Gründen als voneinander getrennte zu behandeln, vergessen aber, sie in der Interpretation unserer Befunde wieder zusammenzuführen. Dieses Prinzip der Trennung wird auch auf die Wahrnehmung und Erklärung des zeitlichen Nacheinanders und des räumlichen Nebeneinanders gesellschaftlicher Wirklichkeit übertragen. Diese Schwierigkeiten erfordern eine Neukonzeption der traditionellen planerischen Bestandsaufnahme bzw. ‚Ortserkundung‘ in der Raumplanung (vgl. Breckner & Sturm, 1997).

Die letzte große Diskussion über Forschungsmethoden in der Raumplanung ist nach meinem Eindruck während der Startphase des Faches als wissenschaftliche Disziplin an den Hochschulen zu datieren. So fanden Anfang der 70er Jahre Arbeitsgruppentreffen und Tagungen zum Thema ihren Niederschlag im ersten IRPUD-Reader ‚Methoden der empirischen Raumforschung‘ (Schrader & Sauberer, 1976). Auch die beiden Bände ‚Methoden der empirischen Regionalforschung‘ der ‚Akademie für Raumforschung und Landesplanung‘ in Hannover erschienen 1973 und 1975. Diese Bände trugen u.a. zum wissenschaftlichen Selbstverständnis der sich etablierenden Disziplin bei, indem auch eine Gliederung für den internen Fächerkanon vorgeschlagen wurde: nämlich die Unterscheidung der raumplanerischen Grundlagenforschung in Raumforschung und Planungsforschung. All meine weiteren Ausführungen beschränken sich gemäß dieser Arbeitsteilung auf die Facette der Raumforschung! Die *Methoden der Raumforschung* sind seit jenen ‚Anfangszeiten‘ zu verstehen als Bausteine zur Verbesserung der Informationsbasis für raumpolitische Entscheidungen. Und letztere sind immer abhängig von geändertem Problembewußtsein sowie den je aktuellen Fragen. Die derzeitigen Krisenerscheinungen verweisen auf die Notwendigkeit, viele Fragen anders bzw. erstmals zu stellen – die Hauptthemen der Raumplanung sind heute im Wortlaut kaum mehr mit denen vor 25 Jahren zu vergleichen: Heute geht es in erster Linie um Ökologie, Mobilität, Ungleichheiten hinsichtlich individueller wie gesellschaftlicher Ressourcen sowie die Verteilung ökonomischen wie ökologischen Mangels wie Reichtums auf allen Ebenen möglicher Vernetzung (kommunal, regional, staatlich, global). Das *Ende der klassischen Moderne* hat im Bereich der Methodenentwicklung – zusätzlich zur Ausarbeitung bestehender Instrumente und Verfahren – auch zu einer Erweiterung um bisher kaum oder noch gar nicht bekannte Methoden geführt.

Dieser seit Thomas Kuhn (1976) als Paradigmenwechsel bezeichnete Wandel ging selbstverständlich auch an der raumplanerischen Grundlagenforschung nicht spurlos vorüber. Allerdings meine ich zu konstatieren, daß seit einigen Jahren die Änderungen im Planungsverständnis vielfach diskutiert werden, die entsprechend notwendigen Änderungen der empirischen Raumforschung allerdings eher auf Nischenplätzen Aufmerksamkeit finden. Meines Erachtens sind in diesem Spektrum nicht nur Datenbanken und Informationssysteme theoriegeleitet zu verändern oder gar neu aufzubauen, sondern vor allem sind Methoden für kleinräumige, sektorale, sozialdifferenzierende Planungsaufgaben zu entwickeln. Solche Entwicklung methodischer Techniken ist allerdings nicht ohne *methodologische Überlegungen* möglich, die in meiner Arbeit einen Schwerpunkt bilden werden.

Vor diesem Hintergrund werde ich zunächst im folgenden 2. *Kapitel* versuchen, eine aktuelle *Systematik für Methoden und Verfahren – auch raumbezogener – empirischer Forschung* darzustellen. Speziell auf Raumfragen bezogen steht diese aus diversen Gründen bislang nur in groben Umrissen zur Verfügung: Zum einen hatte sich die Raumforschung nach meinem Eindruck nicht als dominantes Teilgebiet in den Planungswissenschaften etablieren können – taucht als Begriff meist sogar nur in Verbindung mit Regional- oder Landesplanung auf. Exemplarisch für diese Einschätzung sei hier aus einem Lehrbuch des Jahres 1975 zitiert:

„Raumforschung kann ... nicht als Selbstzweck aufgefaßt und betrieben werden. Vielmehr muß sie wegen ihres planerischen Endzweckes überschaubar gehalten und im wesentlichen auf die Untersuchung ökologischer, sozialer und wirtschaftlicher Tatbestände eingegrenzt werden" (Barner, 1975).

Die so angekündigte Beschränkung findet sich im Text als kurze, kaum hergeleitete und unhinterfragte Aufstellung der zu verwendenden Variablen, um dann sogleich auf damit bearbeitbare Problemstellungen der Landesplanung überzuleiten. Eine entsprechende Engführung ist bei der weiteren Begriffsfestlegung zu konstatieren:

„Der Begriff *Raum* wird in doppelten Sinne aufgefaßt und gebraucht. Raum im naturräumlichen Sinne als Zusammenfassung mehrerer Landschaften ... außerdem im Sinne eines politischen Wirkungsfeldes ... *Raumforschung* ist die Erforschung der Infrastruktur ... alles, was schlechthin einer Planung unterworfen werden kann ... in einem Raum unter besonderer Berücksichtigung ökologischer, sozialer und wirtschaftlicher Gegebenheiten und deren Zusammenhänge" (ebd., S. 6f).

Die Frage, wie Methode und der spezifische Forschungsgegenstand Raum zueinander stehen, wird bis heute kaum deutlicher gestellt. – Zum anderen verführt der interdisziplinäre Charakter der Raumplanung dazu, vorhandene Methoden einiger Teildisziplinen zu übernehmen, ohne diese wesentlich zu modifizieren. So werden vornehmlich Methoden und Verfahren der ‚empirischen Sozialforschung' adaptiert, die in ähnlicher Weise in der Soziologie wie in der Geographie wie in der Ökonomie Verwendung finden. Allerdings wird üblicherweise nur ein geringer Ausschnitt der zur Verfügung stehenden Instrumente und Verfahrensweisen in raumbezogenen Forschungsprojekten gebraucht. Insofern will ich genauer fragen, *was Methode und Methoden bedeuten können*, und wie bisheriges Forschen im und über Raum sich in einer solchen Systematik darstellt.

Um allerdings umgekehrt systematischer beraten zu können, welche Raumfragen mit welchen Methoden angegangen werden können, muß eine methodologisch ausgerichtete Raumkonzeption entwickelt werden. Der Weg zu diesem Ziel wird über die Kapitel 3, 4 und 5 führen, in denen ich historische und aktuelle Raumkonzeptionen sehr unterschiedlicher Wissenschaftsdisziplinen vorstelle. Diesen Vorstellungen liegen *Hintergrundannahmen* meinerseits zugrunde, die ich aus der Zielperspektive dieser Arbeit hier versuche offenzulegen.

Raumplanung versteht sich selbst als interdisziplinäres Fach, dessen Themen dem Schnittfeld von naturwissenschaftlich-technischen und sozialwissenschaftlichen Disziplinen angehören. Dieser Anspruch kann hinsichtlich der damit aufgeworfenen Fachdifferenzen verschieden interpretiert werden: Entweder arbeiten die beteiligten Disziplinen nicht nur zu unterschiedlichen Themen, sondern auch nach verschiedenen Erkenntnisprinzipien, woraus entsprechend verschiedene Methoden und Verfahren folgern – dann müßte sich aus der Addition solch bislang sich ausschließender und nun sich ergänzender Fachkulturen in der Raumplanung eine erkennbar eigenständige Methodologie entwickeln lassen. Oder die oft beschworene Diskrepanz zwischen naturwissenschaftlichem und sozialwissenschaftlichem Denken war und ist gar nicht derart grundlegend, was im 19. Jahrhundert in ähnlicher Zielrichtung von John Mill und Émile Durkheim mit der Forderung nach Einheit der Forschungslogik vertreten wurde – dann wäre die gemeinsame Struktur wissenschaftlichen Vorgehens, hier am Beispiel des Raumes als Gegenstand der Raumplanung, zu rekonstruieren und insgeheim zu fragen, warum die Differenzen mehr betont werden als die möglichen Gemeinsamkeiten. Mit einem persönlichen Fachspektrum zwischen Mathematik und Soziologie haben mich immer Fragestellungen gereizt, die gerade die proklamierte Verschiedenheit von Kompetenzen verlangten. So lautet eine meiner Ausgangsthesen für diese Arbeit: *Es gibt keine wesentlichen strukturellen Unterschiede zwischen naturwissenschaftlichen und sozialwissenschaftlichen Erkenntnisweisen*, wobei ich weder wie der logische Positivismus der 30er Jahre einer Einheitswissenschaft das Wort reden will (Albert, 1984), noch wie der Kritische Rationalismus von einem Nachholbedarf der Sozialwissenschaften hinsichtlich korrekter wissenschaftlicher Methoden ausgehe (Albert, 1964, 1973; Popper, 1935, 1963), sondern vielmehr die vergleichbare Vielfalt methodischen Vorgehens sowie die nie zu umgehenden gesellschaftlichen Produktionsbedingungen für Wissenschaft betonen möchte. Wenn Unterschiede zum Tragen kommen, so sind sie entweder durch kulturelle Ordnungsmuster bedingt oder ein Ausdruck verschiedener wissenschaftstheoretischer Schulen (vgl. auch Knorr-Cetina, 1984, 1985). Diese These geht ein in die von mir getroffene Auswahl, auf welchem disziplinären Hintergrund ich die Entwicklung von Raumkonzeptionen vorstelle: Als Prototyp symbolischer Konstruktionen werde ich mathematische Konzeptionen vorstellen, für die materiale Seite des Raumes Konzeptionen aus der Physik und für die gesellschaftliche Seite des Raumes Konzeptionen aus den Sozialwissenschaften.

Die Entscheidung für ein historische Entwicklungen nachzeichnendes Vorgehen impliziert einen zweiten Thesenstrang: Aktuelle Vorstellungen von Welt, Zeit, Leben, Natur, Gesellschaft, Individuum etc. sind nach meiner Überzeugung nicht als bisheriger Höhepunkt evolutionistischer Entwicklung anzusehen (vgl. auch Elias, 1970 oder Giddens, 1988). Das hieße, daß auch *Wissen hinsichtlich Raum als Erkenntnisgegenstand weder linear fortschreitend noch stetig aufbauend gesammelt* wurde. Insofern ist zu untersuchen, aus welchen Teilaspekten bzw. Strukturmerkmalen sich gegenwärtig verwendete Raumkonzepte zusammensetzen. Dabei ist zu berücksichtigen, daß hinsichtlich der Wissensgenerierung verschiedene Modelle angeführt werden: Entweder wird von aufeinanderfolgenden Phasen ausgegangen oder von sich addierend ergänzenden Schichten oder von jeweils umfassenderen Typen immer höherer Abstraktion oder auch von Komplementaritätsmodellen. All diese Vorstellungen folgen dem Wunsch, dem wahren Sein immer näher zu kommen. Nach meiner derzeitigen Überzeugung, die für den Blick auf zur Verfügung stehendes Belegmaterial leitend ist, sollte von mehreren jeweils relativ richtigen Raumkonzepten ausgegangen werden. Da die Physik vor allem nach der materiellen Realität des Raumes fragt und die Soziologie vornehmlich nach Interaktionen von Menschen mit Bezug auf andere Menschen, Lebewesen und Dinge sowie den Bedingungen und Möglichkeiten der Vergemeinschaftung und Vergesellschaftung in unterschiedlich strukturierten Räumen, strebe ich als *Hauptziel* der Arbeit die *Konzeption eines dynamischen Raum-Modells* an, in dem divergierende Erkenntnisinteressen und − ziele aufeinander bezogen werden können.

Entsprechend einer (angenommenen) Vielfalt aktuell in Gebrauch befindlicher Raumkonzepte, die entsprechend ihrem Wirkungsrahmen einen vielfältigen Begriff von Richtigkeit zulassen, ist auch hinsichtlich der möglichen wie benutzten Erkenntniswege von mehreren auszugehen (vgl. Feyerabend, 1977). Zu berücksichtigen bleibt einzig, daß überall ein eindeutig festgelegter Maßstab oder ein gesetzter Inhalt anerkannt sein muß, in bezug auf den Ordnungen definiert und erklärbar werden (vgl. Weyl, 1966). Als Thesenhintergrund dazu ist nachzuzeichnen, daß die *Erforschung des Raumproblems von höchst unterschiedlichen Relevanzsystemen ausgegangen* ist. Im Rahmen der angestrebten Raumstruktur-Rekonstruktion sollte ein methodologisches Raummodell auch den Konstituierungsprozeß mit abbilden können, wobei mir wichtig erscheint, daß das Subjekt-Objekt-Verhältnis zwischen Mensch und Raum nicht nur in eine Richtung zu denken ist und weder Natur noch Gesellschaft als ein für allemal feststehender Zustand, sondern als

Prozesse zu betrachten sind. Ein solcher ‚Rahmen' kann zum einen einen Hintergrund abgeben für die in der Regel planungspraktische Eingrenzung auf eng definierte Orte, und zum anderen ein Reservoir an alternativen Einschätzungen und Lösungen liefern, falls denn vertraute Wege der Bestandsaufnahme wie der Realisierung verlassen werden sollen.

Allerdings sind selbst mit den schon angeführten Beschränkungen die kurz vorgestellten Annahmen, Interessen und Ziele nicht umfassend auszubreiten. Deshalb spreche ich in meinem Titel auch von Annäherungen! Meine methodologische Reflexion kann allenfalls beschränkt einen Argumentationsrahmen ausleuchten. Nicht die Frage nach dem Raum soll beantwortet werden, denn sie wird auch in anderen Disziplinen schon seit Jahrtausenden gestellt und ist in umfangreichen Darstellungen diskutiert worden (zuletzt z.B. Jammer, 1960; Bollnow, 1963; Schmitz, 1967-77; Gosztonyi, 1976; Konau, 1977; Bachelard, 1987; Schubert, 1987; Läpple, 1991; Wentz, 1991; IRS, 1993; Mayer, 1993). So soll diese Abhandlung keinesfalls alle bisherigen zusammenfassen. Stattdessen soll für die raumplanerische Forschungsfragestellung eine *Orientierungshilfe* in Form eines Ordnungsrasters entwickelt werden. Dieses kann allenfalls verdeutlichen, welche Facette(n) von Raum erforscht oder beplant werden, und darüber hinaus angemessene Forschungsmethoden und -verfahren ableitbar bzw. zuordenbar machen.

Zwar sollen Theorie und Empirie in einem untrennbaren und nicht endenden Prozeß aufeinander eingehen, trotzdem hat jedeR WissenschaftlerIn einen eigenen Fokus und somit eine individuelle Ausgangslage für die Betrachtung. Meine Konstitution von Raum ist geprägt von langjähriger empirischer Forschungserfahrung unter sozialwissenschaftlichen Fragestellungen. Methodologie als die Lehre von den allgemeinen Regeln des wissenschaftlichen Forschens vermittelt zwischen Theoriebildung und Forschungstechniken. So will ich, ausgehend vom Werkzeug, in dieser Arbeit das angedeutete Spektrum durchschreiten und schließlich mit dem anvisierten Raum-Modell eine Brücke Richtung Raum(planungs)theorie anfangen zu bauen.

- Da Methoden als spezielle Art von Problemlösungsmittel (Roth, 1987, S. 18) aufgefaßt werden, widmet sich das nun folgende zweite Kapitel dem Spektrum der zur Verfügung stehenden Verfahren der Problemlösung. Ich werde diskutieren, welche Schlußweisen im Wechselspiel von theoretischen Aussagen und empirischem Material derzeit Verwendung finden und wie diese sich zueinander verhalten. Des weiteren wird dargelegt, welche Problemstellungen eher mit quantifizierend-statistischen Vorgehensweisen oder eher mit qualitativ-rekonstruierenden bearbeitet werden sollten.
- Im dritten Kapitel werden Aussagen der Mathematik als Strukturwissenschaft in zweierlei Richtung diskutiert: Zum einen wird an die Begründung europäischer Wissenschaftstradition im Rahmen antiker Mathematik erinnert, deren Konzepte die Methodendiskussion wie die Theoriepro-

duktion bis heute prägen. Zum anderen liefert die Mathematik abstrakte Raumkonzepte, die als Denkmodelle in anderen Wissenschaftsdisziplinen repliziert werden.

- Im vierten und fünften Kapitel soll das von der Raumplanung in Anspruch genommene Feld zwischen Naturwissenschaften und Sozialwissenschaften in einer Gegenüberstellung aufgespannt werden. Solches kann nur ausschnitthaft geschehen, indem ich zunächst eine Fokussierung auf jeweils nur ein Fach vornehme. So werden Definitionen und Begriffe von Raum jeweils in historischer Entwicklung zunächst in der antiken wie der neuzeitlichen Physik rekurriert und im folgenden Kapitel entsprechend in den Gesellschaftswissenschaften. Eine Beschränkung erfolgt jedoch nicht nur auf diese jeweils als typisch angenommenen Vertreter-Fächer, sondern innerhalb der Fächer auch auf wenige Lehrmeinungen bzw. Teildisziplinen. Bei deren Auswahl versuche ich, kontrastierend auf möglichst unterschiedliche Konzepte einzugehen, um statt Vollständigkeit ein Spektrum erfassen zu können.

- Im abschließenden sechsten Kapitel kann dann schließlich der Versuch unternommen werden, ein Modell als Ordnungsraster für die zuvor angesprochenen Raum-Fragestellungen zu konzipieren, das einen Vergleich zu ähnlichen Ordnungen oder Kategoriensystemen ermöglicht. Dazu werde ich die im zweiten Kapitel dargestellten Methoden kurz im Hinblick auf das entwickelte Raum-Modell diskutieren und die in dieser Einleitung formulierten Interessen und Thesen entsprechend den erarbeiteten Folgerungen reflektieren.

2. Methoden für das Raum-Erforschen[1]

„Unter einer Methode versteht man allgemein ein systematisches, geregeltes und planvolles Vorgehen, um ein angestrebtes Ziel zu erreichen" – so formulieren es Klaus Lankenau und Gunter Zimmermann in den „Grundbegriffe(n) der Soziologie" (1995, S. 192). Dieser Satz scheint nur auf den ersten Blick eine eindeutige Aussage über die Aufgabe und den Inhalt von Methoden zu machen. Auch wird nicht unterschieden nach alltäglich oder wissenschaftlich. Unter regelgeleitetem Vorgehen zur Erlangung von Erkenntnissen oder praktischen Ergebnissen könnte also allgegenwärtig und eventuell gar überall ungeteilt dasselbe verstanden werden?

Die Wissenschaftsgeschichte lehrt dagegen, daß die Vorstellungen von „systematisch, geregelt und planvoll" zu den verschiedensten Auslegungen führen (können). Die Methodenstreitigkeiten während aller erinnerbaren Epochen und in allen Wissenschaftsdisziplinen bezeugen zudem, daß Methoden Kennzeichen und Grundlage von Wissenschaft sind, und als zentrales Konstituens die Gestalt der jeweiligen Disziplin und die Identität ihrer VertreterInnen prägen. Solches läßt sie zum Kern gesellschaftlicher Konstitution und Regulation gehören, verleiht ihnen also hohe Bedeutsamkeit. Eine gesellschaftsstützende Wissenschaft muß somit darauf bedacht sein, daß im Zentrum des Faches – d.h. in Theorie und Methoden – keine zu stark abweichenden Positionen offiziell vertreten werden, die in Wechselwirkung zu gesellschaftlichen Prozessen eventuell unlenkbare Veränderungen auslösen könnten.

Der neuzeitliche Aufstieg der Wissenschaft(en) zum alleinigen offiziellen Erklärungssystem für die Entstehung und die Wirkungsgefüge der Welt verbunden mit einer auf zweiwertiger Logik basierenden Rationalität haben den Zwang verstärkt, die allein richtige Methode zu finden. Während sich in der Antike miteinander streitende Positionen nebeneinander entwickeln

---

1   Wie im Einleitungskapitel anvisiert, stelle ich hier als Rahmen eine allgemeine Systematik über Methoden und Verfahren/Instrumente und Strategien empirischer (Sozial-)Forschung vor. Die Bezüge zum Raum-Erforschen finden in den angeführten Beispielen ihren Widerhall. Nicht zu allen dargestellten methodologischen Facetten konnte ich disziplinenspezifische Belege anführen, was sowohl auf ‚blinden Flecken' im raumplanerischen Methodendiskurs verweist als auch auf meine selektive und teils unvollständige Einsicht. Aber auch zu den Methoden, mit denen umfangreich in der Raumplanung gearbeitet wird, sind verständlicherweise nur ausschnitthaft Beispiele angeführt!

konnten, wurde im Mittelalter die erlaubte Weltsicht von der Kirche als Herrschaftsträger weitestgehend überprägt, wohingegen heute die Wissenschaften nicht nur Erklärungen für privates wie soziales, institutionelles wie kulturelles, materiales wie gesellschaftliches Wirken geben, sondern auch die Legitimation für die je dominanten Regulationsregimes liefern (sollen) (vgl. u.a. Weingart, 1976, van den Daele 1977, Harding 1990). Methoden erhalten damit die Schiedsrichterfunktion, richtiges Denken von falschem zu trennen. Dies wäre weniger ein Problem, wenn zu jedem Zeitpunkt des Diskurses allen Beteiligten die Abhängigkeit dabei entwickelter Aussagen und Strukturen von den Ausgangsbedingungen bewußt wäre, und die entsprechende Relativität auch bei folgenden Anwendungen mittransportiert würde. Die wissenschaftliche Alltagserfahrung zeigt, daß Konventionen nicht mehr als Entscheidungen gelten, Folge-Entscheidungen schnell den Charakter kontextueller Richtigkeit verlieren und zu absoluten Wahrheiten werden, denen nicht widersprochen werden darf.

Methode als planmäßiges Verfahren sollte sich nach ‚Zweck[2] und Mittel' ausrichten, um Lösungen für theoretische und praktische Aufgaben zu entwickeln. Insofern umfassen wissenschaftliche Methoden in allen Fachdisziplinen sowohl die Methodologie als auch Forschungstechniken: Methodologie ist als „Lehre von den allgemeinen Regeln des wissenschaftlichen Forschens" (Lankenau & Zimmermann, S. 203) eine Metatheorie und damit Teil der Wissenschafts- und Erkenntnistheorie. Zu den Forschungstechniken zählen die Instrumente der Datengewinnung, die Forschungsstrategien sowie Auswertungsverfahren, unterstützt durch strukturierende und technische Hilfsmittel (z.B. Statistik, EDV). Forschungstechniken sind dabei das Werkzeug (vgl. auch Harder, 1974), das zum adäquaten Gebrauch der methodologischen Zielanalyse bedarf. In der Raumplanung wie in anderen raumrelevanten Disziplinen ist in diesem Zusammenhang der Raumbegriff zu rekonstruieren.

Im Rahmen nach-Einsteinscher Erkenntnistheorie (vgl. Kap. 4) können wir Raum nicht mehr – wie Immanuel Kant in seiner transzendentalen Ästhetik – als „eine notwendige Vorstellung a priori, die allen äußeren Anschauungen zum Grunde liegt" (1990, S. 67), voraussetzen. Statt reine Anschauung zu sein, hat sich Raum gerade als diskursives Konstrukt erwiesen, das nur unter Berücksichtigung der subjektiven und gesellschaftlichen Kontextbedingungen erkennbar wird. Insofern gehe ich davon aus, daß Methoden für die Erforschung von Räumen, die in der Raumplanung noch dazu ‚in gesellschaftlichem Auftrag' beplant werden, sich am günstigsten aus ‚Methoden der empirischen Sozialforschung' heraus entwickeln lassen. Günstig erscheint mir deren Grundlage

---

2 Zweck ist von Ziel zu unterscheiden, insofern Ziele als angestrebte Zustände zu betrachten sind, während Zwecke solche Zustände unter Berücksichtigung vorhandener Mittel und Strategien, den Zielzustand zu erreichen, darstellen. Während das Ziel idealerweise als Ergebnis erreicht wird, entspricht der Zweck dem Prozeß und der Umsetzungsstruktur von Zielen, erfordert also implizit ein operationalisiertes Ziel.

auch, da empirische Sozialforschung inzwischen schon ein breit gefächertes interdisziplinäres Wirkungsfeld aufweist: „Außer der Soziologie (in all ihren Spielarten, G.S.) bedienen sich ihrer: Sozialanthropologie, Sozialpsychologie, Ökonomie und Sozialökologie, Sprach- und Literaturwissenschaften und Geschichte" (Atteslander, 1995, S. 13) – ich möchte ergänzen: Pädagogik, Politologie, Sozialgeographie und Planungswissenschaften. Insofern möchte ich in diesem Kapitel Überlegungen zu ausgewählten Problemstellungen sozialwissenschaftlicher Methodologie vorstellen und zumindest kurz auch auf Forschungstechniken eingehen – jeweils mit der Perspektive, diese in eine folgende Raum-Diskussion einfliessen lassen zu können.

2.1 Methode zwischen Theorie und Empirie

Die Entwicklung der Soziologie – als eine disziplinäre Heimat der Methoden empirischer Sozialforschung – war schon frühzeitig von methodologischen Diskussionen begleitet. Die Suche nach den Regelhaftigkeiten in gesellschaftlichen und wirtschaftlichen Erscheinungen verband sich bald mit einer Selbstthematisierung. Die sich daraus entwickelnde *Wissenschaftstheorie* stellt zum einen empirische Untersuchungen über Soziologie oder Ökonomie und die Folgelasten der Wissenschaften an und beschäftigt sich zum anderen mit der Logik der Wissenschaften und der Forschung. Entsprechend werden seit John Stuart Mill[3] und Émile Durkheim[4] konkurrierende Lehrsätze zur Forschungslogik diskutiert, seit Wilhelm Dilthey[5] über die Unterscheidung

---

3 John Stuart Mill (1806-1873) war als Philosoph und Nationalökonom ein Vertreter des sogenannten älteren Positivismus. In seinem „System der deduktiven und induktiven Logik" (1843) entwarf er eine allgemeine Methodologie der Wissenschaften mit dem Ziel, die Logik so auszubauen, daß sie auch auf Politik und Soziologie anwendbar würde und dort zu ebenso exakten Voraussagen führte, wie sie Newtons Theorie für die Physik ermöglichte. Diesem Ziel sollte seine induktive Logik als Lehre von den richtigen Verallgemeinerungen aus genauen partikularen Analysen dienen.

4 Émile Durkheim (1858-1917) lehrte als Soziologe an der Pariser Sorbonne. Seine wissenschaftlichen Bemühungen galten der Soziologie als eigenständiger Wissenschaft. Mit der antispekulativen Forderung, soziale Tatsachen wie Dinge zu behandeln, verband er seine methodologische Grundthese: Die Erscheinungen stellen eine Wirklichkeit sui generis dar, welche den Individuen äußerlich ist und Zwang auf sie ausübt. In der neueren Soziologie erfuhren seine Thesen eine gewisse Rezeption im Strukturalismus und Funktionalismus.

5 Wilhelm Dilthey (1833-1911) lehrte als Philosoph in Basel, Kiel, Breslau und Berlin. Er gilt als Begründer der Erkenntnistheorie der Geisteswissenschaften und als ein Hauptvertreter der hermeneutischen Wissenschaften. Er versuchte, eine „Erfahrungswissenschaft der geistigen Erscheinungen" (1910) aufzubauen und methodologisch zu sichern: Im Unterschied zu den Naturwissenschaften, in denen unabhängig vom menschlichen Handeln gegebene Ereignisse durch theoretische Entwürfe systematisiert und erklärt werden, muß der bzw. die GeisteswissenschaftlerIn seinen bzw. ihren Gegenstandsbereich, dessen Teil er bzw. sie selbst ist, die symbolischen Zusammenhänge der gesellschaftlichen und geschichtlichen Wirklichkeit des Menschen durch Nachvollziehen dieser Lebensäußerungen verstehen.

zwischen Natur- und Geisteswissenschaften hinsichtlich der Möglichkeiten des Erklärens bzw. Verstehens gestritten oder seit Gustav Schmoller[6] und Max Weber[7] über den Stellenwert von Tatsachenaussagen und Sollensaussagen, was unter dem Titel Werturteilsstreit und daraus folgend Positivismusstreit diskutiert wurde (Adorno, Albert, Dahrendorf, Habermas, Pilot & Popper, 1969; vgl. auch Zetterberg, 1967, S. 194ff. oder Ritsert, 1996, S. 14ff.).

Um mich der Diskussion um Möglichkeiten und Grenzen des Erkenntnisprozesses[8] zu nähern, betrachte ich zunächst den Begriff der *Methode* in seiner Bedeutungswurzel. Solches entspricht klassischer wie moderner Methodologie, die zu ihren wichtigsten Teilen die Lehre von der Definition und die vom Beweis zählt, d.h. anders ausgedrückt, die Lehre von der Begriffsbildung und von den Begründungsverfahren. Ich verfolge also zunächst die Begriffsbildung. méthodos – das griechische Herkunftswort – ist zusammengesetzt aus metá, was „hinterher, hinternach, nach..." heißt, und hodós, was „Weg, Gang, ..." heißt. méthodos bedeutet also das Nachgehen, das Hinterhergehen, ist der Weg zu etwas hin (Der Duden, 1989). Wir sind „methodisch" arbeitend also immer *unterwegs*, sind schon ein Stück Weges gegangen – wodurch unsere Voraussetzungen und unser Hintergrund definiert sind – und streben ein Ziel an jenseits unseres aktuell rezipierten Aufenthaltsortes. An dem Ziel entwickeln sich unsere Fragen, und unsere Neugier wird gereizt als Verlangen, etwas Neues kennenzulernen, zu tun, zu erfahren. Solange wir einem Ziel nachstreben und es noch nicht erreichen, bleibt unser Interesse als „Dazwischen-Sein", somit an Vergangenem wie Zukünftigen beteiligt zu sein, wach. Wissenschaft täte – nach meiner Vorstellung – also gut daran, mittels Methode zu immer neuen Zielen unterwegs zu sein, und sollte sich an Zwischenstationen nicht zu lange ausruhen im Wähnen von erreichter Vollständigkeit, Endgültigkeit, Allgemeingültigkeit. Eine vergleichbare Dynamik drückt der Begriff des (Forschungs-)Prozesses aus. Dieser stammt vom latei-

---

6   Gustav von Schmoller (1838-1917) lehrte als Nationalökonom in Halle, Straßburg und Berlin. Er war Begründer der jüngeren historischen Schule der Nationalökonomie. Seine Abkehr von klassischer Nationalökonomie und Grenznutzenschule begründete den jahrelangen Methodenstreit zwischen theoretisch und historisch orientierten Ökonomen, der sich im „Verein für Sozialpolitik,„ dessen Vorsitzender er ab 1890 war, fortsetzte.

7   Max Weber (1864-1920) lehrte Recht, Nationalökonomie und Soziologie in Berlin, Freiburg, Heidelberg, Wien und München. Mit seinen Aufsätzen zur Wissenschaftslehre griff er in den Methodenstreit der Nationalökonomie ein. Indem er theoretisch-systematisierende und historisch-individualisierende Methoden in seinem Aufsatz „Die ‚Objectivität' sozialwissenschaftlicher und sozialpolitischer Erkenntnis" (1904) miteinander verband, legte er eine der Grundlagen für historisch orientierte Kultur- und Sozialwissenschaft. Dieser programmatische Artikel lenkte zugleich den Methodenstreit auf das Zentralthema der Wertfreiheit: Im Verlauf der Kontroverse erschienen insbesondere Max Weber und Werner Sombart (1863-1941) als Anhänger des strikten Ausschlusses von Werturteilen aus der sozialwissenschaftlichen Theoriebildung und Forschung (Ritsert, 1996, S. 23ff).

8   Dabei stelle ich den philosophisch-historischen Gegensatz von transzendentaler Methode (Kant) versus dialektischer Methode (Hegel) hinten an in der Erwartung, daß beide Sichtweisen in einer zu entwickelnden aktuellen Methodenproblematisierung aufgehoben sind.

nischen processus und bedeutet „Fortschreiten; Fortgang, Verlauf", wobei als Stammverb cedere „einhergehen, vonstatten gehen; weichen, nachgehen; einräumen, zugestehen" enthalten ist. In der Methode wie im Prozeß ist somit dauerhafte Bewegung impliziert, die Beweglichkeit erfordert und Veränderung mit sich bringt. Wir können also keinen Erkenntnis-Weg gehen, ohne daß wir und unsere Umgebung sich ändern, wie es ähnlich schon Heraklit[9] mit seinem „Alles fließt und nichts bleibt" vor etwa zweieinhalbtausend Jahren – im Gegensatz zur eleatischen Lehre – verkündet hatte.

Methode als Weg ist die Verbindung zwischen – mindestens – zwei Situationen (örtlich wie zeitlich) oder Ereignissen. Als Forschungsmethode muß sie den Zusammenhang formulieren oder herstellen zwischen Theorie auf der einen Seite und Empirie bzw. Daten auf der anderen Seite. Deren Trennung erfolgt aus analytischem Interesse in dem Sinne, daß durch eine Betrachtung der konkreten, kleineren und reduzierteren Teile einer faßbaren Erfahrungswelt eine klarere Sicht auf das vermutete Ganze möglich werden kann – so wie wir eine Landschaft mit ihren verschiedenen Erscheinungsformen erst durch das Darin-unterwegs-sein und die dadurch eröffneten selektiven Sinneseindrücke kennenlernen können. Allerdings darf weder das Bewußtsein des Zusammengehörens verloren gehen noch das Wiederzusammenfügen vergessen werden. So formulierte Émile Durkheim 1895 für die Soziologie:

„Wenn wir die theoretischen Probleme sorgsam von den praktischen trennen, so nicht, um die letzteren zu vernachlässigen, sondern umgekehrt, um uns in die Lage zu versetzen, sie besser zu lösen" (zit. n. Atteslander, 1995, S. 388f).

Diese unserem europäischen Wissenschaftsverständnis vertraute *Trennung* von Theorie und Empirie wie auch die von Subjekt und Objekt ist als Übereinkunft dem Regelsystem der Methoden zugehörig. Denn – wie über die Weg-Metapher schon eingeführt –

„Methoden sind keine beobachtbaren Ereignisse ... und keine Sachen oder Waren. Bestimmte beobachtbare Vorgehensweisen bzw. Verwendungen von Sachen können vielmehr als die Anwendung einer Methode verstanden werden. Methoden sind (in erster Linie) Systeme von Regeln ... Daraus ... folgt auch, daß die Anwendung einer Methode zumeist einen genau feststellbaren Beginn und ein genau feststellbares Ende hat" (Herrmann, 1987, S. 33).

Die Präsentation von Methode(n) zum einen als offener Weg-zwischen-Ereignissen und zum anderen als Problemlösungsalgorithmus verwirrt zunächst.

---

9 Heraklit (um 550-480 v.u.Z.) aus Ephesos zählte zu den Philosophen der Vorso-kratik. In seiner Lehre steht das ununterbrochene Werden und Vergehen, dem alle Dinge unterworfen sind, im Vordergrund. Dabei ist nichts vorstellbar ohne seinen Gegensatz und aus genau diesem Spannungsverhältnis leitet sich alles Geschehen ab. Als Gesetz, das den Wandel vollzieht, gilt der Logos, den zu erkennen Weisheit ist. Mit seinem Gedanken der Einheit der Gegensätze kann Heraklit als erster dialektischer Denker gelten (Kunzmann, Burkard & Wiedmann, 1991, S. 33).

Und nach zweieinhalbtausendjähriger Wissenschafts- und Methodenge-
schichte stellt auch Theodor Herrmann (ebd., S. 32), fest, daß

"es erstaunlich (ist), daß man in erhebliche Schwierigkeiten gerät, wenn man sich darüber informieren will, was denn eigentlich Methoden sind. ... (Es kann) keine auch
nur einigermaßen erschöpfende Antwort auf die Frage gegeben werden: Was sind
Methoden? Bestenfalls ergeben sich ... einige Bestimmungsstücke".

Und so charakterisiert er zusammenfassend Methoden als

"mitteilbare Systeme von Regeln, die von Akteuren als Handlungspläne zielgerichtet
verwendet werden können. Methoden enthalten in variablem Ausmaß intersubjektive
Festlegungen darüber, wie diese Regeln und deren Bestandteile zu verstehen sind. ...
Methoden haben einen normativen und präskriptiven Charakter: Methoden-Regeln sind
bei Anwendung der betreffenden Methode zu befolgen; ihre Nichtbefolgung ist intersubjektiv kontrollierbar und sanktionierbar. Mehrheiten von Methoden können Klassen-
Teilklassen-Beziehungen sowie Ganzes-Teil-Beziehungen bilden" (ebd., S. 35).

Diese Beschreibung läßt das *Doppelgesicht* von Methode(n) schwer erkennen, so daß ich sie gerne modifizieren möchte durch das Komplementaritäts-
Konstrukt[10] wie es Michael Otte (1995) ausführt. So wie er die Problemlösung der Problemformulierung, der Informationsübertragung die Kommunikation oder dem Ding seine Bezeichnung an die Seite stellt, ist es m.E. im
Sprechen über Methode hilfreich, die methodischen Regeln und das prozessuale Aushandeln, das zur intersubjektiven Systematik führt, auseinanderzu-
halten, obwohl sie untrennbar aufeinander bezogen sind. Erst mit dieser Differenzierung, die somit nicht nur eine semiotische ist, sind Methoden nicht
nur *Wege* zum Gegenstand der Erkenntnis, sondern komplementär dazu auch
Konstituierungsprozeß geteilter Wirklichkeit. Zwar gehen wir in der sprachlichen Kommunikation zunächst davon aus, mit gleichen Begriffen auch dieselben Inhalte zu verknüpfen, das Mißverstehen im Alltag wie in der Wissenschaft verweist uns jedoch fortwährend darauf, wie vergleichsweise gering

---

10 Der Begriff der Komplementarität wird in der Quantentheorie verwendet, um das gegenseitige Sichausschließen von bestimmten mikrophysikalischen Ereignissen, Meßprozessen,
Eigenschaften oder Verhaltensweisen zum Ausdruck zu bringen, die zugleich aber als Ob-
servablenpaar zueinander kanonisch konjugiert sind (Bohr, 1931). Diese Komplementarität
ist u.a. ein Ausdruck des Welle-Teilchen-Dualismus (als Beispiel für die Komplementarität
von Verhaltensweisen bzw. Eigenschaften). Sie hat zur Folge, daß die Beschreibungs- bzw.
Darstellungsformen von der Art des Experimentes abhängen, also die beobachteten Eigenschaften nicht den mikrophysikalischen Objekten direkt zugeordnet werden können, sondern immer eine Beziehung zwischen diesen und dem/r BeobachterIn bzw. der Meßappa-
ratur darstellen (vgl. Mittelstaedt, 1972). Entsprechend werden in der Biologie oder der
Chemie die wechselseitige Entsprechung der Struktur zweier Größen und in den Sprach-
wissenschaften ein semantisches Gegensatzverhältnis versehen mit einer besonderen Form
der Inkompatibilität (z.B. männlich-weiblich) als Komplementarität bezeichnet. In der
Wirtschaftstheorie wurde der Begriff übernommen für die Beziehung zwischen Kon-
sumgütern bzw. Produktionsfaktoren, die nur bei gleichzeitigem Konsum bzw. Einsatz eine
Bedürfnisbefriedigung bzw. Produktion ermöglichen (z.B. die Beziehung zwischen Elektrizität und elektrischen Geräten).

die uns gemeinsamen Vorstellungsbilder und Wissensbestände sind. Die kulturell-historische Einbindung der Forschenden bedingt so die Wahl der Daten wie die Konzeptualisierungsmöglichkeiten für Theorie. Bei allen empirischen Wissenschaften[11] steht die Erfahrung im Zentrum, und zwar als Reservoir von Kenntnissen, das nicht unabhängig von unserem bisherigen Sein in der Welt zu thematisieren ist (vgl. auch Smith, 1989).

„Jede Realität (oder jeder Aspekt von Wirklichkeit) wird durch Interaktion zweier Systeme konstituiert und zwar eines ‚zu erfahrenden Systems‘ und eines ‚erfahrenden Systems‘ ... ist also immer an die Wechselwirkung beider Systeme gebunden" (Kriz, Lück & Heidbrink, 1990, S. 19).

Unsere zu analysierenden und zu verarbeitenden Daten[12] sind nichts Gefundenes, sondern können als „Gegebenes" von den Erkenntnissuchenden nur aufgrund ihrer bisherigen persönlichen und gesellschaftlichen Erfahrung aufgenommen und geordnet werden. Eine gegenstandsbezogene Abstraktion[13] solcher Ordnungen führt zu Theorien[14]. Diese sind wiederum ohne methodische Anknüpfung irrelevant hinsichtlich der angestrebten Mehrung gemeinsamen Wissens bzw. geteilter Wirklichkeit.

Da der Methodenweg also immer auch über (von ... her/zu ... hin) Theorie läuft, möchte ich hier zumindest kurz rezipieren, was heute methodologisch unter *Theorie* verstanden werden kann. Ich folge dabei im wesentlichen Ausführungen von Jürgen Ritsert (1996, S. 150ff.). Nach wie vor weist auch aktuelle Diskussion um Theorie auf das von Aristoteles[15] vorgezeichnete Verständ-

---

11 „empirisch" bedeutet, auf Erfahrung, Beobachtung beruhend. Es wurde entlehnt aus dem griechischen em-peirikós, was ursprünglich hieß „im Versuch, im Wagnis seiend", also „erfahren, kundig" seiend.

12 Das Datum (im Plural: Daten) stammt vom lateinischen Verb dare bzw. dem griechischen didónai, was beides „geben, ausfertigen, schreiben" heißt. Als Substantiv bedeutet es „das Gegebene, das Ausgefertigte".

13 Abstraktion geschieht durch Begriffsbildung bzw. die Bildung einer Äquivalenzklasse. Ein Begriff wird gebildet durch Absehen von allen unwesentlichen Eigenschaften der in Betracht kommenden Gegenstände. Nur die gemeinsamen wesentlichen Eigenschaften werden ‚herausgezogen‘ (lat.: abstrahere).

14 Dem Begriff der Theorie liegt die griechisch-lateinische theória zugrunde, „das Zuschauen; Betrachtung, Untersuchung; wissenschaftliche Erkenntnis". Ursprünglich ist dies zusammengesetzt aus théa, „das Anschauen, die Schau" und horáein, „sehen". Aus dem „Zuschauer eines Schauspiels" ist heute die „abstrakte Betrachtungsweise" geworden.

15 Aristoteles (384-324 v.u.Z.) war 20 Jahre lang Schüler des Platon. Um 342 wurde er zum Lehrer des makedonisch-hellenistischen Königs Alexander berufen. Später gründete er in Athen eine eigene Schule: das Lykeion, auch die peripatetische Schule genannt. Die von ihm erhaltenen Schriften sind im Corpus Aristotelicum gesammelt. Dieser besteht aus:
– Büchern zur Logik, später Organum (= Werkzeug) genannt,
– naturwissenschaftlichen Werken,
– Metaphysik,
– ethischen Schriften,
– Büchern zur Ästhetik (Rhetorik, Poetik).
Im Mittelalter wurden seine Schriften zu einer Grundlage der Scholastik. Bis zur Neuzeit galt sein Werk als unfehlbar.

nis als axiomatisch-deduktive Aussagenordnung: Theorie als systematische Betrachtung und Darstellung oberster Ursachen, Zwecke und Prinzipien hat aus möglichst allgemeinen Grundsätzen zu bestehen, die widerspruchsfrei in Beziehung zu setzen sind und hierarchisch geordnete Folgesätze ermöglichen (vgl. dazu Definitionen bei Opp, 1970 oder bei v. Kutschera, 1982). Daraus haben sich bis heute zumindest drei Dimensionen entwickelt, die ein Theorieverständnis konstituieren: die Syntax einer Theorie als formallogisches Ordnungsprinzip, die Semantik einer Theorie als ihr Aussagen-Gehalt und die Pragmatik einer Theorie als ihr Praxisbezug. – Werden Theorietypen nach *syntaktischer Struktur* unterschieden, so akzeptieren AnhängerInnen des Kritischen Rationalismus nur Satzordnungen als Theorie, die axiomatisch-deduktiv arrangiert sind. Schlüssige und brauchbare Alternativen sind allerdings in den Traditionen induktiver Logik oder dialektischer Konfigurationen entstanden, und derzeit werden weitere Ansätze besonderer logischer Strukturen z.B. in den Geschichtswissenschaften oder der Frauenforschung diskutiert. – Entsprechend vielfältige und teilweise in entgegengesetzte Richtungen weisende Setzungen sind für die semantische Dimension von Theorien zu konstatieren: Zum einen gehören *Zusammenhangsbehauptungen* bzw. Vermutungen[16] zu den Grundbestandteilen einer jeden Theorie. Mit solchen Aussagen geht eine intersubjektiv verbindliche Festlegung von Grundbegriffen einher, aus denen sich die gesamte Begrifflichkeit einer Theorie i.d.R. hierarchisch nach Graden der Allgemeinheit herleitet. Der Relationstyp der aufgestellten Zusammenhangsaussagen prägt u.a. die unterschiedliche Entwicklungsdynamik von Theorien – z.B. als deduktiv abgeleitetes Gesetzeswerk oder als hermeneutisch sich erweiterndes Beschreibungssystem. Dabei sagt der verschiedenartige Umgang der Theorien mit Daten und Begriffsbildung noch wenig über Abstraktion und Idealisierung aus, die alle Theorien vornehmen; für letzteres sind die Kriterien für Aufnahme, Beibehalten oder Verwerfen von theorieprägenden Aussagen relevant. Zum anderen prägen die *Kernvorstellungen* einer Theorie nicht nur deren semantische Dimension, sondern bilden überhaupt deren Dreh- und Angelpunkt. Als Formationsprinzip des gesamten Diskurses sind sie allen anderen Aussagen vorgeordnet. Als Zentralreferenz normieren sie, „*was* als ein für die Theorie relevantes Problem zu gelten hat, *wie* die Probleme strukturiert sind und *worin* eine erfolgreiche Bearbeitung bzw. Lösung eines Problems besteht" (ebd., S. 162). Anders ausgedrückt geht es um ontologische Optionen und Schlüsselsemantiken, um syntaktische Grundstrukturen sowie um Kriterien der Problematisierung. Diese „Kernvorstellungen einer Theorie sind entschieden einwandfester als andere Komponenten" (ebd., S. 161). – Alle Theorien weisen schließlich noch eine pragmatische Seite auf. Die Frage, wozu Theorien verwendet werden können, läßt sich dabei innerwissenschaftlich wie auch hinsichtlich der

---

16 Unter Zusammenhängen werden funktionale wie statistisch-stochastische verstanden. Als Relationstypen sind u.a. möglich: Ursache – Wirkung, singulär kausal, Gründe – Folgen, Beeinflussung durch Dritte(s), zielgerichtetes Handeln, Intentionen etc.

Praxisbezüge beantworten. Innerwissenschaftlich besteht Dissens über die Reichweite von Lösungen – was im Spannungsfeld der Begriffe Erklären – Prognose – Verstehen diskutiert wird. Bei den Praxisbezügen[17] werden die *Bedingungen* von Theorieentwicklung, die *Konsequenzen* theoretischer Modelle[18] und empirischer Forschungsprozesse sowie die *Implikationen* – also wie und inwieweit externe Faktoren der gesellschaftlichen Praxis in die innere Ordnung einer Theorie eingehen – thematisiert. Besonders um den letzten Aspekt ging es in diesem Jahrhundert bei Methodenstreitigkeiten in der Soziologie. Für die Raumplanung ist daran hervorzuheben, daß es keine ‚theorielose‘ Praxis geben kann – allenfalls eine theoretisch nicht oder kaum reflektierte!

Mit diesem Blick auf Theorie erweist sich Methode nun endgültig als ein in zwei Richtungen zu gehender Weg. Als Regelsysteme und Ordnungsprinzipien sind Methoden konstituierend für Theoriebildung auf dem Hintergrund von Erfahrung. Und umgekehrt schreiben die meisten theoretischen Schulen einen – zumindest präferierten, wenn nicht gar ausschließenden – Methodenkatalog für die empirische Überprüfung vor, der mindestens die syntaktische Struktur expliziert. So ist Wissenschaft ohne Methode undenkbar.

2.2 Das Subjekt-Objekt-Verhältnis als Kontext für Methode

Die Diskussion um Empirie schließt immer auch die philosophische Frage ein, wie Erkennen überhaupt möglich sei – folglich die Fragen nach dem Wesen und den Prinzipien von Erkenntnis. Der „Gegenstand der Erkenntnistheorie ist bestimmt durch das Subjekt-Objekt-Verhältnis, in dessen Beantwortung sich die Erkenntnistheorien unterscheiden" (Kerber, 1984, S. 119).

Da Wirklichkeit somit – zumindest als Gegenstand von Wissenschaft – nur als Ergebnis eines komplexen Konstitutionsprozesses zu analysieren ist, möchte ich die Beteiligten an diesem Erfahrungs- und Erkenntnisvorgang näher betrachten. Ich habe Methode(n) eingeführt als Unterwegs-sein. Dabei

---

17 In der Raumplanung hängen die praktischen Bedingungen der Theorieproduktion u.a. vom disziplinären Ausbildungshintergrund der Forschungstreibenden ab, die je nach Herkunftsfach unterschiedliche Konnotationen für ‚Raum‘ verwenden. Bei den praktischen Konsequenzen könnte z.B. untersucht werden, welche Folgen eine Veränderung des Naturverständnisses auf das individuelle Umweltverhalten oder staatliche Umweltpolitik hat, oder, welche Folgen die klassische Mechanik hat für die Mechanisierung der Arbeit und die Nutzung räumlicher Substrate. Hinsichtlich praktischer Implikationen gehe ich davon aus, daß soziale (Geschlecht, Generation, Ethnie, Milieu) wie kulturelle (Sprache, Symbolträger, Historisches) Praxen Einfluß nehmen auf die Kernvorstellungen einer Theorie und die Art der Idealisierung bzw. Abstrahierung im Prozeß der Theorieproduktion; auch daraus sind verschiedene Raum- oder Planungskonzeptionen zu begründen.

18 „Ein Modell ist eine Abbildung, die Wirklichkeit schematisch repräsentiert und als verbindendes Glied zwischen Theorie und Realität fungiert. Ein Modell ist somit einerseits ‚Stellvertreter‘ der Wirklichkeit, andererseits struktureller Teil einer Theorie" (Eisenhardt, Kurth & Stiehl, 1995, S. 285).

hängt beim Nach-Gehen wie beim Voran-Schreiten der Weg von der Person ab, die ihm folgt bzw. die ihn wählt. Insofern ist jegliche *Wissenschaft*, die Methoden zu einem zentralen Konstituens macht, *als soziale Unternehmung* zu verstehen – wobei ich betone, daß sich diese Aussage nicht nur auf sozialwissenschaftliche Disziplinen beschränkt. Alles Erkennen beruht auf der Wechselwirkung zwischen Sender und Empfänger bzw. – wie oben formuliert – zwischen zu erfahrendem System und erfahrendem System, das mittels aktiver Ordnungsleistung eine Wahrnehmungsfigur durch Heraushebung aus ihrem Hintergrund zu identifizieren sucht. In der Psychologie gelten der größte Teil dieser Fähigkeiten und Leistungen als angeboren (vgl. Kriz u.a., 1990, S. 19). Jegliche wahrnehmungsmäßige Konstituierung wiederum ruft persönliche und gesellschaftliche Erfahrung im Zusammenhang mit dem Empfangenen, dem Gegenstand, dem Begriff sowie eine Reihe damit verbundener Assoziationen wach. Das Augenmerk richtet sich folglich auf das Problem, wie solche Wahrnehmung und daraus resultierende Erkenntnis planmäßig geordnet und kontrolliert werden kann – denn allein solches Vorgehen unterscheidet wissenschaftliche von Alltags-Aussagen. Des weiteren dienen die Selbstverständlichkeiten der Alltagswelt dazu, sich vom Entscheidungszwang entlastet routinemäßig bewegen zu können, ohne ständig neu Klärungs- und Verhandlungsprozesse absolvieren zu müssen. In der Wissenschaft dagegen ist die Offenheit bzw. Nicht-Abgeschlossenheit von Methode und Prozeß zu betonen, woraus folgt, daß der Gegenstand des forscherischen Interesses nie fertig behandelt und endgültig erkannt ist. Zur Ordnung und Kontrolle des Vorgehens gehört also als komplementärer Part die fortgesetzte Entwicklung. Solches erfordert eine Entscheidung bzw. Abstimmung, über welchen (Zwischen-)Zustand des beforschten Systems verhandelt wird, statt einer Setzung, was – im Sinne von überörtlich und überzeitlich unveränderbar – als ,wahr' anzusehen sein soll.

Wenn ich also ,nur' von sozialer Wahrheit sprechen möchte, die von Menschen ausgehandelt wird und an kulturelle Situationen gebunden ist, scheinen solcherart personenabhängige Methoden mit den traditionellen Gütekriterien der Messung[19] in der empirischen Sozialforschung in Konflikt zu

---

19 Im weitesten Sinne bedeutet Messen die Zuordnung von Zahlen zu Objekten oder Ereignissen entsprechend irgendeiner Regel (Stevens, 1959, S. 19) und wird als Abbildung von einem empirischen Relativ in ein numerisches Relativ dargestellt. In der klassischen Meßtheorie (vgl. Campbell, 1928) wird zwischen fundamentaler Messung – als direkte Zuweisung von Zahlen zu Objekten – und der häufiger vorkommenden abgeleiteten Messung unterschieden, die als Zusammensetzung vorausgehender fundamentaler Messungen definiert ist, also mathematische Funktionen oder statistische Zusammenhänge zu Hilfe nimmt (z.B. Dichte als Verhältnis von Masse zu Volumen, Geschwindigkeit als Verhältnis von Weg zu Zeit). U.a. J. Pfanzagl (1968) diskutiert dagegen das Messen per fiat bzw. vereinbartes Messen, das auch Messung per Definition, willkürliche Messung oder pragmatische Messung genannt wird. Diese Variante ordnet den Merkmalsausprägungen einer Variablen des empirischen Relativs Zahlen ohne explizite meßtheoretische Begründung hauptsächlich aus Plausibilitätsaspekten zu (z.B. Intelligenztests, Einstellungsskalen, aber ebenso auch Index-

geraten. Auch die Meßtheorie spricht erst dann von einer zu messenden Eigenschaft, wenn ein Interaktionsprozeß zwischen einem Meßsystem und einem zu messenden System besteht, und solch ein Prozeß wird *Messen* genannt. Eine (vereinbarte) Messng hat laut Lehrbuch der empirischen Sozialforschung objektiv, reliabel[20] und valide[21] zu sein, wobei Objektivität die Voraussetzung bildet für die beiden anderen jeweils spezielleren Güteanforderungen[22]. Objektiv sei eine Messung, wenn sie unabhängig von der forschenden, messenden Person jeweils zum gleichen Ergebnis führt – der Meßvorgang also sachlich und unparteiisch sei. Diese Güteanforderung bezieht sich ausschließlich auf das Meßinstrument und seinen Verwendungskontext – also ausdrücklich nicht auf den gesamten Forschungsprozeß! Aber selbst diese beschränkte Definition ist auf dem Hintergrund meiner bisherigen Überlegungen zu Methode kritisierbar (vgl. auch Müller, 1979), weshalb ich nun noch genauer betrachten möchte, welche Aspekte des Objektivitäts-Begriffs nachhaltiger verwendbar sein könnten. Wenn ich wiederum die Wortwurzel ins Blickfeld nehme, was bedeutet dann *objektiv*? Im Lateinischen heißt obicere „entgegenwerfen, entgegenstellen; vorsetzen, vorwerfen". Das Objekt

---

bildung oder Verwendung von Indikatoren). Der Nutzen insbesondere von Messungen per fiat wird per Gütekriterien beurteilt.

20 „reliabel = zuverlässig" steht für „die intertemporale, intersubjektive und interinstrumentelle Stabilität erhaltener Meßwerte" (Esser, Klenovits & Zehnpfennig, 1977, S. 93). Die intertemporale Stabilität – bei wiederholten Messungen desselben Phänomens liefert das Meßinstrument die gleichen Ergebnisse – ist problematisch zu überprüfen, da von der Genauigkeit/Präzision des Instrumentes abhängig. Die intersubjektive Stabilität hängt von der intertemporalen ab und wird auch als Objektivität des Instrumentes bezeichnet. Die interinstrumentelle Stabilität verweist auf Erhebungen gleicher Merkmalsdimensionen mittels unterschiedlicher Instrumente und ist kaum zu trennen von der Frage der Gültigkeit (Kromrey, 1986, S. 125ff). Unterschiedlichen Formen der Reliabilität entsprechen im wesentlichen drei verschiedene Prüfverfahren: Re-Test-Stabilität, instrumenteninterne Konsistenz mittels split-half-Ansatz, Parallel-Test mit äquivalenten Instrumenten.

21 „valide = gültig, tauglich" ist ein Indikator bzw. ein Verfahren, wenn er bzw. es tatsächlich den Sachverhalt anzeigt bzw. mißt, der mit dem definierten Begriff bezeichnet worden ist. Dieses Gütekriterium bezieht sich also auf die Interpretation bzw. die Bedeutung der erhobenen Daten. Bei der Validität einer Skala, eines Testes oder eines Index wird nach Außenkriterium, Vorhersagevalidität, Extremgruppen- und Konstruktvalidität unterschieden (vgl. Lienert, 1967), wozu entsprechende Prüfverfahren entwickelt sind. Im Zusammenhang mit experimentellen Versuchsplänen wird zwischen interner und externer Validität unterschieden. Je geringer interne systematische Fehler sind, desto größer ist die interne Validität eines Experimentes. Ist diese noch vergleichsweise umfangreich zu kontrollieren (Campbell & Stanley, 1963), so bietet sie jedoch keine hinreichende Bedingung für externe Validität, die definiert ist als das Ausmaß, „in dem sich die experimentell gewonnenen Ergebnisse auf Populationen außerhalb des Labors generalisieren lassen" (Zimmermann, 1973, S. 79). Die externe Gültigkeit eines Experimentes ist weitestgehend nicht überprüfbar.

22 Bei der Durchführung von Messungen oder Tests drückt die Objektivität die Meßgenauigkeit bezüglich Durchführung und Auswertung aus. Ist diese als erfüllt anzunehmen, drückt die Reliabilität allgemeiner und weitreichender die Zuverlässigkeit der Messung des Tests aus. Hohe Validität – also Gültigkeit – „kann nur eintreten bei hoher Objektivität und hoher Reliabilität. Eindeutige Kriterien für die Gültigkeit existieren allerdings nicht" (Heidenreich, 1987, S. 405). So muß diskutiert werden, in welchem Ausmaß ein Test das mißt, was er messen soll.

als obiectum ist dann „das Entgegengeworfene, der Vorwurf, der Gegenstand, das Vorgestellte". Mit dem Objekt ist mir das Ziel von Methode gegeben, das – zum bisherigen Sprachgebrauch stimmig – als Entgegenstehendes nichts Starres, Unveränderbares, Endgültiges an sich hat. Auf ein solch bewegliches Objekt bezieht sich das methodische Tätig-sein, das Dem-Weg-folgen. Als objektiv ist dann alles dem Gegenstand Anhaftende zu bezeichnen. Erst dann ist weiter zu fragen, welche Facetten von unabhängig, sachlich und unparteiisch damit aufrechterhalten werden können und sollten.

Doch zunächst möchte ich den Gegenpol betrachten: Was heißt ursprünglich *subjektiv*? Der Begriff leitet sich ganz entsprechend aus dem Lateinischen subicere her, was „darunterwerfen, zugrundelegen, unterlegen" heißt. Ein Subjekt bezeichnet somit „die Basis, die Ausgangs- oder Grundlage", von der alles Erkennen und Handeln auf einen Gegenstand zu möglich wird. Subjektiv umfaßt somit all die Charakteristika, die eine WissenschaftlerIn als Voraussetzungen mit in den interaktiven Forschungsprozeß hineinträgt. Diese dem Subjekt anhaftenden Erfahrungsbestände umfassen persönlich-individuell erworbene wie normativ-gesellschaftlich gesetzte wie historisch-gruppenspezifisch entwickelte Eigenschaften. So formuliert Wilhelm Revers:

> „Wir können in der Wissenschaft nicht ab ovo beginnen. ... Wenn wir unsere Fragen stellen, vielleicht um sie dann mit den Methoden der empirischen Wissenschaft zu beantworten, so erwuchsen diese Fragen jedenfalls aus einer Erfahrung, die immer schon vor sich ging und vor sich geht, ehe wir wissenschaftlich zu untersuchen beginnen. Statt nun einfach so zu tun, als sei für den Wissenschaftler der Beginn der Erkenntnis eine ‚tabula rasa', scheint es mir vernünftiger zu sein, darauf zu reflektieren, was denn in unserer Erfahrung eigentlich vor sich ging, ehe in uns die Frage erwachte" (1987, S. 80).

In jeder Forschungsinteraktion treten wir also ‚unserem' Gegenstand mit vorab existierenden Deutungsmustern gegenüber, welche die Wahrnehmung und Interpretation unserer Sinnesempfindungen in die Richtung der – impliziten oder expliziten – Erwartungen verschieben.

> „Wenn wir dies nicht vertuschen, sondern für unsere Empirie lernen wollen aus der lebendigen Erfahrung, so ist es nützlich, kritisch zu analysieren, was und wie wir eigentlich bereits erfahren und erkannt haben, ehe wir wissenschaftlich vorgingen. M. Merleau-Ponty hat 1966 eine solche Analyse vorgelegt, welche die Grundposition eines ‚aspektivischen Realismus' (E. Rothacker) oder eines ‚hypothetischen Realismus' wie ihn K. Lorenz (1973, S. 255ff.) nennt, nahelegt" (ebd.).

Die historiogenetische Gestaltkonzeption Maurice Merleau-Pontys kennzeichnet Leben als einen kontinuierlichen Prozeß der Erfahrungsbildung. In diesen ist selbstverständlich auch jedes Forschungssubjekt eingebunden. Methoden allgemein als Forschungsweg wie auch spezieller als systematische Problemlösungsmöglichkeiten müssen solche Subjektivität als Zugrundeliegendes reflektieren und in die Planung ihres Vorgehens einbauen.

Ähnlich wie Methode als Relation zwischen Theorie und Empirie vermittelt, dient sie zur Beschreibung des Verhältnisses von Subjekt und Objekt, wenn ich nun deren beide Bedeutungsfiguren in Bezug aufeinander betrachte.

Besonders erwähnenswert erscheint mir – auch weil es dem alltäglich gewohnten Sprachgebrauch widerspricht – der implizite *Eigensinn des Objektes*. Der Gegenstand als im eigentlichen Sinne uns als Erkenntnissuchenden Entgegenstehendes widerspricht aller Belegung mit Neutralität im Sinne von Nicht-beteiligt-sein. Dieser Eigensinn des Forschungsgegenstandes wie auch der nur subjektiv abzuschreitende Methodenweg betonen, daß jegliche Wissenschaft eine soziale Unternehmung ist. Allerdings werden wir auch bei weitgehender Akzeptanz des uns Entgegenstehenden dessen Eigenheit selbst in reflektierter wissenschaftlicher Interaktion nur begrenzt begreifen. Bei dieser Aussage gehe ich von einer materiellen[23] Existenz dieser Welt ex ante aus, unabhängig und außerhalb menschenbeteiligter Interaktion. Relevant für menschliche Erkenntnis und daraus möglicherweise folgerndes Handeln sind jedoch nur die im alltäglichen wie wissenschaftlichen Interaktionsprozeß aktivierten Facetten der begreifbaren Welt. Die Eigenheit des Anderen zwingt uns in diesem Prozeß zu bewußter *Subjektivität* – für die Wissenschaft bedeutet dies, wir sind aufgerufen zur Stellungnahme und begründeten Entscheidung über den Fortgang des Forschungsweges.

Bei den derzeit in der Raumplanung hochrelevanten Problemstellungen sollte in einem Themenkomplex – nämlich wenn es um Umwelt/Natur/Ökologie geht (Schmals, 1996) – das Subjekt-Objekt-Verhältnis mit bevorzugtem Interesse beachtet werden. Nachdem im Verlaufe neuzeitlicher Wissenschaften die Natur von der ‚zu Gebärenden‘ zur Angelegenheit technischer Produktionsprozesse bzw. empirischer Gesetzeswissenschaften geworden war (Merchant, 1987), hat die um Nachhaltigkeit bemühte Ökologiedebatte nun größte Mühe, die Zerstückelung der Welt zumindest im Denken wieder rückgängig zu machen. Zu lange schon haben sich Menschen den Naturprozessen entzogen, um sich über sie zu erheben und sie in herrschaftlicher Manier – ganz im Sinne Francis Bacons[24] – zu regeln. Daß mit der Rede von ‚oikos‘ nicht nur der sogenannte Naturhaushalt gemeint sein kann, sondern auch das menschliche (Haus-)Wirtschaften, ist allerdings auch in allen Thematisierungen zur Ökologie immer wieder zu erinnern. Von Um-welt zu reden, unter-

---

23 Ich unterscheide materiell und material, indem ich ‚materiell‘ traditionell im Sinne von „stofflich, körperlich, sachlich“ verwende, unter ‚material‘ aber zusätzlich all das verstehe, was infolge menschlicher Interaktion untereinander und mit belebter oder unbelebter Natur entsteht, also auch alle in der Soziologie typischen Gegenstände wie Institutionen und Organisationen, Normen- und Regelsysteme, Präferenzmuster und Vorstellungsbilder etc.

24 Francis Bacon (1561-1626) vertrat als Anwalt und Politiker eine absolutistische Staats- und Rechtstheorie im Dienste des englischen Königshauses; zeitweise wirkte er auch als Inquisitor. Als Ziel der Wissenschaft gilt ihm die Beherrschung der Natur zum Nutzen der Gesellschaft. Wissen bedeutet ihm Macht. Als richtige Methode, um zu wahrer Erkenntnis zu kommen und Trugbilder aufzulösen, proklamierte er die Induktion – gegen das geltende rein deduktiv orientierte Methodenideal – und das planmäßige Arbeiten in gezielten Experimenten. Neben der seine Vorstellung von rationaler Empirie zusammenfassenden Instanzenlehre entwickelte er in zahlreichen Untersuchungen zur Entstehung von Vorurteilen eine Idolenlehre.

stützt dabei die dualistische Vorstellung des sich von der Welt absetzenden Menschen (Sturm, 1995). Erst die Rückbesinnung auf unser eigenes Natur-Sein ermöglicht eine veränderte Beziehung zwischen dem Subjekt Mensch und dem mit Eigenwillen ausgestatteten Objekt Natur, das nur so auch als soziales Subjekt – im Sinne von eigenständig und unabhängig wirkend – verstanden werden könnte (Holland-Cunz, 1994). Ein methodologisch reflektiertes Subjekt-Objekt-Verhältnis ist somit engstens verbunden mit dem Anspruch der Ökologie, möglichst die Gesamtheit der Wechselbeziehungen in einem Biotop im Blick halten zu wollen.

Wenn ich Forschung so als *Aushandlungsprozeß* begreife – und zwar sowohl zwischen den Forschungssubjekten hinsichtlich ihrer Erkenntnisgewinnung als auch zwischen Forschungssubjekt und Forschungsobjekt-, dann bleibt keine Seite in diesem Vorgang unverändert. So wie es klassisch auch in den Konzepten der hermeneutischen Spirale oder des dialektischen Prozesses ausgeführt wird, ändern wir uns als Forschende mit fortschreitendem Erkenntnisweg. Entsprechend ändert der zu erkennende Gegenstand seine Gestalt, ist nur als verhandelter, sozial konstituierter formulierbar – trotz allen Eigensinns. Letzterer garantiert die Dynamik und den Fortgang des Weges. Wird die Eigenheit des Objektes durch die Erkenntnissubjekte zu stark verletzt oder zerstört, dann dominiert die individuelle normsetzende Perspektive vorgefaßter ideologischer Weltsicht. Daraus folgert in der Regel Gleichmaß, Langeweile und Stagnation – im Beispiel der Natur sogar Bedrohung. Allerdings produziert die damit einhergehende Bestätigung auch eine beruhigende Sicherheit im bisherigen Wissen, so daß meiner Einschätzung nach jedeR WissenschaftlerIn sich mehr oder weniger ausgiebig gegen die Verunsicherungen durch die Eigenständigkeit der jeweiligen Forschungsgegenstände wehrt. Um das uns Entgegenstehende nicht zu sehr zum Ableger individueller Parteilichkeit zu reduzieren, wäre meinem Wunsch nach erstrebenswert, daß sich die Forschungssubjekte in ihrer verschieden begründeten reflektierten Subjektivität unterstützen.

Nach diesen Überlegungen kann ich zu der zuvor geäußerten Frage zurückkehren, wie die traditionellen Gütekriterien auf solchem Hintergrund zu verstehen und zu gebrauchen sind. Dazu greife ich hier noch auszuführenden Argumentationshintergründen schon einmal vor, indem ich mich zunächst auf Harry Collins mit seinen Schlußfolgerungen aus der nach wie vor aktuellen Soziologie des wissenschaftlichen Wissens beziehe:

„Eines der entscheidenden Ergebnisse für die frühere Wissenschaftssoziologie – aber eines, das die philosophische Sicht von Duhem – Quine – Hesse[25] bestärkt – lief dar-

---

25 Pierre Maurice M. Duhem (1861-1916) war Physiker, Philosoph und Wissenschaftshistoriker, der als Professor in Lille, Rennes und Bordeaux lehrte. Er vertrat die neopositivistische Ansicht, daß physikalische Theorien bloß symbolische Konstruktionen des Menschen seien und daher die Wirklichkeit nur reflektieren, aber nicht vollständig und genau wiedergeben können, während philosophische Modelle zwar nicht mit natürlichen Klassifikationen

auf hinaus, daß die Wissenschaft nicht über einen Satz methodologischer Techniken verfügt, die schnell oder entscheidend die Existenz natürlicher Phänomene oder zurückweisen können. Ein vorher nicht antizipierter Aspekt dieser Schlußfolgerung besagt, daß die Wiederholbarkeit von Ergebnissen keine feste Beziehung zwischen Theorie und Beobachtung schafft. ... Des weiteren hat man herausgefunden, daß technische Argumente durch kulturelle Zwänge und durch die Verteilung von Macht stärker begrenzt werden als durch ‚internes' technisches Wissen oder logische Möglichkeiten" (1985, S. 144f).

Gegen eine normative Struktur der Wissenschaften zitiert Harry Collins eine Reihe von amerikanischen Studien, die z.b. nachweisen, daß die Konstruktion von Wissen von der Form der Beschreibung der Aktivitäten z.b. in einem Labor abhängt, unterschiedliche Berichte über ein und dasselbe Experiment also Faktizität schaffen oder auflösen. Oder ein anderes Beispiel zeigt, daß die Distanz der Berichterstattenden das Überzeugtsein hinsichtlich der vermeintlichen Ergebnisse einer Untersuchung insofern prägt, als die an der Faktenerzeugung selber Beteiligten (Core-Set) sich des sozial vermittelten Charakters der Abschließung einer Debatte und der Möglichkeiten ihrer Wiedereröffnung bewußter sind als distanziertere und somit weniger verunsicherte RezipientInnen. So tritt neben die Differenzen im Verständnis von Messen (vgl. auch Cicourel, 1970) eine Diskussion um die *Reichweite der Gütekriterien* der klassischen Testtheorie.

In einer ersten Argumentationsfigur möchte ich darauf hinweisen, daß sich beide Problemkomplexe zunächst nur auf die Anwendung eines (teil)-standardisierten Erhebungsinstrumentes beschränken – im Sprachgebrauch des kritischen Rationalismus also nur bezüglich des Begründungszusammenhanges[26] zu diskutieren sind. Innerhalb des Entdeckungszusammenhangs bzw. bei

---

gleichwertig seien, aber zum provisorischen Begreifen der Welt führen könnte. Er wirkte damit besonders auf den Wiener Kreis.

Willard van Orman Quine (*1908) war als Logiker und Philosoph Professor an der Harvard University. Er führte den von Charles Sanders Peirce begründeten Pragmatismus weiter und trug zu dessen Zusammenwirken mit der analytischen Philosophie, dem logischen Empirismus wie dem linguistischen Phänomenalismus der Oxford philosophy bei.

M. Hesse (1974). The Structure of Scientific Inference./ders. (1980). Revolutions and Reconstructions in the Philosophy of Science.

26   Eine im weitesten Sinne neopositivistische Wissenschaftstheorie unterscheidet Entdeckungs-(Genesis), Begründungs- (Geltung) und Wirkungs- bzw. Verwertungszusammenhang im forschungslogischen Ablauf einer empirischen Untersuchung (z.B. Friedrichs, 1980, S. 51). Zum Entdeckungszusammenhang gehört der Anlaß eines Forschungsprojektes, Ideen, Gespräche, Hypothesen, Theorien und Fragestellungen sowie Explorationen, die allesamt ein Problem vorstrukturieren sollen. Wissenschaftsgeschichte, -psychologie und Wissenssoziologie interessieren sich – sofern diese Dreigliederung angenommen wird! – primär für diese erste Phase – z.B. bei der Frage nach den sozialen Bedingungen der Ideenproduktion. Dagegen konzentriert sich die analytische Wissenschaftstheorie hauptsächlich auf den Begründungszusammenhang, wobei es um die Prüfbarkeit verschiedener (empirischer, logischer, präskriptiver) Sätze für die Geltung wissenschaftlicher Aussagen geht (vgl. Diekmann, 1995, S. 145f). Unter dem Begründungszusammenhang werden all die methodologischen Schritte verstanden, mit deren Hilfe ein Problem untersucht werden soll. Unter Verwertungs- und Wirkungszusammenhang

der Problemstellung und daraus resultierender Methodenwahl haben diese Begrifflichkeiten nichts zu suchen. Allerdings wird unterschiedlich definiert, welche Schritte im konkreten Forschungsablauf zum Entdeckungs- bzw. zum Begründungszusammenhang zählen. So führt z.B. L. Pongratz (1964, zit. n. Friedrichs, 1980, S. 55ff.) den theoretischen Bezugsrahmen und die Formulierung der Grundhypothesen samt der daraus folgernden Begriffsoperationalisierung ausschließlich unter dem Begründungszusammenhang auf, während diese Schritte m.E. eher dem Entdeckungszusammenhang zuzuzählen wären.

Aber ich möchte noch auf eine weitere Argumentationsfigur verweisen, denn die für die ,Güte' grundlegende *Objektivität* ist auch im engen Rahmen der eigentlichen Messung entsprechend der bisherigen Begriffsauslotung und aufgrund der angeführten Untersuchungsergebnisse zur „Fabrikation von (wissenschaftlicher) Erkenntnis" (Knorr-Cetina, 1984) nur eingeschränkt benutzbar. Sie bezeichnet in ihrer meßtheoretisch überprüfbaren Variante den Grad der Vollkommenheit der Standardisierung hinsichtlich der einzelnen Phasen der Datenerhebung, -auswertung und -interpretation (vgl. Lienert, 1967). Wo vollständige Standardisierung – also auch ein Ausschalten interaktionaler Prozesse zwischen z.B. TestleiterIn und ProbandIn oder unterschiedlicher situativer Randbedingungen – nicht möglich oder nicht sinnvoll ist, sind die traditionellen Gütekriterien m.E. eher als Reflexions-Kriterien denn als Bewertungskategorien zu nutzen. Dann bezöge sich Objektivität auf die Äquivalenzklassen[27] der dem Gegenstand angehörenden Eigenheiten und wäre damit vergleichbar unabhängig von Meßmethode und BeobachterIn, wie es der physikalische Begriff der Objektivierbarkeit[28] ausdrückt; Zuverlässigkeit würde dann wieder deutlicher die intersubjektive Erfahrbarkeit garantieren im Gegensatz zu singulärer oder individueller Erfahrung; und schließlich betonte Gültigkeit die prognosefähige Verbindung zwischen realer Erfahrung und Kommunikationsprozessen im Hinblick auf zielgerichtetes koordiniertes Handeln (vgl. Kriz u.a., 1990, S. 98ff.).

Solche Rekonstruktion der instrumentenbezogenen Gütekriterien betont die Herausbildung intersubjektiver Wirklichkeiten aus subjektiver Erfahrung. Methode(n) liefern dabei die möglichen Ordnungsmuster oder -systeme, denen gemäß Wissensbestände – üblicherweise in Form von Theorien – diskursiv konstituiert werden.

---

werden die Effekte einer Untersuchung verstanden, ihr Beitrag zur Lösung des anfangs formulierten Problems. Dazu gehört bereits die Form der Darstellung, die wiederum auf den Anlaß und damit auf den Entdeckungszusammenhang verweist.

27 Als Äquivalenzklasse wird die Klasseneinteilung einer Menge von Objekten bezeichnet, die mindestens bezüglich einer Eigenschaft gleich sind, z.B. alle Geraden, die parallel sind. Die Äquivalenzeigenschaft ist dann die Parallelität.

28 Der Begriff der Objektivierbarkeit wurde von Niels Bohr (vgl. Kap.4) bei der philosophischen Begründung der Quantenmechanik in die theoretische Physik eingeführt. Er beinhaltet das Vorhandensein eines physikalischen Gebildes als von dem bzw. der BetrachterIn unabhängiges Objekt und bringt zum Ausdruck, daß die Eigenschaften eines Objektes diesem objektiv, d.h. unabhängig von der speziellen Meßmethode und vom beobachtenden Subjekt, zukommen.

2.3 Methode als Ordnungsstruktur

Die von mir betonte interaktive Komponente von Methode wird nach wie vor vergleichsweise seltener hervorgehoben – insbesondere, wenn es um die Formalisierung von (sozialwissenschaftlichen) Theorien geht. Speziell bezüglich der Generierung von Ordnungsmustern drehte sich die Diskussion um das Messen lange Zeit nur um die reduzierte Grundkonzeption einer einfachen Abbildung[29] von Merkmalen eines als passiv unterstellten Meßobjektes.

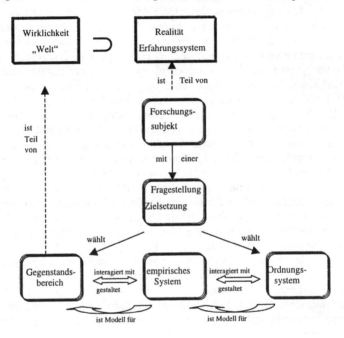

Abbildung 1:
Die modellbildende Funktion der Messung, dargestellt als interaktive Modellrelation. Quelle: eigene Darstellung modifiziert nach Gigerenzer, 1981, S. 31.

In der deutschsprachigen Literatur wurde eine interaktive Konzeption von Messung als Modellbildung von Gerd Gigerenzer (1981) und Jürgen Kriz (1981/1990) thematisiert, nachdem durch Aaron Cicourel (1970) in der Soziologie bereits die Diskussion um die Sprache der Messung verbreitet wor-

---

29   Eine Abbildung einer Menge A von Gegenständen in eine Menge B von Gegenständen ist eine Vorschrift, die jedem Element von A genau ein Element von B zuordnet. Die Abbildung heißt ‚auf‘ und nicht ‚in‘, wenn alle Elemente von B berücksichtigt werden.

den war. Ausgehend von den Schemata, die Gerd Gigerenzer und Jürgen Kriz als jeweils mehrstellige Modellrelationen im Hinblick auf den Stellenwert von Messung bzw. Statistik entwickelt haben, stelle ich hier zunächst idealtypisch diesen Prozeß dar.

In der Abbildung 1 weist die Modellrelation mindestens zwei Dimensionen auf: Der Ablauf von „oben" nach „unten" verkörpert die *pragmatische* Definition von Messung durch das forschende Subjekt und dessen Zielsetzung, was die Werkzeugfunktion von Messung verdeutlicht. Dazu kommt in der „Waagerechten" mit Modellbildungsfunktion die *semantische* Definition durch das Ordnungssystem, das häufig durch ein numerisches System determiniert ist. Sollen Methoden im engeren Sinne nur die Syntax bestimmen, so beschränkt sich die Reflexion der Messung auf die Relation zwischen empirischem System und Ordnungssystem. Diesbezüglich unterscheiden sich qualitativ interpretierende Verfahren kaum von quantitativ standardisierenden – worauf ich später noch genauer eingehe. Im weiteren verwende ich den Begriff der Messung in dieser gewohnt reduzierten Bedeutung.

Die Klärung der *syntaktischen Dimension* verlangt eine Operationalisierung[30] von Variablen. Diese setzt allerdings noch nicht unbedingt die Verwendung von Zahlen oder numerischen Operationen voraus. Solches ist erst bei traditionell verstandener Messung und daraus abgeleitet bei Indexbildung oder Skalierung der Fall. Die traditionelle Definition von Messung spezifiziert die bei/für Bestimmung der Syntax reduzierte zweistellige Modellrelation dahingehend, daß in der bisherigen Darstellung noch mögliche partielle Ordnungen in der Regel durch totale Ordnungen ersetzt werden, obwohl die meisten menschlich interessanten Phänomene mit partiellen Ordnungen[31] besser beschrieben werden können (vgl. Paulos, 1992, S. 151ff.). Im auf Messung abzielenden Vorgehen wird deshalb vom empirischen System als *empirischem Relativ* gesprochen, und als Ordnungssystem wird ein *numerisches Relativ* eingesetzt – in der Regel die total geordneten reellen Zahlen **R** bzw. eine Teilmenge davon. Das empirische Relativ ist dabei eine strukturierte Menge[32] von Informationen, die aus einerseits empirischen Elementen mit be-

---

30 „Als Operationalisierung einer Variablen definieren wir eine Menge hinreichend genauer Anweisungen, nach denen Untersuchungseinheiten den Kategorien einer Variablen zugewiesen werden" (Diekmann, 1995, S. 208).

31 Partielle Ordnungen sind all die Mengen, die irgendwie geordnet sind – z.B. nach der Größe ihrer Elemente oder alphabetisch etc. – wobei die Ordnung aber unvergleichbare Elementpaare zuläßt, also keine Ranglisten erstellt werden können. Für partiell geordnete Mengen sind Messungen nur auf Nominalskalenniveau möglich. Allerdings ‚verführt' jegliche Skalierung zum vergleichenden Denken.

32 Eine Menge ist eine Zusammenfassung bestimmter wohlunterschiedener Objekte unserer Anschauung oder unseres Denkens – welche die Elemente der Menge genannt werden – zu einem Ganzen. Eine mathematische Menge unterscheidet sich allerdings von einer statistischen! Letztere besteht aus Individuen oder Ereignissen, bei denen gewisse gleichartige Merkmale interessieren und nicht die Elemente in ihrer Totalität:

stimmten Merkmalen und andererseits empirischen Beziehungen zwischen diesen besteht. Um Informationen eines umfangreichen empirischen Relativs adäquat zu den darin formulierten Beziehungen im Hinblick auf bestimmte Fragen zu reduzieren, wird – als eine Möglichkeit – der Umweg über mathematisch-statistische Verfahren genommen. Allerdings sind für große Datenmengen bislang auch keine alternativen Beschreibungsformen wissenschaftlich anerkannt bzw. erfolgreich. Das Vorgehen läßt sich wie folgt darstellen:

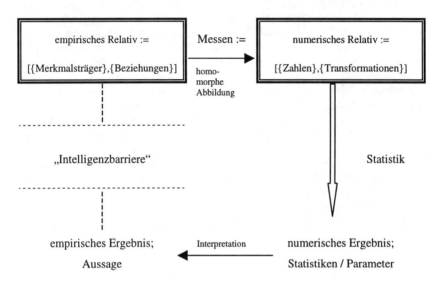

Abbildung 2:
Schema für die Informationsreduktion mittels Anwendung von Statistik.
Quelle: eigene Darstellung modifiziert nach Kriz[33], 1981/90, S. 90.

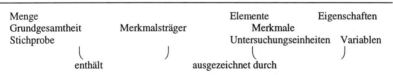

33 Das empirische Relativ als strukturierte Menge von Informationen ist i.d.R. „viel zu umfangreich, als daß sie durch ‚naives Aufnehmen' zu Erkenntnis führen könnte. Vielmehr muß diese Informationsmenge bearbeitet und für die Beantwortung einer Forschungsfrage auf das ‚Wesentliche' reduziert werden" (Kriz u.a., 1987, S. 88). Die Unfähigkeit des menschlichen Gehirns, in den meisten Fällen ohne Hilfsmittel zu einer solchen Informationsreduktion zu gelangen, nennt Jürgen Kriz „Intelligenzbarriere". Eine Möglichkeit, diese zu umgehen, liegt in der Zuhilfenahme mathematisch-statistischer Modelle.

gangsfrage nach der Existenz einer Messung[34], also ob überhaupt die interessierende Eigenschaft gemessen werden kann, wird als *Repräsentationsproblem* bezeichnet. Zu beweisen ist, daß für ein empirisches Relativ eine zumindest homomorphe Abbildung/Repräsentation konstruiert werden kann. Dann und nur dann ist Statistik erlaubt – und nicht zwingend – als eine mögliche Argumentationsform, die dann sehr ‚elegante‘ Darstellungen erzeugt.

Als zweites ist das *Eindeutigkeitsproblem* zu lösen: Es ist zu beurteilen, welche numerischen Relationen empirisch interpretiert werden dürfen und welche nicht. Der Grad der Eindeutigkeit des dem Messen zugrundeliegenden Morphismus bestimmt sich durch die im numerischen Relativ zulässigen Transformationen – allerdings allein aus Kenntnis der Struktur des empirischen Relativs bzw. aus der Annahme über dessen Eigenschaften und folglich darin sinnvolle Operationen! Mit dieser Entscheidung wird aus dem Morphismus eine *Skala* und die Art der sinnvollen Transformationen bestimmt das Meßniveau bzw. den Skalentypus (vgl. Tabelle 1).

Nach der Datenerhebung/Messung stellt sich bei der Auswertung das *Bedeutsamkeitsproblem* hinsichtlich des angemessenen Umgangs mit den Meßwerten. Dieses Problem wird in der Praxis häufig mißachtet, nicht nur hinsichtlich der für das jeweilige Meßniveau zulässigen Statistik. Im weiteren Sinne sollen Methoden den Forschungsweg darstellbar machen, was zunächst immer auch eine starke Vereinfachung zwecks Erkenntnisgewährung bedeutet. Der Wunsch nach möglichst einfachen Erklärungsmustern führt zu Modellen, die mit linearen[35] und/oder totalen Ordnungen versehen sind. Erst in

---

34 Im Meßvorgang, d.h. bei der Abbildung vom empirischen Relativ in das numerische Relativ, wird jedem Merkmalsträger hinsichtlich aller interessierenden Variablen je eine Maßzahl zugeordnet. Um die im empirischen Relativ angenommene Ordnung zu erhalten, muß eine strukturtreue Abbildung gewährleistet sein, Morphismus genannt. Die Abbildung kann folglich isomorph oder homomorph sein, wobei die abgeschwächte Forderung eines Homomorphismus genügt:

Isomorphismus			Homomorphismus		
	$V \to 1$			$V \to 1$	
empirisches		numerisches			
Relativ	$W \to 2$	Relativ		$W \to 1$	
	$X \to 3$			$X \to 1$	
			empirisches		numerisches
	$Y \to 4$		Relativ	$Y \to 2$	Relativ

35 In einer linearen Funktion als Abbildung zwischen den algebraisch strukturierten Mengen A und B tauchen keine Exponenten größer als 2 an den Variablen x als Element von A und y als Element von B auf. Der Graph einer linearen Funktion, d.h. ihre geometrische Darstellung in einem kartesischen Koordinatensystem, ist immer eine Gerade. Die Summe der Funktionsvariablen einer linearen Funktion ist gleich der Summe der Funktionen der einzelnen Variablen. Nichtlineare Funktionen sind alle, für welche die obigen Bedingungen präzise nicht gelten.

Tabelle 1:
Die in den Sozialwissenschaften gebräuchlichen vier Skalentypen.
Quelle: Heidenreich, 1989, S. 357.

	Messung			
	nicht-metrische Skalen		**metrische Skalen**	
	Nominalskala	Ordinalskala (Rangskala)	Intervallskala	Verhältnisskala (Ratioskala)
empirische Operationen	Bestimmung von Gleichheit und Ungleichheit	zusätzlich: Bestimmung einer Rangfolge, z.B. $x > y > z$	zusätzlich: Intervalle gleich (z.B.: $10 - 7 \approx 7 - 4$); willkürlich festgelegter Nullpunkt	zusätzlich: Bestimmung gleicher Verhältnisse (z.B. $\frac{x}{y} \approx \frac{k}{1}$); absoluter Nullpunkt
zulässige Transformation	Umbenennung, Permutation	nur: monoton steigende Transformationen	nur: lineare Transformationen: $f'(x) = v + u \cdot f('x)$ (wobei $u > 0$)	nur: Ähnlichkeitstransformationen $f'(x) = u \cdot f('x)$ (wobei $u > 0$)
Statistische Maßzahlen (Beispiele)	Häufigkeiten (Modalwert)	zusätzlich: Median, Quantile, Prozentrangwerte, Spannweite	zusätzlich: arithmetisches Mittel ($\bar{x}$), Standardabweichung (s), Schiefe, Exzeß	zusätzlich: geometrisches Mittel, Variabilitätskoeffizient
Zusammenhangsmaße	Kontingenzkoeffizient C, Vierfelderkoeffizient phi	zusätzlich: Rangkorrelationskoeffizienten (tau, gamma, W, rho bzw. r_s)	zusätzlich: Produkt-Moment-Korrelation r, Regressionskoeffizienten	
Signifikanztests	Chi^2-Test, Cochrans Q-Test, McNemar-Test	Vorzeichen-Test, Mann-Whitney-U-Test, Kolmogorow-Smirnow-Test, Rangvarianzanalysen: Friedman, Kruskal & Wallis	parametrische Verfahren: t-Test, F-Test	
Beispiele	Numerierung von Fußballspielern, Kontonummern, Quantifizierung von dichotomen Merkmalen (z.B. Geschlecht)	Schulnoten, Richtersche Erdbebenskala, Testrohwerte, Hubraumklassen, Windstärken	Temperatur (nach Celsius, Fahrenheit, Reaumur), Nutzen, Kalenderzeit	Länge, Masse, Zeit, Winkel, elektrischer Widerstand, Volumen, Temperatur (nach Kelvin, Rankine), Preise

riablen einer linearen Funktion ist gleich der Summe der Funktionen der einzelnen Variablen. Nichtlineare Funktionen sind alle, für welche die obigen Bedingungen präzise nicht gelten.

den vergangenen Jahrzehnten erfolgten – unter dem Titel „Chaostheorie"[36] – noch äußerst beschränkte Versuche, das Verhalten willkürlicher nichtlinearer Systeme[37] zu analysieren. Die Elemente der weitaus meisten wissenschaftlich interessierenden Themenkomplexe verhalten sich nichtlinear bzw. sind in nichtproportionaler Weise miteinander verbunden. Selbst wenn derartige Systeme durch ganz elementare Regeln und Gleichungen definiert sind, hängt ihre Entwicklung hochsensibel von den je ursprünglich gesetzten Bedingungen ab. Die ablaufenden Prozesse sind unvorhersagbar und nicht zu wiederholen! Alltägliche Erfahrungen mit solch nichtlinearen Systemen bietet die Wettervorhersage, spezielleres Interesse finden die Aktienkurse der Wirtschaft, Herzflattern und Epilepsie in der Biologie oder Turbulenzen und Fließeigenschaften in der Hydrodynamik. Die Ungewißheit über die Auswirkungen unseres Tuns soll nun keineswegs in Passivität führen, sondern Bewußtheit für die zu treffenden Entscheidungen stärken und „ein gewisses Maß an Skeptizismus und Demut" hinsichtlich des eigenen Vermögens nahelegen (Paulos, 1992, S. 37). Dies gilt vor allem, da unsere methodischen Fähigkeiten so vergleichsweise wenig komplex ausgebildet sind, daß die üblichen Modellfunktionen sich auf lineare Annäherungen beschränken. Als zeitlich und räumlich punktuell zu verstehendes Grenzmodell erscheint solch vereinfachende Strukturbildung durch Methoden zwar von nur relativer Aussagekraft, aber – sofern dies bedacht bleibt – unproblematisch und für entsprechend präzisierte Fragestellungen wichtig. Allerdings erscheint mir bei der Reflexion der Bedeutsamkeit nicht nur die eventuell zu starke Vereinfachung problematisch, sondern ganz entsprechend die Verwendung hochkomplexer (multidimensionaler, multivariater, ...) Analyseverfahren, die kaum mehr eine Kontrolle der einzelnen Beziehungsschritte zulassen. Die Erfahrung z.B. der Psychologie, daß es für theoretische Konstrukte wie das der Intelligenz keine Meßtheorie gibt (Coombs u.a., 1975, S. 31), ist somit auch auf vergleichbare Konstruktionen in der Raumplanung zu übertragen, was entsprechende Meßwerte allerdings nicht nutzlos macht, aber eine verstärkte Diskussion ihrer Bedeutsamkeit erfordert.

Schließlich ist im Rahmen traditioneller Messung das *Skalierungsproblem* zu lösen, d.h. die Frage, wie den Dingen als Träger der zu messenden Eigenschaft konstante Zahlen als Meßwerte zugeordnet werden können. Dar-

---

36 „Ein deterministisches System ist chaotisch, wenn eine beliebig kleine Änderung der Anfangsbedingungen (Ursachen) zu qualitativ völlig anderen Ergebnissen (Wirkungen) führt. Eine sich drehende Münze ist ein einfaches chaotisches System: Jede winzige Änderung des Anschnippens führt entweder zu Kopf oder Zahl. Diese Systeme sind anfangsbedingungssensitiv, so daß auch Systemteile, die am Anfang beliebig nahe zusammen sind, nach endlicher Zeit beliebig weit voneinander entfernt sein können. Das starke Kausalitätsprinzip ist nicht erfüllt" (Eisenhardt, Kurth & Stiehl, 1995, S. 282).

37 Unter einem System sei hier eine Menge von Teilen verstanden, deren Interaktion mittels Regeln und/oder Gleichungen beschrieben werden kann – z.B. Bundespost, menschlicher Kreislauf, Ökologie, Betriebssystem eines PC etc.. Eine solch geordnete Menge von Gegenständen oder Ereignissen hat mindestens ein Co-System, von dem sie sich abgrenzt.

unter fällt auch die Diskussion um Meßfehler. – Insgesamt ist zu betonen, daß die *Qualität der Messung* und die *Angemessenheit eines Skalenniveaus* immer nur im Zusammenspiel mit der *Brauchbarkeit der Theorie* zum Tragen kommt. Und so möchte ich für die weiteren Überlegungen zur Ordnungsmodellierung durch Methoden mein Augenmerk wieder auf eine weniger traditionelle Umgangsweise mit Messung richten:

Die Relative bieten dem methodischen Vorgehen eine doppelte Perspektive, was sich u.a. in unterschiedlichen Forschungsansätzen niederschlägt. Zum einen bestehen sie aus *Elementen* bzw. Merkmalsträgern *und* zum anderen aus *Beziehungen* zwischen diesen. Die Analyse solcher Relative kann also zum einen von einer Betrachtung der Merkmalsträger ausgehen, wofür u.a. die gesamte Deskriptivstatistik einschließlich aller Zusammenhangsmaße steht, und zum anderen von einer Betrachtung der Beziehungen zwischen den Merkmalsträgern, eine Vorgehensweise, der u.a. bei Ähnlichkeitsskalierungen – z.B. bei der MDS (multidimensionale Skalierung) – gefolgt wird. Allerdings beklagt Franz Urban Pappi, daß

„das Standardinstrumentarium der sozialwissenschaftlichen Datenanalyse ... nicht zur Analyse von Sozial-, d.h. Beziehungsstrukturen (taugt). Der typische empirische Sozialforscher untersucht nicht Beziehungen zwischen Personen, Gruppen usw., sondern Merkmalsverteilungen für seine Merkmalsträger; nicht z.B., in welcher Herrschaftsbeziehung stehen zwei soziale Klassen, sondern, wie unterscheiden sich die Klassen im Hinblick auf ihr Einkommen. Damit ergibt sich ein Widerspruch zur theoretischen Soziologie. Diese hat sich seit jeher für Strukturfragen mehr interessiert als für Verteilungsfragen" (1987, S. 11).

Insofern propagiert er die Netzwerkanalyse als disziplinübergreifende Methode zur Untersuchung von Strukturen[38]. Wesentlich für den Strukturbegriff ist dabei nicht das bloße Vorhandensein einer Ordnung, wohl aber eine bestimmte Anordnung der Elemente bzw. Einheiten, durch welche Systeme als identisch charakterisiert werden können – ganz analog zur Syntax. Strukturen implizieren dabei keine vollständige Abbildung der Realität, sondern genau das Netz ausgewählter Einheiten, das dem Gegenstand relative Stabilität[39] und Konstanz verleiht. Wenn in der Soziologie die Netzwerkanalyse zur Untersuchung von Sozialstruktur eingesetzt wird, so wird letztere repräsentiert durch Beziehungen zwischen Personen, Positionen, Rollen, Gruppen oder Organisationen usw. als sozialen Einheiten.

Die derzeit als *Netzwerke* analysierten Strukturen sind unterschiedlich zu typisieren, wobei die Nomenklatur immer noch deutlich auf die Vorläufertra-

---

38 Struktur ist vom lateinischen struere (structum) = „schichten, neben- oder übereinanderlegen, zusammenfügen, aufbauen, errichten" abgeleitet. Die structura bezeichnete nicht nur das Bauwerk, sondern auch Sicherheit, Ordnung oder ordentliche Zusammenfügung. – Meine Verwendung des Strukturbegriffes beruht immer auf dessen empirischer Rückkoppelbarkeit! Daneben verwenden zahlreiche AutorInnen ‚Struktur' für ausschließlich theoretisch formulierte Konzepte.

39 Ein System heißt stabil, wenn es bei einer Störung nach kurzer Abweichung von seinem Anfangszustand wieder in diesen zurückkehrt.

ditionen der Soziometrie (Moreno, 1967) und der Sozialanthropologie (Mitchell, 1969) verweist. Zunächst sind Netzwerke empirische Systeme, die sich formal als Graphen darstellen lassen: Die Knoten entsprechen den (sozialen) Einheiten und die Kanten bzw. Relationen[40] den Beziehungen. Aus erkenntnis-technischen Gründen findet zumeist eine Beschränkung auf binäre Relationen statt. Von deren formalen Eigenschaften entspricht die Reflexivität einer möglichen Selbstwahl (z.B. bei Personalverflechtungen zwischen Unternehmen); Symmetrie kann auf Reziprozität oder rein theoretische Definitionen verweisen; mittels Transitivität ist von lokalen Strukturen auf die Struktur des Gesamtnetzwerkes zu schließen; und letztlich läßt sich mit der möglichen Bewertung der Graphen Intensität, Dauer oder Häufigkeit der Beziehungen angeben. Die Beziehungsinhalte bisher durchgeführter Netzwerkuntersuchungen führt J.A. Barnes auf drei Typen zurück: Netzwerkanalyse beschäftigt sich zum einen mit Einstellungen, worunter auch die soziometrische Wahl fallen würde, zum anderen mit Rollen bzw. normativen Erwartungen und schließlich mit Transaktionen, worunter auch alle Kommunikation zu fassen ist. Franz Urban Pappi erwartet, daß „die Konstruktion einer erschöpfenden Klassifikation sozialer Beziehungen ... auf den Entwurf einer allgemeinen Soziologie (hinauslaufen würde)" (1987, S. 16). Bevor dies zu leisten ist, äußert er hinsichtlich geringerer Reichweite die „Überzeugung, daß die Art der Beziehungen von zumindest genauso großer, wenn nicht größerer Bedeutung für ein Verständnis der einzelnen Netzwerke ist als die

---

40 Relationen sind in der Mengenlehre Teilmengen des kartesischen Produktes aus einer oder mehreren Mengen. Je nachdem, wie viele Objekte zueinander in Beziehung treten, spricht man von einer zweistelligen. einer dreistelligen etc. Relation. Wichtige Klassen von Relationen sind u.a. die Funktionen und die Äquivalenzrelationen. Die Eigenschaften von Relationen sind folgendermaßen definiert (~ : = nicht; → : = impliziert):

eine binäre Relation (A,R) ist:	sofern:
(1) reflexiv	a R a, für alle a ∈ A
(2) nicht reflexiv	(1) gilt nicht
(3) irreflexiv	~ a R a, für alle a ∈ A
(4) symmetrisch	a R b → b R a, für alle a, b ∈ A
(5) nicht symmetrisch	(4) gilt nicht
(6) asymmetrisch	a R b → ~b R a, für alle a, b ∈ A
(7) antisymmetrisch (identitiv)	a R b und b R a → a = b, für alle a, b ∈ A
(8) transitiv	a R b und b R c → a R c, für alle a, b, c ∈ A
(9) nichttransitiv	(8) gilt nicht
(10) negativ-transitiv	~ a R b und ~ b R c → ~ a R c, für alle a, b, c ∈ A; gleichbedeutend: x R y → x R z oder z R y , für alle x, y, z ∈ A
(11) strikt vollständig	für alle a, b ∈ A gilt a R b oder b R a
(12) vollständig	für alle a ≠ b ∈ A gilt a R b oder b R a
(13) Äquivalenzrelation	ist reflexiv, symmetrisch und transitiv

Quelle: Roberts (1979, S. 15) zitiert nach Feger (1987, S. 204).

42

Art der Einheiten" (ebd., S. 18). Letzteren Fokus möchte ich sehr betonen, zumal eine bislang eher dominierende Auseinandersetzung um Begriffe für die Einheiten und deren präzise Beschreibung die Bedeutsamkeit der Beziehungsstrukturen[41] hat in den Hintergrund treten lassen.

Von aktuellen raum-planungs-relevanten Fragestellungen kann z.B. die Urbanitäts-Debatte (vgl. Thomas, 1996) auf einer Netzwerkfolie als Ordnungsraster geführt werden: Betrachte ich urbane Netzwerke aus der Perspektive der Elemente, dann werden stadtprägende Bauobjekte fokussiert und aufeinander bezogen oder typisch städtische Bevölkerungsgruppen beschrieben und demographisch miteinander verglichen. Werden als Ausdruck von Urbanität Netzwerke dagegen eher aus der Perspektive der Beziehungen gefaßt, so entsprächen einer verbundenheitsorientierten Analyse alle Studien über Aushandlungsprozesse hinsichtlich Gestaltung zwischen Bevölkerungs- und/oder institutionellen Gruppen oder über die von Erika Spiegel (zit. n. Thomas, 1996) proklamierten Face-to-Face-Kontakte, aber auch über materiale Versorgungsnetze einer Stadt mit Energie oder Wasser oder Wohnraum oder ... – ein methodologischer Ansatz, mit dem im Kasseler Projekt „Wasserkultur" (Ipsen u.a., 1994-96) experimentiert wurde. Die zweite Möglichkeit, Beziehungsstrukturen zu analysieren, legt eine positionsorientierte Strategie zugrunde: Die strukturelle Äquivalenz von Positionen (Personen, Gruppen, Stadtteilen, Städten, etc.) bedeutet dabei Gleichheit ihrer Beziehungsmuster zu allen anderen Positionen des Gesamtnetzwerkes, ohne daß sie miteinander verbunden sein müssen. Bei einem Städtevergleich hinsichtlich urbaner Qualitäten genauso wie für die Potentiale städtischer Milieus könnte dies heißen, historisch ähnliche Entwicklungen zu berücksichtigen (z.B. Vester, Hofmann & Zierke, 1995) oder ähnliche Lagen zum Weltmarkt (z.B. Braudel, 1986). Entsprechend zu diesen drei Möglichkeiten der Netzwerkanalyse unterscheidet Kunibert Wachten (zit. n. Thomas, 1996) bei den urbanitätsunterstützenden Maßnahmen zwischen „produktfixierten Kriterien" sowie „prozeß- und strukturorientierten" Perspektiven. Wenn auch im Rahmen der Urbanitäts-Debatte derzeit die sozialwissenschaftlich dominierte Argumentation besonders die Prozeßorientierung in Form permanenter Grenzerfahrungen und heikel ausbalancierter Verhaltensmodi im städtischen Raum betont, so verstehe ich die jetzigen Diskussionen vor allem als Nachholen, als Ergänzung der zu lange nur an voneinander isolierten Dingen orientierten Raum-Wahrnehmung. Die Struktur- und Prozeß-orientierte Wahrnehmung übersieht damit keineswegs die Dinge – in methodisch reduzierender Sprache: Elemente der Relative oder Knoten der Netzwerke – sondern vervollständigt die methodologische Ordnung um die im theoretischen Modell längst formulierten zugehörigen Relationen.

---

41 Laut Ronald S. Burt (1980) stehen für die Untersuchung von Beziehungsstrukturen zwei analytische Ansätze zur Verfügung: eine verbundenheitsorientierte/relationale und eine positionsorientierte/positionale Strategie zur Bildung von Teilgruppen im Netz. Letztere grenzt unter Berücksichtigung des Gesamtmusters strukturell-äquivalente Positionen ab, was eine relativ hohe Abstraktionsebene voraussetzt.

2.4 Ein Trivium wissenschaftlicher Schlußweisen

Vergleichbar neu geordnet möchte ich im Folgenden das Zusammenwirken von Zielsetzung und Methode als Ordnungssystem darstellen. Methoden als Handlungsraster erfordern, um die schon angesprochenen Strukturen sichtbarer zu machen, eine Entscheidung bezüglich des Ziels des Erkenntnisprozesses, um auf dieser Grundlage dann die Forschungsstrategie zu klären. So möchte ich im folgenden an einem weiteren Modell die Strukturierung des Erkenntnisprozesses als einen ,Dreiweg', d.h. als ein methodologisches Trivium[42] ordnen (Sturm, 1994). Meine Hauptintention für dieses Modell besteht darin, den die Methodendiskussion der vergangenen Jahrzehnte prägenden Dualismus quantitativ versus qualitativ verlassen zu wollen, indem ich oben dargestellte Dynamiken von Methode als „einem Weg folgend" weiterführe.

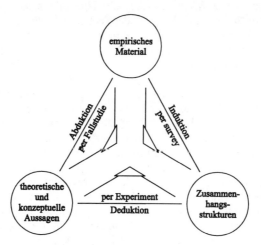

Abbildung 3:
Trivium des Erkenntnisprozesses: Wirkungsgefüge der drei Schlußweisen der Induktion, Deduktion, Abduktion. Quelle: eigene Darstellung.

Um mich von den Polarisierungen quantitativ versus qualitativ bzw. erklärend versus verstehend zu lösen, gehe ich von der Struktur und den Komponenten einer deduktiv-nomologischen Erklärung aus (z.B. Opp, 1970, S. 29ff.): *Deduktion* ist die Ableitung einer besonderen Aussage (:= These) aus

---

42 Ein Trivium bezeichnete in der mittelalterlichen Lateinschule die ersten drei der sieben Artes liberales: Grammatik, Rhetorik und Dialektik. In dem Sinne, daß dieser traditionelle Dreiweg grundlegende Bedeutung für die damalige Universitätsausbildung – als Propädeutik für die höheren Fakultäten – hatte, entlehne ich den Begriff hier für die dreigliedrige Erkenntnisstruktur als Grundlage des Forschungsprozesses.

allgemeinen anderen Aussagen (:= Hypothesen) kraft logischer Schlußregeln; sind die Hypothesen (systemimmanent) wahre Aussagen – also Axiome oder ein Gesetz (griechisch: nomos) – so ist der Einzelfall bzw. die These deduktiv (:= herausgeführt) beweisbar. Das Explanans einer solchen deduktiven Erklärung besteht aus einem Gesetz (in der Form „Wenn ..., dann ...") und der darin geforderten, empirisch belegten Ursache, der Anfangs-, Rand- bzw. Antezedenzbedingung; das Explanandum besteht aus dem beobachtbaren singulären Ereignis als zu erklärendem Phänomen. – Diese Definition enthält mit den drei Komponenten spezielle Ausprägungen der Ankerfelder, die ich für das weiterzuentwickelnde Trivium der Erkenntniswege benutzen will: Das Gesetz als Teil der theoretischen und konzeptionellen Aussagen, die Randbedingung als Teil der Zusammenhangsstrukturen bzw. Rahmenbedingungen, das zu erklärende singuläre Ereignis als Teil des empirischen Materials. – Das typische Erhebungsdesign für deduktives Vorgehen ist das *Experiment*. In allen Natur- und Ingenieurwissenschaften finden klassische Laborexperimente Verwendung, im Rahmen der Geistes- und Gesellschaftswissenschaften hauptsächlich in der Psychologie, der Sozialpsychologie und der Pädagogik. Als Verfahrensdesign ist es in Form von 'natürlichem Experiment' oder Quasi-Experiment oder qualitativem Experiment in allen Geistes- und Gesellschaftswissenschaften zu finden.

Induktion (:= das Hineinführen, Einspeisen) wird im allgemeinen als das Gegenteil der Deduktion proklamiert. Als wissenschaftliche Methode bedeutet sie, von einer Anzahl begründeter Einzelaussagen über Objekte aus einem Bereich per Induktionsschluß auf die allgemeine Gültigkeit bzw. generelle Aussage für alle Objekte des fraglichen Bereichs zu schließen. Das Hauptproblem analytischer Wissenschaftstheorie mit diesem Erkenntnisweg besteht darin, daß im Sinne moderner Logik (unvollständige) Induktionen niemals schlüssige Beweise liefern können, sondern nur Wahrscheinlichkeitsaussagen. Letztere gelten dann als zu prüfende Hypothesen. Allerdings sind sämtliche Wissenschaften auf induktives Vorgehen angewiesen, wenn sie nicht auf Formulierung allgemeiner Sätze bzw. Theorien verzichten wollen. – Im induktiv arbeitenden Forschungsprozeß ist auf der Startebene also immer das empirische Material vorhanden. Allein schon durch die Formulierung und Auswahl des Bereiches und der an den Objekten zu beobachtenden Variablen werden zudem mögliche Variationen bzw. Vergleiche und damit potentielle Zusammenhangsmuster determiniert. Somit geht auch der Induktionsweg nicht von dem Punkt einer begründbaren Einzelaussage aus, sondern von einer Ebene, gebildet aus vielfältigen Beobachtungen von Objekten eines Bereiches – als empirisches Material – und aus implizierten Vermutungen über wirkungsrelevante Rahmenbedingungen – als Zusammenhangsstruktur. Der Schluß auf zu verallgemeinernde Sätze ist also keineswegs eine bloße Umkehrung zur Deduktion, sondern teilt mit dieser sogar die vorausgesetzten Randbedingungen. – Das typische Erhebungsdesign für induktives Vorgehen ist das *Survey*-Verfahren. Als historisch bedeutsam sind diesbezüglich die großen sozialpolitischen Enqueten im Europa des 19. Jahrhunderts anzuführen, sowie die Social Surveys in den USA der 20er Jahre und die Soziographie der „Österreichischen Wirtschaftspsychologischen Forschungsstelle" im Wien der 30er Jahre dieses Jahrhunderts. Heute wäre die Grounded Theory als im wesentlichen induktiv vorgehend einzustufen, zumindest ist ihre Methodik auf Theorieentwicklung ausgerichtet.

Wenn das Verhältnis von Deduktion und Induktion nicht als klassischer Gegensatz aufrechterhalten werden kann, ist mindestens eine dritte Möglichkeit in dem von mir konstruierten Modell der Erkenntniswege offen – nämlich der Schluß von der Ebene des empirischen Materials verbunden mit theoretischen und konzeptuellen Aussagen auf die Zusammenhangsstruktur. Im Sinne von Charles Sanders Peirce (1983, S. 90ff.) wird dieses Schlußfolgerungsverfahren, bei dem theoretisches Wissen als Heuristik eingesetzt wird, abduktiv genannt (vgl. Rosenthal 1990, S. 248). *Abduktion* (:= das Wegführen, Abspreizen) wird im Wörterbuch nur als medizinischer Begriff aufgeführt, als das Bewegen von Körperteilen von der Körperachse weg. Und durchaus entsprechend ist die Vorgehensweise beim Abduktionsschluß: Das empirische Material eines Falles wird mit Hilfe aller zugänglichen, interpretierenden Aussagen – gleichgültig, ob aus der Alltagserfahrung, oder aus wissenschaftlichen Theorien durchaus unterschiedlicher Reichweite stammend – in kontrastierende Lesarten aufgefächert – der Abduktionsschluß setzt sich dabei „immer aus Erfahrungen und Spekulationen über Unbekanntes zusammen" (Reichertz, 1986, S. 26); eine sequentielle Abarbeitung entlang des Materials führt zu einer Rekonstruktion deutungs- und handlungserzeugender Tiefenstrukturen. – Das typische Erhebungsdesign für abduktives Vorgehen ist die *Fallstudie*. Es gibt heute verschiedene Forschungsansätze, die mittels Abduktionsschluß versuchen, latente Bedingungsstrukturen aufzudecken: Dazu gehören Oral History, psychoanalytische Sozialpsychologie, strukturale Hermeneutik, phänomenologische Sozialforschung oder ethnomethodologische Arbeiten.

Diese *dreistellige Relation* der Schlußweisen wird von Charles Sanders Peirce[43] um die Jahrhundertwende für die Logik der Wissenschaften reformuliert – nachdem die Begriffe in der Antike schon bekannt und in ähnlichem Sinne gebraucht worden waren (Peirce, 1983, S. 89ff.). Die drei Schlußmodi hängen eng zusammen mit seiner Auffassung von der triadischen Relation des Zeichens, woraus er seine Semiotik entwickelt:

---

43   Charles Sanders Peirce (1839-1914) war zunächst Astronom am Harvard Observatorium, später Physiker im Dienst der amerikanischen Küstenvermessung und schließlich Dozent für Logik in Baltimore. Er begründete den Pragmatismus, den Karl-Otto Apel (1975) als dritte philosophische Richtung – neben Marxismus und Existenzphilosophie – sieht, in der Theorie und Praxis faktisch vermittelt werden sollen. Peirce entwickelte unabhängig und parallel zu Gottlob Frege (1848-1925) die Quantorenlogik/das Prädikatenkalkül und entwickelte die Relationenlogik weiter. Seine Kategorienlehre findet gegenwärtig insbesondere in an semiotischen Prozessen orientierten Handlungstheorien Verwendung.

„Ein Zeichen (Repräsentamen) steht in Relation zu einem Gedanken, der es interpretiert (Interpretant), und es ist ein Zeichen für ein Objekt durch eine Qualität, die es mit seinem Objekt in Verbindung bringt" (zit. n. Kunzmann, u.a., 1991, S. 173).

Diese Relation von *Zeichen – Gegenstand – interpretierendem Bewußtsein* ist nicht auf eine Zweierbeziehung reduzierbar. Peirces Ziel war es, in einer Hegels dialektischem Dreischritt nachgebildeten Konstruktion der Philosophie eine Lehre von der Realität zu begründen, die von den traditionellen erkenntnistheoretischen Positionen unabhängig ist – insofern Ontologie nicht mehr unabhängig von Erkenntnistheorie sei – und die traditionelle Scheidung zwischen theoretischer und praktischer Philosophie hinter sich läßt – indem Logik wie Ethik als normative, selbstkontrolliertes Verhalten bewirkende Disziplinen verstanden werden. Der dies formulierende pragmatistische Ansatz will aufgrund wissenschaftlich geklärten und auf experimentelle Erfahrung gegründeten Denkens und Sprechens Antworten geben für die konkrete Lebenspraxis. Die 1878 formulierte „pragmatische Maxime" lautet:

„Überlege, welche Wirkungen, die denkbarerweise praktische Relevanz haben können, wir dem Gegenstand unseres Begriffes in unserer Vorstellung zuschreiben. Dann ist unser Begriff dieser Wirkung das Ganze unseres Begriffs des Gegenstandes" (zit. n. Kunzmann u.a., 1991, S. 173).

Diese Maxime zielt nicht auf faktisch eintretende Folgen, sondern auf die möglichen, im Gedankenexperiment begrifflich erschlossenen praktischen Konsequenzen. Solches erfordert nahezu zwingend das Argument der Abduktion, das von einer „überraschenden Erfahrung" ausgeht, eine wahrscheinliche „VorAussage" formuliert und so eine „erklärende Hypothese"[44] aufstellt (Peirce, 1983, S. 95f). Die damit gewonnenen Ergebnisse müssen sich bewähren in einem kommunikativen Prozeß miteinander Handelnder und Forschender. Einen ausführlichen Vergleich der drei Schlußweisen für die „empirisch begründete Theoriebildung" nimmt Udo Kelle (1994) vor.

Meine Darstellung der drei Schlußmodi knüpft also an die logische Struktur pragmatistischer Zeichentheorie an: Das Trivium ist nicht mehr einer dichotomen Form verhaftet, wie sie die Auseinandersetzungen des Wissenschaftsalltags oft nahelegen. Allerdings sind die Schlußweisen, im Peirceschen Sprachgebrauch Argumente, noch weiter zu hinterfragen hinsichtlich ihrer Verwendung in der wissenschaftlichen Forschungspraxis. Dazu will ich versuchen, die Form weiter zu differenzieren: Die Erkenntniswege gehen jeweils von einer Ebene aus, die von zumindest zwei Komponenten aufgespannt wird. Meine praktische Erfahrung lehrt mich jedoch, daß die Ursprungsidee eines Forschungsvorhabens zumeist von einer dieser Komponenten her gedacht wird. So möchte ich als nächstes versuchen, die unterschiedlich möglichen Erkenntniswege in dem von mir entwickelten triadischen Modell zu konkretisieren.

---

44 Diese Qualität macht die Abduktion zur typischen ‚Sherlock-Holmes-Methode‘, die in der Kriminalliteratur vielfach verwandt wird und z.B. von Umberto Eco, einem Semiotik-Professor, entsprechend rezipiert wird (1990).

Beim abduktiven Vorgehen liegt das Erkenntnisziel in der *Dechiffrierung der den Erscheinungsformen zugrundeliegenden Struktur.* Je nach Schwerpunktsetzung auf der Ausgangsebene prägt sich der Forschungsprozeß anders aus und verlangt damit nach verschiedenen Forschungsstrategien. Wenn die Verankerung ursprünglich im empirischen Material liegt und dieses sodann auf dem Hintergrund bekannter Aussagen betrachtet wird, ergibt sich eine wahrscheinliche *Vor-Aussage* über den Verlauf zukünftiger Erfahrungen auf dem Weg zum Strukturerkennen. Dieser wird z.B. in der biographischen Analyse verwendet, wenn aufgrund objektiver bzw. erster persönlicher Daten oder Interviewpassagen Erwartungen den späteren Text bzw. Lebensweg betreffend formuliert werden. Am bekanntesten sind solche Voraussagen derzeit bezüglich wirtschaftlicher Entwicklungen: D.h., aufgrund ökonomischer Bildungsgesetze werden bisherige Daten für die Zukunft fortgeschrieben und bilden mit ihren Kurvenverläufen eine Strukturaussage. Gehen ForscherInnen im Abduktionsschluß jedoch eher von einem theoretischen Konzept aus, so haben sie an ihre Daten bestimmte Erwartungen im Hinblick auf deren Existenz und mögliche Anordnung. Damit ergibt sich als Arbeitsweg idealerweise die *Beschreibung.* Typisch für dieses Vorgehen ist ein Großteil ethnologischer Forschung, die versucht, möglichst selbstreflexiv mit den wahrnehmungslenkenden theoretischen Vorkenntnissen umzugehen, oder andere entsprechende Explorationen, gleichgültig ob qualitativ-interpretierend oder in Grundzügen quantifizierend. In diesem Sinne abduktiv arbeitet übrigens auch die gesamte Deskriptivstatistik mit den üblichen Grundauszählungen und den Zusammenhangsmaßen, da eine Datenauswahl immer schon theoretische Entscheidungen voraussetzt und die Darstellung mittels Graphik, Tabelle oder monovariater bzw. bivariater Kennwerte Verteilungsaussagen im Sinne von Strukturaussagen liefert.

Beim induktiven Vorgehen liegt das Erkenntnisziel in der *Entwicklung verallgemeinerbarer Aussagen.* Sind dabei strukturelle Annahmen prägend für den beginnenden Forschungsweg, so werden bezüglich des empirischen Materials *Unterschiedsanalysen* im Hinblick auf Theoriebildung vorgenommen. Am vertrautesten sind beim standardisierten Arbeiten diesbezüglich Inferenzstatistiken für Stichprobenunterschiede im Rahmen der Schätzstatistik samt der zugehörigen Stichprobentheorie und beim interpretierenden Arbeiten kontrastierende Analysen mit bewußter Vorauswahl. Liegt dagegen der anfängliche Schwerpunkt auf dem Datenmaterial und werden Strukturkategorien erst zweitrangig hinzugezogen, um zu verallgemeinerbaren Aussagen zu gelangen, so wird der Forschungsprozeß durch eine *Typenbildung* geprägt. Beim quantifizierenden Arbeiten sind die beiden bekanntesten Analyseverfahren dafür die Faktoren- und die Clusteranalyse. Bei der qualitativ ausgerichteten Soziographie waren es die zu bildenden Leitbegriffe und in der Biographieforschung sind es z.B. Idealtypen einer bestimmten Teilpopulation.

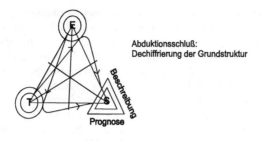

Abduktionsschluß:
Dechiffrierung der Grundstruktur

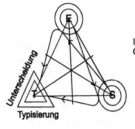

Induktionsschluß:
Generierung allgemeiner Aussagen

Deduktionsschluß:
Überprüfung von Setzungen

Abbildung 4:

Kennzeichnung der Erkenntniswege im Trivium bei unterschiedlicher
Verankerung der Ausgangsannahmen; die drei Ankerfelder sind E:= em-
pirisches Material, T := theoretische und konzeptuelle Aussagen, S :=
(Zusammenhangs-)Struktur. Quelle: eigene Darstellung.

Beim deduktiven Vorgehen liegt das Erkenntnisziel in der *Überprüfung und*
Sicherung der vorgenommenen Setzungen. Bezieht sich die Ausgangsfra-
gestellung im Deduktionsschluß im wesentlichen auf die Reichweite des
theoretischen Konzeptes, so ist qua Variation verschiedener Rahmenbedingungen im Hinblick auf das potentiell zur Wahl stehende empirische Material
eine *Verfeinerung* der theoretischen Konzeption zu erreichen. Wird andererseits eine Strukturkategorie als Realität grundlegend konstituierend angesehen, so wird anhand unterschiedlicher Theorierahmen versucht, mit den

Ergebnissen der Empirie den *Einflußbereich* der Strukturkategorie *auszudehnen*. Beide deduktiv orientierten Wege sind in unzähligen experimentell angeordneten Forschungen anzutreffen, wobei ich zugleich darauf hinweise, daß diese nicht nur die bekannteren messenden Laborexperimente, sondern das ganze Spektrum bis hin zum qualitativen Experiment (vgl. Kleining, 1991 b) umfassen. Statistisch spiegelt sich diese Schlußweise in der Teststatistik sowie den darauf aufbauenden multivariaten Verfahren.

Wenn ich nun mein Modell auf dem Hintergrund der Forschungserfahrung betrachte, so ist klar, daß auch die soeben durchgeführte Differenzierung noch längst nicht alle möglichen Wege der verschiedenen Forschungsprozesse abbildet. Aber eine gewisse Teilmenge ist zumindest über Kombinationen angeführter Teilstücke zu bilden. Niemand denkt und forscht nur in eine Richtung: Wer im Grunde deduktiv arbeitet, muß bzw. sollte die aus den Daten gewonnenen Erkenntnisse in die theoretischen Kategorien und Konzepte aufnehmen; wer im wesentlichen induktiv vorgeht, flicht die herausgefilterten Theoriekonstrukte in die Anordnung des weiter zu erforschenden Materials ein; wer den Forschungsprozeß mittels Abduktion beginnt, nutzt entzifferte Strukturen, um die konzeptuell herleitbaren Interpretationsalternativen neu aufzufächern. Ähnliches steht in jedem Lehrbuch hinsichtlich des Ablaufes von Forschungsprozessen.

Was ich hoffe, mit meinem Modell deutlicher machen zu können, ist, daß der Forschungsprozeß nicht nur ein ‚Hin und Her‘ (induktiv-deduktiv) bleibt, sondern durch mindestens drei Stadien ‚rechtsherum‘ oder ‚linksherum‘ verläuft: Auf die Vor-Aussage folgt die Unterscheidung und auf diese die Verfeinerung, die erneut die Vor-Aussage nach sich zieht, etc. – oder: Auf die Beschreibung folgt die Erweiterung, auf diese die Typisierung und die erneute Beschreibung etc.. Das genuine Erkenntnisziel bestimmt dabei den Anfang und die ‚Färbung‘ des Forschungsganges, aber nur bedingt – z.B. durch Zeit- oder Mittelbegrenzung – das Ende. Dies erinnert sehr an die klassische hermeneutische *Spirale*[45] der Erkenntnisgewinnung, wobei mir gerade die mehr als zwei Stationen auf einer Spiralschleife wichtig sind, um die Begrenzungen des zuvor beklagten Dualismus aufzulösen. Der Standardisierungsgrad der Forschung von sprachlich rekonstruierend (statt qualitativ) bis statistisch modellierend (statt quantitativ) verhält sich meines Erachtens wie eine unabhängige Dimension auf der Ebene des Erkenntnisprozesses. Diese eher

---

45 Hermeneutik ist eine Lehre der Textauslegung, von der es die verschiedensten Spielarten zwischen Kunstlehre und philosophischer Erkenntnistheorie gibt. Die ‚hermeneutische Spirale‘ bzw. der ‚hermeneutische Zirkel‘ gehört als Vorgehensweise in die sozialwissenschaftliche Methodendiskussion: Gemeint ist damit der wechselseitige Beeinflussungsprozeß zwischen dem Subjekt und einem unter ständig neuen Gesichtspunkten zu verstehenden Objekt. Durch interaktive Annäherung beim wiederholten Durchlaufen des Zirkels vertieft und ergänzt sich das Verständnis des Objektes in seinen Teilen und als Ganzes. Ich präferiere den Begriff ‚Spirale‘, um deutlich zu machen, daß ich nach einer ‚Umrundung‘ nicht wieder zu derselben Position gelange, sondern zu einer durch Erkennen veränderten bzw. verschobenen ähnlichen.

‚nachgeordnete' Dimension entspricht einem nicht zwingend linearen, stetigen Spektrum. Damit würde aus einem ‚kreisförmigen' Forschungsprozess ein zumindest ‚zylinderförmiger', wenn z.b. für aufeinanderfolgende Teilwege unterschiedliche Standardisierungsstufen zur Anwendung gelangten.

2.5 Operationalisierungen der Forschungspraxis

Im konkreten Forschungsprozeß hat jedes Forschungssubjekt – fokussiert durch die soeben differenziert geordnete anfängliche Zielsetzung – zahlreiche Entscheidungen hinsichtlich des Interaktionsprozesses zwischen Gegenstandsbereich und gewähltem Ordnungssystem zu treffen (semantische Dimension vgl. Ausführungen zu Abbildung 1). Die Operationalisierungsschritte eines Untersuchungsablaufes sind nach der theoretischen Eingangsphase mindestens noch zu unterscheiden in *Datenauswahl* und *Datenanalyse*. Beginnend mit der Datenauswahl ist zu entscheiden, ob für meine Fragestellungen bzw. für Teile derselben bereits zugängliches Material gesammelt wurde oder ob ich die mir relevant erscheinenden Daten selbst erheben muß. Zumindest ist einem Prinzip der Sparsamkeit zu folgen, daß ich keine Informationen selbst erhebe, die bereits existieren und die relativ leicht einsehbar sind. So stehen die Datensätze der statistischen Bundes-, Landes- und der kommunalen Ämter in der Regel sowohl EDV-aufbereitet als auch in papierener Form als Jahresbücher etc. zur Verfügung. Und innerhalb der scientific community ist es üblich, ‚abgearbeitete' Datensätze den KollegInnen zur Verfügung zu stellen. Auf solch existierendem Material fußende Untersuchungen werden *Sekundäranalysen* genannt. In der raumbezogenen Forschung wird viel mit bereits aufbereitetem Material gearbeitet, wie u.a. zahlreiche Studien der Bundesforschungsanstalt für Landeskunde und Raumordnung (BfLR)[46] oder der Landesinstitute (ILS; IRS) zeigen. So beruhen die meisten demographischen[47] Analysen oder Teile der Gentrification-Forschung (beides beispielhaft in Friedrichs, 1988) auf fremderhobenen Datensätzen. Die Nachteile wiegen je nach Problemstellung unterschiedlich schwer: Häufig sind nicht alle interessierenden Variablen erhoben worden oder die Daten sind nicht kleinteilig genug auszufiltern, wenn eher auf Stadtteil- oder gar Haushaltsebene untersucht werden soll, oder aufgrund unterschiedlich strukturierter Datensätze sind die relevanten Vergleiche nicht möglich oder – als grundsätzlicheres Argument – das zugrundeliegende Ordnungssystem paßt nicht zur eigenen Forschungsintention. Dann folgert – zu-

---

46 Die BfLR stellt auch selbst raumbezogene Datensätze zusammen: Das Informationssystem der Laufenden Raumbeobachtung findet in der Zeitschrift „Informationen zur Raumentwicklung" seit 1984 häufig seinen Niederschlag.

47 Demographie beinhaltet die Untersuchung und Beschreibung von Zustand und zahlenmäßiger Veränderung einer Bevölkerung oder ihrer Teile (vgl. Sturm, 1996).

mindest für Teile der Untersuchung – eine *primäre Bestandsaufnahme bzw. Datenerhebung*.

So wie das empirische Relativ als Ordnungsstruktur die Doppelperspektive von Elementen und Beziehungen aufweist, werden Methoden auch im Operationalisierungsprozeß der Datenerhebung auf doppelte Art und Weise spezifiziert: einerseits als Instrumente bzw. Methoden im engsten Sinne und andererseits als Strategien bzw. Verfahren. Diese Unterscheidung wird in älteren Lehrbüchern noch kaum getroffen (z.b. Friedrichs, 1980/73) und in neueren zunehmend als „Datenerhebung" und „Untersuchungsformen" unterschieden (z.b. Schnell, Hill & Esser, 1988; Diekmann, 1995). Die Zuordnung der verschiedenen Techniken erfolgt allerdings noch recht unklar. Um speziell im Zusammenhang mit bzw. Unterschied zu Planungsmethoden und –verfahren einen eindeutigen Sprachgebrauch vorzuschlagen, werde ich im folgenden von (Datenerhebungs-)Instrumenten und (Untersuchungs-) Strategien sprechen. Bevor ich diese nun kurz in ihren verschiedenen Ausprägungen vorstelle, möchte ich darauf hinweisen, daß diese Techniken im Prinzip alle miteinander kombinierbar sind und so eine Vielzahl verschiedener Forschungspläne ermöglichen.

Als *Datenerhebungsinstrumente* stelle ich drei Grundformen vor (wie z.B. Kromrey, 1986): Beobachtung, Befragung, Inhaltsanalyse – wobei sich die Reihenfolge aus der Entwicklung alltäglicher menschlicher Fähigkeiten ergibt, die in wissenschaftlich kontrollierbare Instrumente gefaßt werden. Jede dieser drei Grundformen steht mit einem Variationsspektrum von unstandardisiert bis standardisiert zur Verfügung, wobei ich betonen möchte, daß unstandardisiert nicht gleichbedeutend mit unsystematisch-willkürlich ist (im Gegensatz zu zahlreichen Lehrbuchautoren wie z.B. Kromrey, 1986, S. 189). Es bedeutet für mich statt dessen, daß ein Klassifikationssystem nicht vor Beginn der Datenerhebung festliegt, sondern erst schrittweise im Auswertungsprozeß am Material entwickelt wird. Diesen Aspekt diskutiere ich zum Abschluß dieses Abschnitts ausführlicher hinsichtlich der Kriterien für qualitatives oder quantitatives Vorgehen.

Beobachtung ist nicht nur die ursprünglichste Form alltäglichen Lernens, sondern auch im weitesten Sinne Teil sämtlichen empirischen Forschens – ob ich nun die Zeigerposition eines Meßgerätes ablese oder Antwortmarkierungen in einem ausgefüllten Fragebogen, ob ich die Geräusche, Gerüche, das Licht, die Farben und die Temperatur eines Ortes registriere oder den Ablauf eines Festes, einer Gesprächsrunde, eines Arbeitsvorgangs etc. verfolge. Zur Systematisierung wissenschaftlicher Beobachtung greife ich auf die Definition von K. E. Weick (1968, zit. n. Friedrichs, 1980, S. 269) zurück: „Eine Beobachtungsmethode ist definiert als Selektion, Provokation, Protokollierung und Codierung von Verhalten und Gegebenheiten im Hinblick auf ... (die) empirischen Ziele". Beim systematischen Beobachten werden so Abläufe von natürlichen, tierischen, menschlichen Verhaltensweisen bzw. Veränderungen von Materialitäten und strukturellen Zusammenhängen erfaßt. Die Vorteile empirischer Beobachtung hängen eng mit ihren Nachteilen zusammen: Im Gegensatz zur Inhaltsanalyse wird Beobachtung für sich rasch ändernde, ‚lebendige' Gegebenheiten eingesetzt, was zur Überforderung der BeobachterInnen führen kann, zumal Beobachten das Identifizieren der ‚Elemente einer Beobachtungssituation' mittels aller (!) Sinnesorgane heißt. Gerade in der Raumwahrnehmung kommt es häufig auf Nicht-Offensichtliches, wie Spuren, Zeichen und Symbole (u.a. Jüngst, 1984) an, die zunächst überhaupt registriert werden müssen. Insofern sind die Selektionsebenen der Zuwendung, der Wahrnehmung und der Erinnerung besonders zu reflektieren, um Verzerrungen im Lichte der Forschungshypothesen oder aufgrund von Gewohnheiten zumindest zu kontrollieren. Entsprechendes gilt für die Beobachtung nonverbaler Kommunikation und komplexer Interaktionssituationen, die schwer zu überblicken sind, wie z.b. die Nutzung eines Platzes bzw. der Bahnhofshalle oder die Dynamik einer BürgerInnenversammlung bzw. eines Marktes. Beobachtung ist immer zu verwenden beim Feld-Einstieg sowie bei Sprachproblemen oder Fremdheit. Allerdings steigt dabei die Gefahr von Fehlinterpretationen des beobachteten Geschehens, insbesondere in fremden Kulturen oder fremden Sozialmilieus (z.b. Fiege & Zdunnek, 1993). Beobachtung ist zudem die einzige Möglichkeit, Verhalten zu erfassen, was vor allem wichtig ist, wenn von einer – meist aufgrund sozialer Erwünschtheit induzierten – Diskrepanz zwischen Einstellungen und Verhalten ausgegangen werden muß. So weisen derzeit alle diesbezüglichen Befragungen weitreichende Kenntnisse um ökologische Zusammenhänge nach – das alltägliche Tun entspricht diesem Bewußtsein jedoch wenig (dazu auch Meder, 1992).

Im Spektrum der die Raumplanung konstituierenden Disziplinen gibt es Beobachtungsstudien nahezu jeglicher Färbung: Am stärksten dem materialen Raum verhaftet sind Zählungen z.b. hinsichtlich von Nutzungsfrequenzen oder traditionelle Kartierungen von Gebäude- und Flächenzuständen etc. (z.b. Meisenheimer, o.J.). Die Wirkung bestimmter Orte bzw. deren Rezeption kann durch mental mapping (z.b. Lynch, 1975; Wehling, 1981) oder Beurteilung mittels semantischer Differentiale (Nestmann, 1987) aufgenommen werden. Aktivitätsmuster sind z.b. mittels Stadtbeobachtungsmethode (Günter, 1973) aufzeigbar, die Komplexität einer ortstypischen Sozialstruktur u.a. mittels teilnehmender Beobachtung wie sie Forscher der Chicago-School häufig einsetzten (z.b. Whyte, 1956 oder Voss, 1983), die Materialisierungen vergangenen Lebens anhand von Spuren (z.b. Hard, 1989) oder mit der „Spaziergangswissenschaft" von Lucius Burckhardt (1987, 1988, 1990, 1995; dazu Fuchs, 1993) und die subjektiv erfahrungsbegründete Konstitution von Räumen z.b. mittels Rollenspiel (u.a. Scheibing, 1996) oder raumzentriertem Assoziationsdrama (Jüngst & Meder, 1988, 1993). Insgesamt erweist sich Beobachtung als Eingangsinstrument raumplanerischer Bestandsaufnahme als unverzichtbar.

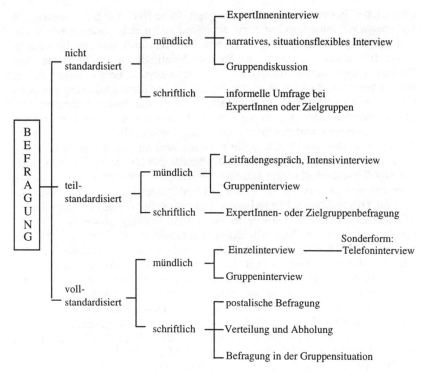

Abbildung 5:
Formen der Befragung. Quelle: Kromrey, 1986, S. 212.

Beinhalten die als Forschungsinteresse formulierten Fragen an den Raum Aspekte seiner gesellschaftlichen Bedingtheit, dann reicht eine Erfassung mittels der fünf Sinne nicht aus. Zu den fünf W der Beobachtung – Wer, Was, Wann, Wo und Wie – kommt ein sechstes hinzu – Warum – als Frage nach Qualitäten und Begründungszusammenhängen. Als Erhebungsinstrument, das insbesondere auf die soziale Konstituiertheit des Raumes abzielt, ist die *Befragung* weit verbreitet und differenziert entwickelt – nicht nur als „Königsweg" der Sozialforschung (König, 1952).

Die Bevorzugung von Befragungstechniken in der Soziologie[48] hat zu einer umfangreichen Diskussion der Fehlerquellen geführt, die heute grob in drei Kategorien unterteilbar sind (Diekmann, 1995, S. 382ff.): Zum einen sind die Befragtenmerkmale zu beachten, wobei insbesondere der Effekt so-

---

48 Andreas Diekmann (1995) hat bei einer Durchsicht der drei großen deutschen soziologischen Fachzeitschriften festgestellt, daß zwischen 1989 und 1993 von den Artikeln mit Analyse empirischer Daten 70% auf Daten beruhten, die mittels Befragung erhoben worden waren.

zialer Erwünschtheit, systematische Antwortmuster und die Meinungslosigkeit Probleme bereiten. Zum anderen spielen Merkmale des Interviewers bzw. der Interviewerin eine Rolle, vor allem Geschlecht, Alter, Kleidung und Sprache zusammen mit (non-)verbal vermittelten Erwartungshaltungen. Die möglichen InterviewerInneneffekte sind Teil der gesamten Interviewsituation, bei der das Umfeld und die einflußnehmende Anwesenheit Dritter zu berücksichtigen ist. Und schließlich geht es um die Fragemerkmale, insbesondere um Formulierung, Position im Befragungsablauf und bei geschlossenen Fragen um den Effekt von Antwortkategorien. Alles zusammen verdeutlicht, daß jegliche Befragung eine hochkomplexe soziale Situation ist, die schwer zu kontrollieren ist, bzw. wo die mögliche Kontrolle durch Standardisierung und Distanz (bei schriftlichem oder telephonischem Interview) abzuwägen ist gegen unerwartete, für die theoretische Zielsetzung eventuell wichtige Erzähl- oder Gesprächsinhalte.

Raum(planungs)relevante Studien weisen nahezu das gesamte Spektrum der möglichen Befragungsformen auf. Dabei sind schriftliche, vollstandardisierte Befragungen bis in die 80er Jahre hinein vorherrschend, während inzwischen zunehmend auch nichtstandardisierte Befragungsformen eingesetzt werden und vor allem sehr viele kombinierende Erhebungstechniken. Befragungen werden hauptsächlich eingesetzt, um Einstellungen der NutzerInnen zu ihrer Stadt oder Region, zum Stadtteil oder Wohnquartier, zu Infrastruktureinrichtungen und politischen Entscheidungsstrukturen zu erheben. Eine Ausnahme bildet die Aktionsraum- bzw. Raum-Zeit-Struktur-Forschung, die in Fortsetzung der Arbeiten von Torsten Hägerstrand (1970) zunächst die Bewegungsmuster städtischer Bevölkerung mit sehr stark standardisierten Fragebogen erhob (Clar, Friedrichs & Hempel, 1979) und bis heute einen differenzierten Methodenmix entwickelt hat, zu dem im Kern wenig standardisierte Leitfadeninterviews gehören (Kreibich, Krella, v. Petz & Potz, 1989; Heitkamp, 1993). Klassische, im Schwerpunkt standardisiert vorgehende Befragungsstudien waren bis Ende der 60er Jahre die Gemeindestudien (z.B. Zoll, 1974; Ellwein & Zoll, 1982 als eine der letzten), gefolgt von zahlreichen Evaluationsuntersuchungen vor allem im Zusammenhang mit Sanierungsprogrammen (z.B. Hoffmeyer-Zlotnik, 1977; Kromrey, 1981; Becker & Schulz zur Wiesch, 1982). Mit standardisierten Befragungen wird aktuell zu städtischen Lebensstilen geforscht (z.B. Herlyn, Scheller & Tessin, 1994) und bzgl. Verkehrsverhalten haben neben den üblichen Haushaltsbefragungen (Holz-Rau & Kutter, 1991; Kloas & Kunert, 1993) Oscar & Ulrike Reutter (1996) das in der Raumplanung noch selten eingesetzte Telephoninterview verwendet (vgl. auch Gnad, Kupka & Schelte, 1989). Der alternative Pol des Standardisierungsspektrums wird für raumplanungsrelevante Befragungen verstärkt seit Ende der 70er Jahre entwickelt: Um kommunale Verwaltungsstrukturen adäquat untersuchen zu können, entwickelte Fritz Schütze das narrative Interview (1977). In Wiederbelebung auch anderer ‚qualitativer‘ Techniken entstanden bis heute als raumfokussierende Befragungsinstrumente das biographische Interview (R. Breckner, 1993 a, b), die Gruppendiskussion (Mussel, 1992), die narrative Stadtanalyse (Willinger, 1995) oder die Verwendung autobiographischer Texte (Caesperlein, Gliemann & May, 1996).

Das dritte Instrument der Datenerhebung – die *Inhaltsanalyse* – ist zwar auch Erhebungsinstrument, leitet aber zugleich schon stark über zu den Auswertungstechniken bzw. bildet die Grundlage für viele. Alternative Begriffe sind Text-, Dokumenten- oder Bedeutungsanalyse. Sich aus der klassischen Hermeneutik ausgliedernd ist die Inhaltsanalyse als vornehmlich kommunikationswissenschaftliche Technik zu Anfang des Jahrhunderts vor allem zur Analyse der entstehenden Massenmedien entwickelt worden. Im Unterschied zu Beobachtung und Befragung werden die Daten aus bereits vorliegendem Material herausgezogen. Als Material finden jegliche Mitteilungen Verwendung, also nicht nur sprachliche Texte, sondern auch Photos, Filme, Musikstücke, künstliche Arrangements und Gestaltungen – immer der Kurzformel folgend „Wer sagt was zu wem mit welcher Wirkung?" Da solche Dokumentationen über lange Zeiträume zur Verfügung stehen, ist die Inhaltsanalyse vor allem zur Untersuchung von langfristigem Wandel geeignet, gehört also auch genuin zu den für historische Fragestellungen prädestinierten Erhebungsinstrumenten. Bei der systematisch quantifizierenden ‚empirischen' Inhaltsanalyse (Kromrey, 1986) lassen sich vier gebräuchliche Formen unterscheiden: die Frequenzanalyse zur Klassifikation von Textstellen (z.B. gab es vor 15 Jahren in ministerialen Verlautbarungen noch kaum das Wort ‚Umwelt'), die Valenzanalyse bezüglich des Trends von Bewertungen, die Intensitätsanalyse hinsichtlich der Stärke von Bewertungen und die Kontingenzanalyse, um den Zusammenhang verschiedener sprachlicher Elemente aufzudecken. Da diese Ansätze aber vornehmlich auf die eher formale Ebene der Syntax abzielen und die Semantik und Pragmatik[49] eher vernachlässigen (vgl. Herkner, 1974), wurden mit Augenmerk auf die Kontextabhängigkeit der Bedeutung von Zeichen und Symbolen verschiedene Formen qualitativer Inhaltsanalyse entwickelt (Früh, 1991). Philipp Mayring (1988) unterscheidet zusammenfassende, strukturierende und explizierende Inhaltsanalyse. Als Auswertungsverfahren sind die systematischen Vorgehensweisen oder Spielarten der Inhaltsanalyse grundlegend für nahezu jede Art von erhobenem Material.

Als Erhebungsinstrument ist die Inhaltsanalyse in raumbezogenen Studien weitverbreitet, wenn auch methodisch wenig reflektiert. Vor allem in der Freiraumplanung wird sie bewußt und vielfältig eingesetzt (Hard, 1985, 1993b; Schneider, 1989; Gröning & Herlyn, 1990; Herlyn & Poblotzki, 1992), aber auch zur Materialbeschaffung für alle historischen Vergleiche egal, ob es um Mobilitätsmuster (Schivelbusch, 1979), Stadtgestalt (Scherpe,

---

49 Die Syntax bezieht sich auf die formalen Regeln der Verknüpfung von Zeichen, die Semantik auf die Zuordnung zu Objekten sowie auf die Bedeutung mittels extensionaler und intensionaler Definition, die Pragmatik schließlich auf Herkunft, Art der Verwendung und Wirkung auf die Empfänger.

1988) oder städtische Milieus (Vester u.a., 1993, 1995) geht. Teils wird mit Photos gearbeitet (Ballhaus, 1986), teils mit Schulaufsätzen (Jahoda, Lazarsfeld & Zeisel, 1933), teils mit Zeitungsanzeigen u.ä. Dabei ist zu bemerken, daß die Wohnungsmarktbeobachtung (Kreibich, Döhla & Westphal, 1994) auch per Inhaltsanalyse und nicht per Beobachtung erhoben wird – auch wenn die beiden Instrumente sich teilweise sehr ähneln. Nicht vergessen werden sollen die für Stadt- und Regionalplanung üblichen Quellen wie die Unterlagen des Katasteramtes (Ipsen u.a., 1992), Zeitungsarchive, Reisefilme oder -berichte, Verwaltungsakten oder etwas ausgefallener für die Quartiersuntersuchung: Plakate, Schaufenster, Autoaufkleber, Fenstergestaltung, Türklingeln, Mülleimerinhalt, Graffiti etc. Insgesamt geht es bei raumfokussierter Inhaltsanalyse häufiger um die Sprache der Gegenstände (Baudrillard, 1991) als z.B. in der Soziologie, so daß zusätzliche Informationen über Farben (Heller, 1989) und Formen, wie sie in der Architektur diskutiert werden (z.B. in der Zeitschrift arch[+]), schon für die Datenerhebung unumgänglich sind.

Mit der Entscheidung für eines oder mehrere der vorgestellten Instrumente ist die Planung einer primären Datenerhebung nicht abgeschlossen! Zusätzlich müssen die *Strategien für die Erhebung* festgelegt werden. Da diesbezüglich die verschiedenen Methodenlehrbücher sehr Unterschiedliches präsentieren, stelle ich hier unabhängig davon vier Entscheidungsbereiche vor: das Untersuchungs-Design, den Grad der Kontrolle bzw. Einflußnahme auf den Ablauf der Erhebung, die Materialperspektiven und die Standardisierung der Erhebungssituation und/oder des Instrumentes. Diese Bereiche sind nicht voneinander unabhängig, sondern bestimmte Entscheidungen schließen in der Folge einander aus! Die von mir formulierten vier Strategie-Kategorien sowie die nun folgenden Zuordnungen sind Ergebnis meiner bisherigen Erfahrung mit empirischer Feldarbeit.

Zum *Design* einer Untersuchung gehören die Angaben über Zeitpunkt(e), Ort, Anzahl der Erhebungen und Anzahl sowie Größe der untersuchten Gruppen bzw. Objektmengen. Zu unterscheiden sind einmalige Erhebungen, Folgeerhebungen an gleichen Personen/Objekten mit unterschiedlichen Fragen, Querschnittserhebungen zu einem Zeitpunkt an verschiedenen Kohorten[50] mit dem gleichen Instrument, Längsschnitt- bzw. Panelerhebungen an derselben Kohorte zu verschiedenen Zeitpunkten mit dem gleichen Instrument und Trenderhebungen zu verschiedenen Zeitpunkten an unterschiedlichen Kohorten mit dem gleichen Instrument. Die Untersuchungspopulation kann durch einen Einzelfall, durch (eine) Stichprobe(n) oder die Gesamtheit vertreten werden. Die Auswahl des Designs ist von der forschungsleitenden Hypothese abhängig! So können in Kohortenuntersuchungen je nach Anordnung neben Kohorteneffekten auch Lebenszyklus-(Alters-)effekte oder (hi-

---

50 Eine Kohorte bezeichnet in den Sozialwissenschaften „eine Bevölkerungsgruppe, die durch ein zeitlich gemeinsames, längerfristig prägendes Startereignis definiert ist" (Diekmann, 1995, S. 279f): Alters-, Geburts-, Eheschließungs-, Berufseintritts-Kohorten etc.

storische) Periodeneffekte erfaßt werden. In raumplanungsbezogenen Untersuchungen werden auf Makro- und Mikroebene häufig Designs kombiniert:
So sind die klassischen Gemeindestudien auf der Makroebene Einzelfallun-
tersuchungen, die auf der Mikroebene aber mit Stichprobenbefragungen der
Bevölkerung oder mit Totalerhebungen aller Ratsmitglieder o.ä. operieren
(vgl. auch Flyvbjerg, 1989).

Die zweite Strategieebene bezieht sich auf die *Kontrollmöglichkeiten* in
der Erhebungssituation. Diesbezüglich wird in nahezu allen Methodenbü-
chern die experimentelle Untersuchungsanordnung diskutiert. Dazu haben
D.T. Campbell & J.C. Stanley die verschiedenen Arten von Versuchsplänen
systematisiert und ihre Vor- und Nachteile untersucht (dt. in Bornewaser,
Hesse, Mielke & Schmidt, 1976, S. 186ff.). Alternativ dazu werden quasi-ex-
perimentelle und nicht-experimentelle Untersuchungen mit jeweils weniger
Kontrollmöglichkeiten aufgrund der Anordnung durchgeführt. Für die Evaluation von Maßnahmen können im Prinzip alle zugrunde gelegt werden – in
der Raumplanung sind experimentell angelegte Erhebungssituationen sogar
äußerst selten. Im Rahmen längerfristiger Wirkungsanalysen – z.B. neuer Ab-
fallkonzepte oder veränderter Tempolimits – sind sogar Verbesserungsvor-
schläge erwünscht und in der Untersuchungszeit zwecks Erfolgskontrolle
umzusetzen (vgl. Diekmann, 1995, S. 309ff.). Für die mögliche Kontrolle des
unbeabsichtigten Einflusses von Drittvariablen ist die Umgebung wichtig,
d.h. ob eine Messung im Labor oder im Feld durchgeführt wird. Diese Entscheidung ist für die Raumplanung relativ unwichtig, da – außer Simulationsstudien – Bestandsaufnahmen – wie es der Name sagt – im Feld stattfinden.
Schließlich gehört zum Aspekt der Kontrollmöglichkeit auch die Diskussion
um die Reaktivität verschiedener Instrumente und Erhebungsanordnungen.
Insofern möchte ich reaktive Verfahren nicht – wie z.B. Andreas Diekmann
(1995) – als Erhebungsinstrument einordnen, da meiner Einschätzung nach
für jedes der von mir vorgestellten Basisinstrumente eine vergleichsweise am
wenigsten reaktive Variante gewählt werden kann. Allgemein kann ich sagen: Je weniger Messungen den untersuchten Personen als solche bewußt
sind, als umso weniger reaktiv können sie gelten. Insofern sind Feldexperi-
mente weniger reaktiv als Laborexperimente, Inhaltsanalysen weniger reaktiv
als Befragungen oder Sekundäranalysen weniger reaktiv als Primärerhebun-
gen und deren Auswertung. Es ist wiederum eher zu fragen, welche Kontrollmöglichkeiten ich statt dessen aus der Hand gebe – z.B. kann ich bei einer
bloßen Beobachtung von Spuren zwar Schlüsse auf Interesse an einem Gegenstand oder auf Hindernisse etc. ziehen, weiß jedoch nichts über die NutzerInnen eines Dinges, eines Weges etc., handel mir also ‚Stichproben'probleme im weiteren Sinne ein.

Als dritten Strategieaspekt möchte ich den der möglichen *Perspektiven
auf das Material* anführen. Zum einen spielt dabei die zeitliche Richtung eine
Rolle. Speziell bei der Befragung kann ich nach den aktuellen, spontanen
Einstellungen fragen, jedoch auch retrospektiv die von heute aus erinnerten

58

Vorstellungen oder prospektiv die zukünftig erwarteten erkunden. Dabei ist zu beachten, daß z.B. eine echte Panelbefragung derselben Person andere Differenzen hinsichtlich einer Einstellungsdimension erbringt wie der Vergleich von aktuellen und retrospektiven Einschätzungen. Zum anderen ist entsprechend zu berücksichtigen, ob nach eigenen Urteilen gefragt wird oder nach antizipierten anderer Personen, ob Selbst- oder Fremdbeobachtung durchgeführt wird. Schließlich ist hinsichtlich dieser Strategieebene auch zu entscheiden, ob die Daten von ExpertInnen oder von ‚Betroffenen' als Quasi-ExpertInnen erhoben werden oder im kommunikativen Prozeß z.B. zusammen mit ‚Untersuchten' (vgl. auch Reason, 1994). Üblich ist traditionell ersteres, der zweite Aspekt ist seitens der Frauenforschung und seitens rekonstruierender Strategien u.a. als kommunikative Validierung – also als Kontrolle bzw. aus ethischen Gründen – proklamiert worden. Darüberhinaus sind aber in der Politikforschung und in der Folge gerade auch in den Planungswissenschaften Verfahren entwickelt worden, die eine kommunikative Datenerhebung beinhalten: die Planungszelle (Dienel, 1978), die Zukunftswerkstatt (Jungk & Müller, 1981; Greiwe u.a., 1992) oder das raumzentrierte Assoziationsdrama (Jüngst & Meder, 1986ff.).

Als vierte und letzte hier von mir thematisierte Strategieebene ist der *Standardisierungsgrad der Instrumente und der Erhebungssituation* zu beachten. Diese will ich schon in Überleitung zu einer Darstellung der Datenanalyse als zweite Hauptphase einer Untersuchung und etwas ausführlicher betrachten, da schließlich bezüglich dieser Operationalisierungsentscheidung lange Jahre der Streit zwischen sogenannten qualitativen und quantitativen Vorgehensweisen ausgetragen wurde:

Wenn ich bislang schon Dargestelltes nochmals kurz fasse, verstehe ich – ähnlich wie Gerhard Kleining (1991 a, S. 12) – Methoden als intendierte Handlungsweisen, die zwischen Handelnden und den Gegenständen ihrer Handlungen vermitteln. Dadurch eröffnet sich ein umfassenderes Verständnis der traditionellen Basismethoden Beobachtung und Experiment als dialektisches Verhältnis von rezeptivem und aktivem Handeln. Wissenschaftliche Methoden unterscheiden sich dabei von Alltagsverfahren nur durch ihre bewußte/re Handhabung. Der reflektierte Forschungsvorgang besteht aus einem fortgesetzten dialektischen Vermittlungsprozeß, der über mehrere Stationen verläuft: Zum einen gestalte ich diesen Prozeß als Forschungssubjekt und wirke auf den Forschungsgegenstand ein. Zum anderen bin ich als Mitglied der Gesellschaft bzw. als Teil eines ökologischen Wirkungsgefüges Teil eben dieses beforschten Feldes. Diese Gleichzeitigkeit bewirkt, daß ich auch als erkennend Handelnde hauptsächlich Inhalte aktualisieren kann, die ich als begriffene gesellschaftliche oder ökologische Wirklichkeit bereits realisiert habe. Zwecks wissenschaftlicher Analyse muß die Trennung in Erkenntnissubjekt und Erkenntnisgegenstand vollzogen werden im Bewußtsein der Ineinanderverschränktheit der beiden Positionen – wie ausführlicher schon oben ausgeführt. Entsprechend verhalten sich der empirische Vorgang und der Erkenntnisprozeß parallel zueinander: Auf der einen Seite steht das empirische Material – gleichgültig mittels welcher Erhebungsmethoden zum Faktum geworden – und auf der anderen Seite der von mir als Forschender/m gewählte Entdeckungsprozeß, der qua Variation den Bereich bisheriger Erkenntnis zu verändern sucht. In diesem dialektischen Prozeß werden die Forschenden also zum Bestandteil sowohl der von ihnen gewählten Daten als auch der Entdeckungsstruktur. Dieses Spannungsfeld zwischen Material und pozeßhaftem Vorgehen ist ein Grundmuster für die naturwissenschaftlichen wie für die geisteswissenschaftlichen wie für die kulturwissenschaftlichen Methoden und unterscheidet auch nicht zwischen statistisch-quantifizierender und qualitativ-rekonstruierender Form.

Qualitative und quantitative Methoden *unterscheiden sich* m.E. ausschließlich *hinsichtlich ihres Ordnungsgrades* und der daraus resultierenden Erfordernisse. Insofern halte ich übliche Gegenüberstellungen (z.B. Lamnek 1988, S. 244) eher für irritierend. Daß die Entscheidung für quantitatives oder qualitatives Arbeiten nur wenig mit der Entscheidung für eine Schlußweise innerhalb der Forschungslogik zu tun hat, zeigt nicht nur meine Argumentation im Zusammenhang mit dem vorgestellten Trivium, sondern z.B. auch Alan Bryman (1988) anhand zahlreicher Beispiele aus der Forschungspraxis. Je weniger einE ForscherIn über den interessierenden Gegenstandsbereich weiß bzw. je mehr die vorhandenen Erklärungsmuster als einzig mögliche angezweifelt werden, um so eher muß sie/er sich qualitativer, also unstandardisierter Methoden bedienen. Denn – wie ich in meinen Ausführungen zur Ordnungsstruktur von Methode dargelegt habe – eine Informationsreduktion mittels Statistik verlangt, daß mir die Relationen im empirischen Relativ wohlbekannt sein müssen. Nur dann kann ich qua homomorphe Abbildung eine angemessene Skala wählen! Wenn ein Forschungsgegenstand komplex, differenziert und nicht auf wenige Wirkungen reduzierbar ist, erscheint die mit Standardisierung immer verbundene Vereinfachung unangebracht und für den Erkenntnisgewinn kontraproduktiv. Die damit korrespondierenden Probleme habe ich oben als Grundprobleme der Meßtheorie vorgestellt. Erst wenn bestimmte Verallgemeinerungen schon gezogen wurden und ein in genügendem Umfang geteilter Erkenntnisstand erreicht ist, der insbesondere die Ordnung des untersuchten Systems beachtet, kann eine sich auf bestimmte Fragestellungen beschränkende Quantifizierung in Betracht gezogen werden.

Zudem entwickeln die idealtypischen Pole quantitativen bzw. qualitativen Forschens *unterschiedliche Dynamiken* – was allerdings nicht davon abhalten soll, diese kreativ zu kombinieren. Beim qualitativen Arbeiten entwickelt sich der Forschungsgegenstand bzw. die Fragestellung bzw. das Problem im Prozeß der Auseinandersetzung mit dem empirischen Material. Dagegen muß in einer quantifizierenden Untersuchung die Definition des Gegenstandsbereiches gleich zu Anfang abgeschlossen werden, da jede Reduktionsentscheidung unwiderruflich ist (Kromrey, 1990). Dies begründet sich darin, daß die vorzunehmenden Operationalisierungen die Abbildung ins numerische Relativ ermöglichen müssen, das während der Analyse dann nicht mehr verlassen werden kann. Die statistische Analyse läßt weiterreichende Erkenntnis also nur auf der Grundlage des für das Problemfeld akzeptierten und festgelegten Vorwissens bzw. der im Operationalisierungsvorgang gesetzten Rahmenbedingungen zu. Die Schwerpunktsetzungen der beiden Herangehensweisen heben folglich auch sehr unterschiedliche Seiten eines möglicherweise gleichen Gegenstandsbereiches hervor: Während beim qualitativen Herangehen eher die Vielfalt und das Besondere betont wird, sind als Ziel beim quantifizierenden Arbeiten eher Mehrheitsaussagen angestrebt sowie die Reduktion des Materials insbesondere aufgrund einer angestrebten Ökonomisierung. Bei jedem Operationalisierungsschritt ist – soweit es die vorhergehenden zulassen – erneut zu entscheiden, wie die Untersuchung im Spektrum zwischen Präzision und Flexibilität fortgesetzt wird. Beides ist nicht gleichermaßen zu gewährleisten, sondern es besteht quasi eine ‚Unschärferelation‘ zwischen diesen beiden Qualitäten.

Auch die für wissenschaftliche Methodik unverzichtbare *Kontrolle* des Vorgehens sieht infolge der Verschiedenheit des Forschungsprozesses anders aus: Bei statistisch-quantifizierenden Methoden erfordert die erwünschte Mathematisierbarkeit im Wesentlichen eine *von außen* herangetragene Systematik. Die Kontrolle ist somit in der Regel eine formale, indem Erhebungssituationen wie -instrumente so weitgehend wie möglich standardisiert werden. Die vergleichsweise schlechte Qualität sozialwissenschaftlicher Messung induziert die oben angeführten Gütekriterien Objektivität (:= Überparteilichkeit), Reliabilität (:= Zuverlässigkeit) und (interne) Validität (:= Gültigkeit). Dabei kann externe Validität durch formales Vorgehen nicht gewährleistet werden! Bei der Datenanalyse und Interpretation müssen zudem die Bedingungen der meßtheoretisch geforderten Datenqualität – resultierend aus der Abbildung vom empirischen ins numerische Relativ – beachtet werden. Demgegenüber ist die Systematik des qualitativen Forschungsprozesses eine wesentlich *von innen* erfolgende. Die Kontrolle erfolgt insbesondere über die Selbstreflexion der bzw. des Forschenden und mittels diskursiver Auseinandersetzung anhand einer transparenten Darstellung. Als weitere Gütekriterien gelten die Intaktheit des Materials und die Plausibilität der (materialimmanenten) Interpretationen. Alle darüberhinaus angeführten Unterschiede halte ich für nur graduell und lediglich betont durch disziplinspezifische Vorlieben für und Beschränkungen auf sich je unterschiedlich etabliert habende Methoden. Prüfstein ist immer die *Angemessenheit des verwendeten Ordnungssystems zum Gegenstandsbereich!* Und diese muß ständig neu ausdiskutiert werden, denn selbst „Naturgesetze (sind) keine Gesetze der Natur..., sondern Gesetze, die der Mensch über die Natur gemacht hat" (Bremm, 1996, S. 320f.) – und die folglich einschränkbar oder gar revidierbar sind bzw. sein müssen.

Diese Reflexionen sind also anzustellen, wenn die Entscheidung bezüglich des Standardisierungsgrades der Erhebungssituation zu fällen ist. Zugleich werden damit auch die Weichen gestellt für die Analysephase der Untersuchung. Zwar ist dieser Zusammenhang nicht vollständig determiniert, worauf z.B. Helmut Kromrey (1990, S. 17f.) ausdrücklich hinweist, der Standardisierungsgrad der Erhebung bestimmt aber allein aus zeitlicher Beschränktheit i.d.R. den Schwerpunkt der Analyseausrichtung. Bezüglich des Sprachgebrauchs ist es differenzierter, aus Sicht der Untersuchten von einer offenen bzw. determinierten, geschlossenen Erhebungssituation zu reden, seitens der Forschenden von einem un-, teil- oder vollstandardisiertem Erhebungsinstrument, und bezüglich der Auswertung von einer qualitativ-rekonstruierenden/-interpretierenden bzw. einer statistisch-quantifizierenden. Die verschiedensten Datenanalysetechniken sind entsprechend auf einem Spektrum zwischen Hermeneutik und Statistik anzuordnen. Damit will ich nicht die Diskussion um die Konkurrenz von Verstehen versus Erklären neu beleben, sondern deren Gleichwertigkeit betonen. Zu betonen ist zudem insbesondere hinsichtlich der Verwendung in der Raumplanung, daß ich mich mit Hermeneutik nicht auf die traditionell geisteswissenschaftliche beschränke, sondern wie Nicolaus Sombart eine kulturwissenschaftliche anstrebe, „die raumbezogen ist und in Körpern denkt, dreidimensional, morphologisch, geographisch" (1992, S. 107).

Um die Darstellung der Operationalisierungsschritte abzuschließen, will ich nun noch auf eine Differenzierung hinsichtlich der *Datenanalyse* eingehen, die zusätzlich zur Entscheidung hinsichtlich des Ordnungssystems zu treffen ist. Die Analyse jeglichen Materials ist schwerpunktmäßig – je nach Forschungsfrage – mit einer Richtung der Zeitachse verknüpft: Entweder wird versucht, aus der Vergangenheit her entwickelnd das Gewordensein des derzeitigen Zustandes zu erklären – oder ein für die Gegenwart angenommenes Modell wird für die Zukunft fortgeschrieben. Abkürzend kann ich von Auslegung[51] oder von Prognose sprechen. Beides ist – zur Erinnerung – sowohl verbal-interpretierend als auch numerisch-mathematisierend möglich, sowohl mit selbst erhobenen Daten als auch als Sekundäranalyse. Bei raumplanungsrelevanten Untersuchungen sind die ‚Auslegungen' zwar auch in der Überzahl, aber da Planung ein in die Zukunft gerichtetes Vorhaben ist, ist der Anteil an prognostischen Analysen vergleichsweise hoch. So ist die seit den 70er Jahren verbreitete Szenariotechnik als qualitative Variante der prognostischen Analyse einzustufen. Sie findet inzwischen Verbreitung beim Entwurf des Bundesraumordnungsprogramms, bei Problemen der Stadt- und Landesentwicklung oder in der Umwelt- und Verkehrsplanung (vgl. ILS, 1989; Fellner & Gestring, 1990; Kämper & Wagner, 1992; als quantitative Variante: Görzig, Gornig & Schulz, 1994). Für die traditionelleren statistisch-entwerfenden Prognosen werden differenzierte Simulationsmodelle entwickelt. Dies könnte sie für viele Bereiche zu handlungsrelevanten Argumenten

---

51 Mit diesem Begriff möchte die Diskussion um Erklären versus Verstehen vermeiden und zugleich beide Vorgehensweisen unter einem Operationalisierungsschritt zusammenfassen.

werden lassen, wenn die politischen Entscheidungsinstanzen denn solche Analysen aufnehmen würden. So arbeitet seit langem schon die Ökonomie mit Trendanalysen hinsichtlich Arbeitsmarkt (z.B. Bade, 1994) oder sektoraler Wirtschaftsstruktur (Schönebeck, 1996), werden anhand ungleicher Mobilitätsmöglichkeiten die zukünftigen Landkarten neu kreiert (Spiekermann & Wegener, 1995) oder untersucht das Wuppertal-Institut das „zukunftsfähige Deutschland" (BUND & Misereor, 1996) hinsichtlich seiner naturhaushaltlichen Tragfähigkeiten.

Abschließend möchte ich zusammenfassend betonen, daß jede Operationalisierungsentscheidung zwar für sich getroffen werden muß, daß andererseits jedoch alle Schritte auf dem Methodenweg voneinander abhängen und in Wechselwirkung zueinander stehen. Die Entscheidung für einzelne Operationalisierungen der Bestandsaufnahme und -analyse sind gefärbt durch eine der drei grundlegenden Schlußweisen, die den Erkenntnisprozeß auf ein je unterschiedliches erstes Ziel ausrichten und durch die Wahl einer der gesamten Argumentation zugrundeliegenden Ordnungsstruktur, die nicht numerischen Charakters sein muß – aber dennoch mathematisch-logisch formulierbar ist. Mit diesem Wissen um Methode möchte ich im Folgenden verschiedene Wege zum Raum nachzeichnen.

3. Experimentelles Denken:
Formal symbolische Konstruktionen für den Raum

Stellte sich für die Operationalisierung von Methoden die angenommene Ordnung des Gegenstandsbereichs als ein zentrales Konstituens heraus, so möchte ich im nun folgenden Kapitel noch grundlegender fragen, wie wir menschliches Denken eventuell noch genuiner charakterisieren können und welche Folgen dies für unsere Sprache, Wahrnehmung und Produktion von Raum hat. Dazu will ich allerdings nicht die Philosophiegeschichte aufrollen, in der seit der Antike dem Denken als Umkehr und als Suche – als ‚sagen‘, redire oder se quaerere, sehr anschaulich reflektiert von Julia Kristeva (1997) am Begriff der Revolte – durchweg ein hoher Stellenwert eingeräumt worden ist. Vielmehr will ich meine Betrachtungen auf die Mathematik und ihre disziplinäre Entwicklung beschränken, zumal Raum für die Mathematik und infolge antiker Konzeptionierung somit für nahezu alle entstehenden Wissenschaften ein grundlegendes Denkmuster bildet/e. Die moderne Mathematik charakterisierte Felix Hausdorff[1] 1904 in seiner Antrittsvorlesung als „experimentelles Denken“. Ziel ist etwa seit der Jahrhundertwende das Denken und das Denkmögliche, nicht Simulationen von Realität! Die z.B. von Felix Hausdorff fraktal erzeugten Strukturen haben statt dessen „ihre eigene Realität, aus der das Simulieren, das Ähnlichmachen erst möglich wird" (Mehrtens, 1991, S. 604). Diese Belegung der Wirklichkeit als Aufgabe *und* Erfindung ist Charakteristik der wissenschaftlichen Moderne des 20. Jahrhunderts und wurde seitens der Mathematik eingeläutet.

> „Die Moderne der Wissenschaft entfaltet sich in einem neuen Zusammenspiel zwischen den formalen symbolischen Konstrukten, also der Mathematik im weitesten Sinn, und der Herstellung physischer Strukturen und Prozesse, also der Technik im weitesten Sinn ... (Dabei ist zu beachten, daß) die Mathematik ... in ihrer Arbeit an Symbolen kulturelle Produktion (ist)" (Mehrtens, 1991, S. 605).

Der mit der Mathematik des 19. Jahrhunderts begründeten Trennung von Denken und Herstellen folgte dann umgehend die Spaltung in eine moderne

---

1   Felix Hausdorff (1868-1942) war Professor für Mathematik in Leipzig, Bonn und Greifswald. Er arbeitete zu Mengenlehre und Topologie und schuf eine axiomatische Grundlage für topologische und metrische Räume (Hausdorffscher Raum). 1918 erdenkt er das mathematische Konzept der gebrochenen Dimension, ein Formalismus, mit dem heute elektronische Bilder – Apfelmännchen oder science-fiction-Welten – erzeugt werden. Sein literarisches Pseudonym war Paul Mongré.

Avantgarde und eine oppositionelle Gegenmoderne, die in wechselnden Konstellationen die Auseinandersetzungen um Basisprogramme aller Wissenschaften bis heute prägt. Bevor ich mich der Moderne der Mathematik als formal symbolischer Konstruktion genauer zuwende, möchte ich jedoch eine historische Rückschau halten, um die heutigen Differenzen als Gewordene begreifen zu können. Da ich Raumkonzeptionen in den Wissenschaften wie im (westeuropäischen[2]) Alltag ganz wesentlich als Ergebnis ideeller Konstruktion verstehe, will ich versuchen, Raumvorstellungen als Produkt je unterschiedlich strukturierenden Denkens darzustellen. Da europäisches Denken – zumindest in Grundzügen – auf überlieferten Modellen der griechischen Antike zwischen dem fünften und dritten Jahrhundert ‚vor unserer Zeitrechnung‘[3] fußt, will ich meine Rückschau auch mit der Antike beginnen lassen.

Meine bisherigen Andeutungen verwiesen schon darauf, daß auch das bis heute gültige Wissenschaftsverständnis aus jener Zeit stammt: Gegenüber dem unabgesicherten, häufig individuellen Meinen muß das wissenschaftliche Wissen – seinem Anspruch nach – begründet werden. Damit wird zugleich unterstellt, daß es in jeder kompetent und vernünftig geführten Argumentation Zustimmung finden könnte. Um die Prüfung durch den Logos zu sichern, entwickelte Sokrates[4] eine Methode zur Erlangung sicherer Erkenntnis, das elenktische Verfahren, das über die Einsicht des eigenen Nichtwissens zur Klugheit führt. Das durch kritische Selbstprüfung erzielbare Wissen sollte zudem immer dem rechten Gebrauch in der Praxis dienen. Sein Schüler Platon[5] allerdings schürte die Verachtung bloß nützlichen Tuns und verwies die Denker seiner Zeit auf den Ideenhimmel als Welt des reinen Geistes: Die materielle Welt des Werdens wird zwar nach dem Vorbild der Ideen gestaltet, die Vollkommenheit des eigentlichen Seins kann jedoch mittels vernunftloser Materie nicht erreicht werden, so daß die den Sinnen zugängliche Welt des Körperlichen dem nur dem Denken zugänglichen Reich der Ideen immer untergeordnet bleiben muß. Für europäische Denktradition eta-

---

2   über kulturell anders geprägte Konzepte kann ich in dieser Arbeit so gut wie keine Aussagen machen!

3   im Text abgekürzt mit v.u.Z.

4   Mit Sokrates von Athen (um 470-399 v.u.Z.) beginnt die klassische Periode der griechischen Philosophie. Er gilt als Begründer einer autonomen philosophischen Ethik, in deren Zentrum die Frage nach dem Guten und der Tugend steht.

5   Mit der Ideenlehre gelang es Platon (427-347 v.u.Z.) nicht nur, ein System zu schaffen, das von Sokrates' Fragestellung ausgehend große Teile der vorsokratischen Philosophie sinnvoll aufnehmen konnte, sondern auch ein Gedankengebäude zu errichten, das lange in der abendländischen Geistesgeschichte nachwirkte. Seine um 385 v.u.Z. gegründete Schule, die Akademie, wurde erst 529 u.Z. auf Befehl des oströmischen Kaisers Justinian geschlossen, da sich die dort vertretene aristotelische These von der Ewigkeit der Welt nicht mit der christlichen Glaubenslehre vereinbaren ließ. Blütezeit des Platonismus waren die Spätantike, in der viele Differenzen zwischen den Vorstellungen Platons und Aristoteles' eingeebnet wurden, und die italienische Renaissance (vgl. Kunzmann, Burkard & Wiedmann, 1991).

blierte dann Platons Schüler Aristoteles[6] die nachhaltige Trennung: Wenn wissenschaftliches Wissen eine über den einzelnen hinausweisende und somit allgemeingültig gesicherte Grundlage besitzt, dann hebt sich Wissenschaft als theoretisch orientierte Tätigkeit aus der veränderlichen Vielfalt technischer Problemlösungen des täglichen praktischen Lebens heraus. In der Wissenschaft kann der Mensch gleichsam als Zuschauer den Begründungszusammenhang dessen betrachten, was ohne sein Zutun und insbesondere unabhängig von individueller Betrachtungsweise der Fall ist. Als Bereiche der unwandelbaren wissenschaftlichen Orientierung dieser Art unterschied Aristoteles Mathematik, Physik und – eine kosmologisch verstandene – Theologie. Insofern auch die Philosophie seit der griechischen Antike als Bemühen um begründete Handlungsorientierung definiert ist, wurde bis ins 18. Jahrhundert hinein kaum zwischen Philosophie und Wissenschaft unterschieden. Dagegen galten in Berichten nach Art geordneter Faktensammlungen zusammengestellte Kenntnisse nicht als Wissenschaft, sondern als Geschichte[7].

3.1 Grundlagen für formal symbolische Konstruktion in antiker Wissenschaft

Máthema bezeichnet im Griechischen das Gelernte, die Kenntnis und wurde im Plural speziell für (mathematische) Wissenschaften verwendet – für die Wissenschaften von den Zahlen und den Formen. Wie die Sprachwurzel belegt, gehört die Mathematik zu den ältesten Wissenschaften, hervorgegangen aus den praktischen Aufgaben des Zählens, Rechnens und Messens. Laut Platon wurde mathematisches Interesse für jegliche Wissenschaft vorausgesetzt: Mathematik führe die Seele zur Wahrheit und erzeuge philosophische Denkart. Über dem Eingang seiner Akademie stand zu lesen „Niemand trete ein ohne Kenntnis der Geometrie" (Ehlers, 1988, S. 21). Die in den unterschiedlichsten Bereichen menschlichen Tätigseins auftretenden Problemstellungen wurden mit Hilfe von Zahl oder (geometrischer) Figur versucht zu erfassen. Diese beiden Wege der Mathematik tauchen bis heute als gern unterschiedene Facetten des mathematischen Weltzugangs auf. Der erste, als Fähigkeit zu rechnen, ist unmittelbar verwandt mit der Entwicklung von aneignenden Techniken[8] und mit der Fähigkeit, immer komplexere Formen der Gesellschaft zu organisieren. Der zweite, als Beschreiben der geometrischen Beschaffenheit des Raumes, schafft Zugänge zur materiellen Welt, in der wir

---

6   Aristoteles (384-324 v.u.Z.), vgl. Kap. 2
7   Solches belegt z.B. das Wort Naturgeschichte als Synonym zu Naturkunde.
8   Technik als „Handhabung, (Herstellungs-)Verfahren, Arbeitsweise; Hand-, Kunstfertigkeit" stammt vom griechischen téchne, was „Handwerk, Kunst(-fertigkeit)" bedeutet und zusammenhängt mit dem tékton, dem „Zimmermann, Baumeister" (vgl. auch Architekt als „Oberzimmermann").

leben. Insofern lieferten die abstrakten Formen der Geometrie als Modelle eines physikalischen Universums auch Rahmenbedingungen unseres Umgangs mit Natur.

Die Grundidee des *Zählens* scheint nicht leicht erlangbar gewesen zu sein, wie die bis heute währende Existenz primitiver Zählweisen – z.B. reiner Zweier-Zählsysteme[9] belegt (Barrow, 1993, S. 24). Die älteste Form menschlichen Zahlsinns – der Vergleich Stück für Stück anhand von Kerbknochen o.ä. – ist aber schon für etwa dreißigtausend Jahre Menschheitsgeschichte nachgewiesen. Unterschiedliche Zahlensysteme auf der Basis von 10, 12, 20 oder 60 entwickelten sich abhängig von der Notwendigkeit, Tauschwirtschaft zu betreiben und zu messen. Entfernungsmessungen z.B. verlangen, Bruchteile der Grundeinheit eines Maßes bilden zu können – deshalb war die Anzahl der Teiler der Zählbasis wichtig. Zugleich mußte die Basiszahl ,überschaubar' sein. Eine erhöhte Rechenbarkeit wurde erst durch das Stellenwertsystem der Babylonier (allerdings im 60er System) gewährleistet. Und diese brauchten weitere 1500 Jahre, um etwa 300 v.u.Z. die Punktierung der möglichen Leerstelle einzuführen. Mit dieser 0, den eindeutigen indisch-arabischen Ziffern und einer Festlegung auf die Basis 10 verbreitete sich das uns heute vertraute Zehnersystem erst sehr langsam. In Mitteleuropa setzte sich die Positionsschreibweise erst in der Neuzeit infolge von Adam Rieß[10] und seinen mittels neuer Drucktechnik vervielfältigbaren Rechenbüchern durch. – Sowohl die älteste chinesische Mathematik als auch ägyptische, indische und babylonische Mathematik waren sehr eng mit ihrer jeweiligen Anwendung verbunden und verwendeten – heute als vorwissenschaftlich deklariert – Regeln ohne Begründung. Statt dessen dienten häufig gerade umgekehrt Zahlen der Orientierung im Lebenslauf. So entstanden durch „heilige Zahlen"[11] Vor-

---

9   Diese sind nicht zu verwechseln mit dem heute z.B. in der Rechnertechnik verwendeten Dualsystem, das zur Schreibweise jeglicher Zahl geeignet ist.

10 Adam Rieß (1492-1559) wirkte als Rechenmeister und Hofarithmetikus in Zwickau, Erfurt und Annaberg. Er verfaßte mehrere Lehrbücher des praktischen Rechnens, ein kaufmännisches Tabellenwerk sowie eine Einführung in die Algebra. Seine Rechenbücher hatten erheblichen Einfluß auf den Unterricht an deutschen Schulen.

11 Der Zwang der zahlenmäßigen Ordnung erzeugte aus heutiger Sicht auch ungewohnte Kategorien:
    – zwei hat die gleiche etymologische Wurzel wie Du und stand für jegliches Gegenüber: Pythagoras-Schüler entwickelten z.B. eine Tabelle mit den zehn wichtigsten Gegensatzpaaren – die 10 als Summe der ersten vier Zahlen wurde von ihnen als besonders verehrungswürdig angesehen;
    – drei stand synonym für die Familie bestehend aus Vater, Mutter, Kind;
    – vier stand synonym für Himmelsrichtungen: Osten, Norden, Westen, Süden; Altersstufen des Menschen: Kindheit, Jugend, Erwachsensein und Alter; Körpersäfte: Blut, Lymphe, Galle und schwarze Galle sowie diesen entsprechende Temperamente: sanguinisch, phlegmatisch, cholerisch und melancholisch; Elemente: Erde, Wasser, Luft und Feuer; Tageszeiten: Morgen, Mittag, Abend und Nacht;
    – sieben war die Mond-Phasen-Zahl, wobei Mond die gleiche etymologische Wurzel hat wie messen, und stand weiterhin für Kopföffnungen: Augen, Ohren, Nasenlöcher und Mund; Planeten: Mond, Merkur, Venus, Sonne, Mars, Jupiter und Saturn; Metalle: Sil-

schriften zur Einteilung von Phänomenen entsprechend erlebter oder zugeschriebener gleicher Anzahl von Eigenschaften. Bekannt sind die Zahlenmystik der Chinesen oder der Pythagoreer[12]. Letztere „haben die Welt als Kosmos bezeichnet, was soviel wie schöne Ordnung bedeutet. Die harmonische schöne Ordnung aber kann ... durch ganze Zahlen ausgedrückt werden" (Simonyi, 1990, S. 62).

Die Mathematik der griechischen Antike ab dem 5. Jahrhundert ging dann bereits beweisend vor, sowohl in der Geometrie als auch in der Algebra. Die Abkehr von einer rein praxisbezogenen Mathematik wurde unter dem Einfluß eleatischer Philosophie eingeleitet. Insbesondere durch Parmenides[13] sind Anfänge zu einer *definitorisch-axiomatischen Mathematik* mit der Methode des indirekten Beweises gelegt worden. Zugleich wandelte sich der Evidenzbegriff: Das ‚Sehen' wurde nicht nur mehr einfach im physikalischen Raum gemeint, sondern theoretische Aussagen wurden zusätzlich durch terminologiegeschichtliche Überlegungen gestützt. Diese Anfänge deduktiven Denkens sind durch Platons Schriften überliefert, der ein zehnjähriges Mathematikstudium in Unteritalien und Sizilien absolviert hatte.

> „In der Mathematik wurde ein Mittel gesehen, das zum Verständnis des Universums beiträgt. Die wahrhafte Erkenntnis bezieht sich auf das, was ewig und unwandelbar ist, was nicht – wie das empirisch-sinnlich Erfahrbare – einem ständigen Wandel unterliegt. Daher wandte sich die Mathematik theoretisch konzipierten Objekten zu und sammelte über sie theoretische Erkenntnisse. In der Platonischen Akademie wurde Mathematik auf diese Weise gelehrt und betrieben, deduktive Begründungen und Ableitungen galten von nun an als einzige Beweismittel" (Pieper-Seier, 1997, S. 97).

Den entscheidenden Anstoß zur Axiomatisierung lieferte dann Aristoteles, der in seinen ‚Analytica posterioria' die Forderungen formulierte, die an ein Axiomensystem zu stellen sind:

---

ber, Quecksilber, Kupfer, Gold, Eisen, Zinn und Blei; Regenbogen-Farben: rot, orange, gelb, grün, blau, indigo und violett (vgl. van Os, 1968).
So wurde im Prinzip jedes Ding zur Verkörperung einer bestimmten Zahl und führte zur Vermutung, daß jedes Ding aus Teilen aufgebaut ist.

12 Pythagoras von Samos (um 570-500 v.u.Z.) war für 20 Jahre zum Studium in Ägypten. Um 530 mußte er von Samos nach Kroton (Unteritalien) fliehen, wo er einen Orden gründete. Er predigte die Unsterblichkeit der Seele, forderte Enthaltsamkeit und Mäßigung und lehrte Astronomie, Mathematik, Musikwissenschaft und Philosophie. An konkreten Ergebnissen der pythagoreischen Schule gelten bis heute der entsprechend benannte Satz für rechtwinklige Dreiecke, der Existenzbeweis für irrationale Zahlen, das Bild der im All schwebenden kugelförmigen Erde sowie der Zusammenhang zwischen Tönen und Saitenlängen von Musikinstrumenten (vgl. Simonyi, 1990, S. 66).

13 Parmenides (um 540-470 v.u.Z.) lehrte in Elea (Unteritalien) die „Einheit des Seins" und bestritt die Existenz von Nicht-Sein: Ein Ding ist nur soweit existent, wie es sich widerspruchsfrei denken läßt. Folglich muß das alles erfüllende Sein unbewegt und unveränderlich sein. Sinneserfahrungen des Alltags hinsichtlich Veränderung werden als trügerisch und dem Schein verfallen erklärt, so daß empirische Anschauung und Vernunfterkenntnis strikt zu trennen sind. Die zur etwa gleichen Zeit von Heraklit (um 550-480) vertretene Gegenposition des „Alles fließt und nichts bleibt" konnte sich nicht durchsetzen und wurde erst in der Epoche der Renaissance wiederbelebt.

„A. Eine Wissenschaft ... ist eine Folge von Sätzen über die Elemente eines und des-
selben Bereiches, die folgende Eigenschaften hat:
- Die Sätze dieser Folgen zerfallen in Grundsätze und Lehrsätze.
- Die in den Sätzen dieser Folge auftretenden Begriffe zerfallen in Grundbegriffe
  und abgeleitete Begriffe.
B.   Von den Grundsätzen ist folgendes zu verlangen:
- Sie müssen unmittelbar evident und darum unbeweisbar sein.
- Sie müssen hinlänglich sein, in dem Sinne, daß außer ihnen für den Beweis der
  Lehrsätze nur noch die Regeln der Logik erforderlich sind.
- Die Grundsätze müssen Notwendigkeitsbehauptungen sein.
C.   Von den Grundbegriffen ist folgendes zu verlangen:
- Sie müssen unmittelbar verständlich und darum undefinierbar sein.
- Sie müssen hinlänglich sein, in dem Sinne, daß außer ihnen für die Konstruktion
  der abgeleiteten Begriffe nur noch gewisse Verknüpfungsoperationen erforder-
  lich sind" (Meschkowski, 1979, S. 61).

In diesen Forderungen erscheinen die Begriffe der „Evidenz" und der „Notwendigkeitsaussage" als präzisierungsbedürftig. So wird heute bei der Aufstellung von Axiomensystemen Widerspruchsfreiheit[14], und im allgemeinen,
auch Unabhängigkeit[15] und Vollständigkeit[16] gefordert. Die moderne Mathematik hat damit die Wendung von der ‚Wahrheit' zur ‚Sicherheit' gemacht.
Statt eines ‚entweder – oder' als Notwendigkeitsaussage ist seit dem 19.
Jahrhundert die Gleichwertigkeit zweier in sich abgeschlossener Systeme nebeneinander (z.B. Euklidische und Nichteuklidische Geometrie) denkbar.
Damit erst wurde endgültig die Platonische Konzeption vom Wesen der Mathematik in Frage gestellt, deren Gegenstände als Urbilder der Realität schon
immer im Ideenreich eindeutig vorgegeben nurmehr vom menschlichen/wis-
senschaftlichen Geist in all ihrer Harmonie zu erkennen waren.

Die *Geometrie* als Teilgebiet griechischer Mathematik bezeichnete ursprünglich die Feldmeßkunst, war also mit der Größe und Gestalt der Dinge einer natürlich gegebenen Welt befaßt. Bereits die babylonische und die ägyptische Mathematik besaßen einfache Regeln für die Berechnung von Längen,
Flächen und Rauminhalten elementargeometrischer Figuren, die teils exakte,
teils Näherungswerte lieferten. Die formulierten geometrischen Gesetzmäßigkeiten wurden jedoch nur an Zahlenbeispielen demonstriert. Eine abstrakt be-
weisende Geometrie bauten erst die Griechen auf. Geometrie wurde die Wis-

---

14   In einer auf bestimmten Axiomen aufgebauten mathematischen Theorie geht es um syntaktische Widerspruchsfreiheit. D.h., daß eine kontradiktorische Aussageform wie „A gilt zugleich mit Nicht-A" nicht ableitbar sein darf. Das erfordert jeweils Hilfsmittel, die aus dem
Kalkül herausführen, in dem die Axiome formuliert sind. Für viele Gebiete der Mathematik
ist diese (klassische) Widerspruchsfreiheit bislang nicht bewiesen (vgl. Reinhardt & Soeder, 1974) und eventuell nicht beweisbar!

15   Wenn bei der Aufstellung eines Axiomensystems Unabhängigkeit gefordert wird, darf kei-
nes der Axiome aus den vorhergehenden ableitbar sein.

16   Syntaktisch vollständig ist ein Axiomensystem bei maximaler Widerspruchsfreiheit, d.h.,
wenn bei Erweiterung um eine nicht aus ihm ableitbare Aussage der Theorie sämtliche
Aussagen ableitbar werden. Deduktiv vollständig ist ein System, wenn zu jeder selbst in der
Theorie ableitbaren Aussage auch deren Negat ableitbar ist.

senschaft von den festen Körpern, bei denen von allen Eigenschaften abstrahiert wurde, mit Ausnahme der stetig veränderlichen Größen wie Strecken, Flächen, Volumina. Die älteste erhaltene Darstellung eines axiomatischen Aufbaus ist in Euklids[17] berühmten ‚Elementen' enthalten. In diesem Handbuch sammelte Euklid zum Ende des vierten vorchristlichen Jahrhunderts das bekannte mathematische Wissen seiner Vorgänger, formte es um und stellte es neuartig systematisiert zusammen. Übersetzungen und Bearbeitungen machten die ‚Elemente' zu dem nach der Bibel verbreitetsten Buch.

> „Diese Geometrie war nicht eine logische Übung oder eine reizvolle Erfindung, sondern sie war die Geometrie der wirklichen Welt. Jahrhundertelang sahen Theologen und Philosophen das geometrische Wissen als ein Stück der absoluten Wahrheit, als Einblick in den Geist Gottes. Damit war die euklidische Geometrie eine tiefe Grundlage für den Glauben an allerlei absolute Werte" (Barrow, 1993, S. 13f).

Andere grundlegende ältere Schriften sind verloren, so daß unser heutiges Wissen aus späteren Quellen stammt:

> „Während des von Caesar geführten Alexandrinischen Krieges wurde die ca. 400000 Bände oder Rollen umfassende Bibliothek des Ptolemäus Philadelphos([18]) vernichtet. Später gelang es ... zwar, eine zweite kostbare Bücherei in Alexandria zusammenzutragen. Sie umfaßte unersetzliche Dokumente über das gesamte kulturelle Leben der Antike. Diese zweite Büchersammlung ... wurde im Jahre 389 (u.Z.) verbrannt, im Zuge des Kampfes (der christlichen Patriarchen, G.S.) gegen die Relikte des Heidentums" (Meschkowski, 1979, S. 43).

Euklids Sammlung überlebte und als obligatorischer Wissenskanon im Schulunterricht wirken die Vorstellungen griechischer Geometrie bis in die Gegenwart. Vergessen für viele Jahrhunderte wurden damals schon mögliche Folgerungen aus der Euklidischen Trigonometrie, auf die ich später noch zurückkommen werde.

Euklid entwickelte einen ersten logisch streng geordneten Aufbau damaliger Geometrie, die bis heute auch als elementare Geometrie bezeichnet wird. Die damit erstmals durchgeführte (Deduktiv-)Axiomatische Methode besagt, daß alle Lehrsätze einer Theorie durch rein logisches Schließen aus einem System von als richtig hingestellten Grundsätzen (Axiomen) hergeleitet werden müssen. Für Euklid hieß dies – im Gegensatz zu den Anregungen des Aristoteles – auch die Existenz der zum System gehöriger Dinge wie Punkte, Geraden, Dreiecke etc. nicht durch eine philosophisch fundierte Ontologie als gesichert anzunehmen, sondern sie zu definieren. So heißt es bei ihm z.B. explizit: „Ein Punkt ist, was keinen Teil hat". In den Axiomen[19]

---

17 Euklid (um 300 v.u.Z.) erhielt seine Ausbildung vermutlich an der Platonischen Akademie und wirkte später am Museion in Alexandria. Außer den ‚Elementen' verfaßte er bedeutsame Schriften zur geometrischen Optik, zur Kegelschnittlehre, zu planimetrischen Problemen, zur Fixsternastronomie und zur Musiktheorie.

18 Ptolemaios II. Philadelphos (308-246 v.u.Z.) war ägyptischer König seit 283

19 Die fünf Postulate Euklids als Grundgesetze der elementaren Geometrie lauten: „Gefordert soll sein:

formulierte er dann ihre einfachsten der Anschauung entnommenen Eigenschaften, um dann durch Deduktion auf neue Aussagen bzw. Lehrsätze zu schließen. Gemäß meiner Interpretation wurde die Euklidische Geometrie auch deshalb so erfolgreich rezipiert, weil sie sich nicht nur erfolgreich in der praktischen Umsetzung erwies, sondern zugleich quasi das einzige System war, das dem Wissenschaftsideal durchgängig entsprach. Zu beachten ist aus heutiger Sicht, daß in der Antike alle Wissenschaftskundigen – also insbesondere auch die anwendungsorientierten ,Baumeister' – die Diskrepanz zwischen Ideal und Abbild selbstverständlich berücksichtigten. Niemand hätte die ideale Geometrie mit einer natürlich-materialen Welt gleichgesetzt! Eine solche Überblendung geschah meiner Einschätzung nach erst in der Neuzeit, als die sogenannte wissenschaftliche Revolution eine einheitliche Natur voraussetzte und das symbolische Werkzeug der Mathematik vereinnahmte (ähnliche Überlegungen bei Mehrtens, 1990). Der neuzeitliche Raum mußte sich entsprechend dem dreidimensional-rechtwinklig-linearen Konstrukt Euklidischer Axiomatik unterordnen.

Daß Euklids Axiomensystem unabhängig, vollständig und relativ widerspruchsfrei ist, konnte umfassend erst David Hilbert 1899 in seinem Buch ,Grundlagen der Geometrie' beweisen. Seither

> „verzichtet man auf solche expliziten Definitionen. In modernen Axiomensystemen werden Eigenschaften gewisser Relationen zwischen den nicht weiter definierten Grundbegriffen postuliert, und es bleibt einer Interpretation des Axiomensystems überlassen, was man sich darunter vorstellt" (Reinhardt & Soeder, 1974, S. 129).

Dieser neuen Sicht entsprechend nahm Guiseppe Peano[20] eine Axiomatisierung des Rechnens mit natürlichen Zahlen vor, wobei er die Eigenschaften der Zahlen implizit durch das System selbst festlegte. Die Axiomatisierung der Arithmetik folgte damit erst über zwei Jahrtausende später als die der Geometrie.

Den Anstoß zu diesen modernen Entwicklungen lieferte der Jahrhunderte während vergebliche Versuch, Euklids Parallelenaxiom, nach dem es zu jeder Geraden durch jeden Punkt genau eine Parallele gibt, auf einfachere Axiome zurückzuführen – und damit als abhängig zu beweisen.

---

1. Daß man von jedem Punkt nach jedem Punkt eine gerade Strecke ziehen kann,
2. Daß man eine begrenzte gerade Linie zusammenhängend gerade verlängern kann,
3. Daß man mit Mittelpunkt und Abstand den Kreis zeichnen kann,
4. Daß alle rechten Winkel einander gleich sind,
5. Und daß, wenn eine gerade Linie beim Schnitt mit zwei geraden Linien bewirkt, daß innen auf derselben Seite entstehende Winkel zusammen kleiner als zwei Rechte werden, dann die zwei geraden Linien bei Verlängerung ins Unendliche sich treffen auf der Seite, auf der die Winkel liegen, die zusammen kleiner als zwei Rechte sind" (Euklid, 1980, S. 2f.).

20 Guiseppe Peano (1858-1932) war Professor in Turin. Er arbeitete insbesondere über die Grundlagen der Mathematik, zur Entwicklung mathematischer Logik sowie zur Theorie der Punktmengen und der gewöhnlichen Differentialgleichungen.

„Erst (Carl Friedrich) Gauß[21] erkannte 1816 die Unbeweisbarkeit des Parallelenaxioms. Indem er eine von Widersprüchen freie Nichteuklidische Geometrie aufbaute, in der nicht das Euklidische, sondern ein gegenteiliges Parallelenaxiom gilt, tat Gauß den ersten Schritt über Euklid hinaus. ... Weil man seit den Griechen überzeugt war, daß nur *eine* Geometrie existent und denkmöglich ist, und (Immanuel) Kant diese Überzeugung philosophisch dahin begründete, daß der Raum die uns eingeborene Form des äußeren Sinnes sei, erschloß die Aufstellung der Nichteuklidischen Geometrie auch der Erkenntnistheorie neue Einsichten" (Strubecker, 1972, S. 2).

Allerdings war die Entdeckung,

„daß die euklidische Geometrie nur eine von vielen Möglichkeiten ist, ... ein Schock. Anfangs wurde sie von vielen Philosophen und sogar von manchen Mathematikern nicht akzeptiert, denn nur die euklidische Version der Geometrie wurde ja in der wirklichen Welt angewandt. Aber war das wirklich wahr? Die Geometrie der gekrümmten Erdoberfläche war gewiß nicht euklidisch. Und 1915 zeigte (Albert) Einstein dann, daß die Geometrie des Universums nicht euklidisch ist, sondern nur lokal, in der näheren Umgebung, so aussieht, gerade so wie die Erdoberfläche in unserer näheren Umgebung flach erscheint" (Barrow, 1993, S. 14). Dazu später mehr.

Um mathematische Konzeptionen für Raum aufzublättern, reicht es jedoch nicht, nur die Wurzel der geometrischen Konstruktion von Figuren nachzuzeichnen. Denn das zweite Standbein griechischer Mathematik war die *Algebra*, deren Weiterentwicklung nach Auflösung der letzten Philosophenschule in Athen im Jahre 529 u.Z. arabischen und indischen Mathematikern überlassen blieb. So stammt auch der Name[22] aus dem Titel eines arabischen Lehrbuches von Al Chwarismi[23] zu Anfang des 9. Jahrhunderts, der später latinisiert wurde. Im Gegensatz zur Geometrie entwickelten die Mathematiker der griechischen Antike – wie oben schon angesprochen – keine axiomatische Zahlentheorie. Die Pythagoreer hatten die Ideologie verbreitet: „Alles ist Zahl". Die Harmonien in der Musik wie auch die Gesetze der Sternenbahnen waren bei ihnen durch ganzzahlige Verhältnisse zu beschreiben. Das Ziel der Mathematik wie überhaupt aller Wissenschaft bestand auch in der Folgezeit in der ‚Erkenntnis immerwährenden Seins'. Da die ‚göttliche Einheit' nicht zerstört werden durfte, lehnten Platon, der die pythagoreischen Lehren gut kannte, und seine Zeitgenossen sogar Brüche ab. Die zusätzliche Verachtung alltäglich praktischen Tuns und die Zuweisung der Objekte der Mathematik wie der Idee des Guten zum (gleichen) Reich der Ideen zeitigte allerdings auch retardierende Wirkun-

---

21 Carl Friedrich Gauß (1777-1855) war nicht nur (in Göttingen) Astronom und Physiker, sondern gilt als einer der bedeutendsten Mathematiker aller Zeiten. Zahlreiche seiner Arbeiten wurden erst durch die Veröffentlichung seines Nachlasses bekannt – so auch seine Schriften zur nichteuklidischen Geometrie.

22 Algebra stammt aus dem Arabischen von al-gabr und bedeutete genuin die Einrenkung gebrochener Teile, später dann die Wiederherstellung der normalen Gleichungsform. Damit ist Algebra ursprünglich die Lehre von den Gleichungen und ihrer Auflösung.

23 Muhammad Ibn Musa (Al) Chwarismi (um 780-846) wirkte als Mathematiker und Astronom am Hofe des Kalifen Al Mamun in Bagdad. Der Begriff des Algorithmus leitet sich von seinem Namen her.

gen: Das Rechnen mit Brüchen gehörte zwar zum Alltag damaliger Kaufleute, die griechische Mathematik entwickelte allerdings weder eine zur Geometrie parallele Theorie der Zahlen noch eine den Fortschritten der gedanklichen Konstruktion angemessene Formalsprache. Gegen ideologische Überzeugungen stand spätestens seit Platon und Euklid jedoch die Erkenntnis inkommensurabler Strecken in einfachen geometrischen Figuren – als Beispiel: Seiten und Diagonale im Quadrat haben kein gemeinsames Maß, was damals durch ‚Wechselwegnahme‘ bewiesen werden konnte. In Platons Dialog ‚Theaitetos‘ (aus dem Jahre 368 v.u.Z.) wird über entsprechende Irrationalitäten für die Quadratwurzeln aus 3, 5, 6, 7, 8, 10, 11, 12, 13, 14, 15, 17 informiert. In der geometrischen Konstruktion können diese als Hypotenusen aneinandergelegter rechtwinkliger Dreiecke dargestellt werden.

Die Unverletzbarkeit ‚göttlicher Grenzen‘ führte des weiteren zum Problem des Unendlichen. Hinsichtlich des unendlich Großen existierte die Vorstellung, daß außerhalb der Fixstern-Sphäre kein Platz für irgendwelche Gegenstände sein könne, keine Existenzmöglichkeit für Dinge – weder konkret existierende noch mögliche, potentiell existierende. Das entsprechende Problem der unendlichen Teilbarkeit löste Demokrit[24] mit seiner Definition des unteilbaren (griechisch: á-tomos) Teilchens – umgeben von leerem Raum. Daß dieser wiederum nicht teilbar sein durfte, wurde seit den Argumentationen von Parmenides’ Schüler Zenon[25] diskutiert. Dieser zeigte auf, daß die Annahme von Bewegung als Ortsveränderung in der Zeit zu Widersprüchen führt: Sein berühmtes Paradox[26] argumentiert, daß – ausgehend von Zeit als ein unendliches Kontinuum[27] – Achill im Wettlauf mit der Schildkröte, die

---

24 Demokrit aus Abdera (um 460-370 v.u.Z.) arbeitete im Anschluß an Leukipp konsequent eine Atomtheorie aus, die zwischen dem Monismus der Eleaten und dem Qualitätenpluralismus von Anaxagoras und Empedokles vermittelt: Alle Qualitäten werden auf Form, Lage und Größe inkompressibler, undurchdringlicher und unveränderlicher, unendlich vieler Atome zurückgeführt, die sich im leeren Raum bewegen. Materie und Bewegung sind unvergänglich; Werden und Vergehen sind nur ein Umordnen von Atomen.

25 Zenon aus Elea (um 495-435 v.u.Z.) war Schüler und Nachfolger des Parmenides als Schulhaupt der Eleaten. Er versuchte mit dialektischen Kunstgriffen die Unmöglichkeit der Vielheit, Bewegung und Teilbarkeit und damit die Einheit und Unveränderlichkeit des Seins zu beweisen.

26 „Als Paradoxie wird ein Widerspruch bezeichnet, der aus einsichtig erscheinenden Axiomen und korrekten Schlußregeln abgeleitet worden ist. Um eine Paradoxie zu vermeiden, muß man neue Begriffe einführen, Axiome fallenlassen oder den Gültigkeitsbereich von Schlußregeln und Definitionen begrenzen. Ein Beispiel für eine Paradoxie: *Dieser Satz ist falsch.* Ist er richtig, ist er falsch; ist er falsch, ist er richtig. Auflösung: Man muß ‚zitieren‘, d.h., eine andere, übergeordnete Sprachebene einführen: Der Satz ‚Dieser Satz ist falsch‘ ist falsch" (Eisenhardt, Kurth & Stiehl, 1995, S. 286).

27 Für das Kontinuum steht heute die „Mächtigkeit der reellen Zahlen. Die Zahlen, die man z.B. durch einen nichtabbrechenden Dezimalbruch darstellen kann, sind so viele, daß man sie nicht abzählen, den natürlichen Zahlen eindeutig zuordnen kann. Von daher ist ein Kontinuum eine mathematische Struktur, die man nicht in Einzelelemente oder Punkte zerlegen kann. Die ‚Punkte‘ liegen so ‚gedrängt‘, daß man nicht auf sie zugreifen kann" (Eisenhardt, Kurth & Stiehl, 1995, S. 284).

einen Vorsprung hat, diese niemals überholen könne; wenn Achill die Ausgangsposition der Schildkröte erreicht hat, so ist diese selber ja wieder ein Stück weitergekommen, so daß der Abstand zwischen ihnen zwar kleiner wird, aber immer bestehen bleibt. Würde andererseits Zeit als Folge getrennter Zeitpunkte angenommen, würde ein abgeschossener Pfeil, wenn man seinen Flug in einzelne Zeitpunkte zerlegte, in jedem dieser Punkte feststehen und sich somit auch insgesamt nicht bewegen. Aristoteles verwies diesbezüglich auf den unterschiedlichen Gebrauch des Wortes unendlich – zum einen als Ausdehnung und zum anderen als Teilbarkeit – und verwarf so diese Ausführungen. Unter Umgehung dieser Schwierigkeiten hatte zuvor bereits Eudoxos[28] die Proportionenlehre ausgebaut, die mit dem V. Buch der ‚Elemente' des Euklid überliefert wurde. Damit wurde das Problem der Unendlichkeit hinsichtlich Teilbarkeit entgegen eleatischen Vorstellungen schon weitgehend gelöst und bereitete den Weg für die viel spätere Entwicklung der Infinitesimalrechnung. Die Vorstellung des Unendlichen hinsichtlich Ausdehnung blieb ‚verboten' und wurde als Problematik in einer fortbestehenden platonischen Denktradition abgelehnt.

So folgte die *Grundlagenkrise der antiken Wissenschaft* aus diesen zwei im damaligen Weltbild nicht lösbaren Problemen: Zum einen dem des Irrationalen[29] und zum anderen dem der Unendlichkeit[30]. Beide Problemstellungen sind bis heute relevant für Raumkonzeptionen, da die Aristotelische Vorstellung, daß jedes Ding seinen ‚Platz' hat, definiert als Gesamtheit aller umgebenden Gegenstände, nach wie vor unsere alltäglichen Raumbilder prägt (vgl. Zekl, 1990). Beide Fragestellungen konnten in der Mathematik und Physik erst seit dem 19. Jahrhundert gelöst werden, indem u.a. auf Anschaulichkeit verzichtet wurde. Seitdem gilt, daß nichts als selbstverständlich angenommen werden darf, sondern wissenschaftliche Aussagen nur erlaubt sind, wenn sie auch experimentell in Beziehung zu Wahrnehmungen gesetzt werden können. Möglich wurde dies, da mit der neuen Einsicht in unterschiedliche Geometrien das Verhältnis von Gott, Wahrheit, Mathematik und

---

28 Eudoxos aus Knidos (um 410-355 v.u.Z.) war Schüler Platons und trat nach verschiedenen Forschungsreisen um 367 der Platonischen Akademie bei, deren amtierender Vorsteher er bei Aristoteles' Eintritt war. Er wirkte als Mathematiker, Naturforscher und Philosoph. Bezüglich der Mathematik waren seine bedeutsamsten Leistungen die Schaffung einer Proportionen- und Ähnlichkeitslehre sowie seine Lehre von den Kegelschnitten, weiterhin stammt von ihm die Exhaustionsmethode und ein erstes Stetigkeitsaxiom.

29 Irrationale Zahlen lassen sich nicht durch Brüche ganzer Zahlen darstellen, sondern nur durch unendliche, nichtperiodische Dezimalzahlen. Unterschieden werden algebraisch-irrationale Zahlen wie die Wurzel 2, die einer algebraischen Gleichung mit rationalen Koeffizienten genügen, und transzendent-irrationale Zahlen, bei denen letzteres nicht zutrifft, wie die Ludolfsche Kreis-Zahl π.

30 Der Begriff des Potentiell-Unendlichen beruht auf der Tatsache, daß es zu jeder natürlichen Zahl eine größere gibt. Neben diesem abzählbar Unendlichem gibt es, z.B. bezogen auf die Menge der reellen Zahlen, insbesondere in der Mengenlehre das überabzählbare Aktual-Unendliche. Durch das Konstrukt der Mächtigkeit bleibt eine Ordnungsrelation zwischen solchen Mengen möglich.

Natur über den Haufen geworfen worden war, das bis dahin immer eine *einheitliche* Natur vorausgesetzt hatte. Die Einheits-Vorstellung war mit der ‚wissenschaftlichen Revolution' zu Beginn der Neuzeit sogar noch verstärkt worden als grundlegend für das abendländische Programm wissenschaftlich-technischer Naturbeherrschung:

> „*Ein* Universum, *eine* Natur, *eine* Sprache, *ein* Buch, und vor allem: *ein* Autor und *ein* Leser. Man muß, schreibt Galilei([31]), diese Sprache kennen, um das Buch lesen zu können. Die Sprache Mathematik, das symbolische Werkzeug, ist unselbständiges Werkzeug; ihre Wahrheit ist die Wahrheit des Universums" (Mehrtens, 1991, S. 606).

3.2 Folgen mathematischer Moderne und Gegenmoderne

Die beiden Anschauungsebenen mathematischer Wissenschaft zusammenzu-fügen, gelang nachhaltig erst René Descartes[32] mit seinen Grundüberlegungen zur Analytischen Geometrie[33]. Figuren und Zahlen werden durch Entspre-chungen aufeinander bezogen: Dem Punkt in der Ebene entspricht das Koor-dinatenpaar; der geometrischen Figur entsprechen Gleichungen zwischen Koordinaten, und Kurven entsprechen Gleichungen zwischen veränderlichen Größen. Dem voraus mußte eine Änderung der Weltsicht gehen: Für die do-minante antike Weltsicht bestand das Ideal darin, daß das wahre Sein ewig und unveränderlich, folglich alle wahrnehmbare Veränderung nur als Schein

---

31 Galileo Galilei (1564-1642) wurde berühmt durch seine Fall- und Bewegungsgesetze sowie sein Eintreten für die kopernikanische Lehre. Für ihn war das Wesen der Wirklichkeit durch Zahlenverhältnisse bestimmt: Nur wer die mathematischen Zeichen zu lesen und in Gesetze zu fassen verstehe, erlange objektive Erkenntnis; an wissenschaftlicher Erkenntnis sind Vernunft und Beobachtung gleichermaßen beteiligt (vgl. Kunzmann, Burkard & Wiedmann, 1991). So begründete er eine neue Auffassung von der Möglichkeit von (physi-kalischer) Erkenntnis: Nicht nach dem Warum, sondern nach dem Wie eines Prozesses sei zu fragen, denn nur darin könne die menschliche Ratio Einblick gewinnen.

32 Bei René Descartes (1596-1650) verbinden sich die Skepsis gegenüber der Tradition mit der Hochschätzung der Vernunft zu einem aufklärerischen Werk. Von Anfang an galten seine Bemühungen erkenntnistheoretischen, mathematischen und physikalischen Frage-stellungen. Der Mathematiker Descartes nimmt die Erfolge der exakten Naturwissenschaf-ten und die Methode der Mathematik auf. Weitere aufklärerische Momente seiner Philoso-phie sind die starke Betonung des Subjekts und der Wille zu größtmöglicher Gewißheit. Mit seinem skeptischen Rückzug auf das erkennende Subjekt begründete Descartes einen Hauptzug der neuzeitlichen Philosophie (vgl. Kunzmann, Burkard & Wiedmann, 1991). Nach ihm benannt wird bis heute bei rechtwinkligen Koordinaten von kartesischen gespro-chen, entsprechend vom kartesischen Produkt in der Mengenlehre etc.. Der Kartesianismus als philosophische Teilrichtung des Mechanismus im 17. und 18. Jahrhundert führte die von Descartes begründete Methodologie weiter.

33 Die Analytische Geometrie erfaßt und untersucht geometrische Gebilde mit algebraischen Hilfsmitteln. Um Punkte festzulegen, verwendet sie dabei reelle Zahlen oder Elemente ei-nes anderen Körpers als Koordinaten. Der Beschreibung der gegenseitigen Lage von Punkten dient der Begriff des Vektors.

zu erklären sei. Wahre Erkenntnis war so nur theoretisch, mit dem Geiste möglich gewesen. In der Zeit Galileo Galileis änderte sich die Ausgangsüberzeugung grundlegend: ‚Gott' wurde in die Welt geholt, indem das Ideal bzw. das Gesetz in der Natur, im Sichtbaren gesucht und gedacht wurde: Neuzeitliche Mechanik folgte aus dem Studium der Veränderung und stellte Gesetze der Bewegung auf; *Veränderung* wurde zum fundamentalen Prinzip der Welt. Ein sich bewegender Massepunkt wird seither zu jedem Augenblick nicht mehr nur mit einem bestimmten Ort, sondern auch mit einer bestimmten Geschwindigkeit gedacht – wobei letztere nur im Grenzfall null sein kann. So löst dann im 18. Jahrhundert die Entwicklung der Analysis[34] mit dem Differentialquotienten das alte Zenonsche Paradox und mit dem Konvergenzkriterium für Folgen und Reihen[35] das entsprechend alte Problem der Unendlichkeit bei Grenzwerten. Was als überliefertes Problem vorerst noch bestehen bleibt, ist das des Irrationalen. Dafür fand erst Richard Dedekind[36] eine akzeptable Lösung, indem er irrationale Zahlen nicht mehr wie die Griechen als Streckenverhältnisse betrachtete, sondern rein algebraisch interpretierte als Schnitte im System der rationalen Zahlen.

Für eine mathematische Raumkonzeption grundlegend ist von diesen Entwicklungen die Identifizierung von Algebra mit Geometrie. Daraus folgernd konnten Relationen[37] zwischen Veränderlichen auch durch geometrische Figuren im Raum gedeutet werden und umgekehrt. Die Terminologie ist – wie oben schon angedeutet – aus der Geometrie entlehnt: Als *Raum* wird jede *Menge X von Elementen* definiert, die *mit einer bestimmten Struktur*[38]

---

34 Analysis heißt im Griechischen Auflösung. Der Begriff wurde lange Zeit nahezu synonym mit Algebra verwendet. Verbreitung fand der Ausdruck speziell für die Leibnizsche und Newtonsche Infinitesimalrechnung (Gottfried Wilhelm Leibniz, 1646-1716; Isaac Newton, 1643-1727). Heute geht es in der Analysis um die Behandlung von Grenzprozessen. Das Teilgebiet umfaßt die Infinitesimalrechnung mit Differential- und Integralrechnung sowie der Theorie der Differential- und Integralgleichungen, Differential- und Integralgeometrie, Funktionentheorie, Funktionalanalysis und Variationsrechnung.

35 Das Cauchysche Konvergenzkriterium (Augustin Cauchy, 1789-1857) besagt, daß eine Folge genau dann konvergiert, wenn der Unterschied beliebiger Folgenglieder mit genügend großem Index kleiner als jede vorgegebene reelle Zahl ist. Damit wird die Frage nach unendlicher Teilbarkeit bzw. nach dem kleinsten unteilbaren Teil umgangen, die Demokrit (um 460 – 370 v.u.Z.) gestellt und mit seiner Definition des Atoms anders beantwortet hatte.

36 Richard Dedekind (1831 – 1916) war Schüler und Nachfolger von Carl F. Gauß und wirkte später in Zürich und Braunschweig. Er war einer der Begründer der modernen Algebra. Seine Schriften beziehen sich auf die Gruppentheorie, die Idealtheorie, auf die Theorie der algebraischen Zahlen sowie auf die Mengenlehre, in der er einen Existenzbeweis für unendliche Mengen und eine besondere Definition der Endlichkeit lieferte.

37 Zu den fundamentalen Begriffen moderner Mathematik gehört der Relationsbegriff, dem das kartesische Produkt von Mengen zugrunde liegt. Relationen stellen Beziehungen zwischen den Elementen einer Menge oder denen verschiedener Mengen her. Einerseits ergeben sich daraus die Abbildungen als besonders wichtige spezielle Relationen, andererseits erzeugen die Relationen die Strukturen auf Mengen.

38 Die formalistische Auffassung vom Aufbau der Mathematik – im Sinne des MathematikerInnenteams unter dem Pseudonym Nicolas Bourbaki (vgl. FN 47) – löst das Nebeneinan-

versehen ist – und zugleich eine Abstraktion bzw. Verallgemeinerung des gewöhnlichen Anschauungsraumes darstellt. Letzterem am nächsten kommt der dreidimensionale Euklidische Raum $\mathfrak{R}^3$: Er ist definiert als die Menge der Tripel (x,y,z) reeller Zahlen (Koordinaten), die den ‚Punkten‘ des Anschauungsraumes zugeordnet sind und sie beschreiben, zusammen mit einer Definition des Abstandes jeweils zweier der Punkte. Ausgehend vom $\mathfrak{R}^3$ gelangt man zum n-dimensionalen Euklidischen Raum $\mathfrak{R}^n$, wenn man als Menge X alle n-Tupel $(x_1, x_2, ..., x_n)$ reeller Zahlen zugrunde legt und jedes n-Tupel mit einem Punkt des Raumes identifiziert. Auch hier bezeichnen die $x_{i(i=1,-,n)}$ die Koordinaten des Punktes P und die Dimension[39] eines solchen Raumes ist gleich der Anzahl der Koordinaten. Analog zur Abstandsmessung im $\mathfrak{R}^3$ wird der Abstand zweier Punkte im $\mathfrak{R}^n$ durch die Quadratwurzel aus der Summe aller quadrierten zugehörigen Koordinatendifferenzen definiert. In jedem $\mathfrak{R}^n$ kann eine Struktur eingeführt werden, indem Addition und Multiplikation mit reellen Zahlen definiert wird; dadurch entsteht ein sogenannter Vektorraum. Zugleich wird mit der Abstandsfunktion den Anforderungen einer Metrik[40] genügt, so daß jeder $\mathfrak{R}^n$ als metrischer Raum auch ein topologischer Raum ist. Darüberhinaus können je nach mathematischer Fragestellung sehr spezi-

---

der abgeschlossener mathematischer Disziplinen auf. Eine Besinnung auf die axiomatische Festlegung verschiedener Theorien zeigt gemeinsame Grundstrukturen:

a) Einer Menge wird eine *algebraische Struktur* aufgeprägt, wenn in ihr eine oder mehrere Verknüpfungen erklärt sind, wie etwa Addition und Multiplikation in Zahlenmengen oder die Multiplikation von Vektoren mit Skalaren. Mit der Untersuchung algebraischer Strukturen beschäftigt sich vorwiegend die Algebra.

b) Einer Menge wird eine *Ordnungsstruktur* aufgeprägt, wenn in ihr eine Ordnungsrelation erklärt ist. Im weitesten Sinne bedeutet dies, daß es in einer Menge nach bestimmten Regeln vergleichbare Elemente gibt, wie das im speziellen Fall bei Zahlenmengen durch die Relation ‚<‘ geschieht. Die Theorie der Ordnungsstrukturen ist eng verknüpft mit der Mengenlehre.

c) Einer Menge wird eine *topologische Struktur* aufgeprägt, wenn in ihr ein System von Teilmengen *M* mit bestimmten Eigenschaften ausgezeichnet wird. Die topologische Struktur ist grundlegend für den Konvergenzbegriff, der in der Topologie mit dem Filterbegriff allgemeiner als in der Analysis gefaßt werden kann. Eine Menge mit einer topologischen Struktur heißt topologischer Raum.

Eine multiple Struktur ist eine Mischstruktur: So treten z.B. in $\mathfrak{R}$, dem Raum der reellen Zahlen, alle drei Grundstrukturen in spezieller Form auf (vgl. Reinhardt & Soeder, 1974).

39 Dimension heißt „Ausdehnung, Ausmaß, Bereich“ und stammt vom lateinischen dimetiri = „nach allen Seiten hin abmessen“. Im mathematischen Sprechen geht es um die Ausdehnung einer Form: Ein Punkt kann nicht zerteilt werden und hat die Dimension 0 – und damit keine Ausdehnung, nur eine Lage. Ein Punkt zerteilt eine Kurve – sie hat daher die Dimension 1. Eine Kurve zerteilt eine Fläche – diese hat somit die nächsthöhere Dimension, nämlich 2. Eine Fläche kann einen Körper der Dimension 3 zerteilen. Es sind mathematisch auch Ausdehnungen möglich, die nur von einem Körper zerteilt werden usw.

40 Eine Menge M heißt *metrischer Raum*, wenn auf M eine Metrik erklärt ist, d.h., wenn eine Abbildung d: M*M $\rightarrow$ $\mathfrak{R}_0$+ existiert mit den Eigenschaften

(1) d(x,y) = 0 $\Leftrightarrow$ x=y als Definitheit;
(2) d(x,y) = d(y,x) als Symmetrie;
(3) d(x,y) + d(y,z) > d(x,z) als Dreiecksungleichung.

d(x,y) kann als *Abstand* von x und y aufgefaßt werde.

elle Raumtypen definiert werden, die jedoch unseren derzeitigen, durch Kultur und Gewohnheit geprägten Raumwahrnehmungen kaum entsprechen. Diese heute übliche Form, in der Mathematik den Raumbegriff zu verwenden, sagt noch nicht viel über ihre Reichweite aus. Um den Wirkungsgrad zu beurteilen, ist nochmals die Entwicklung der Mathematik als Hintergrund zu bemühen: Was von der griechischen Mathematik tradiert wurde, hatte die Grundlagen geschaffen, daß im wesentlichen bis heute mathematische Erkenntnisse aus wenigen grundlegenden Begriffsbildungen (Definitionen) und anschaulich evidenten Aussagen (Axiomen) durch logische Schlüsse (deduktives Verfahren) abgeleitet werden. Dieser sich langsam erweiternde Platonismus der Mathematik ließ zwar idealerweise die Anwendungsrelevanz außer Acht, jedoch folgerte bis ins 18. Jahrhundert die fortschreitende Präzisierung im wesentlichen aus den Anforderungen der Praxis. Seit der Epoche der Aufklärung war der Erfolg vor allem durch die Anwendbarkeit in den Naturwissenschaften bestimmt. Diese wurden ganz entsprechend deterministisch verstanden, indem nach existierenden, ewig gültigen Gesetzmäßigkeiten gesucht wurde.

Dies änderte sich grundlegend im 19. Jahrhundert, nachdem etwa zeitgleich Carl Gauß, János Bolyai und Nikolai Lobatschewski die *nichteuklidische Geometrie* begründet hatten, indem sie gerade die aus einer alltäglichen Realität stammende Evidenz aufhoben und sich von vorgefaßten Meinungen, was eine ‚Gerade‘ sein solle, befreiten. Bernhard Riemann[41] formulierte dann 1854 eine zusammenfassende Theorie der Geometrie[42], die schon eine Definition der Raumkrümmung enthielt, sowie mit Hilfe der Algebra in viele Dimensionen erweitert wurde (Gribbin, 1994, S. 61). Ein Ergebnis war somit die elliptische und die hyperbolische Geometrie, die auch weiterhin als Geometrien bezeichnet werden, da als Kern die Vier-Postulate-Geometrie Euklids in sie eingebettet ist. Eine andere Folge daraus, die den Schlüssel zu diesen Neuerungen geboten hatte, war „geradliniges Denken" über Sätze und eine Reduzierung der Axiome auf etwas, das den Sätzen genügt (Hofstadter, 1987, S. 101). Diese Art zu denken veränderte rund sechzig Jahre später auch die Erkenntnismöglichkeiten für die Welt: Indem die Allgemeine Relativitätstheorie die Geometrie des Weltalls als vom Materiegehalt abhängig er-

---

41 Carl Friedrich Gauß (1777-1855) wirkte als Professor für Mathematik, Physik, Astronomie in Göttingen; Nikolai Ivanovic Lobatschewski (1792-1856) war russischer Mathematiker; János Bolyai (1802-1860) war ungarischer Mathematiker; Georg Friedrich Bernhard Riemann (1826-1866) wirkte als Professor für Mathematik in Göttingen.

42 Damit ebnete er wieder der nun modernen ‚reinen Mathematik‘ den Weg. Gerade an der Frage des Raumes zog er die Trennungslinie zwischen Mathematik und Physik. Der Raum der wirklichen Welt ist Sache der Physik. Die Mathematik klärt die Begriffe; ob und wie sie auf die Welt passen, ist nicht mehr ihre Sache. Damit war zugleich der Weg in die mathematische Moderne gefunden (Mehrtens, 1991, S. 607). Die daraus ebenfalls folgernde Trennung von Wissenschaft und Technik wurde auch als ‚zweite wissenschaftliche Revolution‘ bezeichnet. Wissenschaft sah sich vorerst entlastet vom Zwang, ihre Nützlichkeit ständig sichtbar ausweisen zu müssen! Solches ändert sich derzeit wieder.

kannte, konnte *dem Raum keine bestimmte Geometrie mehr zugeordnet* werden. „So gibt also die Natur auf die Frage ‚Welche Geometrie ist wahr?' eine doppeldeutige Antwort, nicht nur in der Mathematik, sondern auch in der Physik" (ebd., S. 110). Trotz der Vervielfältigung der Möglichkeiten ausgerechnet als Folge dieser Formalisierung blieb die Hoffnung auf einen gemeinsamen – auch sinnvollen – Kern aller denkbaren Welten bestehen, z.B. schon nur mit der Annahme, daß Logik einen Teil jeder dieser bilden könnte. So erfolgt in allen Teilgebieten der Mathematik eine stärkere Besinnung auf eine axiomatische Absicherung der Erkenntnisse, was in der Folge zu einem neuen Grundlagenstreit in der Mathematik führte: Dem Platonismus folgten als Hauptrichtungen konkurrierender Moderne-Vorstellungen Formalismus/Logizismus und Konstruktivismus/Intuitionismus – mit Rückwirkung auf die Logik bzw. die Untersuchung von Formalsystemen.

Im Modell des ‚Ideenhimmels', der in den vergangenen zwei Jahrtausenden ständig erweitert werden mußte, führte schließlich die Mengenlehre Georg Cantors[43], die ursprünglich der Vereinheitlichung dienen sollte, zu zahlreichen Antinomien. Im Gegensatz zu den früheren Paradoxien, die aufgrund der Verbindung von Elementen verschiedenen Typs in einer Aussage bzw. wegen unzulässiger Verallgemeinerung nur falsch zu sein scheinen, bieten Antinomien echte Widersprüche im System. Die Auseinandersetzungen um Cantors Mengenlehre verschärfte eine Kontroverse über die Grundlagen der Mathematik, in der sich insbesondere Karl Weierstraß[44] und Leopold Kronecker[45] hervortaten. Im Kern ging es um

„die Frage, über welche Art von Gegenständen mathematisch korrekte Aussagen gemacht werden können, und wie uns die Objekte der Mathematik gegeben sind. Kann und darf man die reellen Zahlen als Kontinuum, als eigenes aktual-unendliches mathematisches Objekt auffassen, muß man sie sich stufenweise aus den natürlichen Zahlen konstruiert vorstellen und damit als potentiell unendlich? Was soll eine Aussage des Typs ‚für alle gilt...' bedeuten und welchen Wert haben nicht konstruktive Existenzaussagen?" (Pieper-Seier, 1997, S. 99).

Als Ausweg erschien zunächst nur ein konsequenter *Formalismus*, wie ihn David Hilbert[46] und in Folge Bourbaki[47] vertreten haben. Solches bedeutete – wie schon erwähnt –

---

43   Georg Cantor (1845-1918) war Professor in Halle. Er arbeitete zunächst über Zahlentheorie und Fourier-Reihen, um sodann mit seiner Theorie der Punktmengen bzw. der transfiniten Zahlen die Mengenlehre zu begründen.

44   Karl Weierstraß (1815-1897) war zunächst Lehrer und später Professor für Mathematik in Berlin. Er gehörte zur sogenannten ‚Berliner Schule' und prägte zusammen mit Bernhard Riemann die moderne Funktionentheorie.

45   Leopold Kronecker (1823-1891) wurde erst 1883 als Professor nach Berlin berufen. Er arbeitete hauptsächlich über Arithmetik, Algebra und insbesondere über die Theorie elliptischer Funktionen.

46   David Hilbert (1862-1943) war Professor in Königsberg und in Göttingen. Er arbeitete über die Invariantentheorie, die Theorie algebraischer Mannigfaltigkeiten, die Theorie der Ideale und wurde namentlich verewigt durch seine Überlegungen hinsichtlich Integralgleichungen

„den Verzicht auf ‚Wahrheit' in der Mathematik und die Beschränkung auf ‚Widerspruchsfreiheit', den Rückzug von den Existenzaussagen über eine reale Ideenwelt auf den Umgang mit funktionierenden Formalismen" (Meschkowski, 1979, S. 60).

Auch in der formalistischen Mathematik wird von gewissen ‚Dingen' ausgegangen, von ‚Elementen', die zu ‚Mengen' zusammengefaßt werden – und ausdrücklich auf den Versuch verzichtet, Grundbegriffe zu definieren. Die ‚Eigenschaften' der Dinge werden durch ein System von Axiomen implizit festgelegt. Aus diesen Axiomen erschließen sich die ‚Sätze' einer Theorie infolge logischer Deduktion. Diese Sätze sagen nichts darüber aus, was die ‚Dinge' sind. Wir können uns darunter vorstellen, was wir wollen, solange die Vorstellungen mit den Axiomen verträglich sind!

Hilberts Großprojekt einer neuen Axiomatisierung der gesamten Mathematik wurde allerdings 1931 erschüttert durch Kurt Gödels[48] Nachweis der Unvollständigkeit einer widerspruchsfreien axiomatischen Zahlentheorie. Dazu kommentiert John Barrow:

> „Will man die Mathematik voll verstehen, muß man aus der Mathematik herausgehen. ... Definiert man ‚Religion' als ein System von Ideen, das unbeweisbare Aussagen umfaßt, dann hat Gödel uns gezeigt, daß die Mathematik eine Religion ist; und nicht nur das, sie ist die einzige Religion, die von sich beweisen kann, daß sie eine ist" (1993, S. 55f.).

Die Einsicht in die Wahrheit des Gödeltheorems führt zur Überzeugung, daß menschlicher Geist kein Formalismus sein kann – insofern müssen auch Programme wie das der Forschung zur ‚Künstlichen Intelligenz' als äußerst begrenzt eingeschätzt werden. Für die Zahlentheorie wurde ganz entsprechend zur absoluten Geometrie zwar als Kern die Peano-Arithmetik formalisiert, aber zugleich wurde deutlich, daß sie eine gespaltene Theorie mit Standard- und Nichtsstandard-Varianten ist. Im Gegensatz zur Geometrie ist die Anzahl der ‚Typen' der Zahlentheorien unendlich, was die Lage beträchtlich komplexer macht (vgl. Hofstadter, 1987, S. 110). – Trotz der Unbeweisbarkeit der Konsistenz im formalistischen Ansatz arbeitet heute der überwiegende Teil

---

für die Funktionalanalysis: Der Hilbertraum als linearer, metrischer, vollständiger Raum spielt auch für Berechnungen in der physikalischen Quantentheorie eine wesentliche Rolle. Für die algebraische Zahlentheorie schuf er eine neue einheitliche Darstellung und nahm wesentlichen Einfluß auf eine Neuaxiomatisierung der Geometrie.

47 Nicolas Bourbaki ist das Pseudonym für eine Gruppe (durch Zuwahl und Austritt mit 50 Jahren) junger, französischer und amerikanischer MathematikerInnen des 20. Jahrhunderts. Seit 1939 geben sie die ‚Éléments de mathématique' heraus. Zu den Begründern der Gruppe gehörten Henri Cartan (1904), Claude Chevalley (1909), Jean Dieudonné (1906) & André Weil (1906) (vgl. Meschkowski, 1986, S. 196f.).

48 Kurt Gödel (1906-1978) war – als aus Österreich stammender Logiker – Professor in Princeton. Er bewies 1930 die Vollständigkeit der klassischen Quantorenlogik und veröffentlichte zahlreiche Arbeiten zur intuitionistischen Logik sowie zur wissenschaftstheoretischen Diskussion um die Einsteinsche Relativitätstheorie. Mittels ‚Gödelisierung' formulierte er seinen Unvollständigkeitssatz, der zu den wichtigsten Resultaten der Metamathematik zählt, wobei die Vorgehensweise entsprechend zur Standardmethode avancierte.

aller MathematikerInnen damit. Was bleibt ist die Frage nach dem Wesen der Mathematik, die Albert Einstein[49] – wie Kurt Gödel deutlich von einer platonischen Mathematikauffassung geprägt – folgendermaßen formulierte:

> „Wie ist es möglich, daß die Mathematik, die doch ein Produkt des freien menschlichen Denkens ist und unabhängig von der Wirklichkeit, den Dingen der Wirklichkeit so wunderbar angepaßt ist?" (zit. n. Barrow, 1993, S. 61).

Kritisiert wurde der Formalismus zuvor schon vom *Konstruktivismus* – einer mathematischen Version des Operationalismus[50], der eine alternative Antwort auf die Verunsicherungen durch die logischen Paradoxien des 19. Jahrhunderts entwickelt hatte. Die Grundidee des Konstruktivismus formulierte Leopold Kronecker so: „Die ganzen Zahlen hat der liebe Gott gemacht, alles andere ist Menschenwerk" (zit. n. Barrow, 1993, S. 66). Nur die einfachsten mathematischen Begriffe, die Zahlen und das Zählen, durften als Startvoraussetzungen für mathematische Arbeit Verwendung finden – alles andere mußte Schritt für Schritt aus diesen intuitiv einleuchtenden Begriffen abgeleitet werden. Wegen seiner Bemühungen, die Mathematik in der Urintuition des Zählens als Grundlage der Mengenbildung zu verankern, wird der mathematische Konstruktivismus auch Intuitionismus[51] genannt – das Aktual-Unendliche wird in diesem Ansatz verworfen. 1908 erhob Luitzen Brouwer Einspruch gegen die Anwendung des Satzes vom ausgeschlossenen Dritten, des ‚tertium non datur' für unendliche Mengen[52] (Meschkowski, 1986, S. 275ff.). Damit verdeutlichte er das *Problem unzulässiger Verallgemeinerung*

---

49 Albert Einstein (1879-1955) war zunächst Professor für theoretische Physik in Zürich, Prag und Berlin/Potsdam; er emigrierte 1933 in die USA nach Princeton. Mit seinen Arbeiten revolutionierte er die Grundlagen der Physik und wurde zum bedeutendsten Physiker des 20. Jahrhunderts. Ausgehend von einer fundamentalen Kritik der Raum- und Zeitmessung entwickelte er 1905 die spezielle Relativitätstheorie. Aus den daran anschließenden Überlegungen folgerte 1914-16 die allgemeine Relativitätstheorie. In logischer Fortführung dieser Arbeiten versuchte er seit 1920 eine „einheitliche" Feldtheorie aufzustellen, die außer der Gravitation auch die Elektrodynamik umfassen sollte. Deren Entwicklungsstand ist jedoch bis heute noch inkompatibel zu Erfordernissen der Quantentheorie sowie der Kern- und Elementarteilchenphysik. Den Nobelpreis für Physik erhielt Einstein 1921 für seine Beiträge zur Quantentheorie, insbesondere seine Deutung des Photoeffekts.

50 „Als Operationalismus galt die philosophische Lehre, welche Meßvorschriften und Anweisungen zum Bau von Meßinstrumenten und experimentellen Anordnungen als wesentlich für die Konstruktion der Wirklichkeit erachtet. Im radikalen Sinn ist ein Begriff eine Klasse von Meßoperationen. Auf jeden Fall muß für den Operationalismus völlig sichergestellt sein, daß man jederzeit darüber entscheiden kann, ob ein Begriff auf einen Gegenstand zutrifft oder nicht" (Eisenhardt, Kurth & Stiehl, 1995, S. 286).

51 Neben Kronecker als Begründer gelten als weitere bekannte Vertreter des Intuitionismus/Konstruktivismus Émile Borel (1871-1956), Luitzen Brouwer (1881-1966), Arend Heyting (1898-1980), Henri Poincaré (1854-1912) und Hermann Weyl (1885-1955).

52 Dieses besagt, daß eine dritte Möglichkeit zwischen ‚wahr' und ‚falsch' nicht besteht. Erst der Konstruktivismus/Intuitionalismus des 20. Jahrhunderts verzichtet zur Vermeidung von Antinomien auf die These von der Zweiwertigkeit aller Aussagen und führt so zur Entwicklung einer effektiven Logik. Diese effektive oder intuitionistische Logik wurde zuerst von A. Heyting 1930 kalkülisiert.

von Aussagen über endliche Mengen auf unendliche. Daraus folgert weiterhin, daß alles, was nicht in einer endlichen Zahl konstruktiver Schritte entschieden werden kann, in die ‚Rumpelkammer' des Unentschiedenen kommt – dazu gehören alle Aussagen, die mit der Methode der ‚reductio ad absurdum', dem Widerspruchsbeweis, hergeleitet wurden. Letzteres wurde später durch Kurt Gödel bekräftigt, der zur Widerspruchsfreiheit formulierte: „Ein Widerspruchsfreiheitsbeweis kann lediglich die Richtigkeit gewisser Schlußweisen auf die Richtigkeit anderer zurückführen" (zit. n. Meschkowski, 1986, S. 289). Allerdings ist eine „Mathematik, die so konstruiert wird, ... von ihrer Zeit abhängig, von den Mathematikern, die sie erarbeiten. Konstruktivistische Mathematik kommt einer Psychologie nahe" (Barrow, 1993, S. 69). Deutlich wird, daß die Art und Weise, Mathematik zu betreiben, etwas über die je aktuelle Struktur menschlichen Denkens aufzeigt – ein Kennzeichen menschlichen Bewußtseins sein kann.

Herbert Meschkowski vergleicht das Ringen um die „richtige" Mathematik mit dem Hegelsche Konzept von These-Antithese-Synthese: Er bezeichnet die zwei Jahrtausende während Periode der fast uneingeschränkten Bejahung des klassischen Platonismus als Periode der These, das 19. Jahrhundert als die Periode der Antithese und die Zeit seit Kurt Gödels „platonism with little p" als mögliche Synthese unbestimmter Dauer (1979, S. 60). Dominant erscheint derzeit immer noch der formalistisch geprägte Versuch, alle Teilbereiche unter einheitlichen strukturellen Gesichtspunkten axiomatisch aufzubauen.

> „Das Wesen der Mathematik kann aber sicher nicht allein durch den strukturellen Aufbau erfaßt werden. Auch heute erfährt die Entwicklung wesentliche Impulse durch die praktischen Probleme vieler Wissenschaften. Neben Abstraktion und Deduktion haben Intuition und induktives Vorgehen ihren gleichberechtigten Platz in der mathematischen Forschung. Man kann von einer Wechselbeziehung sprechen, so daß eine vorübergehende Überbewertung der reinen gegenüber der angewandten Mathematik heute ausgeglichen zu sein scheint" (Reinhardt & Soeder, 1974, S. 11).

Hinsichtlich letzteren Gedankenganges möchte ich nochmals darauf verweisen, daß die Kritik an einer ausschließlich formalistischen Entwicklung der Mathematik nicht seitens der Anwendung, sondern aufgrund unterschiedlicher theoretischer Fundierung erfolgt war und ist. Zweifel an einer gegenseitigen Förderung von theoretischer und angewandter/anwendbarer Wissenschaft sollten schon länger einem Wissen um das Aufeinander-angewiesensein Platz gemacht haben. Zum Problem könnte derzeit eher die nicht schritthalten-könnende Theorieentwicklung werden.

Allerdings wird auch umgekehrt eine der theoretischen Erkenntnisse der modernen Mathematik in den klassischen Anwendungsbereichen – den Ingenieurwissenschaften – noch kaum rezipiert: Es handelt sich um die von Kurt Gödel eingeführten ‚Unmöglichkeitsaussagen', die bedeutsam sind für alle Fragen nach den Möglichkeiten und Grenzen der Erkenntnis. Daß die Nichtlösbarkeit eines Problems mit den vorgegebenen Mitteln exakt beweisbar ist, darf nicht abgetan werden als Feststellung einer vorläufigen Verlegenheit. Es bedeutet vielmehr, daß nach völlig neuen Fragen gesucht werden muß. Wolfgang Stegmüller bemerkte dazu als Philosoph:

„Eine ‚Selbstgarantie' des menschlichen Denkens ist, auf welchem Gebiet auch immer, ausgeschlossen. Man kann nicht vollkommen ‚voraussetzungslos' ein positives Resultat gewinnen. Man muß bereits an etwas glauben, um etwas anderes rechtfertigen zu können" (1954, S. 241). Besinnen wir uns also auf unsere Voraussetzungen.

Als *Fazit* möchte ich zunächst im Sinne von Herbert Mehrtens (1990) feststellen, daß die sogenannte Grundlagenkrise der streitenden mathematischen Moderne keine Krise der ‚Grundlagen' war, sondern die Erschütterung der Begriffe von Wahrheit, Sinn, Gegenstand und Existenz. Als Orientierungsmarken bestimmen diese Begriffe das Selbstverständnis einer Wissenschaft – ihre Identität. Moderne wie Gegenmoderne der Mathematik geben die Vorstellungen von Repräsentation und Transzendenz auf, unterscheiden sich aber in ihrer Haltung zu einem ‚Ur-Grund'. Der mathematische Konstruktivismus sucht Grund und Anfang in ‚Anschauung' und ‚Intuition' der reinen Zahl, dem er sich quasi wie einem Gesetz, einer Gabe unterwirft – während die Vertreter des mathematischen Formalismus sich als ‚freie Schöpfer' sehen. Beiden „geht es um die Formulierung der Grenzen des disziplinären Diskurses, darin um das ‚Ich' und das ‚Wir' der Mathematiker" (Mehrtens, 1990, S. 10).

Die von Bernhard Riemann eingeleitete Vervielfältigung von Geometrien, die damit zunächst ausgelöste Trennung von Wissenschaft und Technik und die folgende Spaltung der Moderne hatte Konsequenzen für die Behandlung des Raumes. Mit den neuen Geometrien wurden ungeahnte andere, merkwürdige Räume mathematisch exakt denkbar. Damit wurde das *‚Raumproblem' das Leitmotiv des 19. Jahrhunderts*, in dem sich Mathematik, Physik und Philosophie verbanden, weil sie sich in der Frage nach der Stellung des Individuums in seinem Welt-Raum trafen mit der Frage: Wie ist der natürliche Raum mathematisch zu beschreiben? (vgl. Weyl, 1923; Jammer, 1960; Gosztonyi, 1976). *Mit der Moderne* hat die Mathematik sich *dieses Problems entledigt*. Sie hat den Begriff Raum um seine Bedeutung gebracht, indem sie viele Räume produzierte. So wurde Raum zu einer Klasse von Gegenständen, die gewisse Familienähnlichkeit haben. „Ein Raum ist das Universum seiner Elemente, die als Elemente eines Universums behandelt werden" (Mehrtens, 1990, S. 45). Damit einhergehend änderte sich der Fokus des Denkens von Größe hin zu Struktur, und Raum wurde von einem Gegenstand der Mathematik zu einer der Anwendung von Mathematik.

Abschließend möchte ich dennoch von zumindest *drei parallel zueinander existierenden* mathematischen Raum-Konzepten im Sinne von formal symbolischen *Konstruktionen* sprechen, wobei ich das pythagoreische Verständnis von Welt als Verkörperung von Zahlen als kaum mehr relevant – bzw. im platonischen Modell aufgegangen – übergehe:

A: Zum einen ist von diesem über zweitausend Jahre hin entwickelten platonischen Raummodell auszugehen. Der damit verbundenen reinen Idee eines mathematischen Raumes entspricht *der dreidimensionale Euklidische Raum* der Geometrie. Dieser entspricht in der Regel auch dem alltäglichen Anschauungsraum u.a., da die ‚alte' Axiomatik auf Evidenz beruhte. Die Gegenstände in diesem Raum sind *ideale Figuren*, die innerhalb der Vorgabe durch die drei endlichen Dimensionen beliebig angeordnet werden können. Die Grundfiguren stehen zudem häufig als Synonym für grundlegende Lebensprinzipien. Dieser mathematische Raum ist durch seine *Begrenztheit* hinsichtlich Ausdehnung gekennzeichnet.

B: Zum anderen verstehen MathematikerInnen seit diesem Jahrhundert unter einem mathematischen Raum mehrheitlich einen formalistisch definierten: Ein Raum ist eine *Menge von Elementen* versehen mit einer Struktur, für die eine widerspruchsfreie Axiomatik definiert ist. *Dieser Raum ist unabhängig von jeglicher Anschauung* – alle möglichen Vorstellungen dazu sind möglich, solange sie nicht in Konflikt mit der Axiomatik geraten. In einem solchen mathematischen Raum ist *Unendlichkeit* definierbar, somit denkbar und folglich existent.

C: Ein intuitionistisches Raumkonzept nahm Vorstellungen vom Raum auf als Ort der Anschauung und der Bewegung. Als Metapher stand er gar für den Zusammenhang aller Bewegung, auch der in Bewegung geratenen Gesellschaft. Als symbolischer Ausdruck repräsentierte er im ‚Erlanger Programm' Felix Kleins[53] (1872; vgl. Mehrtens, 1990, S. 82f) *Ordnung und Ortung*. Später verknüpfte Henri Poincaré die geometrischen Universa ständig mit dem Erfahrungsraum. Er diskutierte (1904, S. 58, 66-73) die Formen des „Vorstellungsraumes" als „Gesichts-, Tast- und Bewegungsraum" mit dem Ergebnis, daß das Entscheidende für die Geometrie und die Physik nicht der Raum, sondern die *Körper* sind. In diesem Zusammenhang präsentierte er sogar die „nicht-Euklidische Welt" und die „vierdimensionale Welt"! Auch mit diesem naturalistisch unterlegten Konventionalismus verließ er wie die Formalisten die Schachtel ‚Raum' als Illusion und verwies auf individuelle Wahrnehmung, die über abbildliches Sehen hinausgeht.

Als Folge der Gödelschen Erschütterungen verabschiedet sich die „moderne Mathematik" mit ihrer „Mengenlehre" und ihren „Strukturen" derzeit an Schulen und Hochschulen (Mehrtens, 1990, S. 7) und erfordert andere Begründungen für nun *nur noch relativ und lokal gesicherte Widerspruchsfreiheit*. Zur Selbstverständlichkeit der Moderne treten wieder die gegenmoder-

---

53 Christian Felix Klein (1849-1925) wirkte als Professor für Mathematik in Erlangen, München, Leipzig und Göttingen. Bis heute ist seine Didaktik bedeutsam. Er arbeitete nicht nur auf fast allen Gebieten der reinen und angewandten Mathematik, sondern begründete auch die ‚Enzyklopädie der Mathematischen Wissenschaften'.

nen Fragen nach Sinn und Zusammenhang, Ursprung und Ziel. Da sich Sinn mit den Sinnen verbindet, die in die Lebenszeit gebunden sind und mit Grenzen und Trennungen zu tun haben, gilt für eine noch unentwickelte nach-Gödelsche Raum-Konzeption, daß die Konstitutionsbedingungen klarer als bisher verdeutlicht werden müssen.

4. Zur Materialität des Raumes

Die Vervielfältigung der Geometrie im 19. Jahrhundert bewirkte u.a. die Trennung der reinen Mathematik von ihrer Anwendung. Die zwei Modelle moderner Mathematik produzierten nun auf vielfältige Weise Werkzeuge für den Umgang mit Maß, Lage, Gestalt, Bewegung, Transformation, Nachbarschaft, Grenze und Unbegrenztheit. Die so entstehenden gleichberechtigten Systeme begrifflicher Strukturierung sind allerdings in bezug auf einen konkret materialen Raum nur als Hypothesen brauchbar. Die Wendung der Mathematik zu sich selbst verwies den Gegenstand und die Welt, die Struktur von Handlungen, die Wahrnehmung von Ort und Ordnung oder die Deutung von Abhängigkeiten auf die empirisch arbeitenden Fachdisziplinen.

Speziell der *Raum wurde* parallel zu seiner weitgehenden Entwertung in der modernen Mathematik zu einer *Grundmetapher der Physik.* Aber die disziplinäre Einschränkung unterstützte keineswegs die Herausbildung eines umfassenden einheitlichen Raumkonzeptes: Die Physik des 20. Jahrhunderts festigte vielmehr ein in zwei Jahrtausenden entwickeltes *Doppelgesicht* des Raumes: einerseits als „Zwischenraum" und andererseits als „real existierende Bühne", auf der die Körper auftreten.

> „Es ist nicht schwer, die Naturforscher, die über ‚den Raum' nachgedacht haben, in eine Tabelle mit diesen zwei Positionen einzuordnen. Links Thales, dessen ‚Raum' ein einziger flüssiger Körper ist, rechts Demokrit mit seinem leeren Raum, in dem die Atome umherfliegen. Links auch Leibniz, rechts Guericke und Newton,, (Genz, 1994, S. 70).

Albert Einstein stellte

> „diese beiden Raum-Auffassungen einander gegenüber ... als
> a)   Lagerungsqualität der Körperwelt
> b)   Raum als ‚Behälter' (container) aller körperlichen Objekte.
> Im Falle a) ist Raum ohne körperliches Objekt undenkbar. Im Falle b) kann ein körperliches Objekt nicht anders als im Raum gedacht werden; der Raum erscheint dann als eine gewissermaßen der Körperwelt übergeordnete Realität" (1960, S. XIII).

Die derzeit anerkannten Naturgesetze negieren die Existenz eines absolut leeren Raumes, aber infolge der Äquivalenz von Masse und Energie und der Heisenbergschen Unschärferelation kann der Zustand eines physikalischen Raumes nicht festgeschrieben werden. So ‚gelten' beide gedankenexperimentellen Modelle für den Raum gleichzeitig, bzw. je nach Fragestellung ist das eine oder andere geeigneter zum Verstehen der sinnlichen Erlebnisse.

Um zu einem modernen Begriff von Materie und Materialität zu gelangen, widme ich mich in diesem Kapitel – ganz traditionell der wissenschaftlichen Arbeitsteilung folgend – hauptsächlich den verschiedenen Raumkonzeptionen der Physik und gehe dabei wiederum historisch rückblickend vor. Doch zunächst noch ein kurzer Blick auf die etymologische Wurzel: Der Begriff *Physik* leitet sich her vom griechischen physis, was ‚Entstehen und Werden‘ bedeutet und in Folge Natur oder natürliche Beschaffenheit bezeichnet. Physik gilt bis heute als klassische Naturwissenschaft, deren Gegenstand die Materie ist. Physikalische Forschung bezieht sich auf Erscheinungs- und Zustandsformen der (unbelebten) Materie, auf deren Struktur und Eigenschaften, ihre Bewegungen sowie Zustandsänderungen, weiterhin auf alle dafür verantwortlichen, zwischen den Materiebausteinen bzw. -aggregaten bestehenden Kräfte und Wechselwirkungen[1]. Das Gesamtgebiet der Physik wird nach historischen oder objektbezogenen Kriterien in klassische und moderne Physik, in Kontinuums- und Quantenphysik oder in Makro- und Mikrophysik unterteilt. Dabei überschneiden sich die jeweiligen ‚Halbgebiete‘ nur zum Teil.

4.1 Raumwelten antiker Kosmologie

Die antike Physik war ein Teil damaliger Philosophie und bezog sich vornehmlich auf die Frage nach dem Urgrund, der arché, und dem Urgesetz, dem lógos, der Welt. Damit verknüpft war die Suche nach einem Einheitsgrund. Die Entstehung von Philosophie wie aller Wissenschaften folgerte aus der Trennung des rationalen Erkennens der Welt von der mythischen Überlieferung, die Welt wie ein Lebewesen beschrieb und Naturerscheinungen mit dem Wirken der Götter begründete. Für europäische Geistesgeschichte manifestierte sich dieser Prozeß seit dem 6. vorchristlichen Jahrhundert. Eine heute übliche Gliederung der antiken Denkansätze unterscheidet zwischen vorsokratischer, klassischer und hellenistischer Periode. Von den damals erörterten Themen haben insbesondere die Überlegungen zur Kosmosstruktur, zur mathematischen Astronomie, zur Optik und bezüglich der Mechanik bis in die Neuzeit weitergewirkt (vgl. Ehlers, 1988). Raum wurde nur im Zusammenhang mit Materie, Kosmos oder – wie bereits ausgeführt – Zahl behandelt.

Die geistige Revolution der Griechen ging von den ionischen Städten an der Westküste Kleinasiens aus. Als erster einer Reihe dort wirkender *Natur-*

---

1 Eine Wechselwirkung ist in der Physik eine grundlegende Größe, speziell der Quantentheorie, die den Austausch von Energie in einer bestimmten Zeit beschreibt. Sie ist mit einer Informationsänderung verbunden. Wirkungen werden immer diskret übertragen; wirkende Systeme spüren ihren Effekt wechselseitig, d.h., A wirkt auf B und B auf A.

philosophen gilt Thales[2]. Neben einer ‚Sternenkunde für Seefahrer' und Überlegungen zur Dreieckslehre widmete er sich der neu entstehenden *Kosmologie*. In einem pantheistischen Weltbild wurde nach der stofflichen Ursache als Grundprinzip aller Dinge gesucht – Thales entschied sich für das Wasser als Ursprung und Wesen der Erscheinungen. Die damit korrespondierende Vorstellung vom Aufbau der Welt ging von einem flüssigen Universum aus, das eine halbkugelförmige Luftblase enthält; deren konkave Oberfläche sei der Himmel und auf der unteren, ebenen Wasserfläche schwimme die Erdscheibe wie ein Stück Kork (vgl. Ehlers, 1988, S. 26; Locqueneux, 1989, S. 14f). Thales' Schüler Anaximander[3] bestimmte das Urprinzip, das allen Veränderungen zugrundeliege, abstrakter als das ápeiron, das quantitativ Unendliche, Unbegrenzte und qualitativ Unbestimmte – auch als ungestaltete Materie oder ursprüngliches Chaos verstanden, aus dem alle Dinge der Welt als Gegensätze hervorgehen und in das sie nach der Notwendigkeit wieder hinein vergehen. Da jedoch die ‚Aussonderung der Gegenstände' aus einem solchen ápeiron unklar blieb, reduzierte Anaximenes[4] die qualitativen Unterschiede der Dinge wieder auf ein quantitatives Prinzip: Für ihn entstand alles durch Verdichtung oder Verdünnung der (unendlich ausgedehnten) Luft.

Ein anderes materielles Substrat, das Feuer, hielt Heraklit[5] für geeigneter, um den unaufhörlichen Weltprozeß zu erklären – nur zu verstehen aufgrund und folgernd aus dem Kampf der Gegensätze. Bei ihm stand das ununterbrochene *Werden und Vergehen* im Vordergrund. Die Natur war dabei Schauplatz sowohl des Kampfes als auch der Harmonie als Gleichgewicht von Gegensätzen. Zugleich mit den Gegensätzen war immer die Einheit zu denken, was durch den lógos gewährleistet wurde, der gesetzgebend wirkte als Seele der Welt – und dessen bewegliches Abbild das Feuer darstellte. – Die gegensätzliche Position wurde von der eleatischen Lehre[6] vertreten. Als arché war

---

2   Während Thales aus Milet (um 624-546 v.u.Z) als Philosoph vor allem die Beziehungen zwischen Mensch und Natur betrachtete unter Ausklammerung überirdischer Mächte, hat in Judäa der Prophet Ezechiel die unmittelbare Verantwortlichkeit des Einzelnen betont. Zu eben dieser Zeit hat Buddha das Glück des einzelnen Menschen in der vollständigen Abkehr von der irdischen Welt gesehen und Konfuzius die Stellung des Individuums in der Gesellschaft sowie die Normen richtigen Handelns untersucht. Aus jener Zeit stammt wissenschaftsgeschichtlich die Annahme, daß die Verknüpfung von Ursache und Wirkung auf die Kopplung von Sünde und Buße zurückgeführt werden kann (Simonyi, 1990, S. 57).

3   Anaximander aus Milet (um 611-546 v.u.Z.) zeichnete zudem als erster eine Karte der bewohnten Erde und darf insofern als Begründer wissenschaftlicher Geographie gelten.

4   Anaximenes aus Milet (um 585-525 v.u.Z.) war vermutlich Schüler des Anaximander. Er soll als erster behauptet haben, daß der Mond sein Licht von der Sonne beziehe.

5   Von Heraklit aus Ephesos (um 550-480 v.u.Z.) stammt der berühmt-berüchtigte Satz: „Der Krieg ist der Vater aller Dinge". Zugleich aber kann er mit seinem Gedanken der Einheit der Gegensätze „Aus Allem wird Eins und aus Einem Alles" als erster dialektischer Denker gelten.

6   Zu den bekanntesten Eleaten sind Xenophanes aus Kolophon (um 580-478 v.u.Z.), der nach Unteritalien zog, Parmenides aus Elea (um 540-470 v.u.Z.), der die eleatische Schule gründete, und Zenon aus Elea (um 495-435 v.u.Z.) zu zählen.

für diese nur die Erde vorstellbar, „denn aus Erde ist alles und alles wird schließlich zu Erde" (Diels & Kranz, zit. n. Ehlers, 1988, S. 29). Darüberhinaus wurde die Natur als Schein abgewertet. Denn im Gegensatz zur Veränderung der sichtbaren Welt war für sie *das wahre Seiende nur als Einheit* denkbar, unveränderlich, ohne Anfang, ewig und einzigartig, von abstrakter Ordnung, die qua Vernunft zu erkennen sei. Dagegen sei alle Bewegung, die in ein Nicht-Seiendes hinein erfolgen müsse, nur Täuschung. Die einzig mögliche Wissenschaft war für die Eleaten folglich die Ontologie[7] und alle anderen Wege der Naturerkenntnis, z.b. über die empirische Anschauung, waren unmöglich. Entsprechend konnte ihr „Kosmos nur kontinuierlich, homogen, endlich und kugelförmig sein, auch wenn die Erscheinungen etwas anderes lehren" (Locqueneux, 1989, S. 17). Die Kugelform des Kosmos erschien einzig denkbar – auch für spätere Kosmologen jener Zeit – da sie sich zugleich zum Synonym für das Göttliche entwickelte: Das über den Menschen hinausweisende Ganze der Welt mußte insofern die Vollkommenheitseigenschaft der Kugel haben.

Das von den Eleaten zugespitzte Problem um das Sein führte unter anderem zur Ausformulierung verschiedener Ansätze einer *Teilchenlehre.* Zunächst hatte Empedokles[8] versucht, zwischen Heraklits und Parmenides' Auffassung zu vermitteln, indem er vier Elemente – Feuer, Erde, Luft, Wasser – als Urstoffe annahm, aus denen – bewegt durch Liebe und Haß – sich alles Existierende zusammensetze. Er ging weiterhin von einem kugelförmigen All aus, mit der Erde im Mittelpunkt und Mond wie – im größeren Abstand – Sonne um sie kreisend. Mit dieser Konstruktion konnte er erstmals das Phänomen der Sonnenfinsternis begründen. – Ähnlich versuchte Anaxagoras[9] alles Entstehen und Vergehen als Mischung bzw. Entmischung von Flüssigkeiten als Träger von eigenschaftsbestimmenden, unbegrenzt variablen Keimen zu modellieren. Seiner Stofflehre entsprechend war nirgendwo leerer Raum anzutreffen. Das von ihm propagierte alternative Weltmodell ging von einer gewaltigen Wirbelbewegung aus: In der Mitte befand sich die Erde, die Gestirne galten als durch die

---

7 Ontologie bedeutet Seinslehre. „Die traditionelle Ontologie sucht nach allgemeinen und durchgehenden Eigenschaften der Wirklichkeit, zum Beispiel Form und Materie, Wesen und Erscheinung, Prozessualität etc. Diese brauchen selbst nichts gegenständlich Vorstellbares zu sein. In einem nichtmetaphysischen Sinn kann freilich nur eine wissenschaftliche Theorie bestimmen, was es alles gibt (z.B. Elektronen, Quarks, weiße Zwerge, Eifersucht, Funktionen, Dichter, etc.) und was es alles nicht gibt (z.B. den Äther, die Weltseele, echte Atome, Nessy, die größte Zahl, Geist ohne Körper, ewige Liebe etc.); zumindest in dieser wirklichen Welt. Daher bedeutet Ontologie auch die Menge von Aussagen, die bestimmen, welchen Gegenstandsbereich eine Theorie als existierend voraussetzt" (Eisenhardt, Kurth & Stiehl, 1995, S. 285).

8 Empedokles aus Agrigent auf Sizilien (um 482-425 v.u.Z.) sammelte als Arzt und Wanderprediger eine große Jüngerschar um sich. Er war – selbst aus einer vornehmen Familie stammend – aktiv am Sturz der oligarchischen Regierung beteiligt.

9 Anaxagoras aus Klazomenai bei Izmir (um 500-428 v.u.Z.) kam um 460 nach Athen und führte dort die Naturphilosophie zu einem Höhepunkt. Wegen seiner Theorie der Gestirne, die er für glühende Steine hielt, wurde er der Gottlosigkeit angeklagt und flüchtete nach Lampsakos.

Wucht des Ätherwindes von ihr getrennte Gesteinsmassen, die um sie kreisten. Er lieferte mit seinem Modell die erste zutreffende Erklärung einer Mondfinsternis, da nur die Sonne als glühend angenommen wurde und ihr Licht den Mond bescheine. – Die Lehre von den Atomen wurde schließlich von Leukipp und seinem Schüler Demokrit[10] begründet. Als elementare Bausteine der Welt definierten sie die Atome als unteilbare Körperchen – durchaus entsprechend der eleatischen Idee des Seienden, als nie erschaffen worden, unvergänglich und immer wieder neue und andere geometrische Formen bildend. Allerdings formulierten sie auch den *leeren Raum*, der erst die Bewegung der Atome ermögliche. Die Einführung des leeren Raumes legte zudem die Hypothese von der Unendlichkeit der Welt nahe.

„Diese wird von Demokrit als erstem in der Wissenschaftsgeschichte eindeutig formuliert, wobei er eine überraschende Begründung angibt: Die Welt ist unendlich, da sie von keiner außerweltlichen Macht geschaffen worden ist" (Simonyi, 1990, S. 72).

Naturerscheinungen wurden in diesem Modell zu rein mechanischen Vorgängen, was sich sogar in Demokrits Wahrnehmungslehre niederschlugt, die die Sinneseindrücke im eigentlichen Sinne als von der Beschaffenheit der Atome abhängig erklärte.

Als letzte der bedeutenden vorsokratischen Schulen ist die der Pythagoreer anzuführen. Deren Denken kreiste im Kern um die Bedeutung der *Zahl*, mit der Ordnung im Kosmos geschaffen wird und das ápeiron, das Unbestimmte, begrenzt werden kann. Die erste überlieferte Schrift eines Pythagoreers stammt von Philolaos[11], der ein der Zahlenharmonie genügendes Weltmodell entwickelte. Sein „Weltbild beeindruckte noch Copernicus und besonders Kepler" (Ehlers, 1988, S. 36). Das unsichtbare Zentralfeuer und die ebenfalls unsichtbare Gegenerde dienten der Harmonie der Rotationsbewegungen im Kugelkosmos und waren zugleich Zugeständnisse an die heilige Zehnzahl. Spätere Pythagoreer nahmen die Erde als Mitte der Welt an, die um ihr eigenes Zentrum rotiere. Erde wie alle Gestirne wurden kugelförmig angenommen. Wie die Atomisten gingen die Pythagoreer von der diskreten[12] Struktur der Materie aus: Zahl-Einheiten wurden als materielles Substrat der Dinge aufgefaßt und Anfang des 4. vorchristlichen Jahrhunderts auch mit den Atomen identifiziert. Entsprechend leugneten auch spätere Atomisten nicht länger die Kugelform der Erde (Ehlers, 1988, S. 38).

---

10 Leukipp aus Milet (2.Hälfte des 5.Jh.s v.u.Z.) war Schüler Zenons. Er und Demokrit (um 460-370 v.u.Z.) wirkten in Abdera in Thrakien, wo Leukipp eine Philosophenschule gegründet hatte.

11 Die Wissenschaftsgeschichte sieht in Philolaos aus Kroton in Unteritalien (2. Hälfte des 5. Jh.s v.u.Z.) die Hauptquelle der pythagoreischen Elemente in Platons Philosophie.

12 Eine aus einzelnen, identifizierbaren letzten Teilen bestehende Struktur, im Gegensatz zu einer kontinuierlichen Struktur, die unendlich teilbar ist, nennt man diskret.

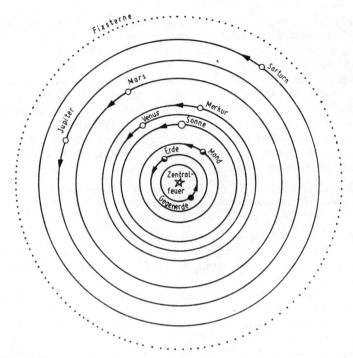

Abbildung 6:
Das Planetensystem des Philolaos Ende des 5. Jahrhunderts v.u.Z.
Quelle: Ehlers, 1988, S. 37.

Kein Philosoph der *Vorsokratik* widmete sich ‚dem Raum' explizit, sondern die entstehenden *Raumvorstellungen sind Konsequenzen ihrer Kosmologie* oder ihrer Lehre von der Materie. Insofern sind diese ersten Thematisierungen von Raum an das Konkrete, das Sinnlich-Wahrnehmbare gebunden, zugleich aber auch abhängig von der jeweils geübten Disputationskultur. Im Trivium der von mir (vgl. Kap. 2) dargestellten Schlußweisen könnten diese Anfänge europäischer Wissenschaftstradition als abduktive Wahrnehmungsurteile, die zunächst die verschiedenst möglichen Vermutungen über die Realität als konkurrierende Lesarten der Welt auffächern, angesehen werden. Das dabei entfaltete Problemspektrum zwischen einerseits Raum als undiskutierbarer materialer Tatsache und andererseits sinnlich nicht wahrnehmbarem, dennoch realem Dazwischen oder zwischen einerseits der Stofflichkeit als Raum und andererseits des Stoffes unterschieden davon im Raum (vgl. Gosztonyi, 1976, S. 75f) besteht bis heute fort – wenn auch im Rahmen inzwischen veränderter Diskurse und Erkenntniskontexte. – Der erste explizite Erklärungsversuch bezüglich Raum folgte damals in der Zeit der griechischen Klassik:

Nachdem die Sophisten[13] entgegen der Tradition der griechischen Naturphilosophie den Menschen zum Mittelpunkt des philosophischen Bemühens
gemacht hatten, widmeten sich die Athener Vertreter der heute als *Klassik*
bezeichneten Periode dann der Verknüpfung und zugleich Weiterentwicklung
bisheriger Erkenntnisse. Mit der Begründung einer eigenen philosophischen
Ethik leitete Sokrates[14] die Trennung von Philosophie und Wissenschaft ein:
Obwohl auch nachsokratische PhilosophInnen sich noch mathematischen und
naturwissenschaftlichen Grundlagenfragen widmeten, traten nach Sokrates
zunehmend FachwissenschaftlerInnen in Erscheinung, die sich keiner bestimmten Philosophieschule mehr verpflichtet fühlten.

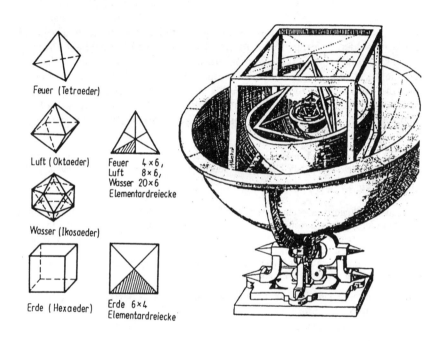

Abbildung 7:
*Platons Weltkörper, die Kepler zur Konstruktion der Planetenbahnen
verwendete.* Quelle: Ehlers, 1988, S. 39.

---

13 Sophisten (= Lehrer der Weisheit) wurden die für die Übung bürgerlicher Ausdrucksfähigkeit
    in der Demokratie tätigen Rhetorik-Lehrer genannt. Sie entwickelten einen grundlegenden
    Relativismus und gewissen Skeptizismus. Als bedeutendster Sophist gilt Protagoras (um 480-
    410 v.u.Z.), von dem der berühmte Satz stammt: „Der Mensch ist das Maß aller Dinge".
14 Sokrates (um 470-399 v.u.Z.); vgl. Kap. 3.

Im Gegensatz zu seinem Lehrer widmete sich Platon[15] nicht nur ausführlich der Mathematik, sondern auch der Physik, zumindest soweit die Ausführungen über den Kosmos – im Dialog ‚Timaios' – wichtig zur Klärung der Stellung des Menschen im Universum erschienen. Sein Ziel war die Wiederherstellung der Harmonie zwischen Universum und Mensch, zwischen Makro- und Mikrokosmos, für die ähnliche Gesetze gelten sollten. Dazu ist der Bauplan des Kosmos zu entdecken – wofür Platon die regulären Polyeder vorsah, die deshalb auch *bis heute platonische Körper* heißen und als zugrundeliegende Ideen der unseren Sinnesorganen zugänglichen Elemente anzusehen sind. Die Zuordnung der regelmäßigen Körper zu den vier postulierten Elementen wurde über zweitausend Jahre beibehalten. Der fünfte Körper, das Dodekaeder, wurde als Umriß des kugelförmigen Weltganzen verstanden. Die Welt drehte sich um sich selbst und in ihrem Zentrum ruhte die Erdkugel. Im Unterschied zu Empedokles führte Platon die vier Elemente auf Dreiecke zurück, die beliebig neu zusammensetzbar sind und sich so ineinander umwandeln können. Als tradierter Kern jenes abstrakten Modells ist das Bestreben um eine Beschreibung der Realität mit Hilfe numerischer Proportionen anzusehen. Für die heutige Elementarteilchenphysik gehört gerade das Symmetrieprinzip zur möglichen Veranschaulichung. So erklärte Werner Heisenberg:

> „Die Elementarteilchen können mit den regulären Körpern in Platons ‚Timaios' verglichen werden. Sie sind die Urbilder, die Ideen der Materie" (zit. n. Simonyi, 1990, S. 75).

Platon erklärte zu seiner Zeit

> „das Weltganze mit seinen harmonisch aufeinander abgestimmten Teilen zu einem vernunftbegabten Organismus, der so, wie er geschaffen wurde, ewig fortbestehe. Die sich in strenger Regelmäßigkeit bewegenden Gestirne bezeichnete er als ‚Werkzeuge der Zeit'. Zeit gebe es nicht ohne Bewegung; sie sei zugleich mit der Welt entstanden, während Sein, Raum und Werden als gesonderte Gattungen schon vor ihrer Erschaffung bestanden hätten" (Ehlers, 1988, S. 40).

Raum war somit nicht selbst die Erscheinungsweise der Dinge, nicht deren Körperlichkeit, sondern bot die *ontologische Grundlage* derselben – die sinnlich wahrnehmbaren Dinge entstanden *in* ihm, die Ideen traten in den Raum und verräumlichten sich in der Vielheit ihrer Abbilder. Insofern war Raum selbst nicht wahrnehmbar, sondern nur durch „unechten Schluß" erfaßbar (Gosztonyi, 1975, S. 79f). Er ermöglichte die und ist zu folgern aus der Lokalisierbarkeit der Erscheinungsdinge, war deren Urgrund. – Für nachfolgende platonisch orientierte Wissenschaft hieß seine Konstruktion, mit möglichst einfachen Gesetzlichkeiten auskommen zu müssen, da die Schöpfung aus vollkommenen, d.h. einfachen mathematischen Strukturen bestehen mußte. Herbert Meschkowski spricht von einem „idealistischen Dogma" der „göttlichen" Formen (1979, S. 120), wobei die Linie den Menschen, der

---

15 Platon (427-347 v.u.Z.); vgl. Kap. 3.

Kreis Gott und die Kugel das Weltall vertritt. Platons *gedankenexperimentelle Raumtheorie* abstrahierte Raum von der Körperlichkeit, indem eine unmaterielle Struktur angenommen wurde, die allem Materiellen zugrunde liege; des weiteren wurde zwischen Potentialität und Aktualität unterschieden, indem jegliche Verräumlichung als Realisierungsprozeß erschien – was in einer modernen Ontologie als ‚Seinskraft' thematisiert wird; und schließlich verwies Platon noch auf die problematische Geometrisierung der Räumlichkeit (im ‚Staat', vgl. Jammer, 1960, S. 15) – die mit Euklid dann später als Dreidimensionalität für zwei Jahrtausende festgeschrieben wurde.

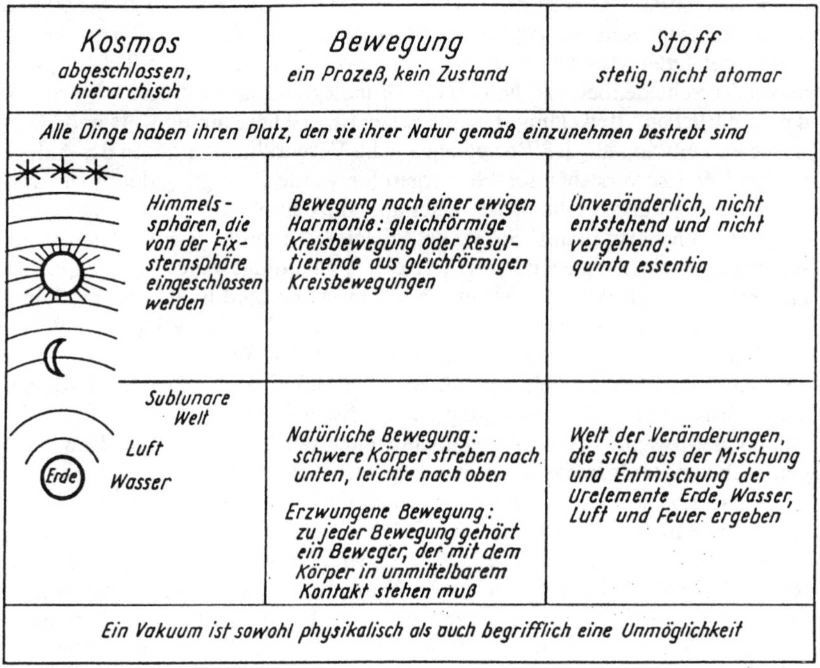

Kosmos abgeschlossen, hierarchisch	*Bewegung* ein Prozeß, kein Zustand	*Stoff* stetig, nicht atomar
Alle Dinge haben ihren Platz, den sie ihrer Natur gemäß einzunehmen bestrebt sind		
✳✳✳ Himmelssphären, die von der Fixsternsphäre eingeschlossen werden	Bewegung nach einer ewigen Harmonia: gleichförmige Kreisbewegung oder Resultierende aus gleichförmigen Kreisbewegungen	Unveränderlich, nicht entstehend und nicht vergehend: quinta essentia
Sublunare Welt Luft Erde Wasser	Natürliche Bewegung: schwere Körper streben nach unten, leichte nach oben Erzwungene Bewegung: zu jeder Bewegung gehört ein Beweger, der mit dem Körper in unmittelbarem Kontakt stehen muß	Welt der Veränderungen, die sich aus der Mischung und Entmischung der Urelemente Erde, Wasser, Luft und Feuer ergeben
Ein Vakuum ist sowohl physikalisch als auch begrifflich eine Unmöglichkeit		

Abbildung 8:
Charakteristika der Aristotelischen Weltbildes. Quelle: Simonyi, 1990, S. 84.

In seiner ‚Metaphysik'[16] trennte sich Aristoteles[17] von der Ideenlehre seines Lehrers, da das Wesen der Dinge in ihnen selbst liegen müsse. Der Dualismus zwischen Idee und realem Gegenstand müsse überwunden werden, um die Welt nicht unnötigerweise zu verdoppeln. Während Empedokles oder

---

16 Der Begriff entstand durch den historischen Zufall, die die allgemeinen Prinzipien betreffenden Schriften des Aristoteles in der ersten Gesamtausgabe hinter den physikalischen einzuordnen. Daraus leitete sich dann die Bezeichnung der Wissenschaft ab, die untersucht, ‚was hinter der Natur' liegt.
17 Aristoteles (384-324 v.u.Z.); vgl. Kap. 2.

Demokrit nur das Materiale und die Vertreter der Ideenlehre nur die Wesens-bestimmtheit als ihres Interesses würdig auserkoren hatten, nahm Aristoteles eine Neubestimmung des Naturbegriffs vor, indem er sowohl Stoff als auch Form als zur Entwicklung eines Gegenstandes unabdingbar erklärte. Entsprechend entwickelte Aristoteles nicht ein Konzept des Raumes weiter, sondern führte statt dessen als eine seiner zehn Kategorien den *Ort* (topos) als kontinuierliche Quantität ein. Ort ist in seiner Definition weder Substanz, noch Körpergrenze, noch Materie, auch nicht Körperform oder Zwischenraum oder stereometrisches Raumgebilde, sondern „die unmittelbare unbewegbare Grenzfläche des umfassenden Körpers" (‚Physik', zit. n. Gosztonyi, 1976, S. 92) und damit Teil eines Raumes, der als Gesamtsumme sämtlicher von Körpern eingenommener Örter verstanden werden kann. So wurde Raum zum Träger qualitativer Verschiedenheit und lieferte die Grundlegung für Aristoteles' Mechanik der „natürlichen" Bewegung. Denn aus der Unterscheidung in Stoff und Form leitete er weiterhin ab, daß Bewegung als die Verwirklichung des in der Anlage vorhandenen zu verstehen sei. Hervorgerufen werde Bewegung durch vier verschiedene *Ursachen* – die causa materialis, die causa formalis, die causa efficiens und die causa finalis. So wurde Aristoteles' Physik zu einer Theorie der Bewegung (vgl. Locqueneux, 1989, S. 24ff.). Allerdings waren gerade die Dynamik und die Struktur der Materie am schwersten bloß mittels Beobachtung und Nachdenken zu erkennen. Zumindest die faktische Wissenschaftsentwicklung hat für den heutigen Erkenntnisstand den Weg über umfangreiche Versuchseinrichtungen nehmen müssen. So enthielt sich Aristoteles weitgehend, Grundgesetze der Bewegung unter irdischen Bedingungen zu formulieren, sondern wagte sich an Gesetzmäßigkeiten nur hinsichtlich der Bewegungen nach ewiger Ordnung der Himmelssphären.

Seine Kosmologie lehnte Aristoteles an Eudoxos an und assoziierte dessen Kristall-Sphärenmodell mit den vier Elementen des Empedokles, denen er ein fünftes zufügte. Aristoteles' Welt war *endlich*, und die Fixsternsphäre begrenzt Raum, Zeit und Stoff. Im Zentrum des Universums ruhte an ihrem natürlichen Platz – entsprechend seiner Theorie natürlicher Bewegung hin zum Zentrum – die unbewegliche, kugelförmige Erde – zugleich synonym für das schwerste der Elemente. Um diese herum bis zum Mond befanden sich quasi auf konzentrischen Kugelschalen die Elemente Wasser, Luft und Feuer, entsprechend ihrer zunehmenden Leichtigkeit. Jenseits dieser sublunaren Welt bewegten sich die übrigen Planeten auf zahlreichen geo- bzw. homozentrischen Sphären, gefüllt mit dem fünften Element Äther, dem weder Schwere noch Leichtigkeit zukam und der die gleichförmigen Kreisbewegungen der Sphären gewährleistete. Innerhalb der trennenden Feuersphäre würden durch deren Wärme zwar heftige Bewegungen ausgelöst, die jedoch weder ewig noch vollkommen, sondern endlich und nicht aus sich heraus zu verstehen seien. Alle irdische Bewegung war nur aufgrund entsprechend antreibender Kraft denkbar. Sie verhalte sich weiterhin umgekehrt proportional zum Widerstand, den das jeweilige Medium dem bewegten Körper entgegensetze. Daraus folgerte die *Stetigkeit des*

Stofflichen und unumgänglich die Unmöglichkeit eines Vakuums, dessen Annahme außerhalb der Fixsternsphäre zudem die räumliche Endlichkeit der Welt in Frage gestellt hätte. Weiterhin lieferte diese Vorstellung der überall existenten Materie ein Hauptargument gegen den Atomismus Demokrits – der u.a. aufgrund Aristotelischer Rezeption als Theorie über zwei Jahrtausende hin unbeachtet blieb. Aristoteles' Fähigkeit zur Systematisierung schuf ein geschlossenes Weltbild, das gerade wegen seiner Einheitlichkeit große Ausstrahlungskraft besaß: So wurden selbst fehlerhafte Details lange Zeit gläubig übernommen. Erst im 14. Jahrhundert wurde die Kritik an Aristoteles' Konzept von örtlicher Bewegung zu einem Ausgangspunkt klassischer Naturwissenschaften und schließlich konnte Isaac Newton eine bis heute gültige Dynamik entwickeln:

Peripatetische Dynamik	*Newtonsche Dynamik*
Zur Aufrechterhaltung der Bewegung wird eine Kraft benötigt	*Zur Veränderung des Bewegungszustandes wird eine Kraft benötigt*
$v \sim F$	$\frac{d}{dt} v \sim F$
wenn F = 0 dann v = 0	*wenn F = 0 dann v = konstant*
Bewegung ist ein Prozeß	*Bewegung ist ein Zustand*

Abbildung 9:
Peripatetische und Newtonsche Dynamik im Vergleich. Quelle: Simonyi, 1990, S. 78.

Demokrits Vorstellungen von Beständigkeit im Wandel, d.h. die Möglichkeit von Veränderung bei Wahrung der Unveränderlichkeit insgesamt, waren erst im 19. Jahrhundert weiterzudenken. Allerdings hatte Aristoteles auch zu seiner Zeit zahlreiche Kritiker: Z.B. erbrachte Straton[18] schon experimentelle Beweise für die Existenz des Vakuums. Das, was als Fragmente seiner Werke – wie auch der anderen hellenistischen Forscher Philon[19] oder Heron[20] – erhalten blieb, diente im 17. Jahrhundert zum Ausgangspunkt von Untersuchungen über die Elastizität der Luft und die Eigenschaften der

---

18 Straton aus Lampsakos am Hellespont (um 340-270 v.u.Z.) war Erzieher des späteren ägyptischen Königs Ptolemaios II. und leitete von 288 bis 270 die peripatetische Schule. Er forderte gegen Aristoteles die Autarkie der Einzeldisziplinen und vertrat eine konsequente Hinwendung zur Beobachtung, zum Experiment und zur Einfachheit der Naturerklärung, die sich nur auf das Wie des Geschehens bezieht.

19 Philon aus Byzanz (3. Jh. v.u.Z.) verfaßte ein neunbändiges Werk über Mechanik.

20 Heron aus Alexandria (2. Hälfte des 1. Jh.s) verfaßte mit seinen Schriften zur Mechanik, Hydraulik und Pneumatik die insgesamt ausführlichsten und besten technischen Fachschriften der Antike, die erhalten blieben.

Wärme (vgl. Locqueneux, 1989, S. 32). Gegen das in sich schlüssige Aristotelische Weltbild vermochten diese Einwände zuvor jedoch wenig auszurichten. Aristoteles' Schriften wurden von der arabischen Wissenschaft übernommen und zusammen mit denen hellenistischer WissenschaftlerInnen aus Alexandria bewahrt und inhaltlich ausgebaut. Über die westlichen Kalifate gelangte so ein Teil des antiken Wissens im Mittelalter wieder nach Europa, nachdem römische/s Reich/e und christliche Kirche keinen Wert auf konkurrierende Denksysteme gelegt hatten.

> „Das entscheidende Wagnis der Gelehrten des 17. Jahrhunderts bestand unter anderem darin, das gesamte aristotelische Weltbild verworfen zu haben, noch bevor es gelungen war, an seine Stelle ein neues zu setzen. Man vertraute darauf, daß es schließlich gelingen müsse, die Vielzahl der Teilergebnisse zu einem einheitlichen Bild zusammenzufügen" (Simonyi, 1990, S. 85).

Aufgrund seiner diskursiven Untersuchungsmethoden setzte Aristoteles Annahmen voraus, die zu den erwähnten Schwierigkeiten in der Raumbestimmung führten, nämlich die Nichtexistenz des Leeren, die Bewegungslosigkeit des Ortes oder die Raumlosigkeit des Kosmos. Obwohl er in Opposition zu Platon gerade eine realistische Position vertrat, entwickelte er einen rein konstruktiven Begriff des Raumes, „eine Abstraktion von der Körperlichkeit der Dinge und des Weltalls" (Gosztonyi, 1976, S. 108). Implizit teilte auch er die Welt, nur anders als sein Lehrer. Platon nahm eine unmaterielle Struktur bestehend aus Sein, Raum und Werden als zur Welt der unveränderlichen Ideen gehörend an, die nur dem Geiste zugänglich ist und die im Sichtbaren nur ein vergängliches und verzerrtes Abbild findet. Aristoteles dagegen schuf ‚zwei Welten', indem die ‚schöne Ordnung' auf das Universum verwiesen wurde: Über dem Mond, wo sich die Planeten und Sterne befanden, ging es ruhig und geordnet zu. Aber der überwiegende Teil der Welt war unter dem Mond eine „prozessuale, chaotische, wirre und sich immer wieder neu organisierende und neue Vorgänge produzierende Welt" (Eisenhardt, Kurth & Stiehl, 1995, S. 22). Dennoch führte seine systematische Behandlung zur *Thematisierung beinahe aller Probleme*, die bis heute hinsichtlich Raum von Bedeutung sind: Bewegung, Zustandsänderung, Potentialität der unendlichen Teilbarkeit und Vermehrung, Kontinuum, räumliche Relationen als Bezugssystem, Raumrichtungen und Raum als dynamisches Spannungsfeld (der „natürlichen Örter").

Obwohl Aristoteles die Ablehnung Platons gegenüber messender Naturwissenschaft nicht teilte, förderte sein auf den ersten Blick physikalisch real erscheinendes Modell des Kosmos in seiner konstruierten Vollständigkeit die Entwicklung empirisch prüfender, experimenteller Wissenschaft kaum. Die klassische Trennung von nur gedanklich experimentierender Wissenschaft und an praktischen Problemlösungen orientierter Technik ließ in der Folgezeit die wissenschaftliche Entwicklung vergleichsweise stagnieren, während sich die technische Umsetzung verfeinerte – insbesondere in den raumrelevanten Bereichen der Astronomie und der Mechanik. – Die damalige Verbreitung griechischer Kultur folgte den unvorstellbaren militärischen Eroberungen des mazedonisch-hellenistischen Königs Alexander[21]. Nachdem dessen Vater zunächst Griechenland unter seine Gewalt gebracht hatte, unterwarf Alexander ab dem Jahr 334 erst das persische Reich und dann die gesamte bekannte und politisch bedeutsame Welt Vorderasiens bis nach Indien und Baktrien. Aus der Verbindung der griechischen mit mesopotamischer und ägyptischer Kultur entstand der *Hellenismus*, dessen wissenschaftliches Zentrum bis ins 5. Jahrhundert unserer Zeit Alexandria war. Dort wurde in der größten Bibliothek des Altertums nicht nur das Wissen der Zeit gesammelt, sondern neben der reinen Mathematik gelangten insbesondere die angewandten Wissenschaften dort zu hohem Entwicklungsstand. Das Kennzeichen hellenistischer Fachwissenschaften war, daß sie lediglich noch in den Personen der ausübenden Gelehrten miteinander verbunden waren und die Teilerkenntnisse nicht mehr in ein einheitliches Weltbild eingefügt wurden bzw. daraus folgern mußten. Nichtsdestoweniger sahen sich die meisten Gelehrten entweder dem Platonismus oder dem Aristotelismus verbunden.

Die schon öfter erwähnte beschreibende oder geometrische *Astronomie* erreichte in Alexandria eine viele Jahrhunderte überdauernde Hochform. Astronomie galt als technische Wissenschaft schon lange als unabdingbar, da sowohl der Kalender als auch die Landwirtschaft als auch jegliche über einen überschaubaren Bereich hinausweisende Wander-Bewegung auf der Erde sich nach dem durch die Gestirne vorgegebenen Orientierungssystem richten mußten. Die aus astronomischen Beobachtungen ableitbare Terminierung und das daraus errechenbare Bild der Erde wurden von hellenistischen ForscherInnen perfektioniert, ohne allerdings die hinter dem Erscheinungsbild wirkende physikalische Realität aufzeigen zu können. Alternative, von heute aus unangefochtene Aussagen konnten sich aufgrund des geozentrischen Weltbildes (vgl. Szabo, 1992) nicht allgemein durchsetzen. So hörte die damalige Entwicklung bei Claudius Ptolemäus[22] auf.

Doch zunächst wurde das Modell des Philolaos von Herakleides[23] weiterentwickelt, der Zentralfeuer und Gegenerde wieder mit einer zentralen Erde zusammenfallen ließ. Die Besonderheit seines Modells bestand darin, daß die Sonne zwar die Erde umkreise, jedoch die inneren Planeten Merkur und Venus dabei die Sonne umlaufen.

---

21 Alexander, genannt der Große (356-323 v.u.Z.), gründete u.a. in Ägypten die nach ihm benannte Stadt Alexandria, die nach seinem Tode Hauptstadt Ägyptens wurde.

22 Claudius Ptolemäus (um 100-165) war alexandrinischer Astronom und Geograph. Er legte mit seinem Hauptwerk in 13 Bänden die erste systematische Ausarbeitung mathematischer Astronomie vor. Seine zweite große Schrift in acht Bänden vermittelt die mathematischen Kenntnisse für die Längen- und Breitenbestimmung von Orten und diente als Quelle für zahlreiche geographische und ethnologische Bezeichnungen. Darüberhinaus stammen von ihm Schriften zur Optik, zur Harmonik, über Gravitation und Philosophie.

23 Herakleides Pontikos (um 388-315 v.u.Z.) war Mitglied der Akademie. Er kannte nicht nur die Theorie von der täglichen Achsendrehung der Erde, sondern wandte sich mit seiner Behauptung, die Weltentstehung sei das Werk der Gottheit, auch gegen den Atomismus.

Das System des Herakleides ist durch Aristarch[24] zu einem *heliozentrischen System* weiterentwickelt worden, das dem im Jahre 1543 von Nikolaus Kopernikus publizierten im Aufbau vollständig entspricht. Aristarch hatte zu den Hörern Stratons gezählt und widmete sich der Astronomie. Akzeptanz fand seine Abhandlung ‚Über die Größen und Entfernungen von Sonne und Mond', die systemunabhängig erstmals diesbezüglich vernünftige Approximationen lieferte. Die Größe des Mondes im Vergleich zur Erde folgerte er aus Beobachtungen des Erdschattens während einer Mondfinsternis. Ausgehend von der Annahme eines rechtwinkligen Dreiecks zwischen Erde, Sonne und Halbmond kam er mittels trigonometrischer Berechnungen trotz ungenauer Winkelmessungen zur Überzeugung, daß die Sonne um ein vielfaches größer als die Erde sein müsse (vgl. Resnikoff & Wells, 1983, S. 84ff.). Diese Messungen eröffneten eine völlig neue Perspektive über die Größe der Erde im entschieden größer als bislang angenommenen Himmelsuniversum. Die Größe der Sonne und ihre aus der Distanz folgernde Bahngeschwindigkeit führte ihn weiter zur Vermutung, daß sie den Mittelpunkt unseres Kosmos bilden müsse. Die Planeten und die zugleich in Schieflage rotierende Erde kreisten um die Sonne und hielten nur in bezug auf diese unveränderliche Abstände. Damit konnte Aristarch die vor dem Hintergrund der Fixsterne schleifenförmig verlaufenden Planetenbewegungen erklären. Den Fixsternhimmel nahm Aristarch als so groß an, daß die Fixsternparallaxe zwar vorhanden, aber unmeßbar klein wäre. Aufgrund dieser Vorstellungen erntete der Astronom allerdings eine Klage wegen Gottlosigkeit und seine heliozentrische Hypothese blieb im Altertum unpopulär – u.a. weil im Aristotelischen Weltbild kein ähnlich schwerer Körper wie die Erde außerhalb des kosmischen Zentrums in Betracht gezogen werden konnte.

Ein anderer alexandrinischer Wissenschaftler lieferte kurze Zeit später ein äußerst präzises Maß für den *Erdumfang*: Zum Zeitpunkt der Sommersonnenwende ließ Eratosthenes[25] mittels zweier Skaphen in Assuan und Alexandria – unter der Annahme, daß beide Städte auf gleichem Längengrad liegen und daß die Sonnenstrahlen parallel sind – die Schattenlänge messen.

---

24 Aristarchos von Samos (um 310-230 v.u.Z.) war vermutlich Schüler des Straton. Seine heliozentrische Theorie wird als Hypothese von Archimedes und Plutarch erwähnt. Sie wird später zwar vom chaldäischen Astronomen Seleukos noch ausgearbeitet, fand aber dennoch noch nicht einmal als mathematische Hypothese Anerkennung.

25 Eratosthenes aus Kyrene in Libyen (um 274-194 v.u.Z.) war ein Schüler Zenons und wirkte als Prinzenerzieher und Leiter der Bibliothek in Alexandria. Er wurde zum Inbegriff hellenistischer Gelehrsamkeit und bezeichnete sich selbst erstmals als Philologe, d.h. Freund aller geistigen Betätigung.

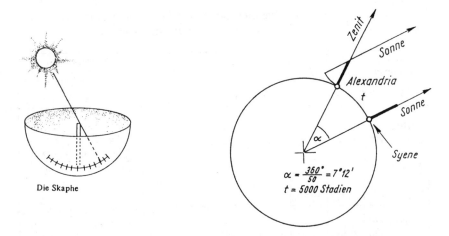

Die Skaphe

$$\alpha = \frac{360°}{50} = 7°12'$$

$t = 5000$ Stadien

Abbildung 10:
Prinzip der Messung des Erdradius. Quelle: Simonyi, 1990, S. 101.

Aus der Entfernung der beiden Städte und der Winkeldifferenz der beiden Uhren schloß er auf einen Erdumfang von umgerechnet etwa 40.000 km. Damit leistete er nicht nur die beste Abschätzung des gesamten Altertums, sondern zeigte der hellenistischen Welt auch, wie groß die Erde war und welch kleiner Teil davon bewohnt bzw. bekannt war. Durch ungenaue Schätzungen bei einem ähnlichen Meßaufbau wurde später von Poseidonios[26] der Umfang unterschätzt. Da dessen Ergebnisse zudem falsch abgeschrieben überliefert wurden, ging Kolumbus dann im 15. Jahrhundert von einem um 25% kleineren Wert – nämlich nur 28.500 km – aus, was ihn das Vorhaben der Westumseglung angehen ließ (Resnikoff & Wells, 1983, S. 83).

In den folgenden beiden Jahrhunderten wurden weitere Beobachtungen präzisiert. Abgesehen von der heliozentrischen Theorie Aristarchs brachte schließlich Claudius Ptolemäus die antike Astronomie in eine synthetisierte Endfassung – ‚Megale Syntaxis', also Zusammenstellung, und von den Arabern ‚Amalgest', d.h. die Größte, genannt. Diese bildete über vierzehn Jahr-

---

26 Poseidonios aus Apameia in Syrien (135-51 v.u.Z.) gründete in Rhodos eine Schule, wo ihn u.a. Pompeius, Cicero und Hortensius aufsuchten. Er empfahl die Abwendung von einer Individualethik hin zu einer Makro- und Mikrokosmos umfassenden Sympatheia-Lehre alles Seienden. Indem er den logos von der Natur trennte, konnte er zu einem Leben ‚gemäß dem logos' aufrufen.

hunderte bis zur Neustrukturierung durch Nikolaus Kopernikus[27] das Standardwerk der Kalendermacher, der Astrologie und der Astronomie.

Name Zeitpunkt	$\frac{D_M}{D_E}$	$\frac{D_S}{D_E}$	$\frac{d_{ME}}{D_E}$	$\frac{d_{SE}}{D_E}$	πD_E	Bemerkung
	heute 0,27	108,9	akzep- tierte 30,2	tierte 11 726	Werte 40 000 km	
Aristarchos -270	0,36	6,75	9,5	180		$\alpha_M \sim \alpha_S \sim 2°$ (richtig wäre: 30') $\alpha_{MS} \sim 87°$ (richtig wäre: 89°52')
Eratosthenes -230					252 000 Stadien	entspricht 36 000 bis 46 000 km ┌ägyptisches: 157m 1ˢᵗ┤griechisches: 180m └spätägyptisches: 211m
Hipparchos -150	0,33	12,33	33,66	1245		1 Stadium = 600 Fuß
Poseidonios -90	0,157	39,25	26,2	6550	180 000 Stadien	Die Abweichung von dem Eratosthenesschen Wert ist vielleicht nur eine Folge des Unter-
Ptolemaios 150	0,29	5,5	29,12	605	180 000 Stadien	schieds zwischen den benutzen Stadiumein- heiten

Abbildung 11:
Die während der Antike ermittelten Abmessungen des Universums. Dabei bezeichnet D = Durchmesser, d = Abstand, E = Erde, M = Mond, S = Sonne. Quelle: Simonyi, 1990, S. 100.

Ein physikalisches Modell lieferte Ptolemäus nicht – dafür dienten weiterhin die Kristallsphären des Aristotelischen Systems. Jedoch konnte er die Erscheinungen mit hoher Genauigkeit beschreiben, da er die verschiedensten Bewegungstypen einführte. Allerdings verwundert es nicht,

„daß sich aus diesem System heraus keine Physik der Himmelskörper entwickeln konnte. Die Frage nach der Ursache, der wirkenden Kraft und dem zugrundeliegenden physikalischen Gesetz wird nicht einmal gestellt, denn die ewigen Drehungen der himmlischen Kristallsphären bedürfen keiner physikalischen Erklärung" (Simonyi, 1990, S. 98),

da sie göttlicher Harmonie und Vollkommenheit entspringen. Nikolaus Kopernikus ,stolperte' jedenfalls über die Einführung des zusätzlichen Bewe-

---

27 Nikolaus Kopernikus (1473-1543) wirkte offiziell als Arzt, Privatsekretär und Domherr. Astronomie wurde zu seiner Privatbeschäftigung, bei der er 1514 das bereits von Aristarch vorgeschlagene heliozentrische Planetensystem ausarbeitete. Es wurde erst in seinem Todesjahr veröffentlicht und 1616 auf den päpstlichen Index gesetzt.

gungstyps des Äquanten im Ptolemäischen System, der die ansonsten weitgehend befolgten Platonischen Prinzipien der Einfachheit verletzte, und folgerte daraus die innere Widersprüchlichkeit des Systems.

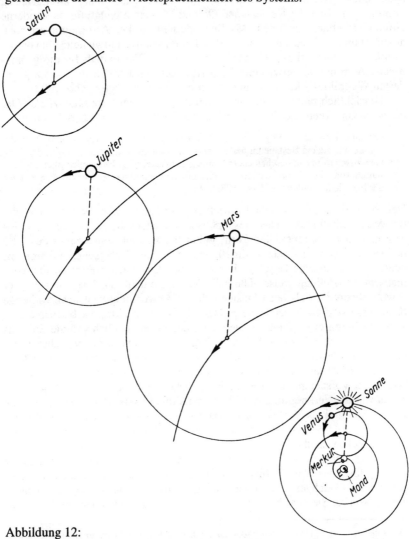

Abbildung 12:
Vereinfachtes Ptolemäisches Bild der Planetenbewegungen sowie die elementaren Bewegungsformen des Systems. Quelle: Simonyi, 1990, S. 97.

So rechnete er im Detail durch, daß ein Platzwechsel von Sonne und Erde mit Mond gewisse Bewegungsanomalien erklären könne und damit „ein heliozentrisches System astronomisch nicht weniger leistet als das des Ptolemäus" (Ehlers, 1988, S. 59). Allerdings versuchte auch Kopernikus mit gleichförmig rotierenden Kreisen auszukommen, was seine Darstellung zwangsläufig komplizierte. Erst die Keplerschen Gesetze[28] konnten endgültig die moderne Himmelsmechanik einleiten. Als Besonderheit antiker Astronomie ist noch anzumerken, daß sie eine sphärische Trigonometrie entwickelte, bevor die Probleme ebener Trigonometrie deutlich wurden. Die damals für die geometrische Astronomie entwickelte Begrifflichkeit wird bis heute – trotz geänderten Weltbildes – kaum verändert weiter gebraucht (vgl. Szabo, 1992).

Hinsichtlich raumstruktureller Aspekte sind zudem erste Gesetze der *Mechanik* anzumerken, die sich auf Dichte und Stetigkeit von Körpern bezogen.

> „Zu einem Zweig der Physik wurde die Mechanik erst in der frühen Neuzeit. In der Antike war sie ein Bestandteil der Technik, die sich unter den Bedingungen der Sklavenwirtschaft nur in bescheidenem Umfang entwickelte. ... Tatsächlich blieb die wissenschaftliche Erklärung technischer Phänomene weit hinter dem praktischen Können der Ingenieure zurück" (Ehlers, 1988, S. 61).

Dennoch zeichnete gerade die Entwicklung der Mechanik einen ganz besonderen Wissenschaftler aus. Das älteste physikalische Gesetz, das bis zum heutigen Tag in seiner ursprünglichen Form gültig ist, stammt von Archimedes[29]. So heißen seine Sätze über den Auftrieb, den Körper in Flüssigkeiten erfahren, bis heute ‚Archimedische Gesetze'. Für seine Statik wandte er erstmals die axiomatische Darstellungsweise außerhalb der Mathematik an. Insgesamt ging er sowohl theoretisch als auch hinsichtlich der Anwendung weit über vorherige Kenntnisse bezüglich der Hebelgesetze hinaus. Viel zitiert ist bis heute sein Satz: „Gebt mir einen Punkt, an dem ich stehen kann, und ich will die Erde aus den Angeln heben" (zit. n. Simonyi, 1990, S. 90). Die damit postulierte Unmöglichkeit, diesen für mechanische Systeme grundsätzlich zu finden, läßt ihn eine *Relativität und Lokalität* formulieren, für die nachfolgende Mechaniker lange kein Verständnis mehr aufbrachten. Das Neue am Archimedischen Vorgehen war die Verknüpfung von Mathematik und Physik. Darob bezeichnet ihn Karoly Simonyi als Vorbild für die naturwissenschaftliche Revolution des 17. Jahrhunderts (1990, S. 88). Herbert Meschkowski verweist insbesondere auf sein Vorgehen, mathematische Regeln aus technischen Erkenntnissen abzuleiten. Damit etablierte er die *heuristische Methode* zwecks Entwicklung späterer exakter Beweise (1979, S. 96f). Archimedes' Werke über die Statik fester Körper und das Gleichgewicht schwimmender Körper sind im Prinzip rein geometrische Werke. Sie sind hypothetisch-deduktive Konstruktionen im Aristoteli-

---

28 Johannes Kepler (1571-1630) wirkte als Mathematiklehrer in Graz, ab 1600 als Assistent und später Nachfolger von Tycho Brahe als Hofastronom in Prag, schließlich ab 1613 als Mathematiker in Linz. Seine Gesetze über die Planetenbahnen stellte er zwischen 1605 und 1619 auf. Außer auf dem Gebiet der Astronomie leistete er Bahnbrechendes in der Optik.

29 Archimedes aus Syrakus (um 287-212 v.u.Z.) gilt als der bedeutendste griechische Mathematiker und Physiker, der seinen Zeitgenossen hauptsächlich als Techniker und Erfinder bekannt war.

schen Sinn. Bedeutsame Ergebnisse lieferte Archimedes für die Stereometrie – Verhältnis von Kugel zu Zylinder sowie die Quadratur der Parabel – und für die Kreisberechnung – Schätzung der Kreiszahl $3 \, {}^{10}/_{71} < \pi < 3 \, {}^{1}/_{7}$. Er arbeitete wie selbstverständlich bei seinen Entwicklungen mit rationalen Zahlen, statt darin zu verharren, daß die ‚Einheit' nicht teilbar wäre, und ebnete so den Weg, Zahl und geometrisches Objekt miteinander assoziieren zu können, ohne Pythagoreischer Zahlenmystik zu folgen. Daß physikalische Probleme zur Entdeckung bzw. Konstitution neuer mathematischer Strukturen führen, ist erst im 20. Jahrhundert wieder gang und gäbe. Aber auch damals wurde in der Nachfolge häufig ein „vulgärer Archimedismus" gepflegt (Meschkowski, 1979, S. 115), in dem es eher um die Entwicklung mechanisch-technischer Apparate ging. Eine brauchbare Approximation erschien wichtiger als die präzise Deduktion.

Insgesamt ist hinsichtlich antiker Wissenschaft zu konstatieren, daß – trotz Beschränkungen durch Glaubensinhalte – die WissenschaftlerInnen sich durch eine hohe Unabhängigkeit von der herrschenden Alltagsmeinung auszeichneten. Denken und Kontemplation wie Handeln und die Sorge um das Gemeinwesen wurden zur Auszeichnung des spezifisch Menschlichen und als solches von der natürlichen Sorge um die Lebensnotwendigkeiten getrennt (vgl. Arendt, 1981). Im philosophisch-wissenschaftlichen Disput der griechischen Antike der Jahrhunderte zwischen etwa dem 6. und 3. Jahrhundert vorchristlicher Zeitrechnung wurde ein zuvor ausschließlich mythisches Weltbild abgelöst, wurden neue Denkstrukturen entwickelt und damit die Weichen für europäische Geistesgeschichte und Wissenschaftsentwicklung bis in unsere Zeit gestellt. Eine vergleichbare Neuorientierung der Denkmöglichkeiten und entsprechende Erkenntnisumbrüche sind erst wieder in moderner Zeit seit dem 17. Jahrhundert zu konstatieren. Selbst wenn kein Wissenschaftszweig sich heute mehr so darstellt wie zu seiner Gründungszeit, wollte ich mit meiner ausführlichen Darstellung antiker ‚Physik' auf *Strukturprinzipien* naturwissenschaftlicher Erkenntnis(-gewinnung) hinweisen, die u.a. relevant für heutige Raumkonzepte sind und die ich im Folgenden noch einmal zusammenfassen möchte, bevor ich auf die aktuellen Neubestimmungen eingehe.

• Im Unterschied zum chinesischen Taoismus, der mit dem Grundbegriff des Tao gerade die sinnhafte Namenlosigkeit, die fortwährende Vergänglichkeit und zugleich konkrete Existenz lokaler Ereignisse zu veranschaulichen sucht, nahm die Bedeutungsentwicklung des griechischen arché eine andere Richtung. Vom zunächst andeutungsweise naturalistischen Begriff von Ursache, Ursprung, Grund entwickelte sich die Deutung zunehmend zum rein epistemischen Terminus des *Prinzips*. So verweisen Peter Eisenhardt, Dan Kurth und Horst Stiehl (1995, S. 36ff.) das für europäische Wissenschaft fundamentale Denkmuster der Abstraktion mit ihrer Homogenisierung aller Erscheinungen in ihren Wurzeln zurück auf die Eleaten. Aus einem Lehrgedicht des Parmenides über die Einheit des Seins folgern sie die beiden wesentlichen Merkmale der *Abstraktion*:

„Zum einen bildet er (der Begriff der Einheit, G.S.) die Grundlage beliebiger Partikularisierung und Auflösung von Wirklichkeit durch willkürliche Schnitte, zum anderen ist er aber auch Ausdruck verwischender Unifizierung, Gleichmacherei unter den Dingen, die ja in Wirklichkeit nicht als Einheiten in Erscheinung treten, sondern als Singularitäten([30]) mit unverwechselbarem Charakter" (S. 43).

Für Raumkonzepte bedeutete dies, sich unter dem Anspruch wissenschaftlicher Beschäftigung immer für eines entscheiden zu müssen!

- Schon bei den milesischen Naturphilosophen entwickelte sich bei der Bestimmung des allem Seienden gemeinsamen Urgrundes ein Spektrum vom abstrakt und qualitativ gedachten ápeiron bis zu den stofflich und quantitativ verstandenen Grundelementen. Die Schwierigkeit, Gegensätze zugleich als Einheit zu verstehen, führte mehrheitlich zur Trennung und zum Streit der Positionen um Sichtbarkeit versus denkbare Konsistenz bzw. zwischen empirischer Beobachtung und objektiver Idee oder zwischen alltäglicher Wahrnehmung und wahrem Sein, was faktisch zur weitgehenden *Entkoppelung* von Technik und axiomatischer Wissenschaft bzw. von Praxis und Theorie führte. Diese undialektische Spaltung und Isolierung wurde unter verschiedenen Facetten bis heute fortgeschrieben – als Universalienstreit zwischen Realisten und Nominalisten im 12. Jahrhundert oder als Auseinandersetzung zwischen Mechanizismus cartesianischer Prägung und Empirismus im 17. Jahrhundert (Locqueneux, 1989, S. 53ff.) oder als umstrittener Gültigkeitsanspruch zwischen Absolität Newtonscher und Relativität Einsteinscher Herkunft – obwohl historisch sich m.E. die Ineffektivität jeglicher Einseitigkeit erwiesen hat.

- Physischer Raum ist der, in dem die Vorgänge der Natur mittels *Klassifikation, Verallgemeinerung* und *Reproduktion* zu erklären sind. Dazu diente seit der Antike und bis ins 19. Jahrhundert ausschließlich der in der Ausdehnung begrenzte dreidimensionale *Euklidische Raum*, in dem auch die Gesetze Archimedischer Mechanik gelten, ungeachtete der bekannten Schwierigkeiten sphärischer Trigonometrie. Die an den Grenzen des so beschränkten Systems entstehenden Probleme waren einigen WissenschaftlerInnen durchaus bewußt, wurden aber aufgrund einer teleologischen Grundhaltung[31] kaum verfolgt.

- Bezüglich der mikrokosmischen Raumstruktur standen *diskrete* Atom-

---

30 Als Singularität wird eine ‚Bruchstelle' im Verlauf einer mathematischen Funktion bezeichnet. Wenn ein Systemverlauf mathematisch dargestellt wird, zeigt die Singularität die abrupte qualitative Änderung im System an. In der Kosmologie bezeichnet eine Singularität einen Punkt der RaumZeit, an dem die RaumZeit-Krümmung unendlich wird. – Aus einem Singularitätstheorem geht hervor, daß eine Singularität unter bestimmten Umständen vorkommen muß.

31 Platons Physik wird im Dialog ‚Timaios' folgendermaßen dargestellt: Die materielle Welt des Werdens wird durch den Weltbildner, den Demiurgen, gemäß der Vernunft planvoll angelegt, indem er sie nach dem Vorbild der Ideen gestaltet (Kunzmann, Burkard & Wiedmann, 1991, S. 39).

modelle mit *stetigen* Kompaktmodellen in Konkurrenz, wobei sich letztere für etwa 2000 Jahre durchsetzen konnten.
- Entsprechend waren hinsichtlich der makrokosmischen Raumstruktur
  leerer Raum und Unendlichkeit des Universums zwar gedacht worden –
  wurden aber als Modell nicht ausgebaut. Dominant entwickelte sich das
  Aristotelische System eines überall dicht gefüllten, in der Ausdehnung
  beschränkten Universums, das in seinen ungestört ‚göttlichen‘ Sphären
  vom Element Äther erfüllt ist. Die Welt des Aristoteles ist ein mit Materie angefülltes Kontinuum ohne Atome. Sie ist unerschaffen und unvergänglich, bestand seit immer und wird für immer bestehen. Erst im 17.
  Jahrhundert entstand wieder eine ernsthafte Kontroverse zwischen Va-
  kuisten, die von einer korpuskularen Struktur der Materie ausgingen und
  die in Otto von Guericke[32] ihren erfolgreichsten Luftdruck-Experimenta-
  tor hatten, und Plenisten, deren einflußreichster damaliger Vertreter René
  Descartes[33] war. Das Ätherkonzept diente der klassischen Physik bis ins
  20. Jahrhundert als Hilfskonstrukt.
- Infolge dieser Grundkonzeptionen tradierte sich das synthetisierende Pto-
  lemäische Universummodell bis zu Beginn europäischer Neuzeit. Selbst
  als dann die Erde ihre zentrale Stellung im Weltmodell verlor, blieb die
  ausschließliche Vorstellung des Weltalls als Quasi-Behälter noch lange
  erhalten.
- *Zeit* erschien nur abhängig von Natur, an die Ereignisse der Welt gebunden (Locqueneux, 1989, S. 36) – im Gegensatz zu späteren, an christliche
  Schöpfungsvorstellungen angepaßten Tradierungen. Dagegen erschien
  Raum nur gebunden an das Universum[34] denkbar. Trotz begrenzter Ausdehnung dieser Welt wurde seit Platon *Raum* wie auch *Sein* und *Werden*
  als *ewig* angenommen. Nachdem es um 1700 zwischen Gottfried Wilhelm Leibniz und Isaac Newton einen Streit um die Neubestimmung von
  Raum und Zeit gegeben hatte, setzte sich für zweihundert Jahre Newtons
  Vorstellung von absoluter Zeit und absolutem Raum durch. Eine grund-
  legend neue Raum-Zeit-Struktur wird erst seit Entwicklung der Allgemeinen Relativitätstheorie diskutiert.
- Große Probleme bereitete die Aristotelische Definition von Bewegung im
  Raum. Im antiken Denken hing die *Bewegung* der Welt mit der *finalen*

---

32 Otto von Guericke (1602-1686) entwickelte zahlreiche Experimente zur Untersuchung des
   realen Vakuums, über die Eigenschaften der Luft und die Natur der Elektrizität, die er als
   Bürgermeister von Magdeburg teils öffentlich durchführte. Er „begriff Raum als ‚Behältnis
   aller Dinge‘, verharrend und unbeweglich, unteilbar und überall, erfüllt oder leer. Damit
   wird das Konzept des absoluten Raumes vorgestellt, der unabhängig von seiner stofflichen
   Erfüllung existiert“ (Schreier & Franke, 1988, S. 153)!
33 René Descartes (1596-1650), vgl. Kap. 3
34 Die Stoiker unterschieden aus ihrer Auseinandersetzung mit Aristoteles heraus ein materielles *Universum* in einem homogen und isotrop verstandenem *All* – gekennzeichnet von unendlicher Leere, ohne Mittelpunkt, ohne qualitative Unterscheidung, ohne Richtung und
   ohne Ausdehnung.

Kausalität zusammen, da sie eine Folge des Strebens nach göttlicher Vollkommenheit war – nur die Atomisten sprachen von sich planlos bewegenden Teilchen. Im christlichen Mittelalter wurde diese Zweckursache ersetzt durch die Wirkursache eines bewegenden Gottes. So ließ sich in der Mechanik nur bei „gewaltsamen Ortsbewegungen" die Bewegungsgröße aus der Wirkung der Ursache quantitativ bestimmen. Erst nach der Wiederentdeckung der Archimedischen Schriften während der Zeit der Renaissance konnte Galileo Galilei den Ansatz für ein Geschwindigkeits-Zeit-Gesetz und ein Weg-Zeit-Gesetz formulieren. Statt nach den Ursachen von Bewegung zu fragen, begann er mit der Untersuchung der Bewegung selbst und gelangte so zur Erkenntnis der Unabhängigkeit der Fallgeschwindigkeit vom Gewicht (Schreier & Franke, 1988, S. 148ff.). Nachdem dann René Descartes Vorformen des Impulserhaltungssatzes[35] sowie des Trägheitsprinzipes gefunden hatte, führten schließlich die Forschungen Christiaan Huygens'[36] und Isaac Newtons zum Aufbau der neuen Dynamik und Entwicklung der klassischen Gravitationstheorie.

- Nicht ausgeschöpft wurde in der Folgezeit die gedankliche *Unterscheidung von Materie und Form.* Thomas von Aquin[37] postulierte für die Hochscholastik als Quelle der Erkenntnis die wahrnehmbare Wirklichkeit, in der das einzelne Ding aus Materie und Form zusammengesetzt erscheint, als Substanz von Gott zugleich geschaffen. Die

„Form erscheint als eine Eigenschaft der Materie. Dadurch nähert sich das mittelalterliche Denken dem Materialismus, der ein Merkmal der Physik der Gegenwart ist" (Locqueneux, 1989, S. 37).

---

35 Erhaltungssätze sind „Aussagen der Physik, die behaupten, daß bestimmte Beschreibungsgrößen (z.B. Impuls oder Energie) sich im allgemeinen nicht verändern, wie auch immer die Rand- und Anfangsbedingungen eines physikalischen Vorgangs beschaffen sind. Erhaltungssätze gelten nur für ein System, das korrekt vom Co-System abgegrenzt wurde" (Eisenhardt, Kurth & Stiehl, 1995, S. 283).

36 Christiaan Huygens (1629-1695) wirkte als Physiker, Mathematiker und Astronom in Paris und in den Niederlanden. Er entwickelte eine Theorie des Pendels wie auch Ideen zur Zentrifugalkraft – daraus abgeleitet zur Lösung der Zeitmessung 1656 die Penduluhr wie auch 1675 die mit Spiralfeder und Unruhe, er formulierte Stoßgesetze und in der Optik eine Wellentheorie des Lichtes, weiter fertigte er optische Instrumente, mit denen er zahlreiche neue Phänomene des Sternenhimmels beobachten konnte, so daß er von der Unendlichkeit des Universums sowie von der einheitlichen Natur der Sonne und der Fixsterne überzeugt war.

37 Thomas von Aquin (1225-1274) wirkte als scholastischer Theologe und Philosoph in Paris, Köln, Orvieto, Viterbo, Rom und Neapel. Er entwickelte auf der Grundlage augustinisch-neuplatonischer und aristotelischer Denkelemente unter Einbeziehung der gesamten christlichen Tradition eine globale Synthese von Glauben und Wissen, von Offenbarung und Vernunft, von Gnade und Natur- bzw. Schöpfungsordnung, von Übernatur und Natur, von Theologie und Philosophie in und zu einem System axiomatisch-spekulativer Theologie. Sein diesbezügliches Hauptwerk ,Summa theologiae' gilt als Höhepunkt der Scholastik. Durch seine Heiligsprechung im Jahre 1323 und seine Erhebung zum Kirchenlehrer im Jahre 1567 wurde die Wirkung seiner Lehre institutionell nach einigen kritischen Auseinandersetzungen abgesichert.

4.2 Die neuzeitliche Diskussion um den absoluten Raum

Die Formierung der Fachwissenschaft Physik und die Etablierung veränderter Denkstrukturen im 17. Jahrhundert wird oft als naturwissenschaftliche Revolution bezeichnet. Die Wurzeln lagen im Zerfall des Feudalismus, in einer immer schneller sich ausbreitenden Entwicklung der Technik – meist ohne entsprechende Technologie – die zunehmend in Widerspruch zur noch gültigen organischen Metaphorik von Natur geriet, und in der Expansion der Europäer in neue Welten und auf neue Märkte – was alles zusammen nicht nur ein neues Bürgertum mit veränderten politischen und geistigen Ansprüchen ermöglichte, sondern vor allem den vorindustriellen Kapitalismus zur dominanten Wirtschaftsweise werden ließ. Dessen Prinzip der fortgesetzten Akkumulation und die Verbreitung der Geld- und Marktwirtschaft ließen das Interesse an permanenter Ertragssteigerung durch effizientere Technik und einzuschränkende Subsistenzproduktion immens ansteigen (vgl. Sturm, 1995). Solches war aber nicht möglich unter Beibehaltung der zweitausend Jahre währenden Trennung von Wissenschaft und gesellschaftlicher Praxis. Die rein mathematisch-wissenschaftlichen Kenntnisse hatten sich seit Archimedes nicht geändert; im Unterschied dazu hatte allerdings das Mittelalter wichtige technische Neuerungen beisteuern können (vgl. Simonyi, 1990, S. 119ff.).

Der neu entstehende Problemzugang lautete, daß aus der Wissenschaft *Nutzen* für die Praxis zu ziehen sein müsse. So verwies Francis Bacon[38] mit der Etablierung der induktiven Vorgehensweise darauf, daß die der Natur innewohnenden Regeln nur von der Natur selbst ablesbar seien. Das damit anzustrebende Ziel lautete bei ihm, die Naturkräfte in den Dienst des Menschen zu stellen (Simonyi, 1990, S. 215). Gesucht wurde seither nach ‚Naturgesetzen‘, die zwar im platonischen Sinne Harmonie und Einfachheit widerspiegeln sollten, zugleich aber auch dem wissenschaftlichen Objekt seinen Eigensinn weitestgehend entzogen: Die experimentelle Methode als Kernstück des Erkenntnisprozesses in den klassischen Naturwissenschaften festigte die schon angedeutete Vorgehensweise mittels Klassifikation, Verallgemeinerung und Reproduktion und förderte eine neuartige Trennung in ein neutrales Subjekt und einen präparierbaren Gegenstand. Die so Wissenschafttreibenden stehen seither in der Gefahr, sich nicht nur während der eigentlichen experimentellen Phase als außerhalb natürlicher Prozesse stehend zu begreifen. Der Wissenschaftler kann sich nun leicht als Deus-ex-machina sehen, als unberührt von den Lebensnotwendigkeiten. Zugleich wurden Natur wie Mensch in den neu aufblühenden Naturwissenschaften dem Meßstab unterworfen.

„Theoriebildung und experimentelle (zugleich quantifizierend messende) Verifikation wurden zum angestrebten Leitbild beim Aufbau weiterer Naturwissenschaften. ... Mit dem Kampf um das heliozentrische Weltbild begann die ‚Emanzipation der Na-

---

38   Francis Bacon (1561-1626), vgl. Kap.2.

turforschung von der Theologie'. Die neue Physik löste sich aus der allgemeinen Naturphilosophie heraus und gewann allmählich Eigenständigkeit. ... Die mechanische Grundlegung der Physik förderte im allgemeinen eine materialistische Betrachtungsweise" (Schreier, 1988, S. 125f).

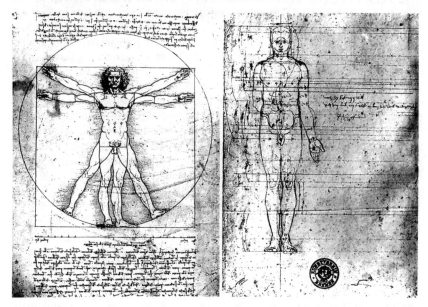

Abbildung 13:
Die zu den Proportionen des menschlichen Körpers angegebenen Regeln von Leonardo da Vinci (1452 – 1519) und Albrecht Dürer (1471 – 1528). Quelle: Simonyi, 1990, S. 178.

Allerdings verknüpfte diese sich auf Dauer mit einer unzulässig verallgemeinerten Begrifflichkeit von Objektivität und Wertfreiheit, was in den Wissenschaften wie in der technikgläubigen Gesellschaft zu Allmachtsansprüchen und Unterdrückung alternativer Konzepte – auch hinsichtlich Natur- und Raumvorstellungen – führte.

Zunächst aber ging es darum, Zusammenhänge zwischen den immer zahlreicher werdenden Einzelkenntnissen aufzuspüren. Nach dem Ablegen des Aristotelischen Weltbildes wurde es Zeit für eine neue ‚Theorie für Alles'. Diesem Ziele stand immer noch eine der grundlegenden Spaltungen damaligen Weltverständnisses entgegen:

„Das Weltmodell des Altertums und des Mittelalters, das geozentrisch, endlich und hierarchisch war, (mußte) zu einer heliostatischen, unendlichen und homogenen Welt um(ge)formt (werden), in der überall genau die gleichen Gesetzmäßigkeiten zu gelten haben. Zu diesem Zwecke war vor allem die Physik des Himmels mit der Erde zu vereinigen. ... Die völlige Synthese wird schließlich mit den Bewegungsgesetzen von

Newton([39]) sowie mit dem Newtonschen universellen Massenanziehungsgesetz erreicht. Von diesem Zeitpunkt an haben sich die Physik des Himmels und die irdische Physik wieder voneinander getrennt – jetzt jedoch nicht mehr aus prinzipieller oder philosophischer Notwendigkeit, sondern wegen der Spezialisierung, die vom Standpunkt der Praxis aus notwendig wurde" (Simonyi, 1990, S. 176).

Die Große Leistung Isaac Newtons bestand also darin, die existierenden Entwicklungsstränge damaliger mechanischer Physik zu vereinheitlichen. Verschiedene Vorgänger hatten die Kinematik des freien Falls, Stoßprozesse und die Kreisbewegung soweit untersucht, daß sich ein neues Trägheitsgesetz andeutete, nach dem eine wirkende Ursache nicht zur *Aufrechterhaltung*, sondern zur *Veränderung* eines Bewegungszustandes nötig ist. Mit dem Begriff der Dichte als Maß für die Verteilung der Materie im Raum und die Einführung des Massebegriffs – Produkt aus Dichte und Volumen – definierte Newton sodann die in der Mechanik benutzten Variablen neu. In seinen 1687 erschienen ,Principia' formulierte er seine drei Axiome der Mechanik und eine als dynamische Grundgleichung aufgestellte Bewegungsgleichung, mit der er theoretisch alle Arten der Bewegung der Körper behandelte. Zusammen mit dem bereits 1666 gefundenen Gravitationsgesetz lieferte diese Bewegungsgleichung die Keplerschen Gesetze. So bewies Newton erstmalig die Gültigkeit der irdischen Naturgesetze auch für die Himmelskörper.

> „Das Newtonsche Weltbild geht ... über das (endliche und abgeschlossene) Sonnensystem hinaus und versucht, eine homogene unendliche Welt zu beschreiben, die durch Kraft- und Bewegungsgesetze bestimmt ist. Unter einer homogenen Welt ist hier eine Welt zu verstehen, die überall aus der gleichen Materie aufgebaut ist, wobei diese überall den gleichen Gesetzen gehorcht" (Simonyi, 1990, S. 267f).

Statt der Aristotelischen Setzung verschiedener Prinzipien für den Himmel und auf Erden betrachtet Newton die *Anfangsbedingungen*[40], unter denen Gesetze wirken, als verschieden. Niemals zuvor wurde diese Unterscheidung gemacht zwischen dem zufälligen Zustand der Welt, der unserer Willkür unterworfen ist, und den von uns unabhängig wirkenden Regeln der Natur (vgl. Genz, 1994, S. 182). So hängt es bei einem Stein nur von der Wurfgeschwindigkeit ab, ob und wo er zur Erde zurückfällt oder ob er sie wie der Mond umkreist.

---

39 Isaac Newton (1643-1727) studierte an der Universität Cambridge, wo er später auch als Professor wirkte; er war Mitglied und ab 1703 Präsident der Royal Society. Berühmt wurde er als Begründer der klassischen theoretischen Physik und als Mathematiker, betrieb aber auch chemische, alchimistische, chronologische und theologische Studien.

40 Die Anfangsbedingungen bezeichnen in der Physik die Werte der Beschreibungsgrößen, bevor man das System ,laufen' läßt, z.B. den Ort des Pendels, bevor man es zum Schwingen bringt. Dagegen schreiben Randbedingungen vor, welche Werte ein System an seiner Grenze höchstens annehmen kann.

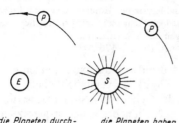
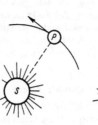

die Planeten durch-
laufen als Gottheiten
volkommene Bahnen
(Pythagoras)

die Planeten haben
·naturgegebene
Bahnen
(Galilei)

die Planeten werden
durch magnetische Kräf-
te bewegt, die längs der
Bahntangenten wirken
(Kepler)

die Planeten wer-
den von Wirbeln
getragen

(Descartes)

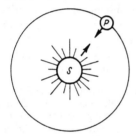
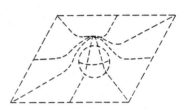

die Anziehungskraft wirkt längs der
Verbindungslinie
(Newton)

die Sonnenmasse beeinflußt die
Geometrie des Raumes
(Einstein)

Abbildung 14:
Die historische Entwicklung der theoretischen Vorstellungen zur Plane-
tenbewegung. Quelle: Simonyi, 1990, S. 268.

Für seine Systematisierung ging Isaac Newton von wenigen aus der Mechanik entnommenen Axiomen aus, die mathematisch aufbereitet wurden. Die
abgeleiteten Aussagen mußten großteils noch im Experiment überprüft werden und die Setzungen waren nicht unangefochten:

> „Bei den Newtonschen Gesetzen wird die Existenz einer absoluten Zeit vorausgesetzt;
> diese ist ‚wahr und mathematisch, unbeeinflußt und gleichförmig in ihrem Verlauf'.
> Ferner nimmt Newton einen absoluten Raum an, der ‚ohne Beziehung zu äußeren
> Dingen immer gleich und unbeweglich bleibt', damit er zwischen absoluter Ruhe und
> absoluter Bewegung unterscheiden kann, die nur angenommen werden kann, wenn ein
> absoluter Raum existiert" (Locqueneux, 1987, S. 63).

Allerdings wird die Notwendigkeit dieser Setzung von verschiedenen heutigen Rezipienten recht unterschiedlich eingeschätzt. Max Jammer begründet

112

Newtons Konstruktion mit dessen von Galileo Galilei übernommenen Massebegriff als das wesentlichste Attribut der Materie. Und da Newtons „Mechanik es mit der Bewegung zu tun hat, so muß der Raum als Korrelat zum Massenpunkt – ebenso wie das Leere das Korrelat zum Atom war – gleich zu Beginn des Systems eingeführt werden" (1960, S. 106). Dagegen hält Henning Genz den absoluten Raum nur für eine Reminiszenz an eine für unverzichtbar gehaltene Metaphysik: „Er (I. Newton, G.S.) wollte die Axiome seiner Mechanik nicht nur aussprechen, sondern auch begründen und verständlich machen" (1994, S. 183). Das System der Newtonschen Mechanik funktionierte – „Newtons absoluter Raum mußte eine Schimäre bleiben" (ebd., S. 185). Sicher ist der Hinweis auf Newtons metaphysische Absicht nicht von der Hand zu weisen, denn auch Max Jammer verweist ausdrücklich auf die

> „Gleichsetzung der Allgegenwart des Raumes mit der Allgegenwart Gottes ... da jedes Teilchen des Raumes ewig existiert und jeder unteilbare Augenblick der Dauer überall ist, ‚kann sicherlich der Schöpfer und Herr aller Dinge nicht niemals und nirgends sein' (Prinzipia, S. 528)" (1960, S. 122).

Schon zu Newtons Zeit riefen solche Konstitutionen heftigen Widerspruch hervor, die z.B. die Debatte zwischen Gottfried Wilhelm Leibniz und – stellvertretend für Newton – Samuel Clarke prägten. Meines Erachtens wollte sich Isaac Newton aber nicht nur gegen den Vorwurf des Atheismus schützen, sondern mußte auch innerhalb des wissenschaftlichen Abstraktionssystems einen neuen ‚Archimedischen Punkt' definieren als *alternatives Relevanzsystem* zum ausgedienten Aristotelischen Kosmos-Modell:

Das antike Welt-System war endlich, geozentrisch, stetig, dreidimensional und im Kern unbeweglich gewesen. Der Bezugsrahmen war in gewissem Sinne das Ideal der Planetenwelt ‚über dem Mond' gewesen. Dessen göttliche Gesetze und Endlichkeit galten jedoch nicht mehr. Die neuen Gesetze handelten von Bewegung, wiesen auf die Unendlichkeit, und das Planetensystem hatte mit der Sonne eine neue Mitte erhalten. Damit erscheint es meiner Einschätzung nach sinnvoll, den Bezugsrahmen ‚nach innen' zu verlegen, noch dazu, nachdem sich während der Renaissance das Lebensgefühl in Richtung „faber mundi"[41] entwickelt hatte und die neuzeitliche Wissenschaft sich nun auf den Weg der ‚richtigen' Welterklärung machte. Newton war der Überzeugung, daß Zeit, Raum, Ort und Bewegung allbekannte Begriffe sind, die jedoch nur in Verbindung mit sinnlich wahrnehmbaren Gegenständen auftreten. Für die Messung dieser übernahm er das Descartes'sche Koordinatensystem als relativen Raum. Um die Frage zu beantworten, worin sich solch relative Räume bewegen, verwies er dann darauf, daß man in der Naturlehre von den Sinnen abstrahieren muß (Jammer, 1960, S. 108). Damit führte er den absoluten als unveränderlichen wahren Raum ein. Als Mittelpunkt dieses Raumes und damit als Weltzentrum definierte er ein

---

41   „faber mundi" ist der ‚Schöpfer und Beherrscher der Welt' nach dem mittelalterlichen „viator mundi", dem ‚Pilger zur himmlischen Heimat'.

universales Gravitationszentrum, das er jedoch nicht verorten konnte. Klar war nur, daß weder Sonne noch einer ihrer Planeten dafür in Frage kommen konnten, da sie alle gegeneinander gravitieren (ebd., S. 111).

Mit seinen Auffassungen stand Newton in scharfem Gegensatz zu René Descartes, der nur von *relativen Lagen und relativen Bewegungen* gesprochen hatte: Die Bewegung eines Körpers war bei letzterem nur als Lageveränderung in bezug auf Körper der Umgebung verstanden, somit ortsgebunden und allein von sich gegenseitig beeinflussenden Materie-Wirbeln beeinflußt. Seine Anhänger – die Cartesianer – hielten vor allem die Einführung von Fernwirkungen, wie sie Newton in seinen Gravitationsmodellen postulierte, für einen Skandal und eine Beleidigung des inzwischen mechanistisch geschulten Verstandes.

Aus philosophischen Überlegungen heraus griff auch Gottfried Wilhelm Leibniz[42] die Konzeption eines absoluten Raumes an und argumentierte, daß wir keinerlei Möglichkeiten hätten, eine eventuell gleichförmige Bewegung des absoluten Raumes festzustellen, da es nicht erlaubt sei, den absoluten Raum auf einen anderen Gegenstand zu beziehen (Simonyi, 1990, S. 268). Er setzte gegen die Fernwirkung der Gravitation das *Prinzip der lebendigen Kraft*, wofür sich im 19. Jahrhundert der Begriff der Energie durchsetzte. Bei Leibniz ließ sich das richtige Denken nicht wie bei René Descartes auf die Geometrie zurückführen, sondern er ging weiterhin von aristotelischer Logik und scholastischer Schulung aus – darüberhinaus gelang es ihm, Gegensätze miteinander vereinbar zu machen, indem er z.B. mechanistisches Denken mit Überlegungen über das Unendliche verband (vgl. Locqueneux, 1989, S. 75). Zentrale Sätze für jegliche Wissenschaft waren bei Leibniz die Prinzipien der *Identität*, des *zureichenden Grundes* („Die Ursache ist gleich der Wirkung") und der *Kontinuität* („Die Natur macht keine Sprünge").

Abgesehen von der Diskussion um den absoluten Raum ist Newtons Mechanik für die *Raumtheorie* höchst bedeutsam gewesen: Mit seiner Mechanik praktizierte er die *Relativität* räumlicher Bezugssysteme, für die Descartes das Raster geliefert hatte. Die Auseinandersetzung mit Leibniz führte u.a. zur Formulierung einer metrischen Struktur des Raumes: d.h. *Raum ist und hat* eine *Größe* im Unterschied zu den Konzepten Lage oder Ordnung, womit zwar keine absoluten Verhältnisse, aber gegenseitige Raumbeziehungen zum Ausdruck kommen. Während alle bisherigen Kosmosvorstellungen geschlossene Systeme waren, galt für Newton der Raum als *unendlich offen*, mit der

---

42 Gottfried Wilhelm Leibniz (1646-1716) gilt als einer der letzten Universalgelehrten. Seine Philosophie folgt der Maxime, daß das begründende Prinzip nicht von der Art des Begründeten sein kann, wenn ein Regreß ins Unendliche vermieden werden soll. So übernimmt er zwar Ergebnisse des traditionellen naturphilosophischen Mechanismus, begründet ihn jedoch nicht-mechanisch. Zum Zentralbegriff der Welterklärung definierte er die Monade als eine einfache, nicht ausgedehnte und daher unteilbare Substanz, die äußeren mechanischen Einwirkungen unzugänglich ist, in deren spontan gebildeten Wahrnehmungen sich jedoch das ganze Universum spiegelt. Leibniz' mathematische und logische Entdeckungen sind in verschiedenen Zweigen der Mathematik fortgeführt worden. Neben seiner umfangreichen wissenschaftlichen, juristischen und politischen Tätigkeit erwies sich Leibniz auch als technischer Erfinder.

Möglichkeit einer Vielzahl von Sonnensystemen und mit der Göttlichkeit nicht jenseits, sondern im Raum. Schließlich bedeutete Newtons neues System einen immensen *Abstraktion*sschub: Das Sein des Raumes war an keine materielle Eigenschaft mehr gebunden; statt einer Weltseele wirkte der ‚Spiritus' als raumfüllendes Medium, das den Raum homogenisiert (vgl. Gosztonyi, 1976, S. 344f). Die Annahme des absoluten Raumes war für diese Mechanik nicht notwendig, stand sogar dem dynamischen Charakter z.B. des Gravitationsfeldes entgegen. Insofern sei hier nochmals die Deutung angeführt, daß Isaac Newton mit der Einführung der Absolutheit einem Ideal der Vollendung genügen wollte, das mit antiken Denkmustern tradiert war. Die abendländische Vorgehensweise der Abstraktion verlangt quasi nach einem ‚Archimedischen Punkt', um sich nicht in Beliebigkeit zu verlieren. So gilt, „daß absoluter Raum und absolute Zeit stets das menschliche Gefühl stark ansprechen. Durch ihre Gegenwart scheint Klarheit und Genauigkeit, Sicherheit und Bestimmtheit gewährleistet" (Jammer, 1960, S. 125).

„Das 18. Jahrhundert verstand sich als Erbe von (Isaac) Newton und (John) Locke([43])" (Locqueneux, 1989, S. 75) und auch die Physik dieser Epoche der Aufklärung berief sich auf deren Gedanken. Der cartesische Dualismus von Materie im Sinne von Ausdehnung und quasi angeborener Vernunft wurde durch den von Materie und nur durch Sinnesorgane erfahrbarer Idee abgelöst. Somit folgte dem ontologischen Denken Descartes' ein *Empirismus*, der die Beziehung zwischen den Erscheinungsformen der Dinge und den Ideen als einzige Quelle unserer Kenntnis der materiellen Welt zugrunde legte. Somit wurde auch Newtonsche Naturphilosophie, die z.B. die universelle Gravitation nur theologisch erklären konnte, auf einfache Erfahrungstatsachen bzw. Eigenschaften der Körper reduziert. Selbst ein Gott, der wie ein Uhrmacher alles Geschehen in Gang gesetzt hatte und dann nicht mehr eingriff, wurde in einem zunehmend deterministischen[44] Weltsystem entbehrlich, zu „einer überflüssigen Hypothese", wie es Pierre-Simon de Laplace[45] titulierte. So trat spätestens seit dem 19. Jahrhundert die Trennung von Naturwissenschaft und Theologie deutlich hervor. In einem sich verbreitenden materialistischen Denken wurde Lockes Empirismus übernommen und ergänzt

---

43 John Locke (1632-1704) wird als eine der Schlüsselfiguren englischer Aufklärung angesehen. Sein bedeutendstes Werk ‚Eine Studie über die menschliche Erkenntnis' erschien 1690. Weiter verfaßte er politische, pädagogische und die Notwendigkeit der religiösen Toleranz betonende Schriften. Er war mit Isaac Newton befreundet.

44 „Deterministische Gesetze nehmen die präzise Vorausberechenbarkeit und vollständige Bestimmtheit von einzelnen Zustandsgrößen an, wie z.B. für den Ort und Impuls eines Teilchens. Es gehen keine Wahrscheinlichkeitsverteilungen in die Formulierung deterministischer Gesetze ein" (Eisenhardt, Kurth & Stiehl, 1995, S. 282).

45 Pierre-Simon Marquis de Laplace (1749-1827) war einer der führenden Mathematiker, Physiker und Astronomen seiner Zeit. In seinen Werken ‚Mechanik des Himmels' und ‚Darstellung des Weltsystems' entwickelte er eine zu Immanuel Kant unterschiedene Kosmologie. Weiter arbeitete er zu Schwingungsproblemen, über die Wärmelehre und zur Wahrscheinlichkeitsrechnung.

um die Leibnizsche Vorstellung der Monade. Daraus entwickelte sich das vitalistische Konzept des *Organismus*, das auf die kleinsten Bausteine des Lebens wie auf das Universum verwendet wurde. Große Teile dessen, was zuvor die klassische Physik versucht hatte zu erklären, wurden nun zum Gegenstandsbereich der sich entfaltenden Physiologie und Medizin.

Für das Newtonsche Raumverständnis der Physik lieferte im beginnenden 19. Jahrhundert insbesondere die Philosophie Immanuel Kants[46] die Unterstützung. Nachdem John Locke nur den durch sinnliche Erfahrung vermittelten Erkenntnissen das Wort geredet und David Hume[47] ausschließlich Wiederholung und Gewohnheit für scheinbare Notwendigkeiten verantwortlich gemacht hatte, argumentierte Kant dagegen, daß „die Zuverlässigkeit unserer wissenschaftlichen Ergebnisse durch die Struktur unseres Denkens gewährleistet (sei)" (Simonyi, 1990, S. 318). Zum Credo der Physiker des 19. Jahrhunderts wurde seine These:

> „Naturwissenschaft enthält synthetische Urteile a priori als Prinzipien in sich. ... Nach Kant ist es unzweifelhaft, daß zwar jede Erkenntnis mit einer Wahrnehmung beginnt, der erkennende menschliche Verstand aber dabei eine wesentliche Rolle spielt. Aus der Wahrnehmung wird nur dann eine Erkenntnis, wenn der Verstand mit Hilfe bestimmter a priori vorhandener Strukturen, die vor jeder Wahrnehmung vorhanden sind, ordnend eingreift. Zu diesen Strukturen gehört die Anschauungsform – mit dem Raum als äußerer und der Zeit als innerer Anschauungsform – und die Kategorien, unter ihnen z.B. die Relationskategorien (Substanz und Akzidens sowie Ursache und Wirkung)" (Simonyi, 1990, S. 319).

Der absolute Raum und die absolute Zeit Newtons entsprachen erkenntnistheoretisch genau diesen reinen Formen der Anschauung. Repräsentativ für eine

---

46 Immanuel Kant (1724-1804) lehrte zunächst als Hauslehrer, dann als Privatdozent und schließlich ab 1770 als Professor für Logik und Metaphysik an der Universität Königsberg. In einer vorkritischen Periode bemühte sich Kant zunächst um Rezeption und Fortentwicklung des philosophischen Rationalismus z.B. Leibnizscher Prägung wie auch um eine Kosmologie auf der Grundlage Newtonscher Mechanik. Die Auseinandersetzungen mit David Hume und Jean Jacques Rousseau (1712-1778) riefen in ihm Zweifel gegenüber der Vernunft wach. Mit seiner „Kritik der reinen Vernunft" (1781) will Kant eine ‚kopernikanische Wende' in der Philosophie herbeiführen, indem er den naiven Glauben des Rationalismus und Empirismus an die Objektivität der Erkenntnis kritisiert und das Erkenntnisvermögen auf die Handlungen der menschlichen ‚Subjektivität' analysiert. Seine Hauptfrage lautet dabei: „Wie sind synthetische Urteile a priori möglich?" In der „Kritik der praktischen Vernunft" (1788) behandelt Kant die Beschaffenheit des Willens als Bewertungsmaßstab einer Handlung, was ihn in Verknüpfung mit dem Sollen zur Formulierung des ‚Kategorischen Imperativs' leitet. Mit der „Kritik der Urteilskraft" (1790) schließlich widmet sich Kant der Vermittlung zwischen Natur und Freiheit. Seine drei ‚Kritiken' schaffen die Voraussetzungen für den Deutschen Idealismus.

47 David Hume (1711-1776) war schottischer Philosoph und Historiker. Seine Grundlegung einer experimentell verfahrenden Realwissenschaft mit Basis im unmittelbar Gegebenen wandte sich gegen den cartesianischen Rationalismus. Zugleich führte seine Auseinandersetzung mit Lockes Metatheorie einer reinen Erfahrungswissenschaft den klassischen Empirismus ad absurdum. Statt dessen entwickelte er eine Assoziationstheorie, mit der jedoch kein Wissen im Bereich der Tatsachen begründet werden kann.

Kritik seitens der Physik ist ein Einwand von Hermann Helmholtz zu werten, der Bedenken gegen die Annahme der apriorischen Natur der Euklidischen Geometrie erhob: Denn damit würden Dreidimensionalität und Euklidische Metrik als Charakteristika der reinen Anschauungsform festgeschrieben – während der geometrische Charakter von räumlicher Ausdehnung doch Erfahrungssache sein müsse. Nichtsdestotrotz liege Kants „bedeutsamste Leistung in der Analyse des Anschauungsraumes" (Gosztonyi, 1976, S. 456): Diese Analyse war bereits *phänomenologisch*, da sie nicht nach den rein sinnlichen, sondern den bewußtseinsmäßigen Bedingungen räumlicher Wahrnehmung und nicht nur nach psychologischer, sondern nach transzendental-logischer Raumkonstitution fragte. Dadurch erlangte das *Zeitmoment* für räumliche Wahrnehmung bereits Bedeutung. Zudem wies Kant die *Virtualität* raumerzeugender Bewußtseinsmomente und -akte auf, denn die geometrisch-räumliche Vorstellung bedurfte nun nicht einmal mehr der vollzogenen gedanklichen Konstruktion. Insgesamt wurde der *Anschauungsraum* in seiner Theorie *zum ontologischen Repräsentanten* für den Raum überhaupt. Für die PhysikerInnen scheint die Kantsche Theorie den zeitlich letzten Versuch dargestellt zu haben, eine sichere Erkenntnisgrundlage zu liefern.

„Von dem Zeitpunkt an, in dem die Physik über die Kantsche Auffassung hinausgegangen ist und weder Raum und Zeit als priori Anschauungsformen noch Kausalität[48] und Substanz als a priori Ordnungsprinzipien unseres Verstandes anerkennt, scheint auch die letzte Möglichkeit verlorengegangen zu sein, Wahrheiten dieses Typs zu finden, ja selbst nach ihnen zu suchen. Die Kantsche Philosophie ist von den meisten Physiker(Inne)n des 19. Jahrhunderts ... übernommen worden; sie hat ihnen die Gewißheit gegeben, daß es wahre physikalische Erkenntnis gibt. (Ernst) Mach und (Albert) Einstein haben sich zur Jahrhundertwende bewußt gegen Kant gestellt" (Simonyi, 1990, S. 319f).

In der Nachfolge von Kant und unter dem Einfluß von Auguste Comte[49] entwickelte sich im 19. Jahrhundert für zahlreiche Naturwissenschaften als bedeutsamste Denkrichtung der *Positivismus*. Dieser betonte, daß Gegenstand der Wissenschaft die *Erscheinungen* sind und nur durch Beobachtung und Denken die Beziehungen zwischen den Tatsachen zu entdecken seien.

„Die Positivisten lehnten das Kantsche a priori ab und berücksichtigten, daß sich wissenschaftliche Begriffe historisch entwickelt haben. Sie wollten sich nur an die Tatsachen halten und verzichteten auf gedankliche Bilder, die weiter gehen als die Erfah-

---

48 Als Kausalität wird das „Bedingungsverhältnis zwischen einer Ereignisklasse ‚Ursache‘ und einer Ereignisklasse ‚Wirkung‘ (bezeichnet), das aussagt,: Wenn die Ursache nicht stattgefunden hätte, so hätte auch die Wirkung nicht stattgefunden. Universell ausgedrückt: ‚Alles, was geschieht, setzt etwas voraus, worauf es nach einer Regel folgt‘ (Kant). Im modernen Sprachgebrauch ersetzt man ‚Regel‘ durch ‚Gesetz‘. Das schwache Kausalitätsprinzip nimmt an, daß gleiche Ursachen gleiche Wirkungen haben, das starke, daß ähnliche Ursachen ähnliche Wirkungen haben" (Eisenhardt, Kurth & Stiehl, 1995, S. 284).

49 Auguste Comte (1798-1857) begründete mit seinem Hauptwerk „Abhandlung über die positive Philosophie" das System des Positivismus, wobei das Ziel seiner wissenschaftstheoretischen Untersuchungen die Frage nach der Entwicklung, Struktur und Funktion von Wissen in der Gesellschaft ist.

rung. Deshalb lehnten sie jede Hypothese über die Struktur der Materie, des Lichtes oder der Wärme ab" (Locqueneux, 1989, S. 78).

Innerhalb der Physik gingen die Vereinheitlichungsversuche dennoch von genau solchen Strukturmodellen aus: Entweder wurde ein Newtonscher Atomismus zugrunde gelegt, um mittels des Zentralbegriffs der Masse aus der Optik, der Wärmelehre und der Elektrophysik zu einer übergeordneten Theorie zu gelangen. Oder die DynamistInnen gingen vom zentralen Begriff der Kraft aus, wobei das Leibnizsche Prinzip der Kontinuität gegen die Vorstellung von starren, undurchdringlichen Atomen stand. Die englische Physik-Schule schließlich suchte nach mechanischen Analogien zur Erklärung physikalischer Erscheinungen, ohne diesen irgendeinen ontologischen Charakter zuzuschreiben. Alle diese Wege führten auf dem Hintergrund der ‚Industriellen Revolution' und ihrer verstärkten Anforderung an die Praktikabilität der Physik zur Ausformulierung der klassischen Teildisziplinen:

> „– Zwischen 1820 und 1830 setzte sich die wiederbelebte und durchgearbeitete Wellentheorie des Lichtes (gegen Newtons Korpuskularkonzept) durch ... Den Höhepunkt bildete die elektromagnetische Lichttheorie (James) Maxwells([50]).
> – Auf der Basis einiger fundamentaler Entdeckungen bildete sich ab 1820 die Elektrodynamik heraus ... Mit der elektromagnetischen Feldtheorie entstand erstmals eine Feldphysik.
> – Die Wandlung der Wärmelehre zur Thermodynamik wurde im ersten Entwicklungsstadium um 1850 vollendet. ...
> – Als Fundamentalzusammenhang zwischen den unterschiedlichen Naturvorgängen wurde zwischen 1840 und 1850 der Energieerhaltungssatz in seiner ganzen Ausdehnung erkannt.
> Aus diesen Entwicklungen ... formierte sich das Gebäude der klassischen Physik, das gegen Ende des 19. Jahrhunderts in sich vollendet schien. Die Eckpfeiler bildeten die hochentwickelte Mechanik für eine ‚Physik der Materie' und die elektromagnetische Feldtheorie für eine ‚Physik des Äthers' „ (Schreier, 1988, S. 211).

So stellte sich das Fach als experimentell abgesicherte und theoretisch festgefügte Wissenschaftsdisziplin dar, deren Ergebnisse zunehmend Anwendung fanden. Es gab allerdings ‚zwei dunkle Punkte', die nicht erklärt werden konnten und deren Deutung zu einem Umsturz u.a. der Konzeption von Wissenschaft wie auch des physikalischen Raumkonzeptes führen sollte: (1.) das kontinuierliche Spektrum der Strahlung und (2.) die Invarianz der Lichtgeschwindigkeit (Locqueneux, 1989, S. 111).

Mit einer zusammenfassenden Rückschau auf die Zeit vom 17. bis 19. Jahrhundert will ich im *Zwischenfazit* nochmals einige Aspekte hinsichtlich der Behandlung und Auffassung von Raum fokussieren. Als philosophische Epoche werden diese Jahrhunderte auch als Zeit der ‚Aufklärung' bezeichnet, wofür Immanuel Kant 1783 als Definition lieferte:

---

50   James Clerk Maxwell (1831-1879) arbeitete des weiteren zur kinetischen Theorie der Gase, zur Optik, zur Thermodynamik, zu Servomechanismen und zur Astronomie.

„Aufklärung ist der Ausgang des Menschen aus seiner selbst verschuldeten Unmündigkeit. Unmündigkeit ist das Unvermögen, sich seines Verstandes ohne Leitung eines anderen zu bedienen".

Der Aufstieg der *Rationalität*[51] und des *unabhängigen Individuums* ging einher mit einer rasanten Entwicklung der *Abstraktion*[52]. Es entwickelte sich eine neue naturwissenschaftliche Wirklichkeitsbetrachtung, die den Menschen aus dem System der Natur herausnahm und zum ‚Schöpfer' werden ließ, sowie ein entsprechend neuartiges Denken, das mit dem Kantschen Begriff der Idealität hinsichtlich z.b. des Raumes gerade seine Realität bedeutet, wenn auch noch beschränkt auf die Welt der Erscheinungen. Für den Raum kristallisierten sich in diesen zweihundert Jahren im Vergleich zur antiken Vorstellung völlig veränderte Aussagen heraus, die Alexander Gosztonyi wie folgt charakterisiert:

„(a) Der Raum ist nicht wahrnehmbar.

(b) Der Raum ist mit der Ausdehnung der Körper nicht identisch.

(c) Der Raum ist nur auf Grund eines vermittelnden Mediums erfaßbar. Dieses kann die Materie – auch in der Form von ‚Äther' – oder die Kraft bzw. die Energie sein.

(d) Der Raum ist jedoch mit der Materie oder der Kraft bzw. der Energie nicht identisch.

(e) Die Raumrelationen setzen den Raum bereits voraus.

(f) Die Annahme eines absoluten Raumes ist unnötig. Unnötig für die Physik bzw. die Mechanik und unnötig für die ontologische Bestimmung des Raumes. Dies schließt jedoch die Möglichkeit der Existenz des absoluten Raumes nicht mit Notwendigkeit aus. Eine Entscheidung über die Existenz des absoluten Raumes wäre erst möglich, wenn der Raum in seiner Gesamtheit erfaßt werden könnte, was menschenunmöglich ist, dies noch aus dem folgenden Grunde:

(g) Der Raum ist unendlich.

(h) Weltall und Raum fallen nicht unbedingt zusammen (wie Kant noch zu meinen schien).

(i) Das Leere ist erfahrbar als Zwischenraum – eventuell sogar durch Experiment –, jedoch nicht als extramundialer Leerraum, dieser ist bloß denkbar.

(k) Der Raum ist anschaulich nicht vorstellbar.

(l) Es wird stillschweigend vorausgesetzt, daß die Raumstruktur der euklidischen Geometrie entsprechend und darum dreidimensional ist" (1976, S. 463f).

---

51 Unter *Rationalität* wird einerseits ein in bezug auf eine gegebene Situation stimmiges, sinnvolles Verhalten verstanden, das auf Einsicht gegründet ist. Solches bezeichne ich eher als Verstehen bzw. als Verstand. Andererseits bezeichnet Rationalität die Eigenschaft von rationalen Zahlen, sich als Bruch schreiben zu lassen. Die letzterer Definition innewohnende Vorstellung von der Zerlegbarkeit der Welt zwecks Vereinheitlichung, Straffung, Erklärung durch ‚Atomisierung' findet sich in technischen und ökonomischen ebenso wie in psychologisch begründeten Rationalisierungskonzepten wieder.

52 *Abstraktion* beinhaltet die „Begriffsbildung bzw. Bildung einer Äquivalenzklasse. Ein Begriff (z.B. ‚Stuhl') wird gebildet durch Absehen von allen unwesentlichen Eigenschaften der in Betracht kommenden Gegenstände (z.B. ob Stühle vier oder drei Beine haben, ob sie aus Holz oder Metall sind usw.). Nur die gemeinsamen (wesentlichen) Eigenschaften werden ‚herausgezogen' (Lat.: abstrahere): Struktur, die zum Sitzen geeignet ist, stabiles Material usw. Alle Stühle sind gleichartig bezüglich dieser wesentlichen Eigenschaften, welche die Klasse aller Stühle bestimmen" (Eisenhardt, Kurth & Stiehl, 1995, S. 281).

4.3 Ereignisräume moderner Physik

Isaac Newtons physikalischer Fundamentalbegriff war das *körperliche Objekt*. Sein Konstrukt des absoluten Raumes als idealer Bezugsrahmen war ein von den Körpern unabhängiger Behälter der körperlichen Objekte – ähnlich wie aus der Antike von Straton bekannt. Entsprechend dazu hatte Immanuel Kant das Verhältnis von Idealität und Realität philosophisch untermauert. Die darin angelegte Entwicklung in Richtung zunehmender Abstraktion führte in der Mathematik – wie in Kapitel 3 gezeigt – allerdings zur Auflösung des grundlegenden Denkrasters klassischer Mechanik, zur Infragestellung der apriorischen Natur der Euklidischen Geometrie und ihrer Dreidimensionalität. Die nichteuklidischen Geometrien modellierten mögliche Strukturen des abstrakten Raumes aufgrund rein logischer Operationen und ermöglichten damit zugleich, die metrische Beschaffenheit des Raumes moderner Physik neu zu bestimmen und damit auch Materie (vgl. Weyl) anders zu begreifen. Der Nachweis der Einheit aller Arten von Geometrien sicherte die Einheitlichkeit und Kontinuität des Raumes, in dem die verschiedenen Raumarten nun als verschiedene Aspekte des *einen* Raumes begriffen werden. Dennoch führte der so abstrahierte Raum zunächst zur Krise der Anschauung eines an Kantschen Vorstellungen verhafteten Erfahrungsraumes. Diese konnte erst durch die grundlegend neuen Ausdeutungen der modernen Physik gelöst werden. Die Relativitätstheorie führte als neuen Fundamentalbegriff das *Feld* ein und verwirklichte die Vorstellung vom Raum als Lagerungsqualität der Körperwelt physikalisch. Damit gilt Raum nicht mehr als Funktion der Körper, sondern *Körper und Raum bestimmen sich* über das Feld gleichberechtigt *gegenseitig*. Die Auseinandersetzungen über die Notwendigkeiten und die Existenz eines absoluten Raumes erstrecken sich noch bis in die Mitte des 20. Jahrhunderts (Gosztonyi, 1976, S. 547), bis diese Grundlage der klassischen Mechanik und damit der wissenschaftlichen Physik aufgegeben wurde.

Zunächst waren es die Entdeckung des Elektrons, der Röntgenstrahlung und der Radioaktivität, die sich in das Bild der klassischen Physik nicht mehr ohne weiteres einfügen ließen. Diese Erkenntnisse experimenteller Untersuchungen führten zusammen mit den theoretischen Forschungen zur Neubestimmung. Dabei gründete die theoretische Physik der Jahrhundertwende in wesentlichen Zügen auf einem erkenntnistheoretischen Neopositivismus, wie ihn Ernst Mach[53] vertrat.

„Mach vertrat den Standpunkt, daß das Ding an sich ohne Bedeutung ist, daß nur die Erscheinungen Gegenstand der Erkenntnis sind und daß die Welt nur eine Summe von

---

53 Ernst Mach (1838-1916) wirkte als Professor für Mathematik und (Experimental-)Physik in Graz, Prag und Wien. Als Physiker arbeitete er insbesondere zu Schallschwingungen. Mit seiner Kritik an der Newtonschen Mechanik und am Raumbegriff nahm er wesentlichen Einfluß auf die Weiterentwicklung der Physik. Machs Schrift ‚Analyse der Empfindungen‘, von ihm als Erkenntnispsychologie eingestuft, ist ein Standardwerk des Empiriokritizismus.

Empfindungen ist. Sein Empirismus führte ihn zur Kritik am Absolutheitscharakter von Raum und Zeit und zur Ablehnung der Kausalität; es komme nur darauf an, die Beziehungen zwischen physikalischen Größen zu untersuchen. Er hob hervor, daß jede Erkenntnis relativ ist in bezug auf den Beobachter und seine Beobachtungsmöglichkeiten" (Locqueneux, 1989, S. 116f).

Der endgültige Bruch mit dem klassischen physikalischen Weltbild folgte dann aus der Ableitung der Strahlungsformel im Jahr 1900 durch Max Planck[54] und aus den Postulaten zum Atommodell, die Niels Bohr[55] seit 1913 veröffentlichte.

Die Planckschen Überlegungen zur Energieverteilung im Normalspektrum gelten als Geburtsstunde der *Quantentheorie*. Die Quantenphysik beruht auf dem Prinzip, daß Wirkungen nur als ganzzahlige Vielfache des von Planck entdeckten Wirkungsquantums übertragen werden. *Vorgänge sind nicht stetig* bzw. kontinuierlich, sondern *diskret* (vgl. Kunzmann u.a., 1991, S. 185). Max Planck empfand allerdings

„die Einbeziehung von (a priori gesetzten) Wahrscheinlichkeitsaussagen in die Strahlungsphysik gegenüber der von ihm eingeführten Energiequantelung als den wesentlich radikaleren Bruch mit den Auffassungen der klassischen Physik" (Glatz, 1988, S. 334).

Damit etablierte sich die bislang undenkbare Annahme von einem grundlegend *statistischen Charakter der Naturgesetze*. Eine ähnliche Wahrscheinlichkeitsbetrachtung führte Albert Einstein 1905 zu dem Schluß, daß Licht eine Teilchenstruktur besitzen müsse: Er wies nach,

„daß einige physikalische Erscheinungen wie die Fluoreszenz und der Photoeffekt nur erklärt werden können, wenn man annimmt, daß das Licht aus Teilchen besteht, während es bei anderen Erscheinungen wie Interferenz[56] und Beugung notwendig ist, es als Welle aufzufassen" (Locqueneux, 1989, S. 118f).

Unter Berücksichtigung der Quantennatur der Strahlung fand Niels Bohr zu einer Erklärung des Atomaufbaus, womit sich die diskreten Frequenzwerte des Linienspektrums des Lichtes begründen ließen. Er bemühte sich dabei um ein von ihm eingeführtes *Korrespondenzprinzip*, das fordert, daß im Grenzfall die Quantenphysik die identischen Vorhersagen wie die klassische Physik liefert. Das Neue an der modernen Physik ist, daß keine deterministische Beschreibung der atomaren Vorgänge möglich ist, sondern mit dem Bohrschen Atommodell nur Wahrscheinlichkeitsaussagen (für Elektronen-

---

54 Max Planck (1858-1947) wirkte als Professor für Physik in Kiel und Berlin. Von Arbeiten zur Thermodynamik ausgehend arbeitete er zu Wärmestrahlung und Elektrodynamik. 1918 erhielt Planck für seine quantentheoretischen Entdeckungen den Nobelpreis für Physik.

55 Niels Bohr (1885-1962) wirkte die meiste Zeit als Professor und Direktor des Institutes für theoretische Physik in Kopenhagen. Indem er für Atome einen Schalenaufbau annahm, konnte er das Periodensystem der chemischen Elemente erklären. Für seine Forschungen über die Atomstruktur erhielt Bohr 1922 den Nobelpreis für Physik, später arbeitete er zur Quantenmechanik/-theorie, zu elektromagnetischen Feldgrößen und zu Fragen der Kernphysik.

56 Als Interferenz wird die Überlagerung von zwei oder mehreren Wellen bezeichnet, die zu einer räumlich verschiedenen Intensitätsverteilung führt. Verstärkung oder Auslöschung der Wellen sind im Extremfall möglich.

übergänge und damit Emission bzw. Absorption von Strahlung) gemacht werden können. Bohr wies selbst häufig

> „auf die Absurdität seines Modells hin, das je nach den Umständen einen Widerspruch zur Newtonschen Mechanik oder zur Maxwellschen Elektrodynamik darstellte und durch das sprunghafte, kausal nicht erklärbare Übergänge in die Physik eingeführt wurden" (ebd., S. 125f).

Da sich Licht teils wie Wellen, teils wie „Energiepakete" verhält, folgerte Louis de Broglie[57] 1924, daß auch Masseteilchen Wellenphänomene zeigen:

> „Die Bohrsche Elektronenbahn ersetze (er) durch eine stehende Welle, deren Stabilitätsbedingungen dieselben sind wie die Quantenbedingungen Bohrs. An die Stelle eines teilchenförmigen Elektrons trat eine Welle, das das Teilchen steuert" (Locqueneux, 1989, S. 127).

Die Existenz der de-Broglie-Wellen beinhaltet die Dualität von Teilchen und Wellen und bot den Ausgangspunkt für Erwin Schrödingers[58] erfolgreiche Entwicklung der Quantenmechanik im Jahre 1925. Ein Jahr später konnte er nachweisen, daß sich eine Wellenmechanik zur klassischen Mechanik so verhält wie die Wellenoptik zur geometrischen Optik. Da die Schrödinger-Gleichung die Grundbeziehung der Newtonschen Dynamik als Grenzfall enthält, wurde das Bohrsche Korrespondenzprinzip bestärkt.

Der Doppelcharakter des Lichtes wie des Elektrons führte bei Niels Bohr im weiteren dazu, in einer neuen Art über Naturerscheinungen zu denken: Als verallgemeinerndes Prinzip formulierte er das *Komplementaritätskonzept*, das besagt, daß ein und dasselbe Phänomen durch sehr verschiedene, möglicherweise sogar widersprechende Bilder beschrieben werden kann, die als sich ergänzende zugleich notwendig sind. Aber nicht nur theoretische Modelle erwiesen sich als komplementär zueinander hinsichtlich ihrer Beschreibung. Die von Werner Heisenberg[59] 1927 entwickelte Unschärfe- bzw. Unbestimmtheitsrelation überträgt dies Prinzip im mikrophysikalischen Bereich auf die Kennt-

---

57 Louis Victor Duc de Broglie (1892-1987) studierte Geschichte, Physik und Philosophie und wirkte seit 1932 als Professor für theoretische Physik an der Sorbonne. Er arbeitete über Röntgenstrahlen und Spektren, zur Wellenmechanik, auf dem Gebiet der Quantenelektrodynamik und der Elementarteilchentheorie. Nicht einverstanden mit der Kopenhagener Deutung der Quantenmechanik versuchte er sich an der Aufstellung eine nicht-linearen Wellenmechanik. 1929 erhielt er (zusammen mit O.W.Richardson) den Nobelpreis für Physik.

58 Erwin Schrödinger (1887-1961) wirkte als Professor für Physik in Zürich, Berlin, Oxford, Graz, Dublin und Wien. Er arbeitete zu statistischer Thermodynamik, entwickelte die Wellenmechanik als nichtrelativistische Quantentheorie, befaßte sich mit Gravitationstheorie, einheitlichen Feldtheorie und mit philosophischen Fragen. 1933 erhielt er den Nobelpreis für Physik für seinen Beitrag zum Aufbau der Quantentheorie (zusammen mit P.A.M.Dirac).

59 Werner Heisenberg (1901-1976) wirkte als Professor für Physik in Leipzig, Berlin, Göttingen und München. 1932 wurde er für seine grundlegenden Arbeiten zur Quantentheorie mit dem Nobelpreis für Physik ausgezeichnet. Später arbeitete er zur Kernphysik (er ist einer der Entdecker des Protons) und formulierte eine Theorie des Kernreaktors. Seit den 50er Jahren verfolgte er eine nicht-lineare Spintheorie, aus der alle Elementarteilchen als Lösung einer einzigen Feldgleichung folgen sollten.

nis bestimmter Eigenschaften von Objekten: Ist der Impuls z.B. eines Elektrons bekannt, dann ist sein Ort ungenau bestimmt, und umgekehrt. Entsprechendes gilt für alle kanonisch konjugierten Größen (z.B. auch für Energie und Zeit).

„Die Begrenzung der Anwendbarkeit klassischer Begriffe war der Kernpunkt in dieser neuen Deutung der Quantentheorie, und sie galt in gleicher Weise für die Begriffe des Teilchenbildes (Ort, Geschwindigkeit, Energie) wie für die des Wellenbildes (Amplitude, Wellenlänge, Dichte)" (Hoffmann, 1988, S. 361).

In der Quantenmechanik wird seither mit dem Konzept der Welle-Teilchen-Dualität gearbeitet, „nach der es keinen Unterschied zwischen Wellen und Teilchen gibt; Teilchen können sich manchmal wie Wellen verhalten und Wellen manchmal wie Teilchen" (Hawking, 1988, S. 228). In der Folgezeit entwickelten sich unter den Begründern der Quantenphysik zumindest zwei Interpretationsschulen.

„Die Anhänger der Kopenhagener Schule (Bohr, Born, Heisenberg) waren der Ansicht, daß es in einer Wissenschaft darauf ankommt, Beobachtungsergebnisse miteinander zu verknüpfen. Beim Meßvorgang wird eine Wechselwirkung zwischen dem beobachteten System und einem Meßgerät hergestellt, wobei es unmöglich ist, die beiden voneinander zu trennen. ... Das System existiert damit in Wahrheit nur, wenn es beobachtet wird ... Es wäre daher illusorisch, nach der Erkenntnis einer objektiven Realität zu streben, die unabhängig vom Beobachter existiert".

Gegen diesen positivistischen Standpunkt argumentierten Einstein, de Broglie und Schrödinger mit einer realistischen Positionsbestimmung:

„Es gibt so etwas wie den tatsächlichen Zustand eines physikalischen Systems, der objektiv und unabhängig von jeder Messung existiert und im Prinzip mit den Ausdrucksmitteln der Physik beschrieben werden kann" (Locqueneux, 1989, S. 131f).

1981 wurden Experimente durchgeführt, die für die Gültigkeit der von der Quantentheorie gemachten Voraussagen sprachen. Eine Entscheidung hinsichtlich wissenschaftstheoretischer Gültigkeit war daraus jedoch nicht zu folgern, da der Geltungsbereich relativistischer Physik dabei nicht genügend berücksichtigt werden konnte.

Der Gültigkeitsbereich der Quantentheorie ließ sich sogar noch ausdehnen. Nach einer stürmischen Entwicklung aller Fragen zur Physik der Atomhülle trat 1932 mit der Entdeckung des Neutrons durch James Chadwick[60] die *Kernphysik* in den Mittelpunkt des Interesses. Als 1938 von Otto Hahn, Lise Meitner und Fritz Strassmann[61] die Uranspaltung entdeckt wurde, führte die Möglichkeit der Elementumwandlung zunächst zur Produktion von Kernspaltungsenergie wie inzwischen auch vermehrt zu Überlegungen hinsichtlich Fusionsenergie. Die der Kernspaltung innewohnenden Vernichtungsmöglichkeiten rie-

---

60 Sir James Chadwick (1891-1974) erhielt den Nobelpreis für Physik im Jahre 1935.
61 Otto Hahn (1879-1968) war deutscher Chemiker und erhielt den Nobelpreis für Chemie im Jahre 1944; Lise Meitner (1878-1968) war österreichische Physikerin, die als Jüdin nach Schweden emigrieren mußte; Fritz Strassmann (1902- 1980) war deutscher Physikochemiker.

fen nach den Atombombenabwürfen 1945 und der Wasserstoffbombenzündung 1952 eine breite Diskussion neuer Qualität um die Verantwortung der WissenschaftlerInnen für den politischen Einsatz ihrer Erkenntnisse hervor.

Nach 1955 tritt die *Elementarteilchenphysik* in den Vordergrund aufgrund des Theta-Tau-Problems, an dem die Nichterhaltung der Parität[62] nachgewiesen wird: Elementarteilchen sind die Urheber und Träger aller atomaren und subatomaren Erscheinungen und damit – nach derzeitigen Erkenntnisstand – die kleinsten, nicht weiter zerlegbaren materiellen Teilchen. Inzwischen sind über 100 Elementarteilchen bekannt, von denen die allermeisten instabil sind und nur in Wechselwirkungsprozessen[63] entstehen bzw. sich ineinander umwandeln, also keine unzerstörbare Individualität besitzen. Die Elementarteilchen werden quantenmechanisch durch Zustände in einem Hilbert-Raum beschrieben, die durch eine Reihe von Quantenzahlen charakterisiert werden können. Von diesen Quantenzahlen hängen M (Masse bzw. Ruheenergie), J (Spin bzw. Drehimpuls im Ruhesystem) und P (Parität) mit der Lorentz-Invarianz der physikalischen Gesetze und den daraus folgenden Erhaltungssätzen für Energie, Impuls und Drehimpuls zusammen. Alle anderen Quantenzahlen sind mit der Existenz innerer Symmetrien verbunden. Da nicht alle möglichen Umwandlungen von Elementarteilchen ineinander tatsächlich vorkommen, sind darauf aufbauend eine Reihe neuer Erhaltungssätze formuliert worden – die bislang übliche Fragerichtung in den Naturwissenschaften wird damit verlassen, indem gesucht wird, warum eine bestimmte Erscheinung *nicht* beobachtbar ist! Die Erhaltungssätze der klassischen Physik ließen sich aus einfachen Annahmen über die Struktur des Raumes und der Zeit ableiten: So ist der Impulserhaltungssatz eine Folge der Homogenität des Raumes und die Drehmoment- wie die Drehimpulserhaltung stehen in enger Verbindung mit der Isotropie des Raumes. Der Energieerhaltungssatz hingegen folgt aus der Homogenität der Zeit. Aus diesen Forderungen ergab sich die Objektivität der Physik als Wissenschaft. Emmy Noeter[64] hatte bereits 1918 gezeigt, daß sich diese bekannten Erhaltungssätze aus den Symmetrieeigenschaften[65] des Raumes ergeben. Auch die bei den Umwandlugen der Elementarteilchen gültigen Erhaltungssätze neuen Typs ließen sich auf Symmetrieeigenschaften zurück-

---

62 Parität bezeichnet das Verhalten der Wellenfunktion eines Systems von Teilchen bei der Inversion des Raumes.

63 Die zwischen physikalischen Objekten beobachtbaren Wechselwirkungen lassen sich auf vier fundamentale Koppelungen zwischen den Elementen zurückführen: 1. Die Gravitations-Wechselwirkung, die zwischen allen Teilchen mit von Null verschiedener Masse besteht. 2. Die starke Wechselwirkung, verantwortlich für die Kernkräfte. 3. Die elektromagnetische Wechselwirkung bestimmt die Vorgänge in der Atomhülle und beeinflußt damit alle alltäglich bekannten mechanischen Kräfte, soweit sie nicht von der Gravitation herrühren. 4. Die schwache Wechselwirkung, verursacht u.a. den Betazerfall. – Die Verletzung der Spiegelsymmetrie läßt die Existenz einer superschwachen Wechselwirkung möglich erscheinen.

64 Emmy Noeter (1882-1935) wirkte als Professorin für Mathematik in Göttingen.

65 Dabei bezeichnet die mathematische Symmetrie eines Objektes die Invarianz einer Objekteigenschaft beim Ausführen einer bestimmten Operation.

führen, wobei offenbar gilt, daß desto mehr Symmetrieeigenschaften zutreffen, je stärker die Wechselwirkung ist. Bei der Untersuchung des Beta-Zerfalls als Auswirkung der schwachen Wechselwirkung zeigten Frau Chien-Shiung Wu und ihre Mitarbeiter 1957, daß ein Unterschied zwischen rechts und links auftritt. Chen-Ning Yang und Tsung-Dao Lee[66] erklärten diese Paritätsverletzung dadurch, daß Neutrino und Antineutrino entgegengesetzte Helizität (= Spinpolarisation) besitzen, so daß die Verletzung der Spiegelungssymmetrie darauf schließen läßt, daß den elementaren Antiwelten ein ‚Linkssinn' und ein ‚Rechtssinn' inhärent sind (Simonyi, 1990, S. 516ff.).

Die Bedeutung der *Symmetrie* für die Analyse von Materie erinnert an die mehr als zweitausend Jahre alten platonischen Körper. Die Eigenschaft der Elementarteilchen, sich ineinander umzuwandeln, hat Max Born[67] wie Werner Heisenberg zum Rückgriff auf das ápeiron des Anaximander angeregt. Davon ausgehend, daß Elementarteilchen nur verschiedene Quantenzustände ein und derselben ‚Ursubstanz' sind, die sich infolge Selbstwechselwirkung realisieren, stellte Heisenberg eine nicht-lineare, gruppentheoretische Grundgleichung für eine einheitliche Feldtheorie auf, die bislang allerdings nicht genügend gesichert werden konnte.

Die Entwicklung der Quantentheorie war von nachhaltigem Einfluß auf das *Verständnis von Naturwissenschaft*, da sie verbreitet zu einem allgemeinen *Indeterminismus* führte, denn damit liegen Eigenschaften nicht an sich vor und für ein einzelnes Ereignis ist keine präzise Voraussage möglich. Für das neue *Verständnis von Raum und Zeit* dagegen war die 1905 formulierte *spezielle Relativitätstheorie* der Auslöser und ihr Anwendungs- bzw. Überprüfungsbereich richtete den Blick auf die Zusammenhänge des Universums, da sich dort Materie unter wesentlich extremeren Bedingungen als auf die Erde beschränkten beobachten läßt. Als ihre Väter zeichneten Hendrik Lorentz[68], Albert Einstein und Henri Poincaré[69] (siehe auch Simonyi, 1990).

---

66 Chien-Shiung Wu (*1912) ist Physikprofessorin an der Columbia University in New York gewesen. Chen-Ning Yang (*1922) und Tsung-Dao Lee (*1926) – später Professoren in Princeton und der State University of New York bzw. an der Columbia University – erhielten noch 1957 den Nobelpreis für Physik.

67 Max Born (1882-1970) war bis zu seiner Lehramtsenthebung und Emigration Professor für Physik in Göttingen, danach in Edinburgh. Er gilt als einer der bedeutendsten Lehrer und Wegbereiter der modernen theoretischen Physik. Für seine 1926 gegebene statistische Interpretation der Quantenmechanik sowie für seine Gittertheorie der Kristalle erhielt er 1954 den Nobelpreis für Physik (zusammen mit W. Bothe).

68 Hendrik Antoon Lorentz (1853-1928) wirkte als Professor für Physik in Leiden. Er lieferte 1875 auf der Grundlage der Maxwellschen Theorie eine Erklärung der Brechung und Reflexion des Lichtes. Ab 1892 entwickelte er seine Elektronentheorie, die unter anderem die Geschwindigkeitsabhängigkeit der Masse aufzeigte. 1902 erhielt er (zusammen mit P. Zeemann) den Nobelpreis für Physik.

69 Henri Poincaré (1854-1912) wirkte als Professor für Mathematik in Caen und in Paris an der Sorbonne. Er gilt als der führende Mathematiker um die Jahrhundertwende, der bahnbrechende Arbeiten sowohl in der Mathematik als auch in der Physik lieferte. Er arbeitete

Zuvor waren Messungen durchgeführt worden, um den Ätherwind, d.h. die Bewegung der Erde im Äther bzw. im absoluten Raum nachzuweisen. Als deren Ergebnis ergab sich jedoch die unerklärliche Invarianz der Lichtgeschwindigkeit, die unabhängig ist von der Geschwindigkeit der Beobachtenden. In der klassischen Mechanik war erarbeitet worden, daß die Beziehungen zwischen physikalischen Größen (Länge, Geschwindigkeit, ...) in verschiedenen Bezugssystemen dieselben bleiben, wenn sich letztere relativ zueinander geradlinig und gleichförmig bewegen (d.h. in einem Inertialsystem). Nur so war es möglich, Werte physikalischer Größen zu ermitteln, die sich für Beobachtende in verschiedenen Bezugssystemen ergeben. Die so erstellten Transformationsregeln galten jedoch nicht mehr für die Elektrodynamik. Das Einsteinsche Relativitätsprinzip geht dagegen von der Invarianz der physikalischen Gesetze in je verschiedenen Inertialsystemen aus, die als Bezugssysteme verschiedener BeobachterInnen gleichberechtigt sein müssen, während die für physikalische Größen gemessenen Werte relativ, d.h. vom Bezugssystem als Koordinatensystem abhängig sind[70].

„Unter Berücksichtigung der Tatsache, daß sich jedes Signal mit einer endlichen und invarianten Geschwindigkeit ausbreitet, wies er nach, daß die *Begriffe der Gleichzeitigkeit und der Dauer eines Ereignisses nicht absolut* sind, sondern relativ zum Bezugssystem der Beobachter, und daß *ein Raum nur relativ zu einem Bezugssystem existiert*, das mit den Gegenständen der physikalischen Welt, zu denen auch der Beobachter gehört, verbunden ist. ... (Absoluter Raum und Äther als Träger eines bevorzugten Koordinatensystems) werden somit überflüssig.) ... Dadurch, daß Einstein die Newtonsche Auffassung vom absoluten Raum und von der absoluten Zeit zu Fall brachte, beseitigte er auch den Status, den Kant dem Raum und der Zeit zugeschrieben hatte" (Locqueneux, 1989, S. 120f).

Statt dessen führten die neu formulierten Grundlagen der Speziellen Relativitätstheorie zu Folgerungen wie möglicher Längenkontraktion und Zeitdilatation[71] sowie zu einem relativistischen Additionstheorem der Geschwindigkeiten. Verallgemeinert folgerte, daß Zeitordnungsrelationen wie ‚früher‘ oder ‚später‘ vom Bezugssystem abhängen. Die Vakuumlichtgeschwindigkeit **c**, die zuvor nur in der Elektrodynamik von Bedeutung war, hat *als neue Naturkon-*

---

zu Topologie, Funktionentheorie, Differentialgleichungen und zur Thermodynamik, Wärmeleitung, Hydromechanik, Elektrizität und Optik.

70 Da der Begriff der Relativität häufig irreführend verwendet wird, sei hier nochmals betont: Die Zeit zwischen Ereignissen ist relativ und die Entfernung zwischen zwei Ereignissen ist relativ. Übereinstimmung bleibt jedoch gewahrt hinsichtlich der physikalischen Begriffe: Ereignis, Eigenzeit oder lokaler Zeit, Verbindungswege zwischen Ereignissen, allen Erhaltungssätzen. Daraus folgert als neue Maßeinheit das RaumZeit-Intervall.

71 D.h.: In Bewegung befindliche Maßstäbe schrumpfen (und in Bewegung befindliche Objekte gewinnen an Masse), während in Bewegung befindliche Uhren nachgehen (weil die Zeit selbst durch die Bewegung verlangsamt wird) – alles im Vergleich zu einem stationären Beobachtungspunkt.

stante[72] seitdem universelle Bedeutung als Grenzgeschwindigkeit jeder Wirkungsausbreitung und damit als Grenzgröße hinsichtlich der Kausalität. Da die Grundgesetze der Elektrodynamik in der Relativitätstheorie unverändert gültig bleiben, tritt in der relativistischen Mechanik die Geschwindigkeitsabhängigkeit der Masse zutage. Dies führte zur Erkenntnis der *Äquivalenz von Masse und Energie* und zu der ‚Jahrhundertformel': $E = m \cdot c^2$.

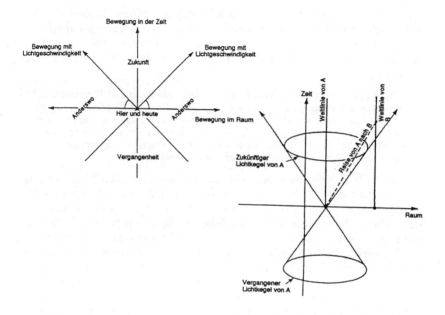

Abbildung 15:
  Raum-Zeit-Diagramme. Links werden Vorgänge in der RaumZeit in Beziehung zur Lichtgeschwindigkeit gesetzt – d.h., weder weiß jemand etwas über die als ‚Anderswo' bezeichneten Regionen noch kann mensch sie besuchen. Rechts wird deutlich, daß Informationen über B erst ab dann für eineN BeobachterIn von A empfangbar werden, wenn die Weltlinie von B den zukünftigen Lichtkegel von A schneidet. Quelle: Gribbin, 1994, S. 178f.

---

72 Naturkonstanten gelten als Invarianten, als kontingente Grundgrößen der Physik, auf deren Existenz letztlich jede Naturbeschreibung und Berechnung gegründet ist. Es ist möglich, daß bei Änderung anderer Größen Konstanten zu Variablen werden.

Mathematische Transformationsgruppen für den Übergang von einem Inerti-alsystem ins andere hatten nahezu gleichzeitig Hendrik Lorentz und Henri Poincaré entwickelt. Ihre endgültige mathematische Gestalt erhielt die spezi-elle Relativitätstheorie durch Hermann Minkowski[73], der

> „1908 die Zeit als vierte Koordinate der *vierdimensionalen RaumZeit*, der sogenann-ten ‚Minkowski-Welt‘, einführte. Bewegungen von Massenpunkten konnten nun als ‚Weltlinien‘ in diesem Raum dargestellt werden" (Glatz, 1988, S. 343).

Da in diesem Raum-Zeit-Modell solche physikalischen Größen definiert werden können, deren Wert sich bei einem Wechsel des Bezugssystems nicht ändert, nannte Minkowski unter anderer erkenntnistheoretischer Perspektive das Relativitätsprinzip auch das „Postulat der absoluten Welt". Mit diesem Modell gilt:

> „Raum und Zeit sind nicht unabhängig; sie bilden das Raum-Zeit-Kontinuum. ... Da-bei gehört zur Vergangenheit alles, von dem wir im Hier und Jetzt (prinzipiell) wissen können. ‚Zukunft‘ sind alle Ereignisse, auf die wir noch Einfluß nehmen könnten. ... Außerhalb liegt die ‚Gegenwart‘, in der Ereignisse ‚raumartig‘ verknüpft sind. Zu-kunft und Vergangenheit sind durch die endliche Zeitspanne getrennt, die vom Ab-stand des Beobachters abhängt" (Kunzmann u.a., 1991, S. 185).

Die Spezielle Relativitätstheorie war auf Inertialsysteme beschränkt und da-mit auf konstante Geschwindigkeiten, sie sagte jedoch nichts aus über Be-schleunigungen. Die Ausdehnung der zugrundeliegenden Überlegungen auf sich beliebig bewegende BeobachterInnen mußte noch weitere Gedanken-gänge aufnehmen: Zum ersten war schon im 19. Jahrhundert das Verhältnis von Geometrie und physikalischer Realität neu problematisiert worden. Carl Gauß hatte zur Krümmung von Flächen gearbeitet, Bernhard Riemann hatte dessen Gedanken auf Räume beliebiger Dimension verallgemeinert und par-allel zu János Bolyai und Nikolai Lobatschewski bis Mitte des Jahrhunderts nichteuklidische Geometrien – durchaus im Leibnizschen Sinne möglicher Räume – entwickelt. Daraus folgerte damals, daß nur durch Experimente darüber zu entscheiden war, zu welcher Art der Raum gehört, in dem wir le-ben, und weiterhin anzunehmen war, daß die Krümmung des Raumes mit der im Raum befindlichen Materie in Verbindung stehen müsse (Simonyi, 1990, S. 417). Zum zweiten ging Albert Einstein von zunehmend nichtpositivisti-schen erkenntnistheoretischen Erwägungen aus:

> „Das Kausalitätsgesetz hat nur dann den Sinn einer Aussage über die Erfahrungswelt, wenn als Ursachen und Wirkungen letzten Endes nur beobachtbare Tatsachen auftre-ten. ... (Wenn die Ursache innerhalb des Beobachtungssystems nicht erkennbar ist, muß sie also außerhalb liegen. Als Ausweg darf nicht einer der beliebig bewegten Körper als bevorzugt angesehen werden.) ... Die Gesetze der Physik müssen so be-

---

73 Hermann Minkowski (1864-1909) wirkte als Professor für Mathematik in Bonn, Königs-berg, Zürich und Göttingen. Er arbeitete auf dem Gebiet der Zahlentheorie und entwickelte die ‚Geometrie der Zahlen‘.

schaffen sein, daß sie in bezug auf beliebig bewegte Bezugssysteme gelten" (Einstein, 1916 zit. n. Simonyi, 1990, S. 422f).

Zum dritten existierte schon seit Newtons Zeit ein kaum beachteter und nicht erklärbarer Befund über die Gleichheit von träger und schwerer Masse.

„Die Gleichheit dieser beiden Massen wird durch die ‚a priori' unerklärliche Tatsache deutlich, daß für alle Körper dasselbe Fallgesetz gilt. Zur Erklärung dieses Phänomens stellte Einstein ein Gedankenexperiment an: ... (Da ein Beobachter hinsichtlich seines Standpunktes nicht entscheiden kann, ob dieser sich in Beschleunigung befindet oder nur der Schwerkraft ausgesetzt ist, kann er einen gekrümmt wahrgenommenen Lichtstrahl entweder als Folge der eigenen Beschleunigung oder als Folge des Gravitationsfeldes erklären.) ... Daraus ergibt sich, daß die Invarianz der Lichtgeschwindigkeit auf Bereiche des Universums beschränkt ist, wo der Einfluß der Gravitation vernachlässigt werden kann" (Locqueneux, 1989, S. 122f).

Das Grundpostulat der *Allgemeinen Relativitätstheorie*, die schließlich 1916 vorgestellt wird, setzt alle Bezugssysteme für die Formulierung von Naturgesetzen insofern gleich, daß ihr Bewegungszustand keine Rolle spielen darf: Bei beschleunigten Systemen müssen entsprechende Gravitationsfelder eingeführt werden. Die Äquivalenz von Trägheit und Gravitation bildet somit die Grundlage dafür, Gravitation als Auswirkung der *Krümmung der RaumZeit durch Masse* verstehen zu können. Die Gesamtheit der Materie bewirkt eine Raumkrümmung des vierdimensionalen Universums. Jeder sich frei bewegende Körper – auch ein Lichtstrahl – bewegt sich auf geodätischen Linien der RaumZeit.

„Zu jedem Punkt dieser RaumZeit gibt es einen Minkowski-Raum, der eine brauchbare Näherung für einen Bereich darstellt, der um so größer sein kann, je schwächer die Gravitation dort ist. Das bedeutet, daß ein solcher Bereich des Universums nur wenig Materie enthält. Diese Näherung ist zulässig für das Sonnensystem. Der Verzicht auf das Gravitationsfeld in der Allgemeinen Relativitätstheorie bedeutet auch die Aufgabe der topologischen und metrischen Strukturen der RaumZeit und damit die Aufgabe der RaumZeit überhaupt. Daraus ergibt sich, daß eine RaumZeit ohne Materie und ohne Felder nicht existiert" (ebd., S. 123f).

Was hieß solche Raumkonzeption praktisch am Beispiel unseres Weltalls? Außer der seit einiger Zeit bekannten Perihelbewegung des Merkur waren zwei neue Phänomene durch Einsteins theoretisches Modell vorherzusagen, von deren Existenz zuvor nichts bekannt war: Die Lichtablenkung in einem Schwerefeld sowie die Rotverschiebung des Lichtes (Resnikoff & Wells, 1982, S. 289). Als erstes konnte anläßlich einer totalen Sonnenfinsternis 1919 bestätigt werden, daß das Licht von hinter der Sonne liegenden Sternen durch die Sonnenmasse abgelenkt wird[74], wodurch diese Sterne für uns – wie neben der Sonne liegend – sichtbar werden. Folglich ist der Raum um die Sonne herum gekrümmt und wirkt wie eine Linse.

---

74 Ein Sternstrahl, der gerade den Rand der Sonne streift, wird gegen die Sonne als Ursprung der Schwerkraft um 1,75'' abgelenkt. Diese Messung wurde von Sir Arthur Eddington (1882-1944) im Jahre 1919 durchgeführt.

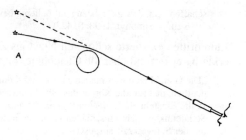

Abbildung 16:
Ablenkung eines Sternstrahls im Schwerefeld der Sonne. Quelle: Gribbin,
1994, S. 45.

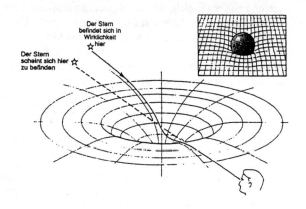

Abbildung 17:
Wenn ein Lichtstrahl als gerade definiert wird, so entsprechen die geo-
dätischen Linien in einem durch Materie gekrümmten Raum Geraden ei-
ner nichteuklidischen Geometrie. Quelle: Gribbin, 1994, S. 80.

Um die Krümmungseigenschaften der vierdimensionalen RaumZeit anschaulich zu machen, wird vereinfachend das sogenannte Tischplattenmodell verwendet, womit auch die Bahn des Lichtes im Raum-Zeit-Kontinuum nach-
vollziehbar erscheint. Die Geometrie der Relativität war, wie bereits erwähnt,
Mitte des vorigen Jahrhunderts von Bernhard Riemann begründet worden.
Die Vorstellung einer Raumkrümmung kann so zumindest am zweidimensionalen Modell veranschaulicht werden:

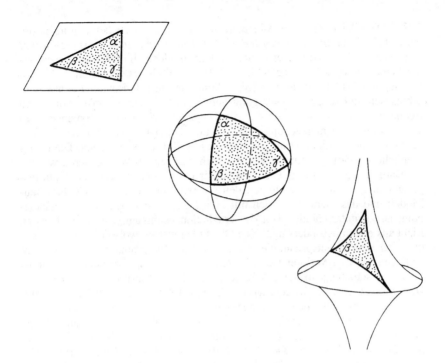

Abbildung 18:
Drei ausgezeichnete Räume zweidimensionaler Lebewesen.

A. In der ebenen Fläche gilt die Euklidische Geometrie; durch jeden Punkt kann zu einer gegebenen Gerade eine Parallele gelegt werden; die Winkelsumme im Dreieck ist 180°.

B. Auf einer geschlossenen Fläche gilt die elliptische Geometrie; jede mögliche lokale Parallele kreuzt eine beliebige Gerade; die Winkelsumme im Dreieck ist größer als 180°; dieser zweidimensionale Raum ist positiv gekrümmt.

C. Auf einer offenen oder Sattel-Fläche gilt die hyperbolische Geometrie; durch einen Punkt verlaufen viele Geraden, die zu einer gegebenen parallel verlaufen und sie nie schneiden; die Winkelsumme im Dreieck ist kleiner als 180°; dieser zweidimensionale Raum ist negativ gekrümmt.

Quelle: Simonyi, 1990, S. 418.

Ganz entsprechend kann ein dreidimensionaler Raum in der vierdimensionalen Minkowskischen RaumZeit gedacht werden, wobei die vierte Dimension der Zeit quasi als negative Raumdimension angenommen wird (Gribbin, 1994, S. 70f) und deren Punkte als Ereignisse zu verstehen sind (Hawking, 1988, S.

227)[75]. Die Gleichungen der Allgemeinen Relativitätstheorie besagen insbesondere, daß *ein statisches unveränderliches Universum nicht existieren kann!* Entweder muß es sich immer weiter ausdehnen oder sich immer weiter zusammenziehen. Bereits 1922 sagte Alexandr Fridman[76] dieses voraus unter der Annahme, daß das Universum von jedem Punkt und in jede Richtung ähnlich ansehbar sein müsse. Eine Bestätigung lieferte 1929 Edwin Hubble[77] mit seinen Beobachtungen: Danach leitet sich die These für die derzeitige Expansion des Universums aus Untersuchungen des Lichtes ferner Galaxien ab. Die Linienstruktur in deren Licht ist um ein winziges zu Rot hin verschoben. Die einzig mögliche Erklärung dafür ist, daß das Licht auf seinem Weg gedehnt worden ist: Dabei fliegen nicht die Galaxien voneinander weg, sondern der Raum insgesamt und somit auch zwischen den Galaxien dehnt sich gemäß Fridman-Modell und das Licht dehnt sich mit ihm. Diese kosmologische Rotverschiebung ist zu unterscheiden von der gravitationsbedingten, die entsteht, wenn Licht aus einem besonders massiven Objekt heraustritt, wobei die Rotverschiebung der Energie entspricht, die das Licht bei der Entfernung von dem zugrunde liegenden Stern verloren hat. „Bei sehr massereichen, kompakten Sternen ist die Rotverschiebung so stark, daß ...(es)... zu einer Infrarotstrahlung oder sogar zu Radiowellen ... geschwächt wird" (Gribbin, 1994, S. 120). Im Grenzfall entsteht ein „schwarzes Loch", eine abgeschlossene Region der RaumZeit, aus der aufgrund der starken Gravitation noch nicht einmal Licht entkommen kann. Davon ausgehend hat die moderne Kosmologie vielfältige Thesen über unser und weitere Universa entwickelt (z.B. Barrow, 1993 a; Gribbin, 1994; Hawking, 1988), deren Grundlage bislang das differentialgeometrische Einsteinsche Modell der Relativitätstheorie bildet. Die gesamte Relativitätstheorie läßt sich – laut Edwin Taylor & John Wheeler – in einem Satz zusammenfassen: „Die Raumzeit beherrscht die Masse, indem sie ihr sagt, wie sie sich bewegen soll; und die Masse beherrscht die Raumzeit, indem sie ihr sagt, wie sie sich krümmen soll" (1994, S. 2). Aus der Voraussetzung einer homogenen und isotropen Materieverteilung kann in Abhängigkeit vom Wert der Materiedichte sowohl ein offenes, bis in die Unendlichkeit reichendes Weltall mit einer negativen Krümmung, als auch ein geschlossenes, aber unbegrenzt pulsierendes Weltmodell abgeleitet werden (Simonyi, 1990, S. 538). Letzterer Vorstellung hängt zur Zeit eine Mehrheit der PhysikerInnen an. Nach den heute vorliegen-

---

75 In der sogenannten Lorentz-Geometrie gilt: (RaumZeit-Intervall zwischen Ereignissen)^2 = (zeitliche Entfernung in Metern)^2 minus (räumliche Entfernung in Metern)^2, wobei als Umwandlungsfaktor c wirkt mit c = 299 792 458 Metern pro Sekunde (Taylor & Wheeler, 1994, S. 14ff).

76 Alexandr Alexandrowitsch Fridman (1888-1925) war russischer Mathematiker und Geo-Physiker. Er arbeitet als Professor für Mechanik in Perm und ab 1920 in Petrograd. Er gilt als einer der Begründer der Turbulenztheorie und widmete sich vorwiegend Problemen dynamischer Meteorologie.

77 Edwin Powell Hubble (1889-1953) begründete als US-amerikanischer Astronom die moderne extragalaktische Astronomie. So gelang 1923/4 die Bestimmung der Entfernung des Andromeda-Nebels.

den Schätzungen der tatsächlichen Dichte ist noch jede der drei Fridmanschen Lösungen möglich. Allen ist gemeinsam, daß irgendwann in der Vergangenheit – zu einem Zeitpunkt, den die Physik Urknall nennt – die Dichte des Universums und die Krümmung des RaumZeit unendlich gewesen sind (Hawking, 1988, S. 67). Solch ein Punkt, an dem die Theorie zusammenbricht, wird in der Mathematik eine Singularität genannt. Allerdings wenden sich inzwischen einige PhysikerInnen – z.B. mittels des steady-state-Ansatzes als einer Theorie der ‚ständigen Schöpfung' – gegen die Vorstellung, daß das Universum aus einer *Singularität* entstanden sein könne, und gehen statt dessen davon aus, daß die Allgemeine Relativitätstheorie insofern unvollständig sei, daß sie nichts über den Anfang des Universums mitteilen kann.

> „Die Allgemeine Relativitätstheorie bringt die Bestimmungsgrößen der Raumgeometrie ... mit der (mittleren) Materiedichte in einen unmittelbaren Zusammenhang und legt so den Rahmen fest, in dem sich die kosmischen Objekte zu bewegen haben, ohne ihnen selbst ihr Verhalten vorzuschreiben. Für das Eigenleben der kosmischen Objekte selbst ist in erster Linie die Quantenphysik maßgebend, wobei allerdings zwischen dem allgemeinen Rahmen, dem Geschehen und den Besonderheiten der einzelnen Objekte ein zuweilen enger Zusammenhang besteht, der bis heute noch nicht aufgeklärt ist" (Simonyi, 1990, S. 537).

Die Überzeugung, daß die Relativitätstheorie wie die Quantenmechanik nur Teiltheorien sind, führte in den 70er Jahren dazu, wieder nach einer einheitlichen Quantentheorie der Gravitation zu suchen (Hawking, 1988, S. 73 und 195ff.). Aber selbst wenn eine vollständige einheitliche Theorie entdeckt würde, könnten damit nicht ganz allgemeine Ereignisse vorhergesagt werden: Dem steht erstens die Unschärferelation der Quantenmechanik entgegen und zweitens die menschliche Unfähigkeit, die zu erwartenden Gleichungen der Theorie – abgesehen von sehr einfachen Situationen – exakt zu lösen (ebd., S. 212). Selbst die Kenntnis grundlegender Gesetze berechtigt nicht, von gelösten Problemen in den jeweiligen Bereichen zu sprechen. Hinsichtlich des wahrnehmbaren physikalischen Raumes haben wir uns zwar an neue Größenordnungen gewöhnt, darüberhinaus sind die theoretischen Alternativen der Kosmosentwicklung bislang empirisch nicht zu entscheiden. Weiterhin gibt es nicht nur in Science-fiction-Romanen Gedankenexperimente, die über Parallelwelten – die mathematisch eigentlich rechtwinklig zueinander stehen – und Zeitreisen spekulieren. Dafür müßte die Struktur der RaumZeit veränderbar sein, wozu die vielfach diskutierten Wurmlöcher Möglichkeiten böten oder die Annahme einer Rotation des ganzen Universums, das dann geschlossene zeitähnliche Schleifen enthalten könnte. Letztere Idee ist von Kurt Gödel 1949 ausgearbeitet worden und hat u.a. Douglas Hofstadter (1987) dazu angeregt, sich mit logischen Schleifen zu beschäftigen, die auch dann entstehen, wenn menschliche Intelligenz versucht, sich selbst zu verstehen (Gribbin, 1994, S. 289ff.) – was sehr an die Kantschen Antinomien erinnert.

Das Hauptinteresse aktueller Physik richtet sich seit 1984 auf die Super-stringtheorie als mögliche Theorie für alles (Hawking, 1988, S. 199ff.). Als wesentliches Problem erscheint dabei, daß die mathematischen Grundlagen da-zu noch nicht hinreichend sind. Hatte die Allgemeine Relativitätstheorie auf Riemannsche Geometrie und Tensorkalkül zurückgegriffen und die Quanten-mechanik auf Gruppentheorie und Hilberträume, so sucht sich das Verständnis der Strings auf der Mathematik komplexer Mannigfaltigkeiten zu gründen, die jedoch noch nicht genügend weit gedacht und formuliert ist (Barrow, 1992, S. 240ff.). Was das mit der neuen Superstringtheorie verbundene Raumbild be-trifft, erfordern Strings 10 oder sogar 26 Raumdimensionen, von denen sich allerdings nur drei zum heutigen sichtbaren Weltall mit einem Durchmesser von jetzt 15 Milliarden Lichtjahren ausgebildet haben, während der Rest soviel Energie in Form von Gravitationswellen abgegeben hat, daß sie heute mikro-skopisch klein sind. Die Folgen daraus für unser wissenschaftliches Denken sind kaum abzusehen, zumal alle bislang angenommenen Naturkonstanten nicht unabhängig von ihrer bzw. der Raumdimensionalität zu verstehen sind. Mit den bisher gebräuchlichen drei bzw. vier Dimensionen können wir nur un-ter der Annahme weiterarbeiten, daß das Abkühlen des Universums eine Kom-paktifizierung[78] der zusätzlichen Dimensionen auf die bekannten der RaumZeit bewirkt hat, wie es die TheoretikerInnen postulieren (Trefil, 1990, S. 185f.).

Auf diese Entwicklung zurückblickend ist festzustellen, daß sich das Weltbild der Physik während der vergangenen dreihundert und insbesondere während der letzten neunzig Jahre extrem verändert hat, sich die neuen Er-kenntnisse und Denkweisen allerdings kaum in einem Alltagsverständnis wi-derspiegeln. *Zusammenfassend* will ich deshalb hier nochmals einige Aspekte hervorheben, derbezüglich das physikalische Denken Einfluß genommen hat auf die Konzeption von Wissenschaft wie auf die von Raum und Zeit:

- Um Bewegungen makroskopischer Körper zu beschreiben, ist die klassi-sche Newtonsche Mechanik nach wie vor am besten geeignet. Da zudem die klassische Mechanik der Grenzfall der relativistischen Mechanik für im Vergleich zur Lichtgeschwindigkeit kleine Geschwindigkeiten ist, reicht ihre Kenntnis zur Lösung der meisten technischen Probleme der-zeitiger Alltagsbewältigung. Anders sieht es indes schon bei der Kon-struktion von Geräten aus, in denen die Bewegung mikroskopischer Teil-chen eine wesentliche Rolle spielt – also bei Elektronenröhren, Röntgen-röhren oder Teilchen-Beschleunigern. Da die Relativitätstheorie die klas-sische Mechanik als Spezialfall enthält, bekräftigen beide gegenseitig ih-re Gültigkeit. Insofern stellt die *Relativitätstheorie eine Vervollkomm-nung klassischer Physik* dar und ist auch für IngenieurInnen zu einem Hilfsmittel geworden. Zugleich verweist die Inklusion darauf, daß auch ausgefeilte und erprobte Theorien nur *Teilrealitäten* erklären. So wird

---

78 James Trefil stellt diese Kompaktifizierung so dar, daß durch ein Ausfrieren der Schwer-kraft sich die zusätzlichen Dimensionen zusammenrollten (1990, S. 186).

auch hier deutlich, wie wichtig es ist, Voraussetzungen und Reichweite eines Konzeptes – soweit die bisherige Einsicht reicht – aufzuzeigen.

• Die Spezielle Relativitätstheorie hat das klassische physikalische Weltbild verändert, da die Newtonschen Idealkonstrukte des ‚absoluten Raumes‘ und der ‚absoluten Zeit‘ hinfällig geworden sind. Die entscheidende neue Forderung beinhaltet die Invarianz der Form der Naturgesetze in allen Inertialsystemen. Dies ist nur möglich, wenn Raum und Zeit als ehedem unabhängige Fundamentalgrößen nur noch als untrennbar zusammenhängende Dimensionen der *vierdimensionalen RaumZeit* begriffen werden, wodurch ein neues Wirkungsgefüge mit ungewohnten Abhängigkeiten installiert wird. Zur relativistischen Maßeinheit wird dabei das RaumZeit-Intervall mit dem invarianten Umrechnungsfaktor der Vakuumlichtgeschwindigkeit. Diese Grenzgröße vermittelt zudem die *Äquivalenz von Masse und Energie*. Zum grundlegenden Konzept relativistischer Physik wird das *Ereignis*, das an einer bestimmten Stelle in der RaumZeit stattfindet. Aus dem Aristotelischen Körper-Raum war bis zur Renaissance ein mechanistischer Behälter-Raum geworden, aus dem Newton einen mechanischen Bewegungs-Raum entwickelte, der sich nunmehr in einen Ereignis-Raum wandelt. Die RaumZeit ist darin für alle Ereignisse gleichermaßen unabhängig vom beobachtungsrelevanten Bezugssystem, in dem eine Eigenzeit[79] gilt. Hatte die Konstruktion Isaac Newtons zur Einheit der Physik geführt, indem er ein globales Bezugssystem etablierte, so gelten seit neunzig Jahren wieder viele lokale Bezugssysteme, ohne daß dabei die Vorstellung *eines* Kosmos aufgegeben wird!

• Die Allgemeine Relativitätstheorie bildet eine *Synthese von Physik und Geometrie*. Sie stellt somit nicht nur die Äquivalenz beliebig zueinander bewegter Koordinatensysteme fest, sondern führt zu einer *neuen Theorie der Gravitation*. Darauf gründend ist ein Gravitationsfeld nicht mehr als Kraftfeld zu verstehen, sondern die Grundgleichung der Allgemeinen Relativitätstheorie besagt, daß *Materie die Geometrie des Raumes festlegt*. Die ehemals der Kraft zugewiesene Rolle übernimmt nun die durch die Masse erfolgende Krümmung der RaumZeit. Gravitation offenbart demnach nur das Ausmaß dieser Krümmung. Während Bewegung nach klassischer Ansicht – wie von Galilei und Newton formuliert – in einem festen euklidischen Bezugssystem erfolgt, das sich durch den ganzen Raum erstreckt und für alle Zeiten fortbesteht, muß Bewegung gemäß dem neuen Denken der Krümmung bzw. Materiedichte lokaler Raum-

---

79 „Eigenzeit ist die interne Zeit eines Systems im Gegensatz zur externen Koordinatenzeit. Die Eigenzeit wird durch die Aufeinanderfolge interner Systemzustände so gemessen, daß man jeden Zustand eine Zahl zuordnet und damit eine Abbildung verschiedener Zustände aufeinander konstruiert. Das interne Alter hängt dann von der Abbildungsvorschrift ab; z.B. kann ein Zustand mit höherer Zahl älter sein als einer mit niedrigerer. Jeder Organismus hat eine Eigenzeit, die seinen autonomen inneren Rhythmus repräsentiert, sein internes periodisches Verhalten" (Eisenhardt, Kurth & Stiehl, 1995, S. 282f).

Zeit-Bereiche folgen, die zusammenzusetzen bzw. aufeinander zu beziehen sind. Eignet sich die Newtonsche Mechanik noch zur Beschreibung lokaler gravitationsarmer Systeme, so ist für das Weltall als Ganzes die Allgemeine Relativitätstheorie bislang die einzige zur Aufstellung durchrechenbarer Modelle geeignete Theorie.

- Die gegenwärtigen astronomischen Kenntnisse erlauben nicht, zwischen möglichen Modellen des Universums zu entscheiden. Selbst wenn die Urknall-Annahme – zugunsten einer strengen Gültigkeit des Energieerhaltungssatzes – von den meisten PhysikerInnen und AstronomInnen derzeit befürwortet wird, bieten die Fridman-Alternativen keine Antwort hinsichtlich der (Un-)Endlichkeit des Raumes. Bei Aristoteles war der gesamte Raum des Universums endlich, obwohl er unendlich teilbar war; er entstand durch die Ausdehnung der Körper – war von den Körpern gewissermaßen ausgespannt; da es keinen Raum gab ohne Körper, existierte jenseits der Fixsternsphäre kein Raum. Für Immanuel Kant gehörte die Frage nach der (Un-)Endlichkeit des Universums zu den Problemen, die er Antinomien nannte – es kann keine rationale Antwort geben, denn *das gesamte Universum kann nicht Gegenstand unserer Erfahrung sein* (vgl. Heisenberg, 1978 zit. n. Simonyi, 1990, S. 535). Mit der Allgemeinen Relativitätstheorie können wir derzeit feststellen, daß wir in einem expandierenden Universum leben. Allerdings ist nicht zu entscheiden, ob die RaumZeit positiv oder negativ gekrümmt ist. Bei Entstehung aus einer Singularität und negativer Krümmung wäre der Raum offen und dehnte sich in das Unendliche aus – bei positiver Krümmung wäre er endlich (und pulsiert), hätte aber keine Grenzen, sondern bei Fortbewegung in eine Richtung würde der Ausgangspunkt schließlich wieder erreicht – als dritte Möglichkeit, wenn die Expansionsgeschwindigkeit in einem kritischen Bereich verbliebe, würde der Raum flach und unendlich. Zu den Urknall-Modellen gehört, daß die Zeit einen Anfang hat!

- Mit der Quantentheorie stellt sich in der Physik die *Frage des Kausalitätsprinzips* von neuem. Viele PhysikerInnen hatten ihre Forschungen mit einem Kausalitätsbegriff im Sinne Kants betrieben: Kant hatte

„die Kausalität als eine Kategorie – ein Ordnungsprinzip unseres Geistes – aufgefaßt, dessen Gültigkeit ‚a priori‘, d.h. unabhängig von jeder Erfahrung, gesichert ist. Das Kausalitätsprinzip, das eine Aussage über die kausalen Beziehungen zwischen den Ereignissen macht, soll auch deshalb vor jeder Erfahrung gültig sein, weil gerade dieses Prinzip jeder Erkenntnisgewinnung zugrunde liegt" (Simonyi, 1990, S. 460).

Dagegen hofften andere – insbesondere im Umfeld Ernst Machs – daß die Begriffe Ursache und Wirkung aus den Naturwissenschaften zugunsten einer Angabe von Funktionalzusammenhängen verbannt würden. Für die heutige Physik führt Karoly Simonyi (1990) drei Verständnisebenen eines relativ eingeschränkt gültigen Kausalitätsprinzipes auf:

- Allgemeine Akzeptanz findet die Formulierung, daß physikalische Phänomene unter Kennzeichnung der konkreten Situation und Angabe von Gesetzen im Prinzip deutbar sein müssen.
- Mit dem Prinzip von Ursache und Wirkung werden Grenzen festgelegt, innerhalb derer physikalische Ereignisse aufeinander wirken können: Ausgeschlossen werden Rückwirkungen auf bereits Stattgefundenes; weiterhin sind Wechselwirkungen als gegenseitige Beeinflussung physikalischer Objekte nur zwischen Ereignissen möglich, auf die die Begriffe ‚früher' oder ‚später' angewendet werden können. Die Definition dafür liefert die Relativitätstheorie.
- Max Planck hat unter Kausalität ein heuristisches im Sinne von richtungsweisendes Prinzip verstanden: Ein Ereignis ist dann kausal bedingt, wenn es mit Sicherheit vorausgesagt werden kann. Allerdings ist es in keinem einzigen Fall möglich, ein physikalisches Ereignis genau vorauszusagen. Diese Beschränktheit wird im Großen wie im Kleinen deutlich: Für die Entwicklung des Weltalls sind keine Kontrollversuche aufstellbar oder möglich, so daß keine intersubjektiven Behauptungen überprüfbar sind. In der Quantenmechanik liefert die Zustandsfunktion der Anfangszeit nur Erwartungswerte der zu messenden Größen und somit können nur Wahrscheinlichkeitsaussagen getroffen werden. Eine raumzeitliche Beschreibung dessen, was zwischen zwei Beobachtungen geschieht, ist unmöglich. Folglich ist gemäß ‚Kopenhagener Deutung' der Begriff ‚Geschehen' auf die Beobachtung zu beschränken. Solches läßt ein deterministisches Denken klassischer Prägung unangemessen erscheinen:

„In der klassischen Physik war man davon überzeugt, daß die scheinbar zufälligen Vorgänge der Makrophysik durch streng deterministische Gesetze der Mikrophysik beherrscht sind, die Quantenphysik nimmt dagegen an, daß sich die scheinbar deterministischen Gesetze der Makrophysik aus den grundsätzlich statistischen Gesetzen der Mikrophysik ergeben" (S. 469).

Zukünftig zu erwartende Modifikationen des statistischen Charakters sind nur im Rahmen noch abstrakterer Theorie zu erwarten. Zugleich ist dieses die Grundlage moderner Physik, hinter die nicht zurückgegangen werden kann.

- Von den modernen Denkstrukturen hat die Relativitätstheorie die apriori-Existenz von Raum und Zeit in Frage gestellt, die Quantenmechanik hat die Kausalitätsproblematik neu formuliert und die Elementarteilchenphysik läßt den *Substanz*begriff in einem neuen Licht sehen. Wenn die durch Symmetriegruppen darstellbaren Elemente als Erscheinungsformen einer Ursubstanz diskutiert werden, ist die Unterscheidung in Stoff und Form wieder relevant:

„Für die Aristotelische Philosophie ist der Stoff das Bestimmbare im Gegensatz zur bestimmenden Form. Stoff ist Möglichkeit des Geformtwerdens. In einem mehrgliedrigen Produktionsprozeß erscheint auf jeder Stufe der Stoff ‚geformter‘, der der Spielraum der Möglichkeiten weiterer Formung beschränkter. Damit schwindet zugleich der Stoff, die Komponente des nur potentiellen, nicht aktualisierten Seins, immer mehr. Nicht dem Stoffe, sondern den Formen wird Substantialität zugesprochen. Die Formen sind etwas den Stoff von der Möglichkeit zur Wirklichkeit Hinüberdrängendes; der Übergang selbst geschieht in der ‚Bewegung‘ "(Weyl, 1966, S. 226).

Mit der Elementarteilchenphysik scheinen die Strukturen der Materie derzeit erstmals beschreibbar zu sein. Alle vielfältigen Erscheinungsformen der Materie sind auf zwar wandelbare und dennoch immer einander gleiche Elemente zurückzuführen; für die Aufrechterhaltung der Charakteristika eines Mikrosystems sind die Quantisierungsvorschriften verantwortlich.

• Aus der Quantenphysik folgt zum einen eine *Diskontinuität* des Raumes, was nicht nur einer stetigen Raumgeometrie widerspricht und somit neue Metriken erfordert, sondern auch klassische Prinzipien der Wissenschaft – wie Leibniz' Satz der Kontinuität – aufhebt. Zum anderen erscheint mit der Unterscheidung in mögliche Rechts- oder Linksorientierung bei Effekten der schwachen Wechselwirkung der Raum mit *Richtung* versehen zu werden, die unabhängig von der Zeit ist. Da beide Erscheinungsformen bei energetischen Prozessen auftreten, ist aufgrund der Äquivalenz von Masse und Energie zu fragen, inwiefern auch Raum bzw. *RaumZeit nur als Materialisierung oder Erscheinungsweise von Energie* zu verstehen sind? Zumindest ist über kaum vorstellbare Parallelitäten bzw. Umwandlungen nachzudenken:

„Die ewige und unveränderliche Aristotelische Welt, die die Sonne, den Mond, fünf Planeten und die in der Kristallsphäre eingebetteten Sterne umfaßte, hat ihren Platz an ein Universum abtreten müssen, das als ein riesiges dynamisches Laboratorium mit einer Unzahl veränderlicher Objekte angesehen werden kann" (Simonyi, 1990, S. 542).

• Hinsichtlich kosmologischer Modelle haben die mathematischen Strukturierungsmöglichkeiten die denkbaren Raum-Ordnungen wesentlich beeinflußt: Der Entwicklungsweg führte

„von babylonischen, arithmetischen Modellen über die synthetischen, geometrischen Modelle des Aristarchos und Ptolemäus zum analytischen, auf Infinitesimalrechnung begründeten Modell von Newton, und weiter bis zum differentialgeometrischen Einsteinschen Modell" (Resnikoff & Wells, 1982, S. 300),

wobei letzteres nicht der letzte Schritt zum Verständnis des Weltraumes sein dürfte. Aktuell beklagen die PhysikerInnen ein Defizit an mathematischer Theorie, die eine weitere Vereinheitlichung der neuen physikalischen Teiltheorien rechenbar und – da die Anschaulichkeit im Sinne von Sinneserfahrungen schon länger nicht mehr möglich ist – somit faßbar machen könnte. Insofern scheint das *Verhältnis von Abstraktion und empirischer Anwendung* eine Kennzeichnung der zur jeweiligen Zeit aktuellen Wissenschaftskultur zu sein.

- Wie in alten Zeiten weist auch die Physik des 20. Jahrhunderts miteinander streitende Interpretationsschulen auf. Insbesondere im Rahmen der Quantentheorie unterscheidet sich die Deutung der sich positivistisch verstehenden Kopenhagener Schule vom Ansatz der sogenannten Realisten. Trotz dieser Widersprüche ist bei führenden Vertretern beider Lager ein deutlich neoplatonisches Weltbild zu konstatieren.

- Eine historische Betrachtung der Mathematik und Physik legt nahe, daß deren Systeme eine ‚vertikale‘ Ordnung aufweisen: „Es erschien zur Lösung der Probleme in der einen Struktur oft geboten, auf eine ‚höhere‘, umfassendere zurückzugreifen" (Meschkowski, 1986, S. 294). In der Mathematik bietet die ‚Allgemeine Mengenlehre‘ zur Zeit die – wenn auch unvollständige – Ebene der Vereinheitlichung. In der Physik hatte dies für mehr als zweihundert Jahre die Mechanik geleistet; seit einigen Jahrzehnten wird nach einer einheitlichen ‚Feldtheorie‘ gesucht, die umfassend genug ist, alle derzeit bekannten physikalischen Phänomene zu deuten. Allerdings weisen gerade NaturwissenschaftlerInnen darauf hin, daß damit weder die Phänomene des Lebens noch das Wesen des menschlichen Bewußtseins zu verstehen seien. Gerade die Erfahrung, daß zur Lösung bestimmter Probleme zuweilen nur Kenntnisse übergreifender Strukturen beitragen können, sollte zum Verständnis dafür beitragen, daß Leben nicht einfach aus Mathematik oder Physik oder Chemie erklärt werden kann (ebd., S. 295). Dieses zunächst *erfahrungsbedingte, immer ‚limitativ‘ bleibende Inklusionsmuster* wird bestärkt durch Gödels Satz über formal unentscheidbare Sätze aus axiomatischen Systemen. Damit zeigte er, „daß Beweisbarkeit ein schwächerer Begriff ist als Wahrheit, unabhängig davon, um welches axiomatische System es sich handelt" (Hofstadter, 1987, S. 21). Es gibt somit wahre Sätze, die nicht formallogisch bestätigt werden können! Auch die von Bertrand Russell und Alfred Whitehead[80] ausgearbeitete Typentheorie kann nur auf Kosten einer künstlichen kategorialen Hierarchie gewisse – nicht alle – Paradoxien auflösen, wobei ich anmerken möchte, daß eine Unterscheidung von Argumentationsebenen – in Objektsprache, Metasprache, Metametasprache, etc. – in wissenschaftlichen Disputen sehr klärend wirken kann. Insgesamt jedoch ist zu betonen, daß menschliches Denken weit mehr auszeichnet als das, was als logisch häufig gepriesen wird. Insofern wird ‚Artifizielle Intelligenz‘ zwar zur Unterstützung überschaubarer, eindeutig definierter Problemlösungen beitragen, jedoch nicht das Problem an sich konstatieren können, und es darf ihr schon erst recht keine Entscheidungsbefugnis zugesprochen werden (Otte, 1994).

---

80 Lord Bertrand A. W. Russell (1872-1970) war Mathematiker und Philosoph sowie Nobelpreisträger für Literatur im Jahre 1950; Alfred N. Whitehead (1861- 1947) war Mathematiker und Philosoph.

5. Zur Sozialität des Raumes

Das vorhergehende Kapitel über die physikalisch-materiale Gestalt des Raumes führte zu dem Schluß, daß die Physik als mit der materiellen Natur befaßte Fachdisziplin in diesem Jahrhundert mit einem *dualen Konzept* für Raum wie für Materie arbeitet. Die komplementären Vorstellungsmodelle sind nicht mehr mit einem ‚ausschließenden Oder' zu verstehen: nicht Zwischenraum *oder* Bühne, nicht Teilchen *oder* Welle, nicht Sein *oder* Nichts, nicht Ding *oder* Beziehung. Materie wie Raum weisen jeweils beide Eigenschaftszuschreibungen auf – auch wenn ein Experiment jeweils nur eine Modellebene operationalisieren kann! Wenn ich den Zeitbegriff zu Hilfe nehme, kann ich sagen, diese Vorstellungen, über die so viele Jahrhunderte gestritten wurde, gelten *gleichzeitig* – so wie verschiedene Zeitwahrnehmungen gleichräumig existieren können. Da in einer physikalisch geprägten gedanklichen Konstruktion Masse äquivalent ist zu Energie, ist Raum immer in einem der beiden derzeit denkbaren Zustände – also gefüllt mit Teilchen als Träger von Masse oder mit Strahlung, in Beziehung gesetzt mit einem ‚einschließenden Oder'. Niels Bohr (1931) schuf für diese Dualität den Begriff der Komplementarität (vgl. Fischer, 1987; Otte, 1994), und Peter Eisenhardt und seine Kollegen formulieren einen Ansatz der Me-Ontologie (1995, S. 46f), der den Prozeß des Werdens und Vergehens bzw. Nichtens zum Grundkonzept der Naturerkenntnis macht. Dabei ist inzwischen unumstritten und sei hier nochmals betont, daß all diese Umschreibungsversuche Gedankenmodelle sind, „freie Schöpfungen der menschlichen Phantasie, Mittel, ersonnen zum leichteren Verstehen unserer sinnlichen Erlebnisse", wie es Albert Einstein (1960, S. XIII) formulierte.

Parallel zu diesen Entwicklungen der naturwissenschaftlichen Moderne wird in den Gesellschaftswissenschaften diskutiert, „daß zwischen wissenschaftlicher Erkenntnis und der Sozialordnung, in der sie entwickelt wurde, eine Beziehung besteht" (Harré, 1984, S. 11). Dazu gehört auch die idealistische Voraussetzung, daß Begriffe wie Raum, Zeit oder Substanz Ergebnisse einer „synthetischen Tätigkeit" (Simmel, 1995, S. 141) sind und somit implizit sozialen Ursprungs. Wenn sich Mathematik – wie dargestellt – als kulturell-symbolische Konstruktion versteht, und physikalische Welterklärungen nicht nur den öffentlichen gesellschaftlich Diskurs suchen, sondern möglicherweise auch Aufschlüsse für aktuelle psychologische und soziale Probleme verbergen (Ciompi, 1988, S. 82), dann sollten die mit sozialen Prozessen befaßten Disziplinen ähnliche Wandlungen erkennen lassen, wie sie von mir für Mathematik und Physik ausgeführt wurden. In den folgenden Abschnitten möchte ich deshalb ausschnitthaft nachzeichnen, wie die Gesellschaftswissenschaften der vergangenen einhundert Jahre sich dem in Änderung befindlichen Konzept des Raumes widmeten. Dabei verstehe ich speziell *Soziologie* als die Fachdisziplin, die nach den ideellen wie materiellen Bedeutungen fragt, die in der Interaktion von Menschen mit ihresgleichen oder mit belebter oder unbelebter Natur entstehen. Soziologie sucht nach möglichen Interpretationen solch interaktiven Geschehens u.a. mit dem Ziel, Erklärungen jenseits der je üblichen alltäglich-reduzierenden zu finden, und daraus alternatives Handeln zu entwickeln als bewußten, aktiven und verändernden Prozeß (Dangschat, 1995). Allerdings erscheint das Raumthema im soziologischen Diskurs bislang eher nebensächlich. Erst in den letzten Jahren ist es u.a. durch Dieter Läpple (1991) – einen Ökonomen – wiederbelebt worden, und Martina Löw (1997) spitzt die aktuelle Diskussion zu, indem sie auf die kaum beachteten Verteilungskämpfe um Raum zwischen den Geschlechtern verweist und daraus die Forderung nach einem adäquaten zivilgesellschaftlichen Raumkonzept zur Klärung sozialer Prozesse und Entwicklung nichthierarchischer Verteilungen ableitet.

Im Gegensatz zur Philosophie, die den Raum nahezu jederzeit als Gegenstand einer umfangreichen erkenntnistheoretischen Debatte pflegte (aktueller z.B. Schmitz, 1967 bis 78; Gosztonyi, 1976; Stieb, 1985; List, 1993), tat sich die Soziologie bislang schwer, Aspekte des Raumes in ihre Theorieentwicklung einzubeziehen. Es ist auch kaum mehr mit Hans Lindes gern zitiertem Schlagwort von der „Sachabstinenz unserer Soziologie" (1972, S. 12) zu begründen, wenn Stadtsoziologen wie Manuel Castells Raum auf eine „physikalische Größe" oder „etwas wirklich Gegenständliches" (1977, S. 259ff.) reduzieren oder Peter Saunders „das Problem des Raumes als ein Definitionsmerkmal der Stadtsoziologie verwerfen" möchte, um sich statt dessen einer „nichträumlichen Stadtsoziologie" zuzuwenden (1987, S. 242). Mit meinem bisherigen Argumentationshintergrund möchte ich schon an dieser Stelle nahezu entgegengesetzt dafür votieren, in einer zukunftsfähigen Stadt- und Regionalsoziologie die verschiedenen Siedlungsformen, Mobilitätsstrukturen, räumliche Arbeitsteilung oder Natur-Kultur-Verhältnisse als *Forschungsfelder* hinsichtlich sich verräumlichender gesellschaftlicher Prozesse beizubehalten, eine dieses Spektrum abdeckende *Theoriebildung* aber gerade am Begriff des Raumes anzuknüpfen. Dies ähnelt entschieden der schon kurz erwähnten Position von Martina Löw (und anderen feministischen Soziologinnen). Ich würde deshalb für die Zukunft sogar lieber von einer ‚Soziologie der räumlichen Entwicklung' sprechen wollen, da sich die Forschungs- und Analysebereiche längst nicht mehr auf die klassischen Felder Stadt und Region beschränken. Trotzdem konstatieren diejenigen, die sich mit Raum als soziologisches Konzept befassen, dafür derzeit noch einiges Unverständnis. So stellt Dieter Läpple (1991) ausführlich dar, daß die 1958 erfolgte Aufforderung Fernand Braudels, mit dem neuen Leitkonzept der „longue durée" (1992) – ursprünglich entwickelt von dem französischen Philosophen Henri Bergson – sowohl ein geändertes Verständnis von Raum als auch ein verändertes Denken über historische Zeitabläufe zu initiieren, nur für die zweite Hälfte Wirkung gezeigt hat. Die soziale Zeit ist seitdem zu einem fundamentalen Thema auch für nahezu alle Gesellschaftswissenschaften geworden. Und sie wird in Konstrukten diskutiert, die es entsprechend für Raum zu entwickeln gilt: als Verflechtung (Vilar, 1977, S. 148), als menschliche Syntheseleistung, als In-Beziehung-Setzen, als soziales Symbol (alles in Elias, 1984) oder als heterogene Struktur der sozialen Konstruktion der Wirklichkeit (Luhmann, 1990, S. 137). Dieter Läpple schließt an das *Auf-einander-verwiesen-sein von Raum und Zeit* die Folgerung, daß „das Raumproblem gleichermaßen ein konstitutives Moment jeglicher Form menschlicher Vergesellschaftung und dementsprechend auch Bestandteil einer Gesellschaftstheorie sein" müsse (1991, S. 162). Statt dessen führen er oder Martina Löw (1997) zahlreiche Beispiele auf für die vermeintliche Außerkraftsetzung des Raumes oder die Externalisierung von Raumproblemen seitens der Gesellschaftswissenschaften, die ich hier nicht wiederholen will.

Solch abwertende bis ablehnende Haltung gegenüber dem Gegenstand Raum wird in anderen gesellschaftswissenschaftlich orientierten Fachdisziplinen zunehmend aufgegeben. Anführen möchte ich dazu als ‚Neugründung' die Kognitionswissenschaft und als schon etablierte Disziplin die Psychologie. Die jeweilige *Neuorientierung* geht dabei einher mit einer *gedanklichen Vernetzung über die traditionellen Grenzen der Fachdisziplin hinweg* und finden zudem Ausdruck in einer sich ändernden erkenntnistheoretischen Orientierung, etwa im Sinn eines von Thomas Kuhn (1976) als „wissenschaftliche Revolution" gekennzeichneten Wandels der Kernvorstellungen einer Theorie. So speist sich die neu entstehende Kognitionswissenschaft aus den Disziplinen Anthropologie, Biologie, Linguistik, Mathematik, Neurowissenschaft, Psychologie und Physik. Aufgegeben wird die Vorstellung, daß Wissenschaft ein neutrales Abbild von einem realen, objektiven, äußeren Universum geben könnte, unabhängig von Bewußtsein und Beobachtung, und statt dessen wird die Beschreibung der Beobachtenden selbst wiederum als Bestandteil des Universums aufgefaßt. Diese konstruktivistische Position wird gestützt durch die Idealität, daß Geist und Materie, Subjekt und Objekt Aspekte eines größeren Allgemeinen darstellen, in dem alle Teile zu einer Totalität verschmolzen und vereinigt sind (vgl. Hayward, 1996). Um zu einem neuen Ordnungssystem zu gelangen, werden verschiedene Konzeptionen aufeinandergedacht: das Komplementaritätskonzept von Niels Bohr zusammen mit dem Konzept der impliziten Ordnung von David Bohm zusammen mit dem Konzept offener Systeme von Ilya Prigogine. Dabei entstehen *offene, wesenhaft verbundene, prozeßorientierte Räume*, die jegliche traditionelle Vorstellung von einer starren, eindeutigen Form oder Dinglichkeit aufgeben.

Nach meiner bisherigen Einsicht arbeiten solch neu entstehende Ansätze wie die Kognitionswissenschaft noch hauptsächlich auf der Ebene der Begriffsbildung und noch wenig entwickelt in Richtung einer operationalisierenden Umsetzung. Dafür leisten sie eine meines Erachtens zukunftsweisende Vermittlung zwischen den Fachdisziplinen und Verknüpfung von deren sich parallel zueinander ändernden Welt-Modellen. Ähnliches hat als Psychoanalytiker Luc Ciompi formuliert:

„Die geistige Umwälzung ... kündigt sich seit langem an. ... Paukenschläge der Ouvertüre waren kurz nach der Jahrhundertwende die radikal neuen Sichtweisen der Wirklichkeit, die in der Naturwissenschaft von Einsteins Relativitätstheorie, in den Geisteswissenschaften von Freuds Psychoanalyse[1], und in den bildenden Künsten von Kubismus und verwandten revolutionären Bewegungen aufgerissen wurden. Ebenfalls sehr bedeutsam sind im gleichen Zusammenhang Whiteheads und Russells von 1910 bis 1913 publizierten Lehren von den logischen Klassen und in der Linguistik der fast gleichzeitig erstmals formulierte, strukturalistische Denkungsart von de Saussure[2]. Ein gemeinsamer Nenner kennzeichnet meines Erachtens diese auf den ersten Blick scheinbar kaum zusammenhängenden Neuerungen: Der beginnende Ausbruch aus dem Gefangennehmen in den herkömmlichen Denk- und Fühlsystemen, die aufdämmernde Erkenntnis von der Möglichkeit einer ‚pluralistischen Wahrheit‘, die erstmals sich abzeichnende Perspektive einer Welt, in der neben dem eigenen auch noch ganz andersartige Bezugs- oder ‚Wahrheitssysteme‘ gleichberechtigt Platz finden" (1988, S. 15).

Ähnlichen Neukonstruktionen will ich im folgenden Text weiter nachspüren.

Meinen *ordnenden Fokus* für dieses Kapitel versuche ich so zu wählen, daß die soeben angesprochene Änderungsrichtung in der Darstellung deutlich werden kann. Deshalb folge ich z.B. nicht einer Gliederung mit unterschiedlichen Raumhorizonten, wie sie Elisabeth Konau (1977) entsprechend Niklas Luhmanns Unterscheidung in einfache Interaktionssysteme, organisierte Systeme und umfassende Gesellschaftssysteme auf die Raumebenen überträgt als Mikro-, Meso- und Makroraum. Zwar weist soziales Handeln sicher mittels unterschiedlicher Reichweite zu differenzierende Raumbezogenheit auf, solch ein Modell konzentrischer Kreise als Ausgangslage erschwert jedoch

---

1 Sigmund Freud (1856-1939) war zunächst Dozent für Neuropathologie in Wien und dann praktizierender Psychiater. Er ist der Begründer der theoretischen und praktischen Psychoanalyse gewesen. Mit seinem Theorieverfahren gewann er zunehmend Einsichten in die Triebstruktur menschlichen Verhaltens. Da die gesellschaftlichen Regeln und Tabus gerade die Entfaltung der als grundlegend angenommenen geschlechtlichen Triebhaftigkeit unterdrücken, weitete Freud seine psychologische Theorie auch auf geistig-kulturelle, soziale, mythologische und religiöse Bereiche aus.

2 Ferdinand de Saussure (1857-1913) war Schweizer Sprachwissenschaftler; ab 1891 Professor in Genf. Methodisch ging es ihm um die Trennung der unterschiedlichen Aspekte der Sprache, in der er eine Sonderform allgemeinerer Zeichensysteme sah: Unterschieden wird Parole, Langage und Langue sowie Synchronie und Diachronie; sprachliche Zeichen bilden eine arbiträre Verbindung von Bezeichnendem und Bezeichnetem; zwischen sprachlichen Elementen gibt es syntagmatische oder paradigmatisch-‚assoziative‘ Beziehungen. Saussures Methoden sind Grundlage des linguistischen und philosophischen Strukturalismus geworden.

die Unterscheidung zwischen Behälterraum, Beziehungsraum und Prozeß-raum – wie ich die Alternativen vorläufig nennen will. Meine Ausgangsüber-legung – die Operationalisierungsmöglichkeiten empirischer Forschung nicht aus dem Blick verlieren will – geht *vom methodischen Konstrukt des ‚empiri-schen Relativs'* aus: Jede bewußte methodische Strukturierung einer zu un-tersuchenden Realität unterscheidet zwischen den Gegenständen des interes-sierenden Untersuchungsbereiches und den Relationen im umfassenden Sin-ne zwischen diesen. Wie ich im 2. Kapitel schon dargestellt habe, haben sich bisherige Vorgehensweisen meist auf die *materiellen Elemente* des Relativs konzentriert und Beziehungen nur aus Vergleichen abgeleitet. Ein entsprechend positionierendes Denken teilt die Dinge zunächst auf – definiert sodann die vorgeblich interessierenden Merkmale und ordnet erst abschließend mögliche Verbindungen zu – was immer auch anders Zusammengehörendes trennt! Die-sem Vorgehen entspricht der Raum als Container aller körperlichen Objekte, denn dann muß Raum zunächst leer sein, damit mensch Dinge beliebig einfül-len und anordnen kann, ohne daß Raum eigen-sinnig stört. – Ein methodisches Vorgehen, das entsprechend ausschließlich die *Relationen* als Material verar-beitet (z.B. Teile der Netzwerkanalyse oder eine MDS), hinterläßt gewaltige Verunsicherung hinsichtlich der Dingwelt des Relativs, da diese ihre eindeutige Kategorisierung verliert und verschiedenen Interpretationen anheim fällt. Sol-chem Vorgehen entspricht ein Raum, der durch menschliches Denken und Tä-tigsein konstituiert wird, den diese Art von Beziehungen aber ‚nur' beweglich und veränderlich hervorbringen können, quasi ohne Rahmen. – Das empirische Relativ als methodisches Konstrukt enthält *beides.* Und in meiner Vorstellung muß ein zukünftiges Raumkonzept eine entsprechende Gleichwertigkeit und Aufeinanderbezogenheit von herausfordernder Materialität und hervorbringen-der Sozialität enthalten. – In drei Schritten will ich nun Beispiele gesell-schaftswissenschaftlicher Theorie vorstellen, die im Schwerpunkt die ange-führten Charakteristika aufweisen.

5.1 Raum – Gestalten

Mit dem Gestalt-Begriff wird in der technischen Morphologie nicht einfach ei-ne bloße Vielheit von Bestandteilen der äußeren Erscheinung bezeichnet, son-dern er wird verwendet für eine gesetzmäßig zueinandergeordnete Ganzheit solcher Teile. Häufig wird Gestalt synonym mit Form gebraucht und bezeich-net dann meist die äußere, wahrnehmbare Erscheinungsform z.B. eines Kunst-werkes, jedoch nicht unabhängig von einer ästhetischen, stilistischen und struk-turalen Durchgestaltung. Daß der Begriff äußere und innere Gliederungsmo-mente einschließen kann, verdeutlicht sich auch in der Psychologie, wo zum einen die Verhaltensforschung darin nur ein subjektives Wahrnehmungsphäno-men sieht, während zum anderen die Gestaltpsychologie dazu eine Theorie entwickelte, die Figuren oder Fakten oder Ereignisse nur dann als Gestalt bezeichnet, wenn sie sich in sich stimmig von einem Grund abheben (vgl. Fuhr & Gemmler-Fuhr, 1995). Der Begriff umschließt also eine real-materielle Äußerlichkeit wie auch eine innerlich-ideelle Bildungskraft – wobei ich die Pole des Spektrums bewußt nicht als sprach-logische Opposition bilde, um zwar eine Dualität, aber keinen Dualismus zu konstruieren. Dieses Begriffsspektrum bietet meines Erachtens eine geeignete Bühne, um darauf das Ringen um ein Raumkonzept zum Ende des 19. und Anfang des 20. Jahrhunderts darstellen zu können. Als erste genuine Soziologen widmeten sich um diese Jahrhundertwende Émile Durkheim[83] und Georg Simmel[84] dem Raumthema – etwa zeitgleich zu der bereits diskutierten Umwälzung der Erklärungsmodelle in der Physik.

Zuvor war ein gesellschaftswissenschaftlicher Blick auf den Raum der Geographie und der Ökonomie überlassen worden, wobei der *Kartographie* als ein Teilgebiet der Geographie ihre ernstzunehmenden Wurzeln bis Claudius Ptolemäus reichen läßt (Resnikoff & Wells, 1983, S. 135ff). Die Landkartenherstellung war für den Welthandel eine unumgängliche technische Hilfe. Seit alters her hat sie mit dem Problem zu kämpfen, die idealisierte Kugeloberfläche der Erde auf eine Euklidische Ebene abzubilden. Dabei ist immer nur entweder Winkeltreue oder Flächentreue oder Entfernungstreue zu gewährleisten, niemals auch nur zwei dieser Kriterien zugleich. Erst Mercator[85] gelang 1569 mit seiner großen Weltkarte eine Projektionstechnik, die zwar weder Entfernung noch Form noch Größe erhält, jedoch die Winkel zwischen Kurven, was für die Navigation mittels Kompaß von großer Bedeutung ist. Alle Projektionen des dreidimensionalen Erdraumes auf eine zweidimensionale Karte sind informations-reduzierend Abstraktionen. Jahrhunderte währender Gebrauch hat den ‚geographischen Raum' verkümmern lassen zur Erdoberfläche. Dies trifft nicht auf die Geographie insgesamt zu: Diese befaßt sich mit den räumlichen Konsequenzen menschlicher Verhaltensweisen, Lebenserwartungen und Lebensansprüchen. Damit unterscheidet sie sich auch von reinen Geowissenschaften, die

---

83 Émile Durkheim (1858-1917), vgl. Kap. 2

84 Georg Simmel (1858-1918) war als Soziologe und Philosoph seit 1884 Privatdozent in Berlin und erst nach 1914 Professor in Straßburg. Er vertrat zunächst einen physikalistischen Atomismus, der hinter den komplexen Erscheinungen der natürlichen Wahrnehmung die sie konstituierenden Elemente rekonstruieren wollte. So ist Erkenntnis ein biologischer Anpassungsprozeß des Menschen an seine Umwelt. Nach ausgedehnten Kantstudien deutete Simmel die darwinistische Wissenstheorie aprioristisch um: Erkenntnis ist dann die schöpferische Leistung des erkennenden Subjekts. Komplementär zur Form-Kraft der individuellen Welterfassung stehen die die Gesellschaft konstituierenden Beziehungsformen zwischen Individuen. Untersuchungsgegenstand seiner Soziologie waren die abstrakt-generellen sozialen Formen wie Über- und Unterordnung, Konkurrenz, Arbeitsteilung, Parteiung, Repräsentation oder Konflikt. In seinem Spätwerk entwarf Simmel, von Ideen Henri Bergsons ausgehend, eine Lebensmetaphysik, die die Beschränktheit aller Deutungsversuche zur Schwelle des Überlebens erklärt.

85 Gerhard Kremer, genannt Mercator (1512-1594) war Geograph und Kartograph zunächst in Flandern und ab 1552, aufgrund der ‚Protestanten'-Verfolgungen, in Duisburg.

Raum ausschließlich in seinen physischen Aspekten betrachten, ebenso wie von der traditionellen Raumforschung, die Raum auf den Teil der Erdoberfläche beschränkt, der sich aus Punkten, Linien und Flächen zusammensetzt (z.B. Ortembra, 1969, S. 37f oder Boustedt, 1975, S. 77).

Als die Soziologie sich um die Jahrhundertwende noch zaghaft erstmals dem Raumthema widmete, war dieses geprägt durch die Denktradition der *politischen Geographie*, die später in die Geopolitik mündete. Da deren Gedankengut speziell in Deutschland weite Verbreitung fand und eine kritische gesellschaftswissenschaftliche Reflexion des Raumthemas zumindest behinderte, will ich diesen Hintergrund in Anlehnung an Elisabeth Konau (1977) kurz darstellen, bevor ich der in der Soziologie gestellten Frage folge, ob Raum eine „an sich wirkungslose Form" sei oder eine „elementare Denkkategorie sozialen Ursprungs". Im Gegensatz dazu machte die politische Geographie die Raumbezogenheit des Staates und der staatlich verfaßten Gesellschaft zum Angelpunkt ihrer Debatte. Als Gesellschaft galt in diesem Ansatz fast unbefragt die politisch verfaßte Gesellschaft in einem territorialen Flächenstaat, in dem eine Nation bzw. ein Volk siedelt. Für diesen modernen *Staat* verwendet Elisabeth Konau das Bild vom *‚Behälter' der Gesellschaft* (1977, S. 66). ‚Die Gesellschaft' ist im Raum, projiziert sich in den Raum, nimmt Raum ein oder verbreitet sich räumlich. Die Gliederung und Strukturierung eines solchen zweidimensionalen Behälterraumes folgte den Interessen politischer Mächte und band auf Dauer nahezu alle sozialen Systeme an die Grenzen territorialer Herrschaft. Es entstanden mit den bürgerlichen Nationalstaaten Bereiche einheitlicher Jurisdiktion ebenso wie Wirtschafts-, Sprach- oder Kulturgrenzen.

Als ein Vorläufer anthropogeographischer Forschung gilt Montesquieu[6]. Raum im Sinne der räumlich geordneten Natur oder des geographischen Milieus genauso wie Gesellschaft waren für ihn Bestandteile der Verfassung, die die Fülle der politischen Wirklichkeit einschließt. Geographischer Raum und Natur waren bei ihm weitgehend identisch, Kategorien, denen sich die Geschichte und Regierungsformen der Völker zuordnen lassen. Im Gegensatz zur späteren Geopolitik wahrt in seiner Geschichtsanalyse die vorgegebene Umwelt als Produktionssphäre ihre Eigengesetzlichkeit gegenüber dem Staat. Da er die Natur des Klimas und des Bodens typischen Formen des Wirtschaftens, der Verfassung und der Regierungsform zuwies, unterstützte er Denkweisen eines historisch folgenden *geographischen Determinismus*, der die ursprünglichen ‚Sinnentsprechungen' zuzuspitzen verstand. Entsprechend löste sich sein Versuch, den verfassungspolitischen Stoff als Gesamtheit zu bearbeiten, in Einzeldisziplinen auf.

---

6 Charles de Secondat, Baron de La Brède et de Montesquieu (1689-1755) wirkte nach dem Studium der Rechtswissenschaften als Schriftsteller und Staatstheoretiker. Er gilt als Vorläufer fast aller sozialwissenschaftlicher Disziplinen, da seine Schriften viele Themen aufgreifen, ohne eine geschlossene Theorie herauszuarbeiten. Sein Hauptwerk ‚Vom Geist der Gesetze' wurde 1748 zunächst anonym veröffentlicht. Seit 1728 war er Mitglied der Académie française.

Die eigentliche ‚Politische Geographie' entstand im 19. Jahrhundert, stark beeinflußt von Evolutionstheorien[7]. Auf den Begriff brachte sie 1897 Friedrich Ratzel[8], der sie als Gegenstück und Kompensation einer ‚raumlosen' Soziologie und Staatswissenschaft proklamierte. Obwohl er aus anthropogeographischer Perspektive die menschlichen Organisationsinstanzen Handel, Wirtschaft, Verkehr und Kultur als Mittler zwischen Boden und Staat einsetzte, durchbrach er dieses Konstrukt mit seiner *organizistischen Staatsauffassung*: Für den Staat – statt der Gesellschaft – als Organismus ist die Bindung an den Boden als natürliches Milieu konstitutiv: Der ‚Kampf ums Dasein' ist so wesentlich ein ‚Kampf um Raum'! Dabei setzen sich die Eigenschaften des Staates aus denen des Volkes und des Bodens zusammen, wobei erfolgreiche Politik stets mit Raumkenntnis und ‚politischem Raumsinn' zusammenhängt. Ratzels zentrales Thema war das ‚*Gesetz der wachsenden Räume'*: Parallel zu geschichtlicher Entwicklung sei jedem Staat die Tendenz zum räumlichen Wachstum eingeboren. So prognostizierte er die vollständige politische Inbesitznahme der Erde sowie die Möglichkeit der Beherrschung ganzer Erdteile durch ein politisches System. Als Erfahrungsgehalt der Politischen Geographie Ratzels bestimmt Elisabeth Konau, daß er „den Raum als Medium des politischen, insbesondere staatlichen Handelns ins Bewußtsein heben (wollte), um die Gesetzmäßigkeiten der staatlichen Entwicklung besser zu verstehen" (1977, S. 79). Erfolgreich war er jedoch nicht mit seinen anfangs erwähnten Integregrationsbemühungen für die gesellschaftlichen Organisationsinstanzen, sondern, was bis heute bekannt klingt, ist sein ‚Kampf um Raum'.

Mit dem Übergang zur *Geopolitik* kam es zu einer veränderten Raum konzeption: Zum Gegenstand wird die *Erde* als schematischer Rahmen inter-

---

7   Evolution/evolutionär stammt vom lateinischen evolvere = „hervorwälzen, herausentwickeln, auseinanderrollen". In der Biologie bezeichnet sie die stammesgeschichtliche Entwicklung (Phylogenie) der Lebewesen von einfachen, urtümlichen Formen zu hochentwickelten. Die zugehörige Evolutionstheorie besagt, daß alle heute existierenden Lebewesen einer Evolution unterworfen waren bzw. sich aus sich selbst heraus entwickelt haben. – In den Gesellschaftswissenschaften wird mit Evolution die langsame friedliche Fortentwicklung der Gesellschaft im Geschichtsablauf im Gegensatz zur Revolution als plötzlicher Neuerung bzw. (seit dem 18. Jh.) gewaltsamem Umsturz bezeichnet. In soziokulturellen Evolutionstheorien verläuft Entwicklung nicht naturgesetzlich-kausal, sondern ist als stochastischer Prozeß abhängig von Umweltbedingungen, Systemstruktur oder sich ändernden Funktionszielen. – Evolutionismus/evolutionistisch dagegen ist die Kennzeichnung für eine naturphilosophische Lehrmeinung des 19. Jahrhunderts, die sich eng am Darwinismus orientierte. Er geht davon aus, daß sich nicht nur biologische, sondern auch psychologische, noologische, soziologische oder ethnologische Verhältnisse aus einfachen Anfängen zu immer komplexeren – und wertvolleren – Formen auswachsen, legt somit i.d.R. ein unumkehrbares, unilineares und kontinuierliches Modell zugrunde.

8   Friedrich Ratzel (1844-1904) war zunächst Apotheker und studierte dann Naturwissenschaften, u.a. Zoologie. Nach Tätigkeit als Reiseberichterstatter war er ab 1876 Professor in München und Leipzig. In seinen Schriften steht die Naturbedingtheit des Menschen im Vordergrund.

nationaler Politik. Die Geopolitiker entwickelten dazu einen metaphysischen, als angeboren unterstellten ‚Raumsinn‘. Als Väter der Geopolitik gelten der englische Geograph John Mackinder[9] und der schwedische Staatsrechtler Rudolf Kjellén[10]. Mackinder beschrieb die Welt als bekannt und alle ihre Teile durch Verkehr und Kommunikation miteinander verbunden. So bleibt letztlich nur interessant, die Grundlagen politischer Herrschaft unter global-strategischen Gesichtspunkten zu untersuchen. Seine Formel des zukünftig erwarteten politischen Gleichgewichts lautete: „Wer Osteuropa beherrscht, beherrscht den Kernraum. Wer den Kernraum beherrscht, beherrscht die Weltinsel. Wer die Weltinsel beherrscht, beherrscht die Welt“ (1904 gehaltener Vortrag vor der ‚Royal Geographical Society‘). Sein Blick galt damit Rußland und dem Niedergang britischer Weltherrschaft, die durch Seeherrschaft begründet war. – Kjellén konzipierte den Staat als ‚Lebensform‘, die wächst und vergeht. Da er ihn primär unter dem Gesichtspunkt der Konkurrenz mit anderen Staaten betrachtete, verlieren interne geographische Gliederung und deren Analyse an Gewicht und die *Lage* gewinnt an Bedeutung, insbesondere wenn es um Großmächte geht. Seine Schriften präsentieren imperialistisches Machtstreben, so wie allgemein das Interesse der Geopolitiker hauptsächlich auf die Bedingungen gerichtet war, unter denen Staaten zu Großmächten werden konnten. Sie betrieben statt Geographie eine *politische Forschung, die auf den Raum* als Land, Territorium, Gebiet und vor allem Reich *gerichtet* war. Beim Hauptvertreter deutscher Geopolitik, Karl Haushofer[11], wandelte sich die Geopolitik deutlich zur Wissenschaft für Kriegszwecke. Staat wird hinsichtlich seiner Außengrenzen als ‚Organ‘ von Angriff oder Verteidigung untersucht, und Raum wird zum Schauplatz militärischer Aktionen. Seiner vitalistischen Vorstellung entsprach ein Staat, der ‚Wille zur Macht‘, ‚Völkerpersönlichkeit‘, ‚Grenzgefühl‘ oder ‚politischen Grenzinstinkt‘ besaß. Mit seiner Überzeugung von der Notwendigkeit räumlicher Expansion und der Grundidee eines „geschlossenen deutschen Volksbodens“ (Rössler, 1991, S. 157) wurde er zum gedanklichen Wegbereiter nationalsozialistischer Expansionspolitik und diente Hitler nach dessen Machtübernahme als Berater. Heute finden im alltäglich-politischen Kontext zwar Begriffe wie ‚Einkreisung‘ oder ‚Volk ohne Raum‘ keine offizielle Verwendung mehr, aber meiner Einschätzung nach kann das darin implizierte Herrschaftsdenken noch keineswegs als ‚pathologischer Komplex‘ abgetan werden. Das Sprechen von ‚Lebensraum‘, von ‚natürlichen Grenzen‘ und insbesondere die Rede ‚Das Boot ist voll‘ verweisen nicht nur auf eine gepflegte Behälter-

---

9 Sir Halford John Mackinder (1861-1947) lehrte Geographie in Oxford, Reading, London (Direktor der London School of Economics); 1910-1922 Unterhausabgeordneter.

10 Rudolf Kjellén (1864-1922) zählte zu den führenden Jungkonservativen im schwedischen Reichstag 1905-1917.

11 Karl Haushofer (1869-1946) war bayerischer Generalmajor und 1921-39 Professor in München. Sein Sohn Albrecht wurde als einer der Verschwörer des 20. Juli 1944 erschossen. Er selbst beging später Selbstmord.

Vorstellung, sondern auch auf die mit der Geopolitik entstandenen Bedrohungsmetaphern sowie die entsprechenden Mechanismen der Herrschaftssicherung. So wird u.a. in der Ökonomie heute der Globalisierungsdiskurs weitgehend als geopolitischer Diskurs geführt.

Ähnlich reduzierend wie bedeutsame Bereiche der Geographie entwikkelte sich das Denken über Raum in der *Ökonomie* des 19. Jahrhunderts. Dieter Läpple (1991) begründet die Vernachlässigung der Raumdimension in ökonomischen Analysen durch eine sich nationalstaatlich organisierende Weltwirtschaft – ganz im Sinne der soeben dargestellten zweidimensionalen Behälter-Konzeption der politischen Geographie. Die Ökonomie teilte das Raumproblem entsprechend auf: Nach *innen* ging es um Modernisierungsstrategien der ‚inneren Landnahme‘, die sich mittels flächendeckender Verkehrserschließung verräumlichten; nach *außen* entstand das Problem weltwirtschaftlicher Arbeitsteilung, das allerdings nur ‚nichträumlich‘ als Außenhandelstheorie behandelt wurde. So konstatiert Dieter Läpple „nationale Mobilität und internationale Immobilität der Produktionsfaktoren" (ebd., S. 172). Während heute die dominanten Theoriemodelle der neoklassischen *Gleichgewichtsökonomie* die einzelnen Elemente der Wirtschaft auf einen Punkt zusammenschieben, so daß in dieser ‚Ein-Punkt-Welt‘ irgendwelche Raumdimensionen überflüssig erscheinen, wurden im 19. Jahrhundert zumindest noch raummodellierende *Standorttheorien* entwickelt. Aus heutiger Sicht gelten als die beiden bedeutsamsten die ‚landwirtschaftliche Standorttheorie‘ von Johann Heinrich von Thünen[12] und die ‚industrielle Standortlehre‘ von Alfred Weber[13].

Thünen entwickelte sein Modell auf dem Hintergrund der vom Weltmarkt abhängigen Kommerzialisierung der (ostelbischen) Landwirtschaft. Er selbst nannte seinen „isolierten Staat" eine Anschauungsform „zur Beobachtung ökonomischer Kräfte", wie in der Physik „der leere Raum zur Beobachtung physikalischer Kräfte" (1990, zit. n. Läpple, 1991, S. 175). Mit der entsprechenden Vorstellung eines homogenen, zweidimensionalen geometrischen Raumes entwickelte er um einen bestimmten Standort herum Entfernungszonen mit *lagebedingt* unterschiedlicher Wirtschaftlichkeit: die sogenannten Thünenschen Kreise bzw. Ringe. In Anlehnung an Ricardos[14] Grundrententheorie und sein Gesetz vom fallenden Bodenertrag formulierte Thünen seine Theorie der Ab-

---

12 Johann Heinrich von Thünen (1783-1850) war ostelbischer Gutsbesitzer und als Nationalökonom Privatgelehrter. Er gilt auch als Begründer der Grenzproduktivitätstheorie. Sein Hauptwerk ‚Der isolirte Staat, in Beziehung auf Landwirthschaft und Nationalökonomie‘ entstand 1826-1850.

13 Alfred Weber (1868-1958) war 1904-1933 Professor für Nationalökonomie und Soziologie in Prag und Heidelberg. Er entwickelte eine multikausale historisch-soziale Kulturtheorie und verfaßte eine Vielzahl von Arbeiten zur Wirtschaftstheorie, Sozialpolitik, politischen Soziologie und Kultursoziologie.

14 David Ricardo (1772-1823) erwarb sein Vermögen durch Börsenspekulation. Angeregt durch Adam Smiths (1723-1790) Schriften befaßte er sich mit Nationalökonomie: Sein Hauptwerk dazu erschien 1817. Ab 1819 gehörte er als radikaler Reformer dem britischen Unterhaus an.

hängigkeit der Grundrente von der Entfernung eines landwirtschaftlichen Betriebes vom jeweiligen Markt bzw. Konsumtionsort. Mit dem Nachweis der Standortabhängigkeit der Produktionsverfahren nahm Thünen bestimmte Elemente der modernen Produktionenzyklus-Theorie für internationale Standortdiskussionen und die Erklärung interregionaler Disparitäten vorweg.

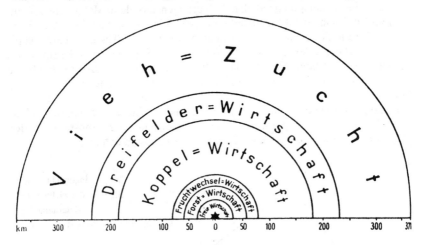

Abbildung 19:
Die Ringe des ,Isolierten Staates'. Quelle: Waibel, 1973, S. 104.

Als neue Zentralbegriffe gelten seitdem der *Standort*, dem die Grundrente als ökonomische Kategorie zugeordnet ist, und die *Entfernung*, mit der die Transportkosten korrespondieren. Thünens Modell des ,isolierten Staates' war „ein Modell zur Analyse der Auswirkungen des Weltmarktes bzw. der Weltmarktpreise auf die Landwirtschaft eines Landes" (Läpple, 1991, S. 178). Er wurde darüberhinaus zum Wegbereiter einer raum-zeitlich uneingeschränkte Gültigkeit beanspruchenden mathematischen Wirtschaftstheorie. So wurde in der Folgezeit nicht beachtet, daß Distanzräume nicht gleichzusetzen sind mit Zeiträumen. Immer kürzere Transportzeiten infolge neuer Verkehrstechnik führten zum Slogan: Transport ist die Vernichtung des Raumes. Richtig wäre demgegenüber die Aussage, daß Transportkosten mit veränderter Technik ihre raumdifferenzierende Wirkung verlieren. Ich halte somit nichts von dem beliebten Bild der Zerstörung des Raumes durch die Zeit!
Die soeben formulierte Kritik trifft ähnlich auf alle vergleichbaren Folgemodelle zu, die Raumentwicklung reduzieren auf Auswirkungen ökonomischer Gesetzmäßigkeiten. In der Rezeption gehört dazu auch die 1909 veröffentlichte ,allgemeine Theorie des Standortes' von Alfred Weber. Webers Interessenhintergrund bildeten vergleichbar gewaltige demographische Umschichtungen, die zu einem Prozeß der ,industriellen Verstädterung' führten. Deshalb betonte Alfred Weber

„die organisatorische und standortmäßige Herauslösung der gewerblich-industriellen Produktion aus dem flächenhaft organisierten ‚Agrarkörper' (des Thünenschen Modells, G.S.) und die organisatorische Verselbständigung der gewerblichen Arbeit in der Form städtischer Agglomerationen" (Läpple, 1991, S. 181).

Als Schlüssel zu diesem soziologischen Phänomen verstand er seine Standortlehre, die er entsprechend den Folgerungen aus dem Methodenstreit im ‚Verein für Socialpolitik' unterteilte in eine „allgemeine Standortlehre" bzw. „reine Theorie des Standorts" und in eine „realistische Theorie" bzw. „kapitalistische Theorie des Standorts" (Weber, 1923, S. 61 und 74). Rezipiert als betriebswirtschaftliche Entscheidungstheorie werden fast ausschließlich die „generellen technisch ökonomischen Prinzipien" und „generellen Verteilungsgesetze der verschiedenen industriellen Produktionsarten" der allgemeinen und reinen Theorie (ebd., S. 60). Als Standortfaktoren werden im Weberschen Modell nur Transportkosten, die vom Gewicht der zu transportierenden Güter und der Entfernung abhängen, und Arbeitskosten unterschieden.

a)

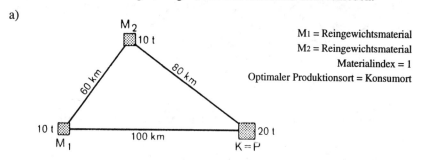

M1 = Reingewichtsmaterial
M2 = Reingewichtsmaterial
Materialindex = 1
Optimaler Produktionsort = Konsumort

b)

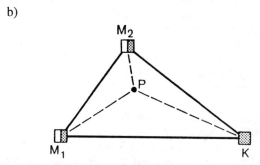

Abbildung 20:
Transportkostenminimalpunkt bei (a) zwei Reingewichtsmaterialien, deren Gewicht ganz in das Endprodukt eingeht, und (b) zwei Gewichtsverlustmaterialien, deren Gewicht nur zum Teil in das Endprodukt eingeht, wobei K := Konsumort und P := optimaler Produktionsort ist. Quelle: Schätzl, 1978, S. 37 und 39.

Drei elementare Standortbezüge – der Konsumort, die Material- bzw. Kraftstofflager und der Arbeitsort – verbinden den Produktionsprozeß mit einer vorgegebenen Standortfläche. Wie bei Thünen ergibt sich eine zweidimensional-geometrische Standortfigur. Diese ist auch noch zu verwenden, wenn der Weberschen Analyse folgend ein steigender ‚Arbeitskoeffizient' und sinkende Transportkosten zu einem Ersatz der Transporte durch die Arbeitsorientierung führen. Alfred Webers korrespondierende „kapitalistische Theorie des Standortes", die z.b. „die geographische Gliederung des Arbeitsunterbaus" der Industrie aus den „Milieubedingungen" des modernen Kapitalismus ableitete und die Stadtentwicklung in Zusammenhang mit den Gesetzmäßigkeiten der Arbeitsmärkte setzte (Weber, 1923, S. 76ff.), werden bei der technischen Verwendung seines Gleichgewichts-Modells durch heutige Raumökonomen nicht berücksichtigt. So verblieb eine betriebswirtschaftliche Standortbestimmungs-Technik ohne die ursprünglich intendierte Erklärungskraft für gesellschaftliche Probleme.

Nicht anders sehen übrigens die nachkommenden ökonomischen Raummodelle aus. Nachdem die Wirtschaftssektoren Landwirtschaft und Industrieproduktion mit eigenen zentralistischen Modellen in ihrer räumlichen Verortung modelliert werden konnten, entwickelte Walter Christaller[15] 1933 *„Das System der zentralen Orte"* für die Verteilung der zentralen Einrichtungen desselben. Auch dieses Modell geht von einem zweidimensionalen homogenen Raum aus, der sich nur durch Reich-weiten zu einer Zentrum-Peripherie-Ordnung rastern läßt. Außer der Nachfrage nach Gütern oder Dienstleistungen gibt es keine raumtypischen Besonderheiten, die das Modell berücksichtigt; nur unterschiedliche Nachfrage produziert eine hierarchische Stufung der zentralen Orte gemäß der Bedeutung ihrer zentralen Einrichtungen. Und die *Zonierungsmodelle* finden kein Ende. 1964 übertrug William Alonso das Thünensche Modell auf die Entwicklung des städtischen Bodenmarktes: Seine ‚land use theory' proklamierte eine von nutzungsspezifischer Transportbelastung abhängige monozentrische Stadtlandschaft, wobei viele Kritiker bezweifeln, „ob die im städtischen Bodenmarkt tatsächlich vorfindbaren Grundrentendifferenzierungen auf Transportkostendifferenzen zurückzuführen sind" (Läpple, 1991, S. 178). All diese Modelle repräsentieren bis heute simplifiziert in die Fläche projizierte Denkmuster, denen die Realität angepaßt wird! Raum wird dabei nie als kreativitätsförderndes oder lebensunterstützendes Potential gesehen, sondern eher als entwicklungshemmende Leere dargestellt, als ein Hindernis, das Kosten verursacht und überwunden werden muß. Leider wurden genau diese Modelle zu schon fast zwanghaften Denk- und Handlungsmustern in Politik und Raumplanung.

---

15 Walter Christaller (1893-1969) war Geograph und Volkswirt.

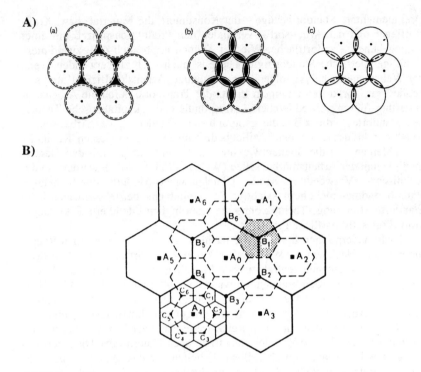

Abbildung 21:

*Konstruktionsprinzipien für zentrale Orte, wobei (A) die Entwicklungs-
reihe der optimalen Modellbildung zeigt und (B) das Modell unterschiedlicher Zentralität verdeutlicht.* Quelle: Schätzl, 1978, S. 66 und 68.

Die bisher in diesem Kapitel geschilderte Gestalt des Raumes hinterläßt einen
äußerst einseitigen Eindruck: Um die Jahrhundertwende scheint die Welt
aufgeteilt in deutlich voneinander abgegrenzte und abgrenzbare Zonen, die –
wie in einem Setzkasten[96] – leer sein können, aber in der Regel schon gut gefüllt erscheinen oder zumindest beansprucht. Leere muß überwunden oder
erobert werden, und wenn ein Kästchen voll ist, gilt es, zu expandieren in die
anderen hinein. Die Konkurrenz um einen solcherart verstandenen Raum
folgt zwangsläufig. Die Beziehungskomponente des Sozialen bzw. des Handelns, die einen Teil des Relativs ‚Raum' ausmachen könnte, wird in diesem
Kästchendenken verdinglicht zu Staat oder Markt. Sowohl politische als auch

---

96 Wie alltägliche Raumsozialisation funktioniert, kann an Kinder- und Gesellschaftsspielen
    verdeutlicht werden: Bei Mensch-ärger-Dich-nicht darf mensch nach erfolgter Verdrängung
    wenigstens nochmals von vorn wieder anfangen; bei MONOPOLY geht es darum, mög-
    lichst umfangreich Raum zu besetzen; bei den Strategiespielen Mühle, Dame und Schach
    kann am Ende nur einer das Feld dominieren.

Nachfrage-Dominanz produzieren so ein Ordnungs-Raster für das verbleibende Leben. Gegen diesen bereits etablierten Umgang mit materialer Welt mußte die im 19. Jahrhundert als Einzelwissenschaft neu entstehende Soziologie einen schweren Stand haben, zumal ihr Fokus der Vergesellschaftung sich nicht ohne weiteres mit einer Raumstruktur verknüpfen ließ, die als philosophisches Konstrukt kaum operationalisierbar für empirische Wissenschaft war und als geographisch-ökonomisch-politisches Gebilde – wie dargestellt – sehr eingängig und erfolgreich das alltägliche Tun prägte und zugleich zu erklären schien.

Bei Émile Durkheim wird Raum dann auch nicht als Kernthema behandelt, sondern ist eine Rahmen-Kategorie aus seiner Analyse einfacher Gesellschaften. Sein zentrales Thema der ‚gesellschaftlichen Solidarität' verankerte er aufgrund seiner Studien über australische Stammesgesellschaften in der Religion, genauso wie „alle großen Institutionen" (1980, S. 598). Ähnlichen Ursprungs waren für ihn darüberhinaus alle *grundlegenden Kategorien unseres Denkens* wie ‚Zeit', ‚Raum', ‚Klasse', ‚Zahl', ‚Ursache' usw. So stellte für ihn der Begriff der Zeit ursprünglich nichts als die „kollektive Repräsentation" des gesellschaftlichen Lebensrhythmus dar: „Die Einteilung in Tage, Wochen, Monate, Jahre etc. entspricht der periodischen Wiederkehr von Riten, Festen und öffentlichen Zeremonien" (ebd., S. 15). Und Raum ist entsprechend nur aus Erfahrung heraus entwickelt; der Umgang mit Raum als Ordnungssystem ist nicht a priori gegeben, sondern wird erlernt: „Um die Dinge im Raum verteilen zu können, muß man sie als verschieden einreichen können: die einen nach rechts, die anderen nach links, diese oben, jene unten, ..." (ebd., S. 30). So versuchte Durkheim, aus der Struktur sozialer Realität – d.h., wie ein Stamm z.B. durch Anlage eines Dorfes den Raum sozial in Besitz nimmt und gliedert – herauszulesen, wie der Raum sich im „Bewußtsein" der Gesellschaft konstituiert und repräsentiert (Durkheim & Mauss, 1970). Dieser erkenntnissoziologische Ansatz bereitet insofern Probleme, als mit der Konzeption von Raum als ‚Kategorie des Urteilsvermögens' (Durkheim, 1980, S. 27) eine Kausalitätsbeziehung angenommen wird: Die Struktur der Gesellschaft bildet den Bezugsrahmen für die Kategorien des Denkens und ihre symbolische Ordnung. Dies kann aber nicht die einzige Wirkrichtung sein, da es zahlreiche Untersuchungen gibt, die aufzeigen, daß gerade die Erfahrungen im Umgang mit äußerer Natur und selektive Interessen hinsichtlich Raumnutzung die Gliederung einer Gesellschaft – z.B. eine totemistische Klassifikation in einer Stammesgesellschaft – mitbestimmen. Kritiken dieser Art stellt Elisabeth Konau (1977) ausführlich dar, ebenso wie Weiterentwicklungen und Modifikationen des Durkheimschen Ansatzes: z.B. bei Maurice Halbwachs[17] (1950), der die in Durkheims ‚sozialer Morphologie' ent-

---

17 Maurice Halbwachs (1877-1945) war Schüler von H. Bergson und E. Durkheim; 1919-35 Professor für Soziologie in Straßburg und Paris, ab 1938 Präsident der Academie des sciences morales et politiques. Er wurde im KZ Buchenwald ermordet.

worfenen Thesen zu einem Konzept des ‚kollektiven Gedächtnisses' ausbaute, oder bei Claude Lévi-Strauss[18] (1971-75), der die Logik primitiver Klassifikationen behandelte als Schlüssel für die Analyse sozialer Strukturen, insbesondere anhand eher unbewußter Interpretationen der Wirklichkeit, die zur Tiefenstruktur einer Gesellschaft führen können. So wird heute unbestritten davon ausgegangen, daß Lager- oder Dorfstrukturen ebenso wie die Anlage, Gliederung, Nutzung und der Eindruck heutiger Städte als Codes verstanden und gelesen werden können für vergangene wie aktuelle Sozialstruktur. So ist meines Erachtens an Durkheim hauptsächlich zu kritisieren, daß ihm die Zweideutigkeit seines Konzeptes nicht bewußt wurde. Entsprechende Schwierigkeiten ergeben sich aus dem Verhältnis der kulturspezifisch kollektiven Raumvorstellungen zu den idiographisch kognitiven Fähigkeiten der Klassifikation. Dieses Problem von Apriorismus versus Empirismus wurde später von Jean Piaget & Bärbel Inhelder (1971) erfolgreich gelöst, indem sie u.a. anhand ihrer Untersuchungen zur Entwicklung des Raumbegriffs beim Kind zeigen konnten, in welchen Stadien der kognitiven Entwicklung die Bildung welcher Raumbegriffe möglich ist. So möchte ich als neu und bedeutsam an Émile Durkheims Ausführungen hervorheben, daß er begann, die Konstitution der Wirklichkeit als gesellschaftliche zu formulieren, woraus u.a. folgerte, daß die *räumliche Wirklichkeit als symbolische repräsentiert* wird und als solche *kollektiven Wertsetzungen* folgt. Des weiteren gibt er die Kantsche Setzung der Homogenität auf und geht statt dessen von einem gegliederten und eingeteilten Raum aus, der durch die differenzierende Besetzung mit ‚sympathetischen (d.h. affektiven, G.S.) Werten' zum ‚sozialen Raum' wird. Offen blieb bei ihm allerdings der Übergang zwischen physischmateriellem und sozial strukturiertem Raum sowie der Struktur der Gruppe und Raumvorstellungen (Klassifikationen). Elisabeth Konau (1977, S. 23f) schließt daraus, daß eine sozial nicht mehr kontrollierte autonome Entwicklung eines klassifizierenden Denkens Durkheimscher Prägung letztlich zu einem ‚entsozialisierten', leeren, d.h. nicht mehr durch Handeln geprägten Raum führe. Solange dieser nicht als historisches Resultat auch des gesellschaftlichen Handelns von Individuen und Gruppen behandelt werde, seien Probleme der Raumbezogenheit in der Gegenwart nicht angemessen konzipiert.

Etwa zeitgleich mit Émile Durkheim widmete sich Georg Simmel der soziologischen Analyse der Anschauungsformen mit dem Ziel einer Konzeption des sozialen Raumes. Durkheim wie Simmel begriffen ‚Gesellschaft' als Konglomerat sozialer Gruppen, als Kollektiv oder Organisation – d.h. als soziale

---

18 Claude Lévi-Strauss (1908) gilt als Begründer des Strukturalismus. Er lehrte 1935-39 Soziologie an der Universität von São Paulo und 1942-45 an der New York School for Social Research; ab 1950 an der École Practique des Hautes Études und seit 1959 am Collège de France. Sein Entwurf einer strukturalen Anthropologie stellt den Versuch dar, in der Linguistik entwickelte methodische Verfahrensweisen bei der Untersuchung ethnologischer Sachverhalte zu verwenden.

Struktur. Entsprechend verstanden beide Autoren Raum als anschaulich gegebene ‚Basis‘, auf die solche Gruppen bezogen sind und in der sich soziales Handeln objektiviert. Dabei folgten beide einer in der scientific community des 19. Jahrhunderts entwickelten Überzeugung gesellschaftlicher Evolution, die sie jedoch unterschiedlich konzeptualisierten. Als historisches Ergebnis gesellschaftlicher Differenzierung betrachteten sie die zunehmende Emanzipation von Raum. Während Durkheim versuchte, aus der Struktur des Sozialen direkt auf das Raumbewußtsein als Kategorie des Denkens zu schließen zum Zwecke gesellschaftlicher Integration, und somit vor allem Aspekte *symbolischer Raumbezogenheit* als Vergemeinschaftungsmuster hervorhob, differenzierte Simmel mit Kategorien der Geometrie und des Alltagsdenkens eher verschiedene Formen *physischer Raumbezogenheit*, um Raum als Faktor der Vergesellschaftung zu analysieren, in der die Differenzierung u.a. auf dem Weg der ‚qualitativen Individualisierung‘ und nach dem ‚Prinzip der Kraftersparnis‘ gesellschaftliche Entwicklungsprozesse in Richtung der Ziele klassischer Moderne ermöglichen kann aber nicht muß (vgl. Dahme & Rammstedt, 1984). Wenn ich nun auf mein als Beurteilungskriterium gewähltes Konstrukt des ‚empirischen Relativs‘ zurückkomme, so wird deutlich, daß beide Autoren entgegen allen bisherigen Modellen vor allem die Beziehungsaspekte von Raum hervorhoben. Raum unter der ‚Ordnungsbrille‘ des strukturierenden wie strukturierten Relativs, bestand somit nicht mehr einzig aus ‚Materiebausteinen‘, die hin und her geschoben werden konnten oder zu viele bzw. zu wenige waren. Da sich Durkheim sogar weitgehend auf die Relationenfacette von einem solchen Raum-Relativ beschränkte, ergaben sich u.a. die Schwierigkeiten, Widersprüche oder Zirkelschlüsse, die zahlreiche KritikerInnen aufführen. Simmel entwickelte dagegen ein Raumkonzept, das weitgehend dem Konstrukt eines Relativs nahekommt, und das ich nun zum Abschluß dieses Teilkapitels über die soziale Gestalt des Raumes vorstelle.

Georg Simmels erste Überlegungen zu Raum finden sich im Jahre 1900 in seiner Schrift zur ‚Philosophie des Geldes‘; in den Jahren danach werden die Teilaspekte ‚Form‘, ‚Raum‘, ‚Großstadt‘ in Aufsätzen expliziert und gehen dann als Teilkapitel in die 1908 erscheinende ‚Soziologie‘ ein. Simmel konzipierte Soziologie als Methode, mittels formaler Analogien zwischen inhaltlich heterogenen Phänomenen die Formen vergesellschaftender Wechselwirkung herauszuabstrahieren. So existiert Raum in Affinität zur ‚Sachlichkeit der Vergesellschaftung‘ und kann derart als Träger des objektiven Sinns sozialer Formen fungieren. Formen der Vergesellschaftung können sich, unter anderem, in räumlichen Aggregatzuständen ausdrücken und durch die räumliche Objektivierung rückwirkend stabilisiert werden (Simmel, 1958, S. 518; vgl. Konau, 1977, S. 40f). An Simmels Formenbegriff wird die Analogie zum empirischen Relativ deutlich: Er verwendete *Form* – in Analogie zur zeitgenössischen modernen Kunst (vgl. Briefwechsel Schönberg und Kandinsky) und in unbewußter Abgrenzung zu einer idealistischen Formensprache in Kunst und Architektur (vgl. Schlemmer) – zum einen im Sinne umfassender objektiver Gebilde, und zum anderen im Sinne ständiger Wechselwirkungen zwischen Individuen, den „unscheinbaren Sozialformen", die „noch nicht zu festen, überindividuellen Gebilden verfestigt sind" (ebd., S. 15). Entsprechend unterschied er zwischen *Raumgebilden* bzw. *„Raumgestaltungen"* oder *„räumlichen Bestimmtheiten"* (Simmel, 1995, S. 201), die er als Resultat der Einwirkungen sozialer Gestaltungen und Energien betrachtete, und *„Raumbedingungen* einer Vergesellschaftung" bzw. *„Grundqualitäten der Raumform"* (Simmel, 1995, S. 134), die sich in Formen der Wechselwirkung zwischen Menschen umsetzen. Letztere – die Raumqualitäten – entspringen einer „Tätigkeit der Seele", die sich zu intersubjektiven „einheitlichen Anschauungen" verbinden (ebd., S. 133), und werden in fünf Bedeutungsebenen unterteilt:

(A) Die *Ausschließlichkeit* des Raumes sowie die Einzigkeit jedes Raumteils, wofür der von Individuen geschaffene Staat mit seinem Territorium oder die Kommune als Beispiele stehen (ebd., S. 134ff.);
(B) Die *Zerlegbarkeit* des Raumes in Stücke, die als Einheiten gelten und von Grenzen eingerahmt sind, was als subjektiver, willkürlicher Akt in einem natürlicherweise kontinuierlichen Raum gesehen wird (ebd., S. 138ff.);
(C) Raum ermöglicht sozialen Gestaltungen *Fixierung* von Inhalten, was zur Stabilisierung und Ordnung sachlicher Lebensinhalte dient (ebd., S. 146ff.);
(D) Raum bietet der Lebendigkeit sinnliche *Nähe und Distanz*, um Beziehungen zwischen Personen auszudrücken und entsprechend der Vergesellschaftung zu variieren (ebd., S. 154ff);
(E) Neben diesen Formungen des ruhenden Nebeneinander ist menschliche Existenz gekennzeichnet durch *Bewegung* bzw. Ortsveränderung – was bis heute unter dem Begriff der Mobilität zu einem Hauptthema der Gesellschaftswissenschaften geworden ist (ebd., S. 167ff).

Diese Raumqualitäten werden von Simmel angesehen „wie Fortsetzungen der räumlichen Konfigurationen in das Gefüge der Menschheit hinein, die sich in den Raum teilt" (ebd. S. 167) und spiegeln zugleich die Eigenschaften menschlichen Handelns im Raum. Durch die Prozesse innerhalb menschlichen Gemeinschaftslebens ergeben sich schließlich als typische historische Vergesellschaftungsformen die Raumgebilde:

(A) Als mechanische, rationelle, politische Gestaltung fungiert der *Staat* (ebd., S. 201ff);
(B) Der Herrschaftsausübung entsprechen *Gebietshoheiten* und unterschiedlich praktizierte *Zentralität* (ebd., S. 206ff);
(C) Gesellschaftliche Gruppen im Sinne von Vereinheitlichungen (Klub, Gewerkschaft, religiöse Gemeinde etc.) verorten sich in *fester Lokalität* – ihrem ‚Haus' (ebd., S. 209ff);

(D) Schutzbedürfnis und Neutralität im trennenden wie im verbindenden Sinne bevorzugen den *leeren Raum* (ebd., S. 214ff).

Deutlich wird in Simmels doppelschrittiger Raumkonzeption sein Verhaftetsein im damals unhinterfragten ‚absoluten Raum' Newton-Kantscher Prägung. Die Euklidische Geometrie wird für die alltägliche Raumanschauung beibehalten und die transzendentale Subjektivität Kants durch die Subjektivität und Idealität der Raumvorstellung ersetzt. Zugleich setzte sich Simmel deutlich gegen Positionen der politischen Geographie und deren Raumdeterminismus ab: Am Raum als Form sind die Inhalte wichtig, der Raum selbst bleibt dagegen

> „immer die an sich wirkungslose Form, in deren Modifikationen die realen Energien sich offenbaren. ... Ein geographischer Umfang von so und so vielen Quadratmeilen bildet nicht ein großes Reich, sondern das tun die psychologischen Kräfte, die die Bewohner eines solchen Gebietes von einem herrschenden Mittelpunkt her politisch zusammenhalten" (ebd., S. 133).

Aber auch von den Kausalitätsschlüssen Durkheims unterscheidet sich Simmels Ansatz: Die vorgängig gegebenen, invariablen Grundqualitäten der Raumform wirken nicht kausal auf Formen der Vergesellschaftung, sie sind Konstitutionsbedingungen neben anderen für solche Formen und nur gegebenenfalls konstitutiv für bestimmte von ihnen. Entsprechend sind die Raumgestaltungen nicht kausale Folgerungen aus Prozessen der Vergesellschaftung, sondern deren ‚Projektionen' in den Raum – und als solche wirken sie zurück auf die Form und das Leben der gesellschaftlichen Gruppen. Versehen mit Raumbedeutung fungiert ein Raumgebilde zugleich als Institution und als räumliches Symbol!

Dieses Teilkapitel abschließend bleibt zu konstatieren, daß gerade Simmels klassifikatorische Unterscheidungen zu Raum kaum rezipiert wurden. Auch die amerikanische Sozialökologie konzentrierte sich auf die Großstadt als Forschungsgegenstand, ohne die dort untersuchten Probleme solchen raumbezogenen Vergesellschaftungsdimensionen zuzuordnen. Eventuell waren Simmels und auch Durkheims Modell für die zwischen den beiden Weltkriegen sich rasant entwickelnde empirische Sozialforschung zu komplex, um in geeignete Instrumente und Verfahren umgesetzt werden zu können, zumal beide Modelle – auch Simmels trotz der von ihm offensichtlich vertretenen Materialität des Raumes – eine relationenbasierte Operationalisierung verlangen. Üblicher ist die Erklärung – z.B. bei Elisabeth Konau (1977) – daß der Evolutionismus beider Ansätze – mit dem Ziel einer Emanzipation von räumlichen Bindungen – zugleich ihr Ende bedeutete: Wenn nur primitive Gesellschaften auf räumliche Nähe, Anwesenheit und sinnliche Anschauung angewiesen sind und entwickelte Gesellschaften mit Abstraktionsfähigkeit und sachlicher Differenzierung immer raumunabhängiger werden, braucht sich niemand mehr mit Raum zu beschäftigen. Zugleich wird bei Georg Simmel mit der Emanzipation vom Raum auch die Wurzel gelegt für das bis heute moderne Reden von der zunehmenden Wichtigkeit zeitlicher Größen. Simmel begründete dies mit der Geldwirtschaft, die nicht nur räumliche Distanz ermöglicht, sondern damit ein abstraktes, intellektualisiertes, kalkulierendes Verhältnis zur Umwelt, was wiederum zur sozialen Desintegration und zur Entwicklung der Individualität führt. So war in den ersten soziologischen Analysen des Raumes schon der Keim zur Vernachlässigung dieses Aspektes der Vergesellschaftung angelegt, was im 20. Jahrhundert den zuvor präsentierten technokratischen Umgehensweisen den Weg freimachte. Die von Durkheim und Simmel konzipierte umfassendere Gestalt des Raumes fand also zunächst keine Verwendung.

5.2 Die Raumstruktur des Handelns

Wenn ich nun weiterhin den Gegenstand Raum unter den Strukturgesichtspunkten eines empirischen Relativs betrachte, kann ich nach dieser ersten Durchsicht der ‚Jahrhundertwende‘-Modelle nur konstatieren, daß zumindest Georg Simmel zwar ein ‚vollständiges‘ Konzept mit materialen Elementen und konstitutiven Sozialbeziehungen entwickelte, damit aber nicht gesellschaftlich wirksam rezipiert wurde. Obwohl auch Émile Durkheim Raum sogar ausschließlich als analytische Leistung des Menschen konzipierte, dominierten in politisch raumrelevanten Zusammenhängen die extrem reduzierten, auf Flächeninhalt konzentrierten Territorial- und Standort-Modelle. Denn diese garantierten die leichtere Verwertbarkeit für die anstehende fordistische Modernisierung auf tayloristischer Grundlage. Und alle Konzepte, die von einer vorgegebenen Physis des Raumes ausgingen – also alle außer Durkheims, formulierten einen Euklidisch-geometrischen Behälterraum endlichen Ausmaßes – also nicht einmal die ‚Newtonsche‘ Unendlichkeit, die konstitutiv für absoluten Raum war, fand sich in den Modellen wieder. Statt die menschliche Vorstellungsleistung zu würdigen bzw. Gruppeninteressen zuzugeben, erhielt z.B. in der Geopolitik Raum ein mythisches ‚Eigenleben‘ hinter dem sich Herrschaftsinteressen verbergen konnten. Um nun ein Gegengewicht zu den bisherigen nahezu ausschließlich positionenbasierten[19], dingverhafteten Raummodellen aufzubauen, will ich mich in diesem Teilkapitel einigen Handlungsmodellen widmen in der Hoffnung, daß diese zumindest implizit eine relationenbasierte (Raum-)Ordnung generieren, selbst wenn

---

19 Da die Begriffe relational und positional im methodischen Zusammenhang von der Netzwerkanalyse für die verschiedenen Ansätze zur Untersuchung von Beziehungsstrukturen besetzt sind (vgl. Kap. 2, FN33), spreche ich in diesem Text von positionenbasiert, dingverhaftet oder elementenorientiert, wenn es um Denkmuster geht, die ausschließlich oder hauptsächlich nur die Elemente eines Relativs berücksichtigen, und von relationenbasiert oder beziehungsorientiert, wenn hauptsächlich von den Relationen eines Relativs ausgegangen wird bzw. diese im Blickzentrum stehen.

explizit die Bedeutung von Raum für Handeln und Vergesellschaftungsprozesse außer acht gelassen wird.

In der Soziologie ist es nach wie vor üblich, zur Erläuterung des Handlungsbegriffs auf die Ausführungen von Max Weber[20] zurückzugreifen, der Soziologie – etwa parallel zu den Arbeiten von Durkheim und Simmel – als die ‚Wissenschaft vom sozialen Handeln‘ definierte. Zwar wurde von Max Weber Raum im Sinne eines objektiv wirksamen Faktors als soziologisch relevant erachtet – z.b. indem der moderne Staat das Gewaltmonopol für ein Territorium besitzt, jedoch sollte Raum für die Soziologie keine konstitutive Bedeutung haben. Insofern verweise ich auf weitere Ausführungen bei Elisabeth Konau (1977, S. 177ff.), da mir diese Haltung nicht vielversprechend für die zum bisher Dargestellten anvisierte Ergänzung scheint.

Als Klassiker soziologischer Handlungstheorie gilt Talcott Parsons[21], der zwar die räumliche Dimension gegenüber der zeitlichen als Bezugsrahmen der Soziologie abwertete – zumal Handeln bei ihm als Mittel-Ziel-Relation einer inhärenten Zeitlichkeit bedarf, dennoch in seinen Schriften im Verlauf von dreißig Jahren unterschiedlich betonte Raumbezüge thematisierte. In seinem ersten bekannten Werk ‚The Structure of Social Action‘ (1937) präsentierte er einen viergliedrigen Handlungsbezugsrahmen, bestehend aus (1) dem Handelnden, (2) dem Ziel oder Zweck des Handelnden, (3) der Situation, in der nach dem Kriterium der Kontrollierbarkeit durch den Handelnden zwischen Bedingungen und Mitteln der Handlung unterschieden wird, und (4) der normativen Orientierung des Handelnden, welche für die Wahl zwischen Alternativen des Handelns den Ausschlag gibt (übers. von Joas, 1984, S. 211). Parsons' eher voluntaristisches Handlungskonzept betont die normative Dimension des Handelns und eine entsprechende soziale Ordnung. Im Fortgang seiner Arbeiten (1951) unterschied er zudem ebenfalls vier Bezugsebenen für ‚generalisiertes Handeln‘ (s.u.) sowie die Orientierungsalternativen des Handelns (Selbst- versus Kollektivorientierung; Diffusität versus Spezifität; Affektivität versus Neutralität; Zuschreibung versus Leistungsorientierung). Aus der Zusammenarbeit mit ihm (1953) entwickelte später Robert Bales[22] mit seinen Mitarbeitern daraus das Beobachtungssystem SYMLOG. Als Parsons' Handlungskonzept wird hauptsächlich das sogenannte AGIL-Schema (1951-57) rezipiert, das die vier Handlungsdimensionen Anpassung = ‚Adaption‘, Zielverwirklichung = ‚Goal-attainment‘, Integration

---

20 Max Weber (1864-1920), vgl. Kap. 2
21 Talcott Parsons (1902-1979) lehrte nach Studien in Großbritannien und Deutschland seit 1927 an der Harvard University. Er gilt als Begründer und Hauptvertreter der strukturell-funktionalen Theorie. Außer seinen Theorien des sozialen Handelns und des gesellschaftlichen Systems waren seine Arbeiten zur sozialen Rolle, zur Theorie der Persönlichkeit und zur Sozialisation äußerst einflußreich.
22 Robert F. Bales (1916) lehrte als Professor für Soziologie und Sozialpsychologie an der Harvard University. Er arbeitet auf dem Gebiet der Kleingruppenforschung, die er durch seine Studien zur Interaktionsstruktur von Entscheidungsfindungen stark beeinflußte.

und *Latenz* oder Werterhaltung = ‚pattern maintenance' enthält. Dieses Schema wurde von ihm als *vierdimensionaler Handlungsraum* im mathematisch-euklidischen Sinne begriffen: Analog zur klassischen Mechanik sollen die Dimensionen nicht nur linear und untereinander unabhängig variieren können, sondern folgen auch den generalisierten Bedingungen des Gleichgewichts, d.h., den Prinzipien der Energie, der Aktion und Reaktion und der Trägheit sowie zusätzlich dem Prinzip der Systemintegration. Letzteres als dritte und wichtigste der vier AGIL-Dimensionen sprengt die Analogie zum absoluten Raum der Mechanik, der unendlich ist, während sich das Handlungsschema als grenzerhaltendes System verstehen soll.

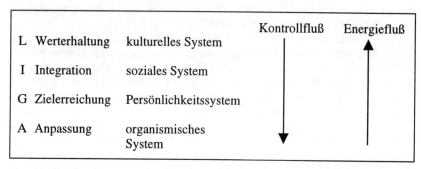

Abbildung 22:
Parsons' AGIL-Schema definiert vier fundamentale funktionale Probleme aller Handlungssysteme als Adaption, Goal-attainement, Integration, Latency or Pattern maintenance. Quelle: Hauck, 1984, S. 142.

Robert Bales reduzierte die Dimensionen des AGIL-Schemas später bei der Entwicklung von SYMLOG (1982) auf die anschaulicheren drei Euklidischen Dimensionen[23], die sogar mit ihren Bezeichnungen deutlich vom gewohnten Körperraum mit seinen sechs Ausrichtungen, ausgehen. Parsons' Handlungsraum dagegen ist ein bewußt abstrakt konstruierter *unräumlicher sozialer Raum*, nur nach dem ‚Bild' des physikalisch-mechanischen. Dies entspricht Parsons' Überlegungen der Anfangszeit (1937), die Raum nur als naturwissenschaftliche Kategorie zulassen, sogar mit dem Zusatz, daß die Sprache der Naturwissenschaften inkommensurabel mit der der Sozialwis-

---

23 1979 erschien ‚SYMLOG' = System for the Multiple Level Observation of Groups (dt.: 1982). SYMLOG arbeitet innerhalb einer dreidimensionalen Raumsymbolik: Upward – Downward als Dominanz versus Unterwerfung für den Faktor ‚Einflußnahme'; Positiv – Negativ als Zuwendung versus Distanzierung für den Faktor ‚sozio-emotionale Orientierung'; Forward – Backward als Identifikation mit Gruppenwerten versus deren Ablehnung für den Faktor ‚Aufgabenorientierung'. Als Kombination ergeben sich daraus 26 Richtungsfelder und ein ‚Durchschnitt' für verschieden kodierbare Verhaltensweisen. Auch verschiedene Analyseebenen sowie differente kommunizierte Vorstellungsinhalte oder Werthaltungen können berücksichtigt werden (als Feldforschungsbeispiel vgl. Sturm, 1992).

senschaften sei. So konnte der konkrete Raum als Bestandteil der Handlungssituation zwar entweder analytisches Mittel oder Bedingung für den Handelnden sein – je nach Kontrollmöglichkeit durch den Handelnden, blieb als durch Handeln erzeugter aber undenkbar.

Das Problem lag für Parsons also offensichtlich darin, daß er Raum nur als traditionell physikalischen festgelegt verstand, als ein äußerliches Faktum, dessen Ordnungsstruktur nützlich sein konnte, um in soziologischer Theorie abgebildet zu werden – jedoch nicht umgekehrt durch Handlung sich konstituierte. Insofern präsentierte er ein pur positionenorientiertes Raumrelativ, trotz seines relationenbetonten Handlungsraumes. Obwohl Parsons den Raumbezug des Handelns noch entschieden modifizierte, konnte er dies Ausgangsproblem nicht überwinden. Auch in seinen späteren Schriften (z.B. 1975, Tab.1 auf S. 50) formulierte er als quasi externe Basis für seine vier Subsysteme des Handelns das „Physisch-organische Milieu", das als Um-welt die externen Bezüge des Handelns liefert, die nur über den Verhaltens-Organismus vermittelbar sind. Entgegengesetzt schwebt über den vier Handlungsebenen das „als ‚letzte Realität' bezeichnete Milieu, mit dem die Zusammenhänge durch das konstitutive Symbolsystem (d.h. religiöse Komponenten) des Kultursystems vermittelt werden" (ebd., S. 51). Schon in seiner Schrift ‚The Social System' (1951) kündigte sich der zugehörige Terminologiewechsel an mit dem Übergang von ‚space' zu ‚territory'. Damit einhergehend führte er das *Organismuskonzept* ein, das für die Handelnden nun das Objekt der Orientierung bietet. Physikalische Objekte bleiben räumlich, Handelnde über ihren Organismus dagegen territorial lokalisiert. Mit dem Organismus versuchte Parsons, eine Verbindung zu schaffen zwischen physikalischem Raum und Handlungsraum (vgl. Konau, 1977, S. 203ff). Vom Organismus ausgehend baute Parsons die vier AGIL-Dimensionen nach 1959 hierarchisch auf zu einem allgemeinen Handlungssystem mit vier Abstraktionsebenen: organisches System, Persönlichkeitssystem, soziales System und kulturelles System. In dieser Hierarchie laufen von oben nach unten Kontrollprozesse, während sich von unten nach oben Bedingungen entgegenstellen. Das *Zusammenspiel der Hierarchien* soll als kybernetisches System von Information und Energie aufgefaßt werden, oder als „Stufen in einem Realitätskontinuum vom Bereich des Biologischen bis hin zu dem des Kulturellen, das den alten Dualismus zwischen sozialer und nichtsozialer Welt überwinden soll" (ebd., S. 204). Daß dies nicht daraus folgte, liegt meiner Einschätzung nach genau an der hierarchischen Gliederung, die den Organismus zum konditionalen Pol des gesamten Handlungssystems machte, ihm jedoch räumliche Gestaltungskraft absprach. Raum ist damit nur als *Umwelt* über den Organismus vermittelbar, wobei Parsons mit dem Begriff des ‚physical setting' (1975) zwar ein umfassenderes Konzept als mit ‚space' verbindet, dies aber nicht ausführt. So bleibt das schon angesprochene Problem, daß Parsons zwar den Anspruch vertrat, ein umfassendes theoretisches System zu schaffen, durch das alle relevanten Aspekte der gesellschaftlichen Realität erfaßt werden könnten, ihm dies bezüglich Raum trotz Variationen jedoch nicht gelang. Meines Erachtens ist dafür auch verantwortlich, daß er die aktuellen naturwissenschaftlichen Diskurse außer Acht ließ und von einer sehr traditionellen Vorstellung eines rein äußerlichen, invarianten Raumes, einer ‚Bühne‘ – wie ich es oben formuliert habe – ausging. Sein zwischenzeitlicher Versuch, über ‚community structures‘ die räumliche Relevanz sozialer Strukturen und die soziale Relevanz räumlicher Strukturen in wechselseitiger Verschränkung zu fassen (1951), führte nicht zu einer Verlagerung seiner Modellbildung Richtung relationenbasierter Sektoren. Aus diesem Grunde verschiebe ich hier eine weitere Verarbeitung seines Theorieschemas auf das nächste Kapitel.

Nicht nur die Raumbeziehungen von Handeln und Vergesellschaftung blieben bei Parsons unfertig, sondern Kritiker bemängeln auch seine nicht eingelösten Anforderungen bei seinem Handlungskonzept. So führt Gerhard Hauck aus, daß Talcott Parsons sein Modell gerade aus der Auseinandersetzung mit dem ‚Utilitarismus‘ der klassischen ökonomischen Theorie heraus entwickelte, mit der unterstellten ‚normativen Orientierung‘ aber den utilitaristischen Gedanken beibehielt, daß

„menschliche Handlungen als zielgerichtetes Verhalten zu kennzeichnen (seien), d.h. als ein Verhalten, welches ein vom Standpunkt des Handelnden aus erwünschtes Ziel durch Anwendung geeigneter Mittel zu erreichen sucht" (1984, S. 134).

Ähnlich unfertig blieben die Beziehungen zwischen den vier funktionalen Grundproblemen AGIL und den vier zentralen Subsystemen ‚generalisierten Handelns‘ sowie die Folgerungen daraus. Da ich auch die Unterscheidung von Max Weber zwischen ‚Handeln‘ als menschliches Verhalten verbunden mit subjektivem Sinn und ‚sozialem Handeln‘ als solches, das seinen gemeinten Sinn nach auf das Verhalten anderer bezogen wird und daran in seinem Ablauf orientiert ist, für nicht besonders tragfähig für eine methodologische Konzeption halte, stelle ich als nächstes eine Theorie des Handelns vor, die unabhängig von der Utilitarismus-Debatte von Hannah Arendt[24] entwickelt wurde.

Handeln wird bei Hannah Arendt (1981) als eine von drei Tätigkeitsformen heutiger ‚vita activa‘ konzipiert, in der sich die Bedingtheit menschlicher Existenz ausdrückt, und die ursprünglich als Komplementarität zum Denken als ‚vita contemplativa‘ verstanden wurde. Handeln war immer genuin mit dem Politischen verbunden und konstituierte laut Arendt Öffentlichkeit. Um diesen Zusammenhang deutlicher zu machen, stelle ich ihre Argumentationsfigur für die Entwicklung der Gesellschaft und Raumrelevanz des Handelns in zwei Schritten vor: (1) Als Ursprungsort für sich ausdifferenzierendes

---

24 Hannah Arendt (1906-1975) wirkte als Politikwissenschaftlerin und Sozialphilosophin. Sie studierte bei R. Bultmann, M. Heidegger, E. Husserl und K. Jaspers, bei dem sie 1928 promovierte. 1933 emigrierte sie nach Paris und 1941 nach New York. Dort arbeitete sie als Verlagslektorin und freie Schriftstellerin, ab 1953 als Gastdozentin für Politik und Geisteswissenschaften, ab 1963 als Professorin an der University of Chicago und 1968-1975 an der New School for Social Research in New York. Sie wurde bekannt durch ihre Studien zum Totalitarismusproblem, zur Philosophie des Politischen und zu Fragen der jüdischen Gesellschaft und gilt als eine zentrale politische Denkerin dieses Jahrhunderts.

menschliches Handeln analysierte Arendt die griechische Polis. Die dortige Organisation menschlichen Lebens trennte das Politisch-Öffentliche vom privaten naturbedingten Haushalt. (2) Zugleich mit neuzeitlicher Staatenbildung kam es zu einem Aufstieg des Gesellschaftlichen aus dem Privaten. Unter den Bedingungen der Moderne folgerte daraus ein Zurückdrängen des vormals öffentlichen Raumes samt dem zugehörigen Handeln sowie eine Entwertung der verbliebenen Privatheit. Hannah Arendt gliederte daraufhin die heutige ‚vita activa' in *Arbeiten, Herstellen und Handeln* (vgl. auch Sturm, 1997).

Zur Ausgangslage: Die Athener Polis war der historische Ort, mit dem sich vorangegangene Organisationsformen menschlicher Gemeinschaft, die ausschließlich auf Blutsverwandtschaft beruhten, umorientierten. Mit den entstehenden *Ordnungsbegriffen öffentlich und privat* wurden die beiden neuen Seinsordnungen bezeichnet, die städtisches Leben – bzw. überhaupt genuin menschliches Leben – kennzeichneten. Deutlich zu unterscheiden ist auf der einen Seite das naturhafte Zusammenleben, in dessen Mittelpunkt das Haus / der oikos und die Sippe einschließlich aller Sklavinnen und Sklaven steht, und andererseits die politische Organisation. Das Leben jeden Bürgers war genau geteilt zwischen dem, was er sein eigen nannte, und dem, was gemeinsam war. – Der Seinsordnung des Privaten gehörten alle Menschen in der Polis an. Es ist der Bereich des Wirtschaftens in der Struktur des Oikos. Das Zusammenleben im Haushalt war diktiert von der Sorge um die alltäglichen Bedürfnisse und Lebensnotwendigkeiten. Da es grundlegend um die Erhaltung des Lebens und Ernährung des Körpers ging, galten als natürlichste Funktionen das Arbeiten des Mannes und das Gebären der Frau (Arendt, 1981, S. 32f). Räumlich bezog der Bereich des Wirtschaftens den weitaus größten Teil aller möglichen Orte und auch Ereignisse ein. Zwar bildete so das Private für alle Menschen die Grundlage des (Über-)Lebens, unterschied sie jedoch nicht von der Natur der übrigen Welt – zeichnete sie nicht als spezifisch menschlich aus. Dies wird besonders am historisch später geprägten Wort „privat" deutlich, das ursprünglich „beraubt, gesondert" heißt. So gesehen kennzeichnet Privatheit einen Zustand der Beraubung, „beraubt der höchsten Möglichkeiten und der menschlichsten Fähigkeiten" (ebd., S. 39), nämlich der Freiheit und des Logos – also der Möglichkeiten zur Rede, zum Handeln, zum Denken, die als ureigenste menschliche Qualitäten über die notwendige Begrenztheit hinausweisen. – „Im Gegensatz hierzu war der Raum der Polis das Reich der Freiheit" (ebd., S. 33), für das der Haushalt die Eingangsbedingungen bereitstellte.

„Die Polis unterschied sich von dem Haushaltsbereich dadurch, daß es in ihr nur Gleiche gab, während die Haushaltsordnung auf Ungleichheit geradezu beruhte. ... Freisein (dagegen) hieß weder Herrschen noch Beherrschtwerden" (ebd., S. 34).

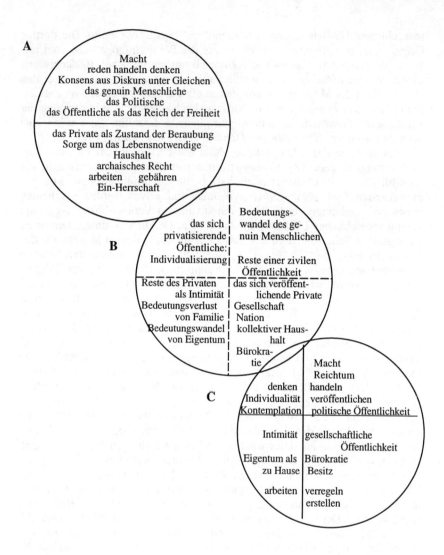

A

Macht
reden handeln denken
Konsens aus Diskurs unter Gleichen
das genuin Menschliche
das Politische
das Öffentliche als das Reich der Freiheit

das Private als Zustand der Beraubung
Sorge um das Lebensnotwendige
Haushalt
archaisches Recht
arbeiten   gebähren
Ein-Herrschaft

B

das sich | Bedeutungs-
privatisierende | wandel des ge-
Öffentliche: | nuin Menschlichen
Individualisierung | Reste einer zivilen
 | Öffentlichkeit

Reste des Privaten | das sich veröffent-
als Intimität | lichende Private
Bedeutungsverlust | Gesellschaft
von Familie | Nation
Bedeutungswandel | kollektiver Haus-
von Eigentum | halt
 | Bürokra-
 | tie

C

denken | handeln
Individualität | veröffentlichen
Kontemplation | politische Öffentlichkeit

Macht
Reichtum

Intimität | gesellschaftliche
 | Öffentlichkeit
Eigentum als | Bürokratie
zu Hause | Besitz

arbeiten | verregeln
 | erstellen

Abbildung 23:

*Hannah Arendts Konzept eines gesellschaftlich konstituierten Raumes,
wobei ich die Tätigkeitsformen der ‚vita activa' und der ‚vita contemplativa' als Kreissektoren angeordnet habe. Die Abfolge der Kreise A – B –
C kennzeichnet die historische und begriffliche Entwicklung.* Quelle: eigene Darstellung.

Das Öffentliche galt als genuin menschliche Möglichkeit, Unsterblichkeit zu erlangen, da nur das bewußte Handeln für das Gemeinwesen über eine naturhafte Vergänglichkeit des einzelnen hinausreicht. Im öffentlichen Bereich der Polis, dem Politischen, galt ausschließlich die Überzeugungskraft des Argumentes. Nur darüber regelte sich die immer neu auszuhandelnde Struktur zwischen freien und in ihrer Verschiedenheit ebenbürtigen Bürgern. Das Öffentliche konstituierte sich als weltlicher Raum immer neu da, wo „Menschen sich auszeichnen und das Vortreffliche die ihm gebührende Stätte finden kann" (ebd., S. 49). Die Orte der Öffentlichkeit waren somit der Platz, d.h. die agora, der denselben Namen trug wie der Bürgerrat selbst, möglicherweise der Garten – wie der Epikureische Garten, in dem die Philosophenschule beheimatet war – und es waren flüchtige Orte als Versammlungsorte freier Bürger. In diesem Sinne hatten Despotien keine öffentlichen Orte: Der Königspalast mit seinem Saal zur Präsentation der Herrschaft ist nicht öffentlich! Zugang zum Öffentlichen, zum Politischen hatten ausschließlich Bürger. Die Bürgerrechte konnten nur Haushaltsvorstände erlangen. Als Zugangsbedingungen galt zum einen die Selbstbestimmung über Leib und Leben, was zur grundlegenden Unabhängigkeit vom Naturhaften des Weltlichen stilisiert wurde. Frauen wie Sklavinnen und Sklaven konnten dagegen nur im Verborgenen wirken, „weil ihr Leben arbeitsam war, von Funktionen des Körpers bestimmt und genötigt" (ebd., S. 69). Zum anderen bildete Eigentum in Form von Boden und als Ort der Familie die Grundlage der antiken Bürgerrechte. Denn nur der gesicherte materielle Rückhalt verbürgte die Freiheit von den Notwendigkeiten des Lebensunterhaltes.

Zur Herausbildung des Gesellschaftlichen:

> „Der Raum des Gesellschaftlichen entstand, als das Innere des Haushalts ... in das volle Licht des öffentlichen Bereiches trat. Damit war nicht nur die Scheidelinie zwischen privaten und öffentlichen Angelegenheiten verwischt, sondern der Sinn dieser Begriffe wie die Bedeutung, die eine jede der beiden Sphären für den Einzelnen als Privatmensch und als Bürger eines Gemeinwesens hatte, veränderten sich bis zur Unkenntlichkeit" (ebd. S. 38).

Solches geschieht spätestens seit dem 17. Jahrhundert und verfestigte sich infolge der bürgerlichen Revolutionen mit der Gründung der Nationalstaaten. „Der Besitz bemächtigte sich der Öffentlichkeit in der Form des Interesses der besitzenden Klasse". Das Interesse richtete sich auf eine „Wirtschaft frei von dem Eingriff des Politischen und auf die Wirtschaftenden frei von der lästigen Sorge um öffentliche Angelegenheiten" (ebd., S. 65). Damit bleibt dieses Interesse zwar privater Natur, da es nichts Gemeinsames hervorbringt, aber der Konkurrenzkampf, in dem jeder ein Gleiches wollte, schafft mit dem Gesellschaftlichen eine der Privatheit eigene Öffentlichkeit. Was als privateste Privatheit übrig bleibt, ist die Intimität, die historisch im Gegensatz zum Gesellschaftlichen steht. Der Haushalt steigt auf zum Kollektiven, gar zur Nation. Für diesen neuen Zusammenhang wird verlangt, daß sich alle wie Glieder einer großen Familie verhalten – die blutsverwandte Familie darf darüber an Bedeutung verlieren. Aus dem Familienoberhaupt, der Ein-Herrschaft der antiken Privatheit wird mit der Etablierung der Nationalstaaten die Bürokratie zur typischen Organisationsform des öffentlichen Haushalts. Eine deren wichtigsten Aufgaben besteht darin, nicht das Eigentum aller ihrer Mitglieder zu wahren, sondern den Besitz weniger zu schützen. – Das Gesellschaftliche weist eine „unwiderstehliche Tendenz zur Expansion" (ebd., S. 46) auf, mit der es sowohl die klassische Familie als auch später die sozialen Gruppierungen als auch einen Großteil des Politischen aufgesogen und nivelliert hat. Dem liegt ein modernes Verständnis von Egalität zugrunde, das auf Konformismus beruht, statt auf Gleichheit von Nicht-Durchschnittlichen, die gerade aufgrund ihrer Vielfalt Außerordentliches zu leisten vermögen. Da die Gesellschaft wie ehemals die private Familie Handeln als etwas die Alltäglichkeit durchbrechendes ausschließt, tritt an dessen Stelle das geregelte *Sich-Verhalten*. Ein Teil davon, das Arbeiten, das ehe dem nur im Verborgenen der Privatheit stattfinden durfte, veröffentlicht sich in der Ausformung der Erwerbsarbeit nun im Gesellschaftlichen. Das Arbeiten konnte sich in der Sphäre der Öffentlichkeit deren Organisationsbedingungen und deren Anspruch an Vortrefflichkeit zunutze machen, erfuhr so revolutionäre Umwandlung und vervollkommnete sich in der Arbeitsgesellschaft auf unerwartete Weise. Dagegen wurde die menschliche Fähigkeit zu handeln auf eine neue Art verprivatisiert.

Hannah Arendt wollte ihre Darstellung des Verschwindens der Sphäre des Öffentlichen nicht als Verfallsgeschichte verstanden wissen, sondern als ‚Übung' des Denkens, als Versuch, die in den Schichten der Sprache abgelagerte Geschichte gedanklich zu durchdringen. Und im Denken assoziiert sie nicht nur die verschiedenen Tätigkeitsformen mit den Sphären des Privaten, Gesellschaftlich-Halböffentlichen und Politisch-Öffentlichen, sondern verwendet topographische Redefiguren auch für die verschiedenen Formen politischer Herrschaft:

> „Eine verfassungsmäßige Regierung wird mit einer Bewegung in einem Raum verglichen, in dem das Gesetz, Hecken gleich, zwischen den Gebäuden errichtet worden ist und wo man sich selbst auf bekanntem Territorium orientiert. Die Tyrannis ist wie eine Wüste; unter Bedingungen der Tyrannis bewegt man sich in einem unbekannten, weiten, offenen Raum, in dem einen bisweilen der Wille des Tyrannen heimsucht, so wie ein Sandsturm, der den Reisenden in der Wüste überfällt. Der Totalitarismus hat keine räumliche Topologie: er ähnelt einem eisernen Band, das die Menschen immer mehr zusammenpreßt, bis sie zu einer Einheit verschmolzen sind" (Benhabib, 1991, S. 150f.).

So wird Raum bei Arendt nie notwendig materiell im topographischen oder institutionellen Sinne verstanden, sondern hat eine *prozedurale Konzeption*. Beliebige Orte „werden dadurch zu öffentlichen Räumen, daß sie zu ‚Sitzen' der Macht, des durch Sprache und Überreden koordinierten gemeinsamen Handelns werden" (ebd., S. 151). Dabei ist weniger wichtig, was Gegenstand des Diskurses ist, sondern vielmehr die Art und Weise, wie dieser Diskurs stattfindet.

Handlungssituation / Handlungsorientierung	erfolgsorientiert	verständigungsorientiert
nicht-sozial	instrumentelles Handeln	---
sozial	strategisches Handeln	kommunikatives Handeln

Realitätsbereiche	Erscheinungsformen der Realitätsbezüge	Implizite Geltungsansprüche	Allgemeine Funktionen der Sprechhandlung
äußere Natur	Objektivität	Wahrheit	Darstellung von Sachverhalten
Gesellschaft	Normativität	Richtigkeit	Herstellung von interpersonalen Beziehungen
innere Natur	Subjektivität	Wahrhaftigkeit	Ausdruck von subjektiven Erlebnissen
Sprache	Intersubjektivität	Verständlichkeit	---

Abbildung 24:
Dargestellt werden im oberen Teil die von Jürgen Habermas unterschiedenen Handlungstypen – Quelle: Habermas, 1981a, S. 384 – *und im unteren Teil seine Differenzierungen in einem universalpragmatischen Sprachmodell, das zusammen mit einem Menschenbild des kommunikativ kompetenten und vernünftigen Individuums seiner Theorie kommunikativen Handelns zugrunde liegt* – Quelle: Habermas, 1984, S. 440.

Die als agonistisch[105] eingeschätzte Konzeption des öffentlichen Raumes bei Hannah Arendt wandelt sich bei Jürgen Habermas[106] dann endgültig zur ‚diskursiven‘ (ebd., S. 147). Anders als Arendt betont er unter dem Aspekt einer ‚Dialektik der Aufklärung‘ an der Moderne nicht nur die Entwicklung von

---

105 agonistisch = ‚wettkampfbezogen‘ stammt vom griechischen agonía = ‚Kampf, Anstrengung‘ und ist verwandt mit ágein = ‚führen‘
106 Jürgen Habermas (*1929) war seit 1961 Professor für Philosophie und Soziologie in Heidelberg und Frankfurt, seit 1971 Direktor im MPI zur Erforschung der Lebensbedingungen der wissenschaftlich-technischen Welt, 1983-94 lehrte er wieder in Frankfurt. Er gilt als Vertreter der sogenannten ‚Frankfurter Schule‘. Seine methodologisch-erkenntnistheoretischen Schriften behandeln das Problem, wie sozialwissenschaftliche Theorie in praktisch-politischer emanzipatorischer Absicht möglich ist, ohne in dezisionistische Unverbindlichkeit oder in dogmatischen Normativismus zu verfallen.

Individuierung, Differenzierung und Entzweiung, sondern hebt auch deren dreifache Möglichkeit hervor: Hinsichtlich der Persönlichkeit folgt aus reflexiven und kritischen Einstellungen die Autonomie der Selbst-Definition gegenüber eingefahrenen gesellschaftlichen Praktiken; hinsichtlich der Gesellschaft tritt im Bereich der Institutionen die konsensuelle Erzeugung von allgemeinen Handlungsnormen durch praktische Diskurse in den Vordergrund; hinsichtlich der kulturellen Tradition wird deren Aneignung zunehmend abhängig von der schöpferischen hermeneutischen Praxis zeitgenössischer Interpreten (vgl. Habermas, 1981b und Benhabib, 1991, S. 157). Dem Wachstum des gesellschaftlichen Systems schreibt Habermas die Kolonisierung der Lebenswelt zu und unterscheidet ähnlich zu Arendt die beiden Handlungsweisen des instrumentellen Handelns bzw. technischen Verfügens einerseits und des kommunikativen Handelns andererseits. Bei Hannah Arendt wie bei Jürgen Habermas definiert Handeln bzw. Tätigsein also Raum, oder anders gesagt, *Raum ohne menschliches Tun ist ausdruckslos, ohne Bedeutung.*

Zum Abschluß meiner Betrachtungen zur Raumstruktur des Handelns möchte ich noch auf Norbert Elias[27] eingehen, der explizit weder zu Raum noch zu Handeln gearbeitet hat, sehr wohl aber zu sozialen Prozessen, die ich als raumbildend annehme, und zu den vergleichbar konstitutiven Begriffen der Zeit und der Figuration. Während Parsons sein AGIL-Modell zwar über die Jahre zahlreichen Modifikationen unterwarf, ohne sich von einem starren und äußerlichen Raumverständnis lösen zu können, und eine entsprechend ‚lückenlose‘ Systemhierarchie zu entwerfen suchte, in der jegliches Tun eine funktional adäquate Kategorie findet, proklamierten Arendt und in der Folge auch Habermas Handlungskonzepte, die zwar auch von normativen Wertbezügen menschlicher Existenz ausgehen, wo aber gerade das Handeln die allein menschenzugängliche ‚Systemlücke‘ eröffnen kann und damit ‚Raum‘ öffnet. Bei Hannah Arendt hing diese Möglichkeit an den zivilen, republikanischen Tugenden der Bürgerinnen und Bürger, bei Jürgen Habermas an der kommunikativen Rationalität aktiv und kritisch handelnder Individuen. Im Aushandeln des Alltags entsteht so reflexiv und konstruktiv, interpretierend und konstruierend eine stetig veränderte Wirklichkeit – ‚Raum‘ entsprechend eingeschlossen. Was kann Elias' Begriff der Figuration und sein vehementes Eintreten für eine Prozeßsoziologie da noch ergänzen? Elias kritisierte die Soziologie seiner Zeit hinsichtlich mehrerer Aspekte: Gegen das Konzept einer Einheitswissenschaft mit allumfassenden, zeit- und raumlosen Gesetzen setzte er eingedenk der Vielfalt gesellschaftlicher Entwicklungen sein Kon-

---

27 Norbert Elias (1897-1990) wechselte nach seiner Promotion 1924 von der Philosophie zur Soziologie und ortsmäßig von Breslau nach Heidelberg, um dort bei Alfred Weber zu habilitieren. Bis zu seiner Emigration 1933 war er drei Jahre lang Assistent bei Karl Mannheim in Frankfurt. Erst 1954 erhielt er eine Dozentenstelle für Soziologie in Leicester. 1962-64 lehrte er in Ghana, 1979-84 arbeitete er an der Universität Bielefeld, die letzten Jahre lebte er in Amsterdam. Bekannt ist er vor allem durch seine Zivilisationstheorie (1939) geworden.

zept der *Menschenwissenschaften*. So formulierte er gegen Parsons' ,Zustandssoziologie' eine Prozeßsoziologie, die den angenommenen permanenten *Wandel* berücksichtigt. Statt partikularisierender Ansätze suchte er die ,generalisierende Synthese', die er für möglich hielt aufgrund der menschlichen Fähigkeit zur wissensmäßigen Synthese (Elias, 1984). Elias' Betonung der Menschen im Plural statt ,des Menschen' führt zu seinem Figurationen-Modell. Figurationen sind *Beziehungsgeflechte*, die mit wachsender gegenseitiger Abhängigkeit des Menschen untereinander immer komplexer werden. Da die Menschen darin weder Opfer gesellschaftlicher Verhältnisse noch völlig autonom sind, sondern sich gegenseitig ,in Schach' halten, stehen die Interdependenzketten der Figurationen als soziale Prozeßmodelle. Der Prozeßcharakter bleibt solange erhalten, wie diese Figurationen nicht, aufgrund apparativer Subjektkonstitution, zu technischen Systemen degenerieren, was Elias selbst als ,Zwang zum Selbstzwang' thematisierte.

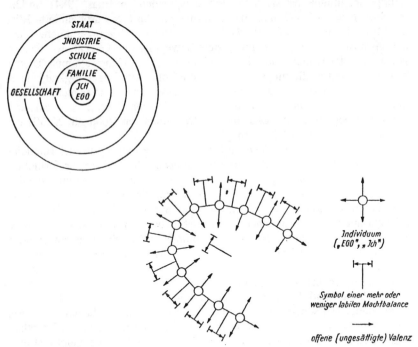

Abbildung 25:
Norbert Elias' Veranschaulichungen für seine Figurationen, wobei links oben das Grundschema des egozentrischen Gesellschaftsbildes und rechts unten eine Figuration interdependenter Individuen dargestellt ist.
Quelle: Elias, 1970, S. 10 und 11.

Figurationswandel und Machtbalancen untersuchte er auf den verschiedensten Ebenen – sei es als Wir-Ich-Balance oder als Etablierte-Außenseiter-Fi-
guration, auf innerstaatlicher oder auf zwischenstaatlicher Ebene (vgl. Treibel, 1995, S. 180ff). Hinsichtlich meines Raumfokus meine ich zudem, viele
Aussagen von Elias' Zeitanalyse übertragen zu können. ‚Raum' ist dann kein
objektivierbarer, äußerlicher Faktor, der unabhängig von Individuen als
‚Ding' existiert. Der gegenwärtige Umgang mit Raum ist dagegen sowohl eine individuelle Erfahrung als auch ein sozialer Prozeß. Angeeignet in einem
mehrjährigen Lernprozeß unter je besonderen Rahmenbedingungen ist er eine
Abstraktions- und Syntheseleistung neuen Ausmaßes. Wie bei der Zeit hängen Raumkonzeptionen zusammen mit technischem Wandel und ändern entsprechend ihren Symbolgehalt. Raum kann deshalb auch nicht als gesamtge-
sellschaftlich einheitlich strukturiert betrachtet werden, sondern die einzelnen
Menschen müssen ihr Verhalten auf den etablierten ‚Raum' der jeweiligen
Gruppe abstimmen, der sie angehören (entsprechend zu Elias, 1984). Im Unterschied bzw. in Ergänzung zu den vorherigen Ansätzen proklamierte Elias
die Möglichkeit der Umkehrbarkeit sozialer Prozesse, da menschliche Inter-
aktionsmuster und Verflechtungen stets Bewegung und Gegenbewegung ergeben, sozialer Wandel somit keine unilineare Entwicklung sein muß. Unverzichtbar ist dafür allerdings das ‚Wir', die kollektive Zugehörigkeit, die in
modernen Gesellschaften zwar inoffizieller geworden ist, aber nicht weniger
notwendig. *Raum und Zeit sind* darin nur als *Bewußtseinssynthese ordnender
Menschen* begreifbar, die Elias als „fünfte Dimension" (ebd., S. XLVI) untrennbar mit der RaumZeit verknüpft.

In einem kurzen *Zwischenfazit* bezüglich der Raumstruktur des Handelns
kann ich im Prinzip zwei Grundpositionen ausmachen. Einerseits formulierten sowohl Max Weber als auch Talcott Parsons Raum als eine nur physikalisch bestimmbare Äußerlichkeit des Menschen, die zwar bei Parsons in unterschiedlicher Weise auch als handlungsrelevant bzw. Handeln als raumrelevant analysiert wurde, aber Raum blieb dabei ‚Umwelt'. Als Umwelt ist
Raum behandelbar und wenn auch nicht immer außer acht zu lassen, so doch
uninteressant für die Entwicklung einer Gesellschaftstheorie, da Raum und
Gesellschaft als konstitutiv unabhängig proklamiert werden. Andererseits
formulieren Hannah Ahrendt, Jürgen Habermas und Norbert Elias nicht nur
Gesellschaften und die sie bildenden Individuen als etwas Prozeßhaftes und
nicht Statisches, sondern auch Raum als Ergebnis menschlichen Tuns. Bei
Arendt und Habermas bedeutet dies, daß Raum – insbesondere als Privatheit
und Öffentlichkeit oder als Lebenswelt – durch Handeln überhaupt erst eine
Zuweisung erhält. Bei Elias heißt es noch wesentlich expliziter, daß Raum
und Zeit nur als Syntheseleistungen des jeweils gesellschaftlich dominanten
Kollektivs existent, denkbar und verhandelbar sind.

5.3 Raum als Relativ

Die soeben dargestellten im Ansatz nicht-räumlichen Handlungstheorien implizieren räumliche Konsequenzen auf der Ebene des „ordo([28]) coexistendi" – wie es Gerhard Hard (1993a, S. 68) nennt, also „grob gesagt: für die Distanzrelationen, die Verteilungs-, Verknüpfungs- und Verbreitungsmuster in dieser physisch-materiellen Welt". Die Anschlüsse an die Materialität des Raumes können dann in jedem Fall idiographisch und / oder interpretierend hergestellt werden. Ich kann die Prozesse gesellschaftlichen Abgleichens und Aushandelns aber auch grundlegend als Teil eines als Relativ verstandenen Raumes verstehen – was meinen Ausgangsideen für dieses Kapitel entspricht. Dann wäre als Fortsetzung der bisherigen Überlegungen zu fragen, welche derzeit diskutierten raum-ansprechenden Ansätze bereits deutlich eine solche Relativ-Struktur aufweisen – also den Gegenstand wie die Vergegenständlichung, Sein wie Werden und Nichten zugleich thematisieren. Denn es geht mir nicht – um es nochmals zu betonen – um eine ‚Entmaterialisierung' oder ‚Entnaturalisierung' von Raum, sondern um die Rekonstruktionsmöglichkeit seiner sozialen Konstituiertheit. Entsprechendes wird derzeit von den feministischen Stadt- und Regionalsoziologinnen heftig diskutiert anhand der Zusammenhänge von Körper und Raum und gegen einen traditionellen Dualismus von Natur und Kultur bzw. von Materie und Sozialem. Allerdings will ich diese neuen Arbeiten zu Körper-Räumen hier nicht vorstellen und statt dessen auf einige aktuelle Neuerscheinungen verweisen (List & Fiala, 1997; Löw, 1997 und in Vorbereitung; Dörhöfer & Terlinden; 1998).

Vor dem Hintergrund ethnologischer Studien entwickelte Pierre Bourdieu[29] seine Konzeption des sozialen Raumes. In der Beschreibung des kabylischen Hauses entwickelte er für die Soziologie das Prinzip der Homologien[30] (1976, S. 53ff.), mit dem er innerhalb des Hauses, im Verhältnis Haus

---

28 Der ordo bezeichnete im Mittelalter die Hinordnung alles Weltlichen auf Gott. Hier meint es die Rangordnung des Nebeneinander.

29 Pierre Bourdieu (*1930) studierte Philosophie und war zunächst als Gymnasiallehrer tätig. Sein für französische Verhältnisse untypischer Karriereweg führte ihn als Forschungsassistent nach Algier. Seit 1964 war er Professor für Kultursoziologie, seit 1968 Direktor des Centre de Sociologie Européenne in Paris, und 1982 erhielt er die Berufung an das Collège de France in Paris. Er tritt heute als Soziologe, Kulturphilosoph und Zeitkritiker in Erscheinung. Bekannt wurde er mit seiner ‚Theorie der Praxis' mit der er einen Weg zwischen Sozialphysik und Subjektivismus sucht, und mit seiner Ethnologie der eigenen Gesellschaft in den ‚Feinen Unterschieden', womit er zu einem Stammvater aktueller Lebensstilforschung wurde.

30 Homologie ist zusammengesetzt aus dem griechischen homós = „gemeinsam, gleich, ähnlich" und logos = „Lehre, Kunde, Wissenschaft". Homolog ist als Fachbegriff vor allem in der Mathematik, der Chemie und der Biologie verbreitet. Homologe Abbildungen sind in der algebraischen Topologie Bezeichnungen für spezielle stetige Abbildungen zwischen zwei Komplexen. *Homolog* bedeutet in der Biologie: stammesgeschichtlich gleichwertig, sich entsprechend, von entwicklungsgeschichtlich gleicher Herkunft. Homologe Organe

zum Feld oder im Verhältnis Dorf zur Außenwelt die immer ähnlichen Gegensatzgefüge entzifferte. Indem er das Haus als *System im System* der magischen Vorstellungen und rituellen Praktiken betrachtete, entsteht ein Beziehungsgefüge, das die Orts- und Richtungsbestimmungen aller Dinge und Betätigungen im Raum als Teile eines symbolischen Systems erklärbar werden läßt (ebd., S. 398). In Bourdieus späteren Studien und Analysen differenziert sich dieser ethnomethodologische Ansatz aus, was allgemein bedeutet, daß die ständige Herstellung und Übertragung von Sinn durch alltägliche (Sprech-)Handlungen als Prinzip aller lebensweltlichen Vergesellschaftung anzusehen ist; soziale Realität ist der unaufhörliche Vollzug der Methoden, welche Menschen benutzen, um die Gesellschaft, in der sie leben, zu beobachten und zu beherrschen und zugleich herzustellen (Ritsert, 1996, S. 299). Entsprechend weist Bourdieu immer wieder auf die enge Verbindung von objektiven Strukturen sowie subjektiven Orientierungen und Handlungsmustern hin, für die er folglich auch eine gemeinsame Sprache verwendet. Für seine „Theorie des Erzeugungsmodus der Praxisformen ... (wählt er als Zentralbegriff den *Habitus* als System) dauerhafter *Dispositionen*, (das sind) strukturierte Strukturen, die geeignet sind, als strukturierende Strukturen zu wirken" (Bourdieu, 1976, S. 164f). Der Habitus eines Menschen umfaßt die an die Person gebundenen Verhaltensstile, die gesellschaftlich geprägt sind, und somit die Zugehörigkeit zu einer bestimmten Gruppe oder ‚wahrscheinlichen Klasse' bestimmen. Wie der Habitus ist auch der Dispositions-Begriff ‚doppeldeutig': Die Disposition „bringt zunächst das *Resultat einer organisierten Aktion* zum Ausdruck...; sie benennt im weiteren eine *Seinsweise*, einen habituellen Zustand (besonders des Körpers) und vor allem eine Prädisposition, eine Tendenz, einen Hang oder eine Neigung" (ebd., S. 446). Der Habitus ist somit Bindeglied zwischen dem gesellschaftlichen Gewordensein und dem konkreten Verhalten, er dient der „Dialektik von objektiven und einverleibten Strukturen" (ebd., S. 164) und ist zugleich kollektives Klassen-Unbewußtsein (vgl. Treibel, 1995, S. 212).

---

können einander sehr ähnlich sein oder durch Funktionswechsel sehr unterschiedliche Ausformungen erfahren haben (z.B. Flossen, Laufbeine, Flügel, Grabwerkzeuge, Arme weisen hinsichtlich der Skelettelemente gleiche Anordnung auf). – Im Vergleich dazu bedeutet *analog*: = dem Logos entsprechend. Analogdarstellungen sind vor allem in der Physik verbreitet, wenn eine physikalische Größe durch eine andere dargestellt wird (z.B. die Temperatur durch die Länge des Flüssigkeitsfadens eines Thermometers). Beim Begriff der Analogie wird meist zwischen struktureller und funktionaler Analogie unterschieden: Von struktureller Analogie wird gesprochen, wenn bestimmte Beziehungen zwischen Elementen eines Systems umkehrbar eindeutig solchen zwischen den Elementen eines anderen Systems entsprechen, ohne daß eine Entsprechung zwischen den Elementen selbst zu bestehen braucht! Funktionale Analogie kann sogar zwischen strukturell verschiedenen Systemen vorliegen, wenn sie für eine bestimmte Aufgabe in gleicher Weise geeignet sind, also zur Erfüllung dieser Aufgabe gegenseitig ersetzbar wären. Unumstritten ist der heuristische Wert von Analogien; zahlreiche anthropomorphe Begriffe wie Kraft, Trägheit, Affinität gehen ebenso auf Analogien zurück wie die formale Übereinstimmung von Gesetzen in verschiedenen Bereichen der Physik.

Statt mit dem marxistischen Klassenbegriff zu arbeiten, verwendet Pierre Bourdieu zur Anordnung der sozialen Welt das *Konzept des sozialen Raumes* bzw. Feldes. Er ist beschreibbar „als mehrdimensionaler Raum von Positionen" (Bourdieu, 1985, S. 11). Wie auf einer ‚Karte' verteilen sich Akteure entsprechend dem Kapitalvolumen, über das sie verfügen, und der Kapitalzusammensetzung – wobei Bourdieu zwischen ökonomischem, sozialem und kulturellem Kapital unterscheidet. Diese Position im sozialen Raum wird durch den Habitus der ‚ein Niederschlag des bisherigen Lebenslaufs ist', mit den individuellen Praktiken und Vorlieben, d.h. mit ‚Geschmack' und Lebensstil verbunden. Innerhalb des so „konstruierten Raumes der Positionen" (ebd., S. 28) werden mittels „Sinn für Distanz, für Nähe und Ferne" (ebd., S. 18) „Regionen" bestimmt als „objektive Festlegung von konstruierten Klassen" (ebd., S. 28). Die Klassifikationsstrategien dafür hängen von der gesellschaftlichen Machtverteilung ab – und so verweist Bourdieu darauf, daß „nicht zufällig ‚kategoresthai', von dem sich unsere Begriffe ‚Kategorie' und ‚Kategorem' herleiten, öffentlich anklagen bedeutet" (ebd., S. 19). Der soziale Raum ist somit ein *Raum von Beziehungen*, der jedoch „ebenso wirklich (ist) wie der geographische, worin Stellenwechsel und Ortsveränderungen nur um den Preis von Arbeit, Anstrengung und vor allem Zeit zu haben sind" (ebd., S. 13). Vergleichsweise leicht fällt die herrschaftssichernde Mobilität nur den ‚oberen' Kreisen, denn „über die kulturellen Praktiken hat sich die Klassengesellschaft unter modernen Bedingungen neu formiert" (Treibel, 1995, S. 223). Eine Umgestaltung der Gesellschaft verlangt laut Bourdieu – und vergleichbar zu Arendt oder Habermas – „relativ informierte und kompetente Individuen", die über ein „realistisches Wissen" hinsichtlich der Herstellung der sozialen Welt verfügen (ebd., S. 224).

Versucht Pierre Bourdieu den Doppelsinn von Welt in einer einigenden Symbol-Sprache aufzuheben – was ihn z.T. schwer verständlich macht und m.E. einige Fehlrezeptionen bewirkt hat, so setzt Anthony Giddens[31] gegen den traditionellen Dualismus von Struktur und Handlung das – begrifflich aus der Physik übernommene – Konzept der *Dualität*.

> „Belehrt von der postempiristischen Philosophie der Naturwissenschaften konnte er dabei diesen Ansätzen in ihrem Widerstand gegen die irreführende Verwendung angeblich naturwissenschaftlicher Modelle für den Gegenstand der Kultur- und Sozialwissenschaften nur zustimmen" (Joas, 1988, S. 12).

Zunächst formulierte er zur Kennzeichnung der Interpretationsproblematik der Sozialwissenschaften als ‚New Rule of Sociological Method' den Begriff der ‚doppelten Hermeneutik' (1984). Seine Suche nach einer Theorie sozialer

---

31 Anthony Giddens (*1938) studierte Soziologie in Hull und an der London School of Economics. Er hörte und unterrichtete zugleich 1961-69 an der Universität Leicester Sozialpsychologie, bevor er als Dozent und Fellow nach Cambridge ging. Seit 1985 ist er Professor (zugleich in Cambridge und an der University of Santa Barbara, Kalifornien). Giddens ist der derzeit bekannteste britische Soziologe. In seinen zahlreichen Veröffentlichungen setzt er sich mit nahezu allen Strömungen klassischer und gegenwärtiger Soziologie auseinander.

Strukturen, welche weder die Reflexions- und Handlungsfähigkeit der einzelnen Subjekte ignoriert noch Strukturen nach dem Modell von Makrosubjekten denkt, ließ ihn schließlich

> „die Zeitlichkeit und Räumlichkeit der menschlichen Existenz und aller sozialen Phänomene in den Mittelpunkt seines Ansatzes stellen ... Das Geflecht raum-zeitlich produzierter und reproduzierter Handlungen nennt Giddens ,System'; davon hebt er ab die Zusammenhänge gemeinsamer Regeln und verteilter Ressourcen, die in seiner Terminologie ,Strukturen' heissen (Joas, 1988, S. 13ff).

Für seine Theorie der Strukturierung greift er auf die Rahmen-Analyse von Erving Goffman sowie hinsichtlich der Kontextualität sozialer Interaktionen auf Überlegungen der Zeitgeographie, wie sie Torsten Hägerstrand entwarf, zurück. Beide Quellen will ich hier in einem Exkurs kurz vorstellen.

Erving Goffmann[32] knüpfte mit seinen kasuistischen Untersuchungen an *Territorialitäts*-Konzepte der Ethologie an (vgl. Henley, 1988; Konau, 1977), die er insbesondere hinsichtlich der möglichen Interaktionsdimensionen weiterentwickelte. Bei seinen „Territorien des Selbst" (Goffman, 1974, S. 54ff.) ging er von ortsgebundenen, egozentrischen *„Reservaten"* aus und entwickelte daraus Verhaltens-Reservate, „die wie Territorien funktionieren" (ebd., S. 55). So unterschied er: persönlichen Raum, die Box, Benutzungsraum, Reihenposition, Besitzerterritorien, Informationsreservate und Gesprächsreservate. Obwohl Goffman immer den Körper betonte als Quelle sozialer Identität, lag das Schwergewicht seiner Analysen beim strategisch verfahrenden Individuum und seinen Rollen. So wurde er in Deutschland mit dem Titel ,Wir alle spielen Theater' bekannt, mit dem er alltägliche Wirklichkeit als eine mehr oder minder gelungene Inszenierung vorstellte. Mehrere *Bühnen* stehen für die Interaktion im öffentlichen Raum zur Verfügung:

> „Z.B. ist für Beschäftigte der Gastraum in einem Restaurant die sogenannte Vorderbühne, die Küche die sogenannte Hinterbühne. Für jede Bühne gelten spezifische Regeln, die meist ungeschrieben, aber deshalb nicht weniger bindend sind" (Treibel, 1995, S. 136).

Später baute Goffman seine Überlegungen zu einer *Rahmen*-Analyse aus (1977), mit der er an die amerikanische Diskussion anknüpfte, ,Frame work' mit einem aus der Physik entlehnten Bezugssystemkonzept und als räumliches Modell für die Lokalisierung von psychologischen Phänomenen zu betreiben. Mit der Rahmenanalyse versuchte er, „die innere Organisation unse-

---

32 Erving Goffman (1922-1982) studierte in Toronto und Chicago. 1949-51 arbeitete er an der University of Edinburgh, bevor er 1953 in Chicago zum Doktor der Philosophie promovierte. 1954-57 führte er als ,visiting scientist' am National Institut of Mental Health seine ,Klinik-Studien' durch. Seit 1958 lehrte er in Berkeley, wo er 1962 Professor wurde. 1969 wechselte er an die University of Pennsylvania. In seinem letzten Lebensjahr war Goffman Präsident der ASA. Mit seiner ,Soziologie des Alltags' untersuchte er Erfahrungsstil, Wissen und Handeln sowie kommunikatives Verhalten im alltäglichen Umgang zwischen Menschen. Sein Ansatz gilt als Verbindung zwischen traditionellem Symbolischen Interaktionismus und Ethnomethodologie.

res Wissens um die Ordnung der Wirklichkeit" (Hettlage, 1991) theoretisch zu systematisieren und dabei sowohl den Prozeßcharakter der Welt als auch die Fähigkeit der Menschen, sich in einer mehrfach gerahmten Realität zu verankern, zu ihrem Recht kommen zu lassen. „Die Subtilität menschlicher Realität liegt darin, daß sie eine materielle Verankerung von ideellen Realitäten darstellt" (ebd., S. 152). Obwohl Goffman gerade auch durch seine Sprache die Verräumlichung menschlicher Interaktion betonte, Raum durchaus auch in relativ-entsprechender Doppelheit präsentierte, bleibt mir in weiten Bereichen die Verknüpfung von Ort, Plazierung, materiellem Territorium und Interaktion noch undeutlich.

Hatte schon Goffman die Routinen des Alltagslebens betont, so geht die *Zeitgeographie* der Lund-Schule (Hägerstrand, 1970,1975; Carlstein, 1978; Parkes & Thrift, 1980) bewußt von den einschränkenden *Zwangsmomenten* desselben aus. Als allumfassende ‚Grenzen', die das menschliche Verhalten in Raum und Zeit bestimmen, werden fünf Beschränkungen der ‚zeitgeographischen Realität' zugrunde gelegt: die Unteilbarkeit des lebendigen Körpers, die Endlichkeit der Lebensspanne, die Begrenztheit gleichzeitiger Tätigkeiten am selben Ort, die Begrenztheit gleichräumiger Anwesenheiten zur selben Zeit und das Faktum, daß jede Bewegung immer zugleich in Raum und Zeit stattfindet. Deshalb haben sich die Wege der Handelnden „unter die Zwänge und Möglichkeiten zu schicken, die aus ihrer gemeinsamen Existenz in Raum und Zeit auf der Erde folgen" (zit. n. Giddens, 1988, S. 163). Die Pfade oder Lebensläufe der Individuen (und anderer Elemente) durch Raum und Zeit werden in einem dreidimensionalen Modell dargestellt, in dem die Kategorie Raum als zweidimensionale Basis und die Kategorie Zeit als dritte Dimension senkrecht dazu vorgestellt wird. Diese Pfade existieren nicht unabhängig von der Ausstattung des Raumes mit Infrastruktur (Einrichtungen und Verkehrsmittel) und deren Raum-Zeit-Bedingungen. Die an die Zeitgeographie anschließende Aktionsraumforschung (vgl. z.B. Kreibich in IRS, 1993) unterscheidet zudem zwischen einem durch diese Restriktionen vorgegebenen objektiven Raum und einem subjektiv gefilterten tatsächlichen Aktionsraum als Teil des Wahrnehmungsraumes. Der *Aktionsraum* von Personen ist somit abhängig von den Beziehungen, die Individuen zu Orten haben. Zugleich ist zu betonen, daß in der Zeitgeographie Wahrnehmung und Erleben des durchlebten Raumes uninteressant sind. Es handelt sich zunächst hauptsächlich um eine perfektere Kartierungsmöglichkeit für differierende Orts- und Wegenutzungen. Ein theoretisch befriedigender Zugang zu Raum ist mittels dieser Technik nicht zu erreichen, da die Art des Raum-Konstituierens weitgehend außerhalb des Problemfeldes zeitgeographischer Studien liegt (vgl. Löw, 1996) bzw. erst durch ‚systemfremde' Interpretation hinzugefügt werden kann (z.B. auch in den an dieses Paradigma anschließenden Simulationsstudien wie der von Spiekermann & Wegener, 1995).

Aus diesen beiden Wurzeln versucht nun Anthony Giddens seine *„Regionalisierung"* routinierter sozialer Praktiken in Raum und Zeit zu speisen

(1988, S. 171). Aus seiner Kritik an Hägerstrands Vernachlässigung des individuell menschlichen Handelns heraus (ebd., S. 168f.) betont Giddens, daß der Raum als Ort zum *Bezugsrahmen* für Interaktionen wird, während umgekehrt die diversen Interaktionsbezugsrahmen für die Spezifizierung der *Kontextualität* von Raum und Zeit verantwortlich sind. In alltäglicher Regionalisierung entstehen voneinander relativ getrennte Zonen oder ‚Stationen‘, die durch Nutzungsgewohnheiten, Verfügbarkeit oder institutionalisierte Hierarchie- und Ordnungsmuster geprägt sind. Zwar verweist Giddens immer wieder auf die *Dualität von Raum*, da auch sein Begriff von Kontextualität des gesellschaftlichen Lebens und der gesellschaftlichen Institutionen bedeutet:

> „Alles gesellschaftliche Leben vollzieht sich in, und ist konstituiert durch, Überschneidungen von Gegenwärtigem und Abwesendem im Medium von Raum und Zeit" (ebd., S. 185).

Dennoch bleibt er einem Behälter-Raum-Konzept verhaftet: Der Raum kann gefüllt werden mit Menschen – wie die Schule als „Machtbehälter" mit Schülern (ebd., S. 189) – oder mit Handlungen – wie die verschiedenen Zimmer eines Hauses (ebd., S. 171f.). Den *seriellen Charakter* des gesellschaftlichen Lebens begründet er ausschließlich mit den physischen Eigenschaften des Körpers und des Milieus, in dem er sich bewegt (ebd., S. 185), und nicht wie Goffman, der Rahmenwissen als Verfügungswissen deklarierte, und bei dem Rahmen wie Wissen wie soziale Identität durch Interaktionsprozesse veränderbar waren und deshalb eine serielle Struktur aufwiesen. So klafft nach meinem Eindruck eine Lücke zwischen Giddens’ Konstruktion seiner ‚Theorie der Strukturierung‘ und seiner nicht angemessenen Raum-Konstruktion, obwohl er immer wieder auf gleichzeitige in Raum und Gesellschaft ablaufende Veränderungen hinweist und z.B. mit dem Bild der *‚Raum-Zeit-Ausdehnung‘* typische Bindungen sozialer Systeme kennzeichnet.

So basiert Giddens’ „Theorie der Strukturierung ... auf der Prämisse, daß dieser Dualismus (d.h., von Subjekt und sozialem Objekt, von bewußt handelndem Menschen und der Gesellschaft; G.S.) begrifflich neu als eine Dualität gefaßt werden muß – die Dualität von Struktur" (ebd., S. 34). Dabei geht er vom *Handeln* der Akteure aus, von deren integraler Fähigkeit er überzeugt ist, „zu verstehen, was sie tun, während sie es tun" (ebd., S. 36). Das praktische Bewußtsein ist jedoch insofern begrenzt, als die Folgen des Handelns häufig nicht abgeschätzt werden können. Als Pendant zum Handlungsbegriff setzt Giddens die *Struktur*, bestehend aus Regeln und Ressourcen, die in die Produktion und Reproduktion sozialer Systeme eingehen. Struktur ordnet Rahmenbedingungen des Handelns und eröffnet ihm so Möglichkeiten, wie es ihm gleichermaßen Grenzen setzt. Struktur ist dem Individuum nicht ‚äußerlich‘, sondern im Durkheimschen Sinne ‚inwendig‘ (ebd., S. 77f.). Als Verbindung – und quasi übergeordnet – von Handeln und Struktur definiert Giddens den System-Begriff als „reproduzierte Beziehungen zwischen Akteuren oder Kollektiven, organisiert als regelmäßige soziale Praktiken" (ebd., S. 77). Diese Ordnung sozialer Beziehungen über Raum und Zeit hinweg ist mehr als das, was ich als Relativ im Sinne einer Elemente und ihre Relationen umfassenden Menge formuliere – für mich hört sich Giddens' Begriff von System wie die neue ‚Ordnung für alles' an und bleibt mir weitgehend unklar. Dagegen weist die Dualität von Handlung und Struktur eine vergleichbare Konstitution auf wie bei Bourdieu oder wie das Verhältnis von Gesellschaft zur politischen Öffentlichkeit bei Arendt oder Habermas. Für Giddens' Raumbegriff trifft dies meines Erachtens nicht mehr zu, da scheinen mir das Bourdieusche und das Simmelsche Konzept eher die Erfordernisse eines Relativs zu erfüllen.

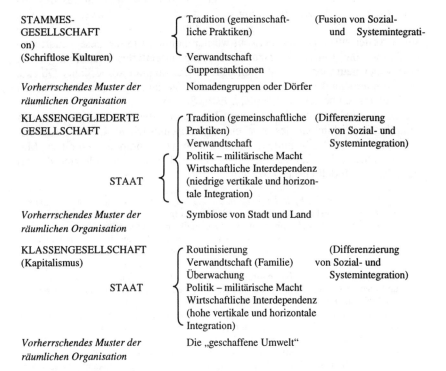

Abbildung 26:
Giddens' dreigliedrige Klassifikation von Gesellschaftstypen mit jeweils zugehöriger Organisation der Raum-Zeit-Ausdehnung. Quelle: Giddens, 1988, S. 236.

Als drittes Raum-Relativ in diesem Teilkapitel stelle ich Dieter Läpples' Ansätze zu einem Konzept gesellschaftlicher Räume vor. Als Ökonom mit einem Arbeitsschwerpunkt zu Transportsystemen (1993) analysiert er in mehreren Artikeln ausführlich die Ausblendung der Raumdimension aus der

179

Theoriebildung in den Gesellschafts- und Wirtschaftswissenschaften (1991 a, b; Folgediskussionen in IRS, 1993 oder Mayer, 1993 oder Pieper, 1993). Als in erster Linie hinderlich für eine gesellschaftswissenschaftliche Beschäftigung mit Raum kritisiert Läpple die verschiedenen Spielarten des Behälterraum-Konzeptes, da nahezu immer eine Entkoppelung des Raumes von den Funktions- und Entwicklungszusammenhängen seines gesellschaftlichen ,Inhalts' und damit eine Externalisierung des ,Raumproblems' aus Erklärungszusammenhängen stattgefunden hat. Aber auch den ,relationalen Ordnungsraum' Einsteinscher Prägung hält er nicht für die gesellschaftswissenschaftlich ideale Alternative zur vorherigen ,banalen' Raumauffassung, da eine weitreichende Beschränkung auf das erdräumliche Beziehungsgefüge der Lagen und Standorte der körperlichen Objekte erhalten bliebe, und Raum somit weiter entsozialisiert gedacht werden könnte. Ein um gesellschaftliche Funktions- und Entwicklungszusammenhänge erweitertes Raumkonzept darf also weder neutrales ,Gefäß' noch passive ,Resultante' körperlicher Objekte sein, sondern muß auch die Raumstrukturen gestaltenden gesellschaftlichen ,Kräfte' mit einbeziehen (Läpple, 1991a, S. 195). Unter dem Aspekt seiner Gesellschaftlichkeit erhält der Raum bei Läpple die Qualität eines aktiven räumlichen Wirkungsfeldes bzw. eines gesellschaftlichen Milieus[33]. Aus seiner Kritik abgeleitet formuliert Dieter Läpple vier Komponenten eines „Matrix-Raumes"[34], die ich hier vollständig zitiere, da ich daran im letzten Kapitel mein Raum-Modell anschließen will:

„(A) Das *materiell-physische Substrat* gesellschaftlicher Verhältnisse, als die materielle Erscheinungsform des gesellschaftlichen Raumes. Dieses gesellschaftlich ,produzierte' Substrat besteht aus menschlichen, vielfach standortgebundenen Artefakten, den materiellen Nutzungsstrukturen der gesellschaftlich angeeigneten und kulturell überformten Natur sowie den Menschen in ihrer körperlich-räumlichen Leiblichkeit. Dieses materielle Substrat ist zugleich über vielfältige Vermittlungsformen eingebunden in die umfassende *Biosphären-Totalität*, die aus einer Vielzahl von Kontinenten und Ozeanen, Landschaftszonen und Naturregionen einschließlich der Gewässer und der Luftschicht besteht.
(B) Die *gesellschaftlichen Interaktions- und Handlungsstrukturen* beziehungsweise die *gesellschaftliche Praxis* der mit der Produktion, Nutzung und Aneignung des Raumsubstrats befaßten Menschen, die hier als soziale Akteure und unter dem Aspekt ihrer klassenmäßigen Differenzierung betrachtet werden. Daß diese gesellschaftliche Praxis in ihrer jeweiligen Artikulation durch je spezifische lokale Klassen- und Machtverhältnisse strukturiert und vielfach durch lokale Traditionen und Identitäten geprägt sein wird, soll hier nur angemerkt werden.

---

33 Milieu wird bei Läpple verwendet in der Bedeutung von räumlichem Lebenskontext, Handlungsrahmen und Begrenzungshorizont und nicht im Sinne von verselbständigt gedachter Umwelt. Der Milieubegriff soll somit Formen räumlicher Vergesellschaftung erfassen. Er steht im Gegensatz zu ,lieu', dem isolierten Standort, dem statischen Teilraum, dem ,factum brutum' eines entsozialisierten Raumes (Läpple in IRS, 1993, S. 44).
34 Läpple verwendet ,Matrix' in metaphorischer Übertragung ihrer ursprünglichen Bedeutung als „Stammmutter; ursächliche Kraft"!

(C) Ein *institutionalisiertes und normatives Regulationssystem*, das als Vermittlungsglied zwischen dem materiellen Substrat des gesellschaftlichen Raumes und der gesellschaftlichen Praxis seiner Produktion, Aneignung und Nutzung fungiert. Dieses Regulationssystem, das aus Eigentumsformen, Macht- und Kontrollbeziehungen, rechtlichen Regelungen, Planungsrichtlinien und Planungsfestlegungen, sozialen und ästhetischen Normen etc. besteht, kodifiziert und regelt im wesentlichen den Umgang mit den raumstrukturierenden Artefakten (z.B. Arbeitsstätten, Behausungen, Verkehrswege, Kommunikationssysteme etc.). In diesem Regulationssystem überlagern sich, entsprechend der ‚Kompetenzverteilung' zwischen lokalen und zentralen Regulationsformen, verschiedene Raumniveaus.

(D) Ein mit dem materiellen Substrat verbundenes räumliches *Zeichen-, Symbol- und Repräsentationssystem*. Die raumstrukturierenden Artefakte sind durch ihre funktionale oder ästhetische Gestaltung auch *Symbol- und Zeichenträger*, wodurch unter anderem eine kognitive Erkennbarkeit ihrer sozialen Funktionen und eine affektive Identifikationsmöglichkeit vermittelt werden kann. Als kristallisierte, vergegenständlichte Formen gesellschaftlichen Handelns und als – vielfach standortgebundene – Sachsysteme, die soziale Verhältnisse begründen und vermitteln, repräsentieren diese Artefakte zugleich hochselektive, spezifische ‚Gebrauchsanweisungen', die das räumliche Verhalten der Menschen vorstrukturieren. Die materiell-räumliche Struktur des gesellschaftlichen Raumes hat zusätzlich den Charakter ‚kristallisierter' Geschichte. Sie umgibt uns ‚wie eine stumme und unbewegliche Gesellschaft' und verkörpert dabei das ‚kollektive Gedächtnis' " (ebd., S. 196f).

Läpples gesellschaftlicher Raum erscheint so nahezu ausschließlich als Resultat des gesellschaftlichen Herstellungs-, Verwendungs- und Aneignungszusammenhangs seines materiellen Substrats. Mir ist dabei unklar, ob jegliche ‚natürliche' Vorgabe negiert wird oder nur als unwesentlich keine weitere Erwähnung findet. Dieter Läpple differenziert im weiteren die unterschiedlichen Analyse-Niveaus von Mikro-, Meso- und Makro-Räumen, auf die ich hier nicht weiter eingehe, da ich dies nur für einen technischen Fokus halte und nicht für eine methodologisch bedeutsame Unterscheidung. Bedeutsam hinsichtlich meiner Relevanzfolie ist an Läpples Raum-Modell – trotz undeutlicher Materie-Facette – die eindeutige Relativ-Konzeption. Sehr deutlich wird, daß Raum als Erkenntnis-Objekt nicht vorausgesetzt werden kann, sondern immer theoretisch rekonstruiert werden muß. Läpples Überlegungen zu gesellschaftlichen Funktionsräumen stellen zudem die in der Raumplanung zugrundeliegenden administrativen und extrem künstlichen Abgrenzungen grundlegend in Frage, so daß Lösungsansätze allenfalls für Teilbereichsplanungen gelten können. Die Viergliederung in Läpples Raum-Modell ermöglicht zudem, bisherige Dualitäten dazu in Beziehung zu setzen, was ich im folgenden Kapitel versuchen werde. Allerdings ist vor dem Hintergrund meiner bisherigen Darstellungen und im Vergleich zur Wissenssoziologie eine teilweise beschränkte Kenntnis naturwissenschaftlicher Raum- oder Ordnungskonzepte zu kritisieren, die keineswegs mehr so banal sind, wie sie von manchen GesellschaftswissenschaftlerInnen oder auch IngenieurInnen dargestellt werden – wobei letzteres nicht auf Dieter Läpples Überlegungen zutrifft. Darüberhinaus würde ich den Begriff des Gesellschaftlichen beschränkter verwenden – etwa so wie in der Differenzierung von Hannah Arendt (s.o.). Das hätte den Vorteil, daß nicht nur das Materiale als Objekt einen zumindest gewissen Eigensinn zugestanden bekäme, sondern – zumindest gemäß meiner Sicht der Welt – auch die Menschen die Chance subjektiven Handelns erhielten, was ähnlich z.B. auch Elias formulierte.

Zum Abschluß dieses Kapitels will ich nun einige Facetten der sozialwissenschaftlichen Perspektive auf Raum zusammenfassen:

> „Mit Räumen wird häufig Objektivität und Starre assoziiert, kaum Subjektivität und Bewegung. Räume, so scheint es, sind die Rahmenbedingungen einer Handlung, Räume sind auch in Stein gehauene Strukturen, Räume sind Behälter, Räume erscheinen als das Bodenständige im Vergleich zur fließenden Zeit" (Löw, 1997).

- So begann Martina Löw ihren Vortrag beim Kongreß für Soziologie in Dresden 1996 und präsentierte damit Vorstellungen über Raum, die selbst im Wissenschaftskontext für nicht ausdrücklich mit Raum beschäftigte KollegInnen gang und gäbe sind. Aber auch VertreterInnen explizit raumbezogener Disziplinen präsentieren nicht selten eine ähnliche Ignoranz und negieren, daß es *differente Begriffe von Raum* gibt, daß diese den realen Raum unterschiedlich vorstrukturieren und folglich auf Raum bezogene Gestaltungsaufgaben oder Problemstellungen zu völlig konträren Ergebnissen führen.
- Doreen Massey formulierte den Eindruck, „die Zeit schreite fort, während der Raum nur herumlungert" (1993, S. 118). Zeit scheint für viele AutorInnen in den Sozialwissenschaften derzeit das wichtigere Thema zu sein, und auch in den Raum-Disziplinen wird häufiger von der Vernichtung des Raumes durch die Zeit bzw. durch die Geschwindigkeit geredet. Letzteres ist unsinnig, da Raum und Zeit nicht nur im physikalischen Theoriekonstrukt der RaumZeit untrennbar zusammenhängen, sondern auch menschliches Leben nur in *Raum und Zeit* zugleich denkbar ist. Raum wie Zeit sind als Bewußtseinssynthesen ordnender Menschen zu begreifen, so daß Elias gar von einem fünfdimensionalen Raum mit den Menschen als zusätzlicher Dimension spricht. In einem solchen Bild kann sich keine Dimension ändern ohne Beeinflussung aller natürlichen wie gesellschaftlichen wie gedanklichen wie technischen etc. Phänomene.
- In der historischen Entwicklung ist die soziale Bestimmtheit von ‚Raum' lange kaum beachtet worden. Bis zum Ende des 19. Jahrhunderts lieferten Geographie und Ökonomie Raumdefinitionen, die auf Zonierung, Abgrenzung, Distanz und Standortkriterien beruhten. Es entwickelten sich verstärkt ‚Spaltungs'-Modelle – z.B. das Zentrum-Peripherie-Modell – sowohl durch politische als auch durch ökonomische Denkraster und Interessen begünstigt. Raum als Begriff wurde nahezu synonym zu Staat oder Markt verwendet. Auch komplexere theoretische Ansätze wie der von Max Weber wurden auf Dauer auf ein banales Behälterraum-

Konzept reduziert, so daß den politischen Expansionsinteressen entsprechend zwangsläufig Konkurrenz um derart verdinglichten Raum entstehen konnte. Die Konnotation von Raum mit Boden oder beschränkten Ressourcen ist bis heute eine der wesentlichen *Konfliktursachen*.

- Die ersten beiden Wissenschaftler, die Raum im Kontext mit Vergesellschaftung diskutiert haben, waren Émile Durkheim und Georg Simmel. Während Simmel verschiedene Formen physischer Raumbezogenheit differenzierte und Raumsubstrate auch als Konkretion menschlichen Zusammenlebens bzw. gesellschaftlicher Organisationen erkannte, sah Durkheim im Raum vor allem eine Kategorie des Denkens und somit Rahmen für symbolisch belegte Beziehungen. Beide Autoren betonten damit den *Zusammenhang von Raumstrukturen und gesellschaftlicher Ordnung*. Beide verfolgten allerdings auch eine evolutionistische Vorstellung von zunehmender Emanzipation vom Raum – was eventuell eine Nicht-Rezeption ihrer Raumthesen unterstützte.

- Raum als soziologische Kategorie kann meines Erachtens nur als Ergebnis eines *historischen Konstruktionsprozesses* entschlüsselt werden. Das bedeutet weder, daß Raum nur gedacht wird und ansonsten gar nicht existiert, noch, daß Raum nur dinghafte Materie ist und von Menschen nur behandelt werden kann. Peter Berger & Thomas Luckmann formulieren dazu, daß Wirklichkeit erst durch die „Anordnung der Dinge" objektiviert erlebt wird (1969, S. 24). Wir können nicht mehr unterscheiden, ob zuerst ‚Henne oder Ei' da war – und es ist eine sinnlose Frage, da wir z.B. hinsichtlich Raum während der Evolutionsgeschichte als Menschheit und individuell durch kulturelle Erziehung *gelernt* haben, Orte und Positionen zu Ordnungen zu verknüpfen, die wir heute Raum nennen und als mehrdimensionales Konstrukt denken können, und zugleich durch unser Sein in der Welt diese räumliche Ordnung gestalten und verändern.

- Da ich Methoden u.a. als einen reflektierten Konstruktionsprozeß verstehe, verwende ich zur Beurteilung von Raumkonzepten das methodologische Konstrukt des *empirischen Relativs*, das Fakten[115] und deren Beziehungen zueinander immer zugleich auffaßt. Auch im Sinne einer angemessenen Operationalisierbarkeit sollten Raum-Modelle folglich zugleich die materiale Substanz aufführen wie auch die zugehörigen formschaffenden Kräfte der gesellschaftlichen Praxis der Menschen. Diesem Kriterium genügen wenige der in diesem Jahrhundert diskutierten Raumkonzepte – wobei ich hier nicht alle behandeln konnte! Wenn ich zudem für ein aktuell relevantes Modell voraussetze, daß Raum nicht mehr an Behälter-Vorstellungen gebunden wird, erscheinen mir von den besprochenen Ansätzen nur die Konzepte von Pierre Bourdieu und Dieter

---

115 Das Faktum oder Fakt kann Tatsache wie Ereignis sein. Es stammt vom lateinischen factum und bedeutet so das Gemachte, das Getane, das Geschehen – vergleichbar auch in Fazit. Das Moment des menschlichen Tätigseins ist im Fakt impliziert!

Läpple geeignet, für ein methodologisches Modell von Raum weiter diskutiert zu werden.

- Neben diesen explizit Raum einbeziehenden gesellschaftswissenschaftlichen Konzeptionen erscheinen mir gewisse handlungstheoretische Modelle äußerst relevant für raumtheoretische Ordnungsmuster zu sein. So verwiesen sowohl Talcott Parsons als auch Erving Goffmann auf die Ausrichtung des menschlichen Agierens im jeweiligen Umfeld. Für ein auch politisches Verständnis von privaten, halböffentlichen und öffentlichen Räumen und für einen differenzierten Umgang mit dem Handlungsbegriff gerade im Planungskontext erscheint mir die Konzeption von Hannah Arendt sowie die Folgediskussionen unumgänglich.

6. Ein dynamisches Analyse-Modell für Raum

Nachdem ich im 3. Kapitel vornehmlich auf Möglichkeiten gedanklicher (Raum-)Konstruktionen eingegangen bin und dann weiter eher material-fokussierte Modelle der Physik und eher sozial-fokussierte Modelle der Gesellschaftswissenschaften vorgestellt habe, möchte ich nun im abschliessenden Kapitel einen Vorschlag unterbreiten für ein *dynamisches Analyse-Modell*[1], an dem sich *Forschung über Raum* orientieren kann. Dafür will ich nun zunächst sammeln, welche Kriterien aus den in dieser Arbeit diskutierten ‚Wegen‘ zum Raum Berücksichtigung finden sollen im Rahmen meiner Konstruktion.

A. Im Vergleich und im Unterschied zur Planungspraxis geht es bei der Erforschung des Raumes nicht vornehmlich um Problemlösung, sondern zunächst um Erkenntnis, reflektierte Eingrenzung, Festlegung des Problems. Die zugehörige Kernfrage könnte lauten: „Welcher Raum ist bzw. welche Konstituen eines umfassenderen Raumes sind für eine spezielle aktuelle Problemstellung wichtig und wie zu definieren?" Ich gehe dabei davon aus, daß es nicht ein allumfassendes jederzeit und allerorts gültiges Raumkonzept geben kann, sondern die in dieser Arbeit zum Teil präsentierte *Differenziertheit von Raum* bewußt verhandelt werden muß. Die soeben von mir vorgenommene Unterscheidung zwischen Problemlösung und Problemstellung entspricht einer typentheoretischen Sicht, die kategoriale Differenzierungen verlangt etwa zwischen Individuum und Gesamtheit, zwischen Theorie und deren Anwendung, zwischen Kommunikation und Informationsübertragung oder zwischen Bild und Sein. Als konzeptioneller Rahmen für den Umgang mit solchen Typensprüngen bietet sich der Begriff der Komplementarität (vgl. Kap. 4) an. Das darin enthaltene Paradox besagt, daß beide Seiten einer Komplementarität zugleich unvereinbar

---

1 Die sprachliche Nähe zur ‚Dynamischen Analyse‘, wie sie Theodor Harder betreibt (1994), ist nicht zufällig gewählt. Es geht jeweils darum, nicht in isolierten Kausal-Ketten zu denken, sondern Realität als simultan und miteinander vernetzt auftretende Prozesse zu würdigen. Harder präsentiert dafür die mathematischen Grundlagen, um z.B. Zeitabstände und Änderungsraten bei Geschwindigkeiten oder Beschleunigungen von Anfang an in dynamischen Analyseformen zu berücksichtigen. Für mit Raum verknüpfte dynamische Wirkungszusammenhänge präsentiere ich hier keine mathematischen Modelle, sondern ein methodologisch ausgerichtetes.

und doch untrennbar miteinander verbunden sind, so auch Begründung und Entwicklung von Planung einerseits untrennbar zusammenhängen und andererseits unbedingt unterschieden werden müssen. Die Regeln der Typentheorie implizieren, daß wir nicht alle Vorannahmen, Grundlagen und Folgen unseres Denkens und Tuns gleichzeitig – z.B. in einem Versuchsaufbau oder einem Untersuchungsdesign – thematisieren können (vgl. ausführlich bei Otte, 1994). Deshalb werden *eindeutige Zielverankerungen* für die Operationalisierung von Forschungsfragen verlangt und bei komplexeren Interessenlagen z.B. ein Methoden-Mix/multi-method-Ansatz zur angemessenen Problemannäherung. Für das anvisierte Raum-Modell bedeutet dies, daß es differenzierende Facetten so anordnen sollte, daß die *verschiedensten Wechselwirkungen* dazwischen aufgespannt werden. Damit verbinde ich die Hoffnung, Beziehungen zwischen den Ausdrucksebenen von Raum ‚anschaubar' für die Wahrnehmung darzustellen.

B. In dieser Arbeit habe ich wiederholt darauf verwiesen, daß alltäglich verbreitete Raumvorstellungen wenig tangiert sind von wissenschaftlichen Raumkonzeptionen, bzw. eine der Wissenschaft entlehnte Sprache und Denkweise erst mit Verzögerung und häufig ‚verkehrt'[2] adaptiert wird. Umgekehrt entfernen sich wissenschaftliche Theorien über Raum häufig weit von der gelebten und erlebbaren Wirklichkeit, die sie doch eigentlich erklären sollen, tragen mit ihren Modellen aber zugleich wesentlich zur Konstitution der Gesellschaft und ihres Alltagsraumes bei (vgl. Elias, 1970; Giddens, 1995). Ein Fazit der historischen Betrachtung der verschiedenen Raumkonstrukte lautet gemäß meiner Interpretation, daß Raum seinen *Charakter* nur im *Kontext der gesellschaftlichen Praxis* entfaltet – dies trifft auf Konzeptionen der Natur- wie der Gesellschaftswissenschaften zu. Zur Konstitution in und durch menschliche Interaktion gehören auf der einen Seite die alltägliche Praxis und Erfahrung der mit Aneignung[3], Nutzung und (Re-)Produktion von Raum und Natur befaßten Menschen und auf der anderen Seite die wissenschaftliche Praxis der Forschung und Erkenntnisgewinnung. Wenn ich zudem die Erfahrung des Raumes über den Leib (List, 1993) und eine Erkenntnis des Raumes mit dem Geist im Sinne der Bachelardschen Noumenologie (1993, S. 65) als ineinander übergehende Aneignungs- und Konstituierungsweisen verstehe, reicht das im vorigen Abschnitt proklamierte Komplementaritätsmuster nicht mehr aus als einziger Ordnungsversuch, solange es un-

---

2   Z.B. wird derzeit begeistert vom ‚Quantensprung in der-und-der Entwicklung' gesprochen, wobei i.d.R. ein großer Fortschritt oder eine grundlegende Veränderung gemeint ist. Dagegen verweist der physikalische Quantensprung auf die Diskontinuität von Raum und bezeichnet eine extrem kleine Veränderung.

3   Ich verstehe hier den Begriff der ‚Aneignung' in seiner begrenzteren Konnotation als ‚Zugang zu' bzw. als ‚Erschließung' und nicht in seiner auch gebräuchlichen Verwendung für ein Zueigenmachen des Ganzen, was hier alle von mir vorgeschlagenen Raumfacetten beträfe.

verknüpft bleibt! Das erwünschte Modell müßte folglich so *flexibel* sein, daß *Bewegung und Veränderungen* darin denkbar sind.

C. Raum und Zeit werden derzeit im allgemein geteilten Verständnis als grundlegend konstituierende Komponenten für die Erscheinungsformen einer menschlichem Erkennen zugänglichen Welt akzeptiert. Raum ist an sich nur Verschiedenräumlichkeit: Raum wird beschrieben durch Nebeneinander, Gleichzeitigkeit bzw. Anordnung, Ausdehnung. Zeit an sich ist nur Verschiedenzeitigkeit: Zeit wird beschrieben durch Nacheinander, Gleichräumigkeit bzw. Abfolge, Dauer (Stieb, 1985, S. 186). Mit dieser Wortwahl bemühe ich mich, die Differenz von *Raum und Zeit* und zugleich ihre Abhängigkeit voneinander zu berücksichtigen.

Zeit war hauptsächlich geistesgeschichtlich ein Thema: In der Antike war Zeitverständnis an den Kosmos gebunden, ohne subjektives inneres Zeitbewußtsein der Menschen. Bei Augustinus[4] kennzeichnete Zeit die Ausdehnung der Seele in Ausrichtung auf die Ewigkeit; nur mittels der Leistung des Bewußtseins (memoria) war Zeiterfahrung möglich, wurden Bilder im Gedächtnis zu Erinnerung, Augenschein, Erwartung. Immanuel Kant[5] postulierte für Raum und Zeit den aller Empirie zugrundeliegenden Anschauungscharakter, da sie nicht per Verstandeserkenntnis erschließbar bzw. aus der Sinnlichkeit aufhebbar seien, sondern in der Natur des Menschen angelegte Vorstellungen (vgl. Kap.4 oder Ciompi, 1988). Für Raum wie Zeit galt empirische Realität, d.h. „objektive Gültigkeit in Ansehung aller Gegenstände, die jemals unseren Sinnen gegeben werden mögen", und transzendentale Idealität, d.h. „sie existieren nicht als Bestimmungen der Dinge an sich, sondern als Bedingungen unserer Anschauung". – In diesem Jahrhundert hat sich dann eine Zeit-Betonung in Teilgebieten der Soziologie entwickelt, während eine Soziologie des Raumes allenfalls im Anfangsstadium befindlich auszumachen ist (vgl. Kap.5). Nachdem schon Gottfried Wilhelm Leibniz[6] als Vorläufer eines ‚relativen Raumbegriffs' betont hatte, „daß er den Raum ebenso wie die Zeit für etwas rein Relatives halte, für eine Ordnung der Existenzen im Beisammensein, wie die Zeit eine Ordnung im Nacheinander sei" (zit. n. Stieb, 1985, S. 69), beschrieb vor einigen Jahren Nor-

---

4   „Das Werk von Aurelius Augustinus (354-430) gehört zu den wirkungsmächtigsten Schöpfungen der abendländischen Geistesgeschichte. Im Ausklang der Antike legt Augustinus, indem er das Erbe der antiken Philosophie aufgreift, die Grundlagen für eine ‚christliche Philosophie'. Er wird damit zum Wegbereiter für das Mittelalter. In seinem Denken finden sich aber bereits viele Ansätze, die in die Neuzeit und Gegenwart reichen, und u.a. bei Descartes oder etwa in Husserls Analysen des inneren Zeitbewußtseins aufgegriffen werden. Wichtigstes Dokument für das Verständnis seiner Person sind seine ‚Confessiones' "(Kunzmann u.a., 1991, S. 69).

5   Immanuel Kant (1724-1804), vgl. Kap.4

6   Gottfried Wilhelm Leibniz (1646-1716), vgl. Kap.4

bert Elias[7] (1984) Raum wie Zeit als ‚menschliche Syntheseleistungen‘, die im Wandlungsprozeß der Gesellschaft miteinander untrennbar vernetzt sind. – Dagegen entwickelten sich Alltagsleben wie auch neuzeitliche Naturwissenschaft eher raumdominant, ohne dieses besonders zu reflektieren. Die Raumvorstellung war zudem i.d.R. reduziert auf den dreidimensionalen Euklidischen Raum, der z.T. noch dimensional reduziert wurde. In der Alltagssprache finden wir zahlreiche Spuren unserer eher raumdominanten Wahrnehmung. Insbesondere in der Beschreibung von Gefühlen werden häufig raumkennzeichnende Attribute verwendet: Wir sprechen von ‚riesiger‘ Freude und von ‚großem‘ Schrecken, wir empfinden etwas als ‚abgrundtief‘ häßlich oder als ‚überirdisch‘ schön, wir zeigen ‚grenzenloses‘ Erstaunen – nicht ‚ewiges‘, wir versprechen höchstens ‚ewige‘ Liebe in Mißachtung sowohl der alltäglichen Realitäten als auch der menschlichen Möglichkeiten. In Sprache und Alltagswahrnehmung wird Zeit sowohl für gegenwärtige als auch für überschaubare, körpernahe Vorgänge verräumlicht. Erst bei Grenzüberschreitungen, Überschreiten der Enden, der Endlichkeit sozusagen wird auch der Raum ‚unendlich‘ und nähert sich so der Ewigkeit und damit der Zeit an.

Erst in diesem Jahrhundert gelang der modernen Physik mit der Raum-Zeit die Verknüpfung. Die Überwindung des absoluten Raumes wurde möglich durch die Darstellung der gesamten physikalischen Realität als Feld (Einstein, 1960, S. XV). Für ein methodologisches Raum-Modell ist zu prüfen, ob ein *Feldcharakter* für die *Raum-Zeit-Abhängigkeit* konstruiert werden kann.

D. Nachdem die schon angeführten Kriterien bereits verdeutlicht haben, daß Raum nicht eindeutig in seiner Existenz erkannt und festgelegt werden kann, ebensowenig wie er unbeeinflußt durch Dinge und Vorgänge in der Welt ist, bedeutet dies, daß künftig keine Gesetzmässigkeit mit raumzeitlich unbeschränkter Gültigkeit angestrebt werden kann. Um auf die zu Eingang des Kapitels aufgerufene dynamische Analyse zurückzukommen, muß ein methodologisches Raummodell so ‚beweglich‘ sein, daß die Ausgangsproblematik einer Raumplanung als *Anfangspunkt auf eine Allheit von Enden* bezogen sein kann – wie das Beispiel der Wetterfahne bei Egbert Stieb (1985, S. 66). Zugleich sollten die Abläufe menschlichen Denkens und Tätigseins darin verdeutlicht werden können – wobei ich sowohl das Prinzip der hermeneutischen Spirale als auch das der dialektischen Synthese als prozessual angelegte gern berücksichtigen würde (Sturm, 1994 b). Das Modell sollte also Gegensätze bzw. ForscherIn und Gegenstand vereinen, ohne die Herkunft in einem Kompromiß zu verschleiern – ein Ergebnis kann dann *nicht ein-fach* sein und kein absolutes Ende haben, sondern produziert immer auch als Erwirktes neue

---

7   Norbert Elias (1897-1990), vgl. Kap.5

Fragestellungen in einem verändert definierten Feld. Das dialektische Aufgehobensein bedeutet schließlich nicht Aufgegebensein, sondern die veränderte Sicht auf eine ‚nicht mit sich selbst gleiche' Gegebenheit. Um die *Gleichzeitigkeit von Hervorbringen und Hervorgebrachtem* in der Verwendung von Raumvorstellungen in gesellschaftswissenschaftlichen Konzepten zu beurteilen, habe ich im vorigen Kapitel das Modell des empirischen Relativs verwendet. Dieses auch als strukturierte/strukturierende Menge deklarierbare Modell reduziert zwar hermeneutische wie dialektische Vorstellungen stark, ist aber m.E. mit Rücksicht auf den derzeitigen Stand der Instrumentenentwicklung geeigneter, einen Methodenweg, wie ich ihn im 2. Kapitel dargestellt habe, zu operationalisieren. Für meinen Modellvorschlag folgert aus diesen Überlegungen, daß zumindest ein ‚Kreislauf' abbildbar sein sollte, wobei jede Runde zu nicht mehr demselben raumzeitlichen Ort oder Problem führt.

6.1 Methodologische Facetten

Diese Kriterien als Extrakt der in den vorhergehenden Kapiteln formulierten methodologischen Anforderungen an ein Raummodell versuche ich nun zu berücksichtigen. Dabei möchte ich betonen, daß mein vorgeschlagenes Modell als in der Entwicklung begriffen werden soll, ohne Endpunkt, als Wegvorschlag – nicht Wegweiser, dennoch notwendig als möglicher Ansatz für Operationalisierungen. Denn ohne jeweils neu durchgeführte operationale Analyse sind weder wissenschaftliche Forschung über Raum noch alltagspraktisches planerisches Handeln begründbar.

Als Grundform für mein Raummodell wähle ich den Kreis, da er – außer der Mitte – keinen ausgezeichneten Punkt aufweist und somit im Kreislauf raumzeitliche Unbegrenztheit repräsentieren kann. Durch die Zeitspirale als unendlichen ‚Kreisrand' möchte ich verdeutlichen, daß jegliches Raumereignis zum einen im Zusammenspiel der verschiedenen Aspekte immer neue Färbung erhält und zum anderen bei zeitlicher Wiederholung der gleichen Färbung dennoch nicht mehr dasselbe ist. Um die allenthalben konstatierten Wechselwirkungen verorten zu können, wähle ich zunächst vier Quadranten. Diese erinnern nicht nur an Descartes' Koordinatensystem, sondern auch an zahlreiche sogenannte ‚vorwissenschaftliche' Symbolsysteme zur Rationalisierung der Wirklichkeit. Und als Bezeichnungen wähle ich zunächst die *vier Ursachen* des Aristoteles. Um den von Platon proklamierten Dualismus zwischen Idee und realem Gegenstand aufzuheben, forderte Aristoteles, daß das Wesen der Dinge in ihnen selbst liegen müsse, der Gegenstand sich allerdings nur in einem Prozeß des Werdens aus Stoff und Form entwickeln könne. Das *Wesen der Dinge* ist in der Materie nur der Möglichkeit nach angelegt und gewinnt Aktualität durch die Form bzw. die Reihenfolge deren Erscheinungen. Die Entfaltung des Wesens nannte Aristoteles Entelechie, wobei das Ziel (griechisch: télos) zur Entwicklung von der möglichen zur wirklichen Entfaltung vorausgesetzt werden muß! Die vier Ursachen für die Entwicklung lauteten folgendermaßen:

- „*Formursache*: Ein Gegenstand bestimmt sich nach seiner Form – z.B. ein Haus nach seinem Plan.
- *Zweckursache*: Nach dem teleologischen Grundgedanken geschieht nichts ohne Zweck – beim Haus z.B. Schutz vor dem Wetter.
- *Antriebsursache*: Jede Entwicklung bedarf eines Motors, der sie vorantreibt – beim Haus z.B. die Arbeit der Maurer, Zimmerleute.
- *Stoffursache*: Jeder Gegenstand besteht aus Materie – beim Haus Ziegel, Steine etc." (Kunzmann, Burkard & Wiedmann, 1991, S. 49).

Abbildung 27:
Ausgangsformation für ein methodologisches Raummodell mit Zeit-Spirale als Entwicklungsdimension. Quelle: Eigene Darstellung.

Diese vier Ursachen ordne ich den Kreisquadranten so zu, daß der Stoff als ‚Unterlage' zusammen mit der Form als dem Gegenstand inhärente Komplementarität die Basis für das menschlich verändernde Tätigsein bilden – also als Quadranten die untere Kreishälfte bilden. Diese Anordnung entspricht der Gliederung der menschlichen Gesellschaft, wie sie Hannah Arendt (1981; vgl. Kap.

190

5) für die antike Polis analysierte: Sie betonte vor allem die zwei Seinsweisen, das Reich der natürlichen Notwendigkeiten versus das Reich genuin menschlicher Freiheit bzw. den zwanghaften, arbeitsamen, geregelten Haushalt versus das Gleichheit, Denken und Handeln fordernde Politische (vgl. Abb. 23A).

Eine ähnliche Gliederung, wie sie Aristoteles kreierte, um das Wesen der Dinge herzuleiten, formulierte Immanuel Kant für seine *transzendentale Analytik*, indem er das „Verstandesvermögen selbst" zu zergliedern suchte (1990, S. 106ff.). Dies scheint mir auf dem Hintergrund meiner Ausführungen im 3. Kapitel über experimentelles Denken als formal symbolische Konstruktion u.a. auch für Raum betrachtenswert. Als „Leitfaden der Entdeckung aller reinen Verstandesbegriffe" fand Kant „vier Titel ..., deren jeder drei Momente unter sich enthält" (ebd., S. 110). Die Deduktion dieser a priori gegebenen Elemente des Verstandes ergab im ersten Schritt verschiedene *Urteilsformen*, und im zweiten Schritt, der sogenannten transzendentalen Deduktion, *Kategorien* als Bedingungen einer einheitlichen Ordnung, die alle Erfahrung lenkt. Ohne diese Erfahrung wäre keine Erkenntnis möglich, und die Begriffe, die der Grundlage durch Anschauung bedürfen, blieben leer.

> „Kategorien sind also notwendig, die Erfahrungen in die Einheit des Subjekts zu ordnen ... Die Kategorie bringt das Mannigfaltige gegebener Vorstellungen unter eine Apperzeption" (Kunzmann u.a., 1991, S. 137).

Objekt der Erfahrung kann nur sein, was unter diese Ordnung gebracht ist. Dabei nannte Kant die Summe all dieser Objekte ‚Natur'. Die Kantschen Kategorien erscheinen zunächst weniger raumrelevant als die Aristotelischen, obwohl Kant sie an die Begriffe des Aristoteles anschloß. Statt dessen betonte er in seinem ‚Schematismus' die *Zeit* als Bindeglied zwischen den Kategorien und der Anschauung:

- der Quantität liegt das Zählen zugrunde, also die zeitliche *Reihenfolge*;
- die Qualität besteht aus dem Grad an *Erfüllung* der Zeit, von real bis nicht-real;
- der objektive Bezug der Relation besteht durch die *Zeitordnung*;
- die Modalität ergibt sich aus dem Zeitbegriff: Ist etwas *irgendwann*, ist es möglich – ist es zu *einer Zeit*, ist es wirklich – ist es *immer*, dann ist es notwendig (Kunzmann u.a., 1991, S. 139).

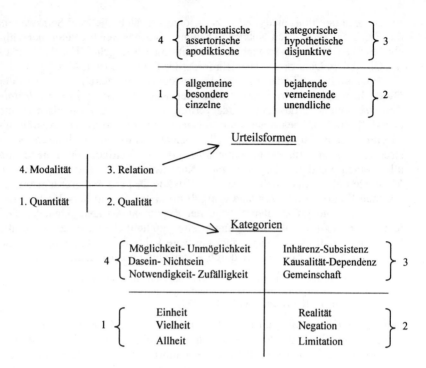

4 {	problematische assertorische apodiktische	kategorische hypothetische disjunktive	} 3
1 {	allgemeine besondere einzelne	bejahende verneinende unendliche	} 2

Urteilsformen

4. Modalität	3. Relation

1. Quantität	2. Qualität

Kategorien

4 {	Möglichkeit- Unmöglichkeit Dasein- Nichtsein Notwendigkeit- Zufälligkeit	Inhärenz-Subsistenz Kausalität-Dependenz Gemeinschaft	} 3
1 {	Einheit Vielheit Allheit	Realität Negation Limitation	} 2

Abbildung 28:
Immanuel Kants Gliederung seiner Analytik der Begriffe in seiner Nume-
rierung und meiner Zuordnung zu den vier Modell-Quadranten. Quelle:
Kant, 1990, S. 110 und 118.

Während bei Aristoteles, trotz seiner vier Ursachen, die Substanz der Dinge
wesentlich auf der Dualität von Stoff und Form beruhte, produzierte Kant gegen vereinfachende Dualismen eine hochdifferenzierte und präzise Analytik[8].

---

8   Deren Zwölferordnung leitete Kant nicht her – wie Oskar Negt und Alexander Kluge
    bemängeln (1981, S. 1084ff.). M.E. mußte Kant dazu keine Notwendigkeit sehen, da im
    18. Jahrhundert Reste einer Zahlenmystik alltagsbekannt waren – wie z.B. das Hexen-
    Einmal-Eins in Goethes ‚Faust' (70er Jahres des 18. Jh.) belegt. Jedes Erklärungssystem,
    das sich nicht auf Polaritäten, Dualität, Opposition und damit ‚Spannung' als Existenz-
    prinzip beschränken will bzw. wollte, sucht/e so nach Kombinationen ‚umfangreicherer'
    heiliger Zahlen. So stand die *Drei* für göttliche Kraft – was sich u.a. in der Dreifaltigkeit
    des einzigen Gottes der christlichen Kirche dokumentiert, oder in den drei Eigenschaften
    Jungfrau, Mutter, Königin bzw. Schmerzensreiche, die Maria von den ihr vorangegange-

192

Nachteilig erweist sich in meiner Sicht, daß sich seine Absolutsetzung von Zeit und Raum in den Begriffsbildungen zumindest teilweise widerspiegelt. Als Nichtphilosophin sehe ich mich derzeit kaum in der Lage, diesen Aspekt grundlegender zu diskutieren und verschiebe deshalb eine solche mögliche Analyse auf die Zukunft. Entsprechend übernehme ich hier auch nicht sein Zwölfersystem, sondern beschränke mich weiter auf die formulierten vier Quadranten mit Anlehnung an Kants vier Klassen. Für zukünftige Modell-Diskussionen halte ich jedoch die zwölf Urteilsformen und Kategorien für erinnernswert! Von der dargestellten Konstruktion unterstützt Kants Klassenkennzeichnung nicht nur meine vorgeschlagene Quadrantenstruktur, sondern unter einem weiteren Aspekt auch das von mir im 5. Kapitel als Vergleichsmaßstab verwendete Konstrukt des empirischen Relativs. Kant teilte seine vier Klassen von Verstandesbegriffen in *zwei Abteilungen*,

> „deren erstere auf Gegenstände der Anschauung (der reinen sowohl als empirischen), die zweite aber auf die Existenz dieser Gegenstände (entweder in Beziehung aufeinander oder auf den Verstand) gerichtet sind" (Kant, 1990, S. 121).

Die erste Hälfte der Kategorien nannte er die ‚mathematischen‘, die zweite die ‚dynamischen‘, als Korrelate auftretenden Kategorien[9]. Dem Relativ entspricht diese Anordnung, da jedem ‚mathematischen‘ Urteil über einen Gegenstand ein ‚dynamisches‘ quasi als Ergänzung gegenübersteht[10]. Obwohl

---

nen Göttinnen übernahm. Die Drei stand weiterhin für Stationen der Seele auf dem Wege zum Heil und vergleichbar für alle Prozesse, die zu einem guten Ende führen sollen – wie zahlreiche Sprichworte belegen. In jedem Fall wird mit der in der Dreiheit symbolisierten Kraft ein vorwärtsdrängendes Prinzip verkörpert. Das Dritte ist nicht die Summe der beiden vorangehenden, sondern entspringt deren Verbindung und weist zugleich darüber hinaus. Dieser Aspekt wird u.a. im dialektischen Dreischritt tragend. In der Philosophie war und ist so Dreiheit ein Gegenstand besonderer Aufmerksamkeit (Haarmann, 1992, S. 264). Die *Vier* stand meist symbolisch für die Weltordnung bei den Sioux wie in der jüdischen Kabbala, bei den Jägern des Paläolithikums wie bei den Maya wie im Brahmanismus. In der *Zwölf* verbanden sich diese beiden Konnotationen zu einem Langzeitrhythmus für das Jahr, den Vegetationszyklus sowie Astronomie und Astrologie. Als Organisationsprinzip tauchte die Zwölf in der ägyptischen, orientalischen und in Folge der gesamten abendländischen Mythologie auf – in Nordeuropa teilweise überlagert von einer negativen Konnotation (z.B. die zwölf Rauhnächte ‚zwischen den Jahren‘, die durch die Heiligen Drei Könige und ihr Signet gebannt werden; vgl. ebd., S. 265ff). Gemäß meiner Vorannahme, daß wissenschaftliches Denken nicht unabhängig von gesellschaftlicher Konstruktion geschieht, interpretiere ich Kants Setzung als Ausdruck dieser Wechselwirkung.

9   Mathematisch ist aus dem Griechischen entlehnt. Dort bedeutet máthema „das Gelernte, die Kenntnis" (vgl. Kap. 3), und als Verb manthánein = „(kennen-)lernen, erfahren". Dynamisch stammt von griechischen dynamikós = „mächtig, kräftig, stark, wirksam" und dem älteren dynasthai = „vermögen, können". dynmis heißt „Vermögen, Kraft".

10   Zum allgemeinen Urteil ‚alle S sind P‘ als Ausdruck der Quantität Einheit paßt das kategorische Urteil ‚S ist P‘ als Ausdruck der Relation Inhärenz versus Subsistenz; zum besonderen Urteil ‚einige S sind P‘ als Ausdruck der Quantität Vielheit paßt das hypothetische Urteil ‚wenn ... dann‘ als Ausdruck der Relation Kausalität versus Dependenz;

nach meiner Ansicht durch diese Art der Gegenüberstellung die Nachteile strenger Dualismen wenn nicht aufgehoben, so zumindest stark gedämpft werden, beklagt z.B. Alexander Gosztonyi (1976, S. 452) genau diese Dualisierung von dem Ding an sich und seiner Erscheinung. Allerdings betont auch er den Fortschritt, den Kants Analyse des Anschauungsraumes für spätere Raumkonzeptionen bewirkte (vgl. Kap. 4).

Trotz dieser nur ausschnitthaften Rezeption der ‚Raum-Philosophie' Kants möchte ich den Quadranten des von mir vorgeschlagenen Analysemodells für Forschung über Raum ähnliche Charakteristika zuweisen, indem ich die beiden im Kreis unten liegenden als die ‚gekannte Basis' verstehe und die beiden im Kreis oben liegenden als ‚dynamischen Überbau'. In der Sprache der bisher schon angeführten Relativstrukturen kennzeichnet dies die Verhältnisse von: Element zu Relation, Vorgabe zu Auswirkung, subjekt- bzw. gegenstandsgebunden zu interaktionsabhängig, positionenorientiert zu relationenorientiert, Notwendigkeit zu Freiheit. Diese ‚waagerechte Teilung' des Modells – entsprechend den zwei Abteilungen der mathematischen und dynamischen Kategorien bzw. Urteile bei Kant – erscheint mir jedoch nicht die einzige Möglichkeit, die Struktur eines Relativs auf die Quadrantenanordnung abzubilden. Dazu erinnere ich an den im vorigen Kapitel dargestellten Formenbegriff von Georg Simmel. Dieser hatte seine Raumkonzeption aus der soziologischen Analyse der Anschauungsformen abgeleitet. Seine Unterscheidung in einerseits umfassend verstandene *objektive Raumgebilde* als Ergebnis sozialen Wirkens und andererseits *Raumbedingungen der Vergesellschaftung* als Ausdruck gesellschaftlicher Wechselwirkungen legt eher eine ‚*senkrechte Teilung*' der Quadranten nahe. Damit ließen sich in etwa folgende Verhältnisse kennzeichnen: Materialisierung zu Vergesellschaftung, rezeptiv zu aktiv, Eigensinn zu Eigenwille, Reproduktion zu Produktion. – Insgesamt werden durch diese beiden Möglichkeiten der Hälftung im Modell eine Reihe komplementär konstruierter Kategorisierungen – auch hinsichtlich Raum – ‚*verortbarer*':

---

zum einzelnen Urteil ‚ein S ist P' als Ausdruck der Quantität Allheit paßt das disjunktive Urteil ‚entweder ... oder' als Ausdruck der Relation Gemeinschaft;
zum bejahenden Urteil ‚S ist P' als Ausdruck der Qualität Realität paßt das problematische Urteil ‚es ist möglich' als Ausdruck der Modalität Möglichkeit versus Unmöglichkeit;
zum verneinenden Urteil ‚S ist nicht P' als Ausdruck der Qualität Negation paßt das assertorische Urteil ‚in der Tat ist' als Ausdruck der Modalität Dasein versus Nichtsein;
zum unendlichen Urteil ‚S ist Nicht-P' als Ausdruck der Qualität Limitation paßt das apodiktische Urteil ‚notwendig ist' als Ausdruck der Modalität Notwendigkeit versus Zufälligkeit.

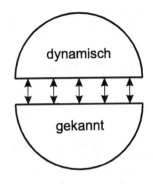
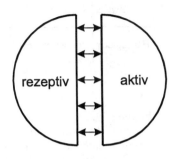

Vergleichbar geordnete Klassifizierungen wie Aristoteles' Ursachen und Kants Klassen habe ich im vorigen Kapitel vorgestellt: von Talcott Parsons das AGIL-Schema und von Dieter Läpple die Komponenten seines Matrix-Raumes. Deren beide Modelle will ich nun daraufhin untersuchen, ob sie den vier Quadranten des von mir vorgeschlagenen Analyse-Modells analog sind und welche Wechselwirkungen infolge anderer Hälftungs- bzw. Facettierungsmöglichkeiten sie inhaltlich eröffnen.

Parsons' erster Vorschlag (1937) für einen *Handlungsbezugsrahmen* läßt sich ohne ‚Verrenkungen‘ auf die von mir formulierten Quadranten abbilden, wenn ich mit dem Handelnden (1) im I. Quadranten beginne und den Zweck des Handelns (2), die Handlungssituation (3) und die normative Orientierung (4) *im* Uhrzeigersinn zuordne. Da Parsons die normative Dimension zur Erhaltung sozialer Ordnung betonte, entspricht dies der Aristotelischen ‚Formursache‘ bzw. dem Bereich des Gesellschaftlichen und des Erstellens in meiner Anordnung von Hannah Arendts ‚vita activa‘. – Das AGIL-Schema läßt sich nach meiner Interpretation zwar ebenfalls auf die Quadrantenstruktur abbilden, jedoch nur mittels eines Felder-Tausches im Vergleich zum ersten Parsons-Modell. Da Parsons die AGIL-Struktur aber runde fünfzehn Jahre später als den ersten Handlungsrahmen formulierte und zudem über weitere fünfundzwanzig Jahre immer weiter ausbaute, unterlag seine Struktur gewissen Konnotationsänderungen. So scheint mir ‚Latenz‘ als ‚Kulturelles System‘ trotz der leicht irritierenden deutschen Bezeichnung ‚Werterhaltung‘ eher dem Erwirkten (IV.) zuzuordnen sein als dem Entwurf (II.).

Zweck	Situation	**L**	Kultur	Soziales System	**I**
			Werterhaltung	Integration	
Handelnde/r	Normensystem	**A**	Anpassung	Zielverwirklichung	**G**
			Organisation	Persönlichkeitssystem	

wobei ↺ Energie- ↺ Kontrolle

Abbildung 29:
*Talcott Parsons' Handlungsdimensionen, in Quadrantenstruktur ange-
ordnet. Links sein erstes viergliedriges Rahmenmodell aus dem Jahre
1937. Rechts sein AGIL-Schema, wobei die inneren Begriffe die Dimensionen 'generalisierten Handelns' (1951) kennzeichnen und die äußeren
Begriffe der Systematik eines 'allgemeinen Handlungssystems' (1959ff.)
entstammen.* Quelle: Eigene Darstellung, modifiziert nach Parsons, 1975,
S. 50 und Hauck, 1984, S. 142.

Aber auch unter Berücksichtigung der sehr unterschiedlichen Diskussions-
rahmen, in die Talcott Parsons sein AGIL-Schema im Laufe der Jahre ein-
paßte, gibt es zu den bisher hier von mir zusammengestellten vier Konno-
tationsfeldern relativ starke Differenzen. Trotz meines Eindrucks, daß Parsons nicht nur einen relativ normativen Handlungsbegriff konstruiert, sondern auch von eher normativer Anpassung ausgeht – was meinen eigenen
Annahmen ausschließlich prozeßhafter Entwicklung entgegensteht, möchte
ich zumindest eine Idee aus der 'kybernetischen Phase' des AGIL-Modells
auf mein Quadrantenmodell übertragen. Anknüpfend an meine oben geäu-
ßerte Kritik des hierarchischen Aufbaus des allgemeinen Handlungssystems
von Parsons, hätte die Kreisanordnung seiner vier Handlungsdimensionen
den Vorteil, daß der Organismus nicht mehr aus der 'Dunkelheit' des phy-
sisch-organischen Milieus stammt. Im Kreis hat jedes physikalische Objekt
wie auch jeder lebendige Organismus seine Herkunft in einer im weitesten
Sinne kulturell geprägten Welt bzw. kann von erkennenden Menschen nicht
anders wahrgenommen werden als im gekannten Kontext. Umgekehrt aber
gibt der Organismus so nicht nur Entwicklungsenergie weiter, sondern setzt
auch die eigene Körperlichkeit als 'Kontrolle' im Sinne von Auswahl oder
Verknüpfung vorhandener Existenzen ein. Wenn ich Parsons' AGIL-
Schema trotz zahlreicher Unstimmigkeiten in meiner Quadrantenstruktur
weiterdenke, erscheint mir die *doppelte Dynamik* wichtig: Mit der Zeit 'gegen den Uhrzeiger' läuft ein veränderndes Moment, während 'im Uhrzeigersinn' ein widerständiges, sich vergegenständlichendes Moment wirkt.
Diese doppelte Dynamik erinnert mich u.a. auch an die physikalische
Äquivalenz von Masse und Energie. Überdies meine ich mit meiner Spiral-
vorstellung ein geeigneteres Bild zu verwenden für die *'aufeinanderge-*

196

schichteten' Wahrnehmungsebenen von konkreten wie imaginierten Raumsubstraten als es Parsons vergleichbar mit seinen ,ineinandergeschachtelten' Systemen verwendete, da er jedem der vier AGIL-Subsysteme wiederum alle vier Systemdimensionen mit je differenzierterer Reichweite zuschrieb. Weitere Überlegungen dazu verschiebe ich hier allerdings wiederum in die Zukunft.

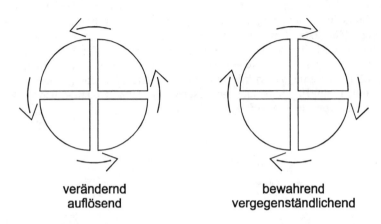

verändernd
auflösend

bewahrend
vergegenständlichend

Als letztes ,Vorläufermodell' will ich nun die vier Komponenten des ,Matrix-Raumes', wie ihn Dieter Läpple (1991) als sich selbst strukturierenden gesellschaftlichen Ordnungsraum formuliert hat, mit meinem Quadrantenmodell vergleichen bzw. darin einfließen lassen. Die im vorigen Kapitel ausführlich dargestellten Komponenten lassen sich nach meinen bisherigen operationalen Überlegungen leicht in den Kreis ordnen:

Zeichen-, Symbol- & Repräsentationssystem; kristallisierte Geschichte	Gesellschaftliche Interaktions- & Handlungsstrukturen; gesellschaftliche Praxis
Materiell-physisches Raumsubstrat; Biosphären-Totalität	Institutionalisiertes & normatives Regulationssystem

Abbildung 30:
Dieter Läpples Komponenten eines gesellschaftlichen Matrix-Raumes, in Quadrantenstruktur angeordnet. Quelle: Läpple, 1991, S. 196f.

Dieter Läpple betont in seinen Ausführungen die wechselseitige Abhängigkeit aller Komponenten zueinander. Zusätzlich zu den bisher schon aufgezeigten Wirkungsrichtungen werden in seiner Darstellung vor allem die ‚Diagonalen' betont. Das materiell-physische Substrat als Objekt fordert – wie schon bei Aristoteles – das Handeln heraus, die subjektive Aneignung des natürlich Gegebenen. Und auf der ‚kreuzenden' Ebene entwirft ein institutionalisiertes und normatives Regulationssystem ein Bild von Wirklichkeit, das sich historisch später dann an Raumsymbolen und -zeichen ablesen läßt, die ihrerseits weitere Regulation ermöglichen, fördern, hindern oder herausfordern. Zur ersten Beziehungsachse gehören nach meiner derzeitigen Interpretation Verhältnisse wie Gegenstand zu Aneignen durch Handeln oder Natur zu Subjekt. Zur zweiten Beziehungsachse gehören Verhältnisse wie das Mögliche zum Verwirklichten, das Geplante bzw. das Aneignen durch Herstellen zum Ergebnis oder die Gesetze zum Umgesetzten – also auch das Verhältnis von Theorie zu Empirie.

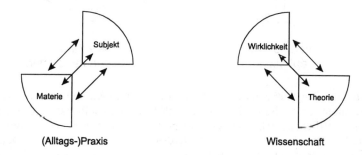

(Alltags-)Praxis   Wissenschaft

Wenn ich zudem noch diese beiden Achsen als ‚Kreishälften' zueinander in Beziehung setzte, ergäbe sich als weiteres Verhältnis das zwischen Praxis und Wissenschaft, die im Kreis idealerweise ineinander verschränkt erscheinen.

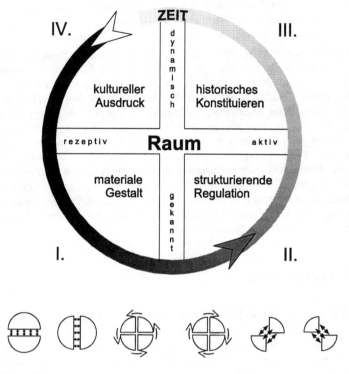

Abbildung 31:

Vorläufige Ergebnisformation eines methodologischen Quadrantenmodells für Raum mit Zeitspirale als Entwicklungsdimension sowie einer Orientierungsleiste für die operationalisierbaren Wechselwirkungen zwischen den Feldern. Quelle: Eigene Darstellung.

Bevor ich abschließend dieses Modell an Beispielen für die Raumplanung expliziere, will ich die methodologischen Konstruktionsüberlegungen noch einmal kurz resümieren:

- Die vier Quadranten spiegeln eine jeweils sehr *eigenständige* Facette einer komplexen – natur- wie gesellschaftswissenschaftlich relevanten – Raumvorstellung – und sind zugleich in ihrer Gesamtheit notwendig, um Raum entstehen lassen zu können. Diese relative Unabhängigkeit ist methodologisch notwendig, um eine Forschungsfragestellung in ihrem Hauptinteresse und damit Ziel verankern zu können. Meine interpretierenden Extrakte aus den dargestellten Vorläufermodellen lassen mich für mein Quadrantenmodell folgende *Kurzbezeichnungen* modifizieren:

I. Die *materiale Gestalt* des Raumes
II. Die *strukturierende Regulation* im Raum und des Raumes
III. Das historische Konstituieren des Raumes
IV. Der *kulturelle Ausdruck* im Raum und des Raumes.

* Die Kreisanordnung ermöglicht es, sehr viele unterschiedliche *Wechselwirkungen* zwischen den in Quadranten und Hälften repräsentierten Raumeigenschaften zu visualisieren. Dabei ist nach meiner Interpretation die strukturierende Eigenschaft des Relativs nicht – wie bei Kant – auf eine Kreishälfte beschränkt, sondern jeder Quadrant ist mit der vollständigen Struktur eines empirischen Relativs ausgestattet, d.h., Raum kann in jeder Facette abhängig von der Forschungsfrage sowohl die *positionale* als auch die *relationale* Funktion übernehmen – wobei das ‚Gegenfeld' dann jeweils die entsprechende ‚Gegenfunktion' wahrnimmt.

* Die gegenseitige Abhängigkeit von Raum und Zeit soll durch die Drehung in eine Spirale hinein verdeutlicht werden. Dadurch entstehen beliebig viele *Schichten* aufeinander, die das historische Gewordensein von Raum und im Raum dokumentieren.

6.2 Verknüpfungen

Nachdem ich vier Felder für ein Modell eines in gesellschaftlichen Prozessen konstituierten Raumes formuliert habe, die meines Erachtens zur Klärung des Raum-Verstehens der verschiedenen mit Raum befaßten Wissenschaftsdisziplinen beitragen können, will ich nun diese Klärung mit einigen Beispiel unterstützen. Um das Modell vertrauter zu machen, will ich zunächst die *Quadrantenbelegung* am *Beispiel* der *Landschaft* als Konkretion von Raum verdeutlichen:

* Für Landschaft als Forschungsgegenstand der Raumplanung finden sich im I. Quadranten alle organischen und anorganischen Elemente einer Region. Dazu gehören der Zustand und die Struktur der Erdoberfläche – Wasserfläche, Küste, Wüste, Ebene, Berge Sumpf, Wald etc. sowie möglicherweise bereits ‚verbrauchte' Oberflächenelemente, z.B. Verkarstung nach Übernutzung, Abholzung, Brand, Erdrutsch etc.; weiter zählen zur materialen Gestalt die Pflanzen- wie die Tierwelt in Abhängigkeit von der Klimazone ebenso wie die menschliche Bevölkerung, die dauerhaft oder periodisch ansässig ist; weiter sind sogenannte Naturressourcen wie z.B. Bodenschätze prägend und schließlich alle sich vergegenständlicht habenden Produkte menschlichen Lebens und Siedelns, wie da sind Gebäude, Wege und Straßen und Kanäle, aber auch der gepflügte Acker, der gepflanzte Obstgarten, die Viehweide oder der Stadtpark oder das Sportstadion.

- An der Aufzählung wurde bereits deutlich, daß möglicherweise ursprünglich im Sinne von menschenunberührter Landschaft seltenst bzw. gar nicht existent ist, denn selbst die Gestalt der Arktis ist nicht nur von Polarforschern möglicherweise beeinträchtigt, sondern vor allem durch Verschmutzungen, die Menschen an anderen Orten der Erde verursachen. Insofern wirkt auf die Materialität jeder Landschaft das Alltagsleben mindestens der Menschen, die vor Ort leben. Hinsichtlich des III. Quadranten ist für Landschaft also all das zu beachten, was Menschen als handelnde Aneignung ihres Lebensraumes betreiben und in der Vergangenheit betrieben. Unterschiedliche Formen des Ackerbaus genauso wie des Zusammenlebens oder des Wirtschaftens prägen sich entsprechend verschieden in der Landschaft aus.

- Die meisten Wege menschlicher Raumaneignung sind durch gesellschaftliche Regulationssysteme bestimmt, die sich auch auf Landschaft auswirken und im II. Modellquadranten gesammelt sind. Die landschaftsprägende Wirtschaftsform ist in allen Kulturen u.a. vom Erbrecht, vom Eigentumsrecht und von den gesellschaftlichen Machtverhältnissen zwischen den Geschlechtern und den Ethnien abhängig. Für westeuropäische Landschaften kann das Bodenrecht genauso wenig außer Acht gelassen werden wie Verwaltungsstrukturen mit festgelegten Entscheidungsabläufen auch hinsichtlich der Erstellung von Flächennutzungsplänen und Bebauungsplänen. Die Normierung von Landschaft findet aber nicht nur in diesem institutionalisierten Kontext statt, sondern z.B. auch im Kopf der meisten Reisenden. Mittels Landkarte, Stadtplan, Reiseführer oder Urlaubskatalogen ist die Landschaft im Kopf schon längst zusammengesetzt, bevor mensch vor Ort angelangt ist, um sie originär zu erfahren.

- Das Ergebnis dieser – mittels drei Raumfacetten differenziert analysierbaren – prozeßhaften Entwicklung von Landschaft wird als Landschaftsbild dem IV. Quadranten des Raummodells zugewiesen. Als Raumbild (vgl. Ipsen, 1997 und 1986) hat jede Landschaft nicht nur eine klima- und bodenabhängige Gestalt, sondern trägt neben den menschenproduzierten Raumgebilden auch alle Spuren, Zeichen und Symbole[11] gegen-

---

11 – *Spuren* werden hinterlassen von vorherigen Nutzungen, z.B. als Abnützungsspuren oder im waidmännischen Sprachgebrauch als Fährten im Boden oder im Schnee. Beispiele, die für eine Raumanalyse bedeutsam sein könnten, sind: Trampelpfade, abgetretene Fußbodenbeläge, Fahrspuren, durch Spontanvegetation bewachsene Verkehrsflächen, abgegriffene Handläufe etc. oder weggeworfener Abfall.
– Ein *Zeichen* ist eine sinnlich wahrnehmbare Gegebenheit – ein Gegenstand, eine Erscheinung, ein Vorgang oder eine Handlung, die eine vereinbarte Bedeutung oder Information trägt. Als Anzeichen wird es kausal verursacht von dem Ereignis, das es anzeigt – z.B. Rauch zeigt Feuer an. Zeichen repräsentieren immer eine andere Gegebenheit. Als konventionelle Zeichen sind sie willkürliche Repräsentanten (z.B. Wörter) und bedürfen der Interpretation. Beispiele, die für eine Bestandsaufnahme im Quartier informationsreich sein könnten, sind: Verkehrszeichen, Graffiti, Hüpfkästen o.ä. von Straßenspielen der Kinder, Plakate, Aufkleber, Kleidung von PassantInnen, Schaufenstergestaltung, Fensterschmuck,

wärtigen und vergangenen ökonomischen und politischen Lebens der in ihr agierenden Menschen. Landschaft trägt somit einen kulturellen Ausdruck, der für die BewohnerInnen Heimat bedeuten kann oder zumindest eine Haltung hervorruft (egal, ob Identifikation oder Ablehnung oder ‚Leere‘; vgl. Jüngst, 1984; Jüngst & Meder, 1986, 1988, 1993, 1995; Ipsen, 1993). Das Landschaftsbild dient so auch der Kontrolle bzw. Beurteilung jeglicher eingreifenden Regulation – und oft genug entspricht das Bewirkte nicht dem Plan.

Dieses Beispiel abschließend möchte ich nochmals darauf verweisen, daß sich die Analyse von Raum – in diesem Fall von einer Landschaft – nicht auf Fragestellungen einer der vier Facetten reduzieren läßt: Die Stofflichkeit des I. Quadranten erscheint als begriffene Wirklichkeit und fordert mit ihren Ressourcen die Veränderung durch menschliches Handeln im III. Quadranten heraus; vice versa sucht sich die Handlungsenergie des III. Quadranten ein Objekt aus dem I. Quadranten, um aufgrund einer vorliegenden Idee oder Norm oder Regel des II. Quadranten zur Verwirklichung im IV. Quadranten zu gelangen; das erzielte Ergebnis im IV. Quadranten ist ohne einen Entwurf im II. Quadranten – ob bewußt oder unbewußt – unmöglich und spiegelt zugleich das strukturierende Ordnungsprinzip.

Sollen diese vier analytischen Modell-Facetten bei einer Ortserkundung zum Tragen kommen, könnten z.B. folgende Untersuchungsfragen gestellt werden:

I.   Welche Elemente der materialen Raum-Gestalt können wir an unserem Untersuchungsort entdecken – z.B. Oberflächenstrukturen, Gerüche, Temperaturen, Geräusche, Dinge und Lebewesen, Stofflichkeit, Ordnungsmuster etc.? Welche zuvor aufgrund von Fremdinformationen genährte Erwartungen werden durch unsere Orts-Wahrnehmungen enttäuscht? Welche Erfahrungen verbinden wir mit unseren Wahrnehmungen und mit welchen Wissensbeständen können wir sie verknüpfen? Welche Subjekte haben das materiale Raumsubstrat in welchen gesellschaftlichen Assoziationsformen geprägt? Welche Nutzungsmöglichkeiten entstehen dadurch für wen und wie beeinflussen sie die Wahrnehmungsmöglichkeiten der materialen Dimension dieses Raumes?

II. Wer regelt mit welchen Mitteln die Vergegenständlichung im Raum? Welche und wessen Ordnung wird dadurch deutlich? Welche gesellschaftlichen Normen könnten zur Entstehung dieser Ordnung beigetragen

Ausstattung von Autos, Wohnungen, Büros, Kneipen, etc.
– Ein *Symbol* steht stellvertretend für einen Vorgang oder Gegenstand, der nicht unmittelbar wahrnehmbar ist, sondern eher abstrakt ist. Fast alle materiellen Objekte, Formen, Farben, Melodien oder Sprachformen und Verhaltensweisen können Symbolfunktion übernehmen. Als Codes in der Interaktion wirken sie als Ausschlußkriterium für Nichteingeweihte.

haben – z.B. Schutz des Privateigentums, individuelle Freiheitsrechte, religiöse Ge- und Verbote, Ideal von Leistung und Effektivität, Beherrschung von Natur sowie alle hierarchisierenden Bewertungen nach Klasse, Ethnie und Geschlecht? Durch welche gesellschaftlichen Institutionen wird die Einhaltung von Normen mit welchen Mitteln kontrolliert und durchgesetzt? Wie drückt sich diese normative Steuerung der Nutzung, Aneignung und Produktion von Raum durch Institutionen in konkreten Raumbildern aus – z.B. Sitzgelegenheiten, auf denen nicht geschlafen werden kann, Bannmeilen um öffentliche Gebäude, Ge- und Verbots-Schilder, An- bzw. Abwesenheit bestimmter Personengruppen im Raum?

III. In welcher Art und Weise beeinflussen gesellschaftliche Interaktions- und Handlungsstrukturen in Familie, Schule, Betrieben oder Nachbarschaften die Nutzung, Aneignung und Produktion von Raumsubstraten? Wie unterscheiden sich diese Interaktions- und Handlungsstrukturen nach Alter, Geschlecht, Klasse und Ethnie? Wie und warum haben sich diese raumkonstituierenden Figurationen bzw. Vernetzungen zwischen den Menschen historisch rückblickend entwickelt? Welche Auswirkungen haben feststellbare Unterschiede auf Nutzung, Aneignung und die Produktion gesellschaftlicher Räume?

IV. Welche Spuren, Zeichen und Symbole entdecken wir an der materialen Gestalt des Raumes? Wer repräsentiert was warum in diesen kulturellen Ausdrucksformen? Welche Ordnungsvorstellungen bzw. welche Prozesse der Nutzung, Aneignung und Produktion gesellschaftlicher Räume zeitigen solche Wirkungen? Zu welchen Nutzungen, Aneignungs- und Produktionsformen von Raum regen Spuren, Zeichen und Symbole als Ergebnis vorgängiger Praxis im Raum an? Welche Beziehungen spüren wir zwischen unseren Wahrnehmungen und körperlichen Empfindungen – z.B. Wohlbefinden, Vertrautheit, Angst, Fremdheit?

Wenn ich Raum – wie in dieser Arbeit ausgeführt – als gesellschaftlich konstituiert verstehe, wozu gemäß meiner Quadranteninterpretation auch jegliche wissenschaftliche Herstellung zählt, sind nicht nur im analytischen Raummodell vier Facetten zu unterscheiden, sondern auch hinsichtlich der analytischen Raumbetrachtung *vier Vorgehensebenen* zu differenzieren – nämlich I. die erkennende Wahrnehmung, II. das Ordnen zu einem ordinalen Muster innerhalb und zwischen Mikro-, Meso- und Makro-Räumen, III. die geschichtliche Überlagerung und IV. die Schlußfolgerungen für Konzeptionen der Raumgestaltung in der Gegenwart (vgl. Breckner & Sturm, 1997). Diese Doppelseitigkeit entspricht wiederum meiner Modifikation des empirischen Relativs für die kritische Beurteilung von theoretischen Raumkonzepten. Für eine Forschungssituation der Raumplanung vor Ort bedeutet dies in einem ersten Schritt, alle vier hier vorgestellten Raumfacetten kennenzulernen und in ihrer Wirkung aufeinander zu reflektieren (I.). Wie an den Fragen erkennbar ist, sind selbst konkrete Orte als vergegenständlichter Teil gesellschaftlicher

Räume nie statisch, sondern Ergebnis unterschiedlicher übereinandergelagerter Prozesse. Da sich Räume im geschichtlichen Prozeß gesellschaftlicher Praxis unter jeweils besonderen strukturellen Rahmenbedingungen permanent verändern, ist ihre materiale, soziale und kulturelle Gestalt in einem zweiten Schritt immer als gewordene zu betrachten (III.). In einem dritten Schritt müssen wir uns darüber klar werden, in welcher Weise die von uns kennengelernten Erscheinungsformen in mikro-, meso- und makroräumliche Entwicklungsprozesse eingebettet und durch diese bestimmt sind (II.). Erst so können – in einem vierten Schritt – in aktuellen Prozessen der Raumgestaltung die vielfältigen Potentiale eines Ortes Berücksichtigung finden.

Um nun die eingangs des Kapitels in Aussicht gestellte bessere Orientierung für eine Forschung über Raum auch umsetzen zu können, ist es mit den soeben als Anregung für die Feldarbeit vorgeschlagenen Fragen noch nicht getan. Zwar sollten diese den Weg ebnen für eine umfassendere Problematisierung einer raumbezogenen Thematik und verdeutlichen, daß jede und jeder als PlanerIn oder SoziologIn oder GeographIn oder BauingenieurIn teil hat an den aufgezeigten Wechselwirkungen – als WissenschaftlerIn wie als in Gemeinschaft an einem Ort lebender Mensch. Die zuletzt angesprochene Raumgestaltung wie auch die im 2. Kapitel ausgeführten forschungslogischen Ansprüche an die Präzisierung eines Forschungsproblems erlauben keine allumfassende Klärung eines Problems, sondern verlangen eine Beschränkung der Forschungs- wie der Planungsfragestellung. Und auch diesbezüglich meine ich, daß das vorgeschlagene dynamische Analyse-Modell Hilfestellung leisten kann, indem die *Verortung der Forschungsfrage* – durchaus im begrenzenden Sinne verstanden – mittels der vier Raumquadranten reflektiert vorzunehmen ist. Als *Beispiel* wähle ich dazu eine anvisierte *Sanierungsplanung*. Eine zu diesem Zweck durchzuführende Bestandsaufnahme kann und muß in Abhängigkeit von Interessenlage und Planungsziel recht unterschiedliche Schwerpunkte setzen:

• Geht es vornehmlich um die Renovierung der baulichen Substanz, dann bezieht sich die Bestandsaufnahme genuin auf den I. Quadranten: die materiell-dingliche Stofflichkeit des Quartiers, unter Berücksichtigung der Nutzungsstrukturen, die aus dem III. Quadranten hereinspielen, und die sich als Spuren und Zeichen des IV. Quadranten bereits vergegenständlicht haben.

• Geht es dagegen eher um eine ‚Gesundung‘ der Sozialstruktur, was derzeit z.B. für einzelne Blöcke in Plattenbausiedlungen in den ostdeutschen Bundesländern wieder diskutiert wird (zu Sanierungsfolgen in den 70er Jahren vgl. z.B. Becker & Schulz zur Wiesch, 1982), dann bezieht sich die Bestandsaufnahme zwar ebenfalls auf den I. Quadranten: dann allerdings auf die menschlich-materiale Realität des Quartiers, unter Berücksichtigung der Nachbarschaftsstrukturen aus dem III. Quadranten, die sich eventuell zu eigenen Organisationsformen ausgebildet haben (II).

- Geht es bei dem Sanierungsvorhaben um die Unterstützung oder Stärkung bestimmter Milieus oder Lebensstile, also z.b. um die Verständigung zwischen BewohnerInnen verschiedener Ethnien oder um das Projekt eines Frauenstadtteils (z.b. vorgeschlagen von Breckner & Sturm, 1993 oder diskutiert von Becker, 1997), dann bezieht sich die Bestandsaufnahme im Kern auf den III. Quadranten: die aktivierten und potentiellen Interaktions- und Handlungsstrukturen, unter Berücksichtigung der Örtlichkeit und der BewohnerInnenschaft aus dem I. Quadranten und als bereits manifestiert abzulesen an den Zeichensystemen des IV. Quadranten.

- Interessieren dagegen die sozial-räumlichen Leitbilder der verantwortlichen städtischen PlanerInnen oder die Gesellschaftsvorstellungen der mit dem Vorhaben befaßten PolitikerInnen, dann bezieht sich die Bestandsaufnahme wesentlich auf den II. Quadranten: die Ordnungsvorstellungen und das Normensystem der Verantwortlichen, unter Berücksichtigung des aktuellen Images, das für das Quartier in der offiziell geführten Diskussion entworfen wird (IV.) und in Abhängigkeit vom materialen Quartierszustand (I.) sowie den möglichen Widerstandspotentialen im Quartier (III.). Der II. Quadrant ist auch die ‚Heimat‘ der *Raumplanung als Wissenschaft*; nur von hier aus ist der eigene Entwurf zu reflektieren hinsichtlich seiner Angemessenheit zwischen materialer Vorgabe und sozial-interaktiver Nutzung.

- Ist das Forschungsinteresse in erster Linie nicht auf eine direkte planerische Umsetzung ausgerichtet, sondern will zunächst nur das gewordene Raumbild verstehen, um z.B. vergleichbare Fehlentwicklungen als Folgen des beabsichtigten Umbaus zu verhindern, dann richtet sich eine Bestandsaufnahme hauptsächlich auf den IV. Quadranten: das Ergebnis vergangenen gesellschaftlichen Umgehens mit Raum, das verräumlichte Geschichtsbuch einer Region – in das im Ruhrgebiet inzwischen die Industriearchitektur offiziell eingereiht wird und zu dem ich z.B. die nachbarschaftlichen Unterstützungsnetze in alten Zechensiedlungen zählen würde. Eine solche Analyse wie auch jede auf den IV. Quadranten bezogene *Erfolgskontrolle* muß selbstverständlich die Bilder und Vorstellungen des II. Quadranten reflektieren.

Auf diese Art und Weise kann das Quadranten-Modell zur Klärung des Ausgangsinteresses einer raumbezogenen Forschung beitragen. Insofern hat es vor allem eine *erkenntnistheoretische Funktion*. Wenn für den methodischen Forschungsweg somit die Startbedingungen verdeutlicht wurden, folgen die weiteren Operationalisierungsschritte meiner im 2. Kapitel ausgeführten Systematik. Sie sind also von der Wahl der Forschungslogik abhängig und stehen in Wechselwirkung zur Datenauswahl, d.h. zum Datensatz oder zum Erhebungsinstrument und zu den Erhebungsstrategien, sowie zur Datenanalyse, die wiederum einem der Problemstellung angemessenen Ordnungsniveau und einer Zeitperspektive folgen muß. Letzteres erinnert nochmals daran, daß Raum konstituierende Existenz wie durch Raum konstituierte Existenz in aktueller menschlicher Konstruktion nicht ohne Zeit gedacht werden kann. Zeit legt in der Operationalisierung Richtung fest.

Nicht alles, was gegenwärtig in den Wissenschaften über Raum und Zeit gedacht und geforscht wird, läßt sich für einen gesellschaftlich relevanten Alltagsraum – der das Arbeitsfeld der Raumplanung darstellt – operationalisieren. Insofern wiesen einige der von mir hier präsentierten Raumaspekte über die wissenschaftliche Praxis der konstruktiven Disziplinen hinaus. Sich solchen, die aktuell-alltägliche Relevanz sprengenden Phänomenen zuzuwenden, halte ich für die Entwicklung einer wissenschaftlichen Disziplin jedoch für lebensnotwendig. Die Wissenschaftsgeschichte dieses Jahrhunderts lehrt, daß zahlreiche Phänomene erst ,sichtbar' wurden, *nachdem* sie theoretisch *denkbar* waren. Eine geeignete Operationalisierung als Weg von der theoretischen Konstruktion zur materialen, strukturellen, sozialen oder ästhetischen Realität ist dann nach Konkretisierung des Interesses immer zu finden. *Zugleich* sollte jegliches theoretische Konstruieren die Erfahrungen der *materialen Existenz* ernst nehmen – also die Sprache der Körper, der Gegenstände, der Natur hören lernen, u.a. *als Spiegel* des eigenen Entwurfes. Solches verlangt empirische Wissenschaft! Im Analyse-Modell für Raum kann sich diese Gleichzeitigkeit durch die doppelte Dynamik ausdrücken, durch die das Erstellen im II. Quadranten verschieden an die anderen Raumfacetten rückkoppelbar wird.

Nachdem ich in diesem letzten Teilkapitel versucht habe, zumindest einige der zuvor dargestellten Dualitäten, Komplementaritäten, Paradoxien oder auch nur Wechselwirkungen in meinem für methodische Forschungsarbeit konzipierten Raum-Modell zu verorten, will ich nun zum Abschluß nicht noch alle weiteren Gedankengänge dieser Arbeit wieder aufführen, sondern verweise auf die Zwischenfazits, die Folgerungen für das Raumverstehen und vor allem viele neue Fragen bereitstellen. Ausklingen lassen will ich diese Arbeit, indem ich auf die *Konzeption der Ambivalenz* verweise, die in dieser Schrift in vielfältiger Form präsentiert wurde, und der z.B. Zygmunt Baumann seine sozialphilosophischen Überlegungen widmet (1995). Wenn die Raumplanung wie auch alle anderen mit Raum operierenden Professionen Lösungen für anstehende Problemstellungen finden wollen, müssen sie u.a. ihr Raumkonzept zunächst reflektieren und dann ändern – und darüberhinaus m.E. auch ihre Lehr-, Lern- und Arbeitsweisen (vgl. Böhme, 1997). Der UN-Konferenztitel „Umwelt und Entwicklung" (1992) verweist beispielhaft auf die ,Teufelskreise', in die eine rational höchst erfolgreiche Wissenschaft gemäß Baconschen Ideal die Welt geführt hat. Die Alternativen sind in Denkmodellen der meisten Wissenschaftsdisziplinen bereits angelegt: nämlich Modelle, die Mehrdeutigkeit, prozeßhafte Veränderung, Asymmetrien, chaotische Ordnungen, homologe Strukturen etc. zulassen, und die immer das Interpretations- und Handlungspotential der Menschen betonen. Für Raum bedeutet dies, daß zwar ein gemeinsamer neuer Orientierungsrahmen auszuhandeln ist – woran ich mich hier als Methodikerin versucht habe, daß diese Struktur aber – dem soeben formulierten Anspruch folgend – sowohl für die vielen verschieden fokussierten und übereinandergelagerten Räume der unterschiedlichen Alltagspraxen der Menschen als auch für die differenzierten Forschungsfragen der Wissenschaftsdisziplinen offen sein muß. Für die anstehenden Diskurse hinsichtlich einer solchen Neuausrichtung ist zunächst Bereitschaft vonnöten, die anderen Positionen wahrzunehmen und sie nicht als möglicherweise bedrohlich abzuschotten. Insofern wünsche ich mir, daß die vielen von mir hier nicht beantworteten Fragen und Problemanrisse zum Weiterdenken anregen und darüberhinaus viele Gespräche, neues Sehen und als Folge vielleicht auch neues Planen anstoßen.

7. Anhang

7.1 Verzeichnis der Abbildungen und Tabellen

211

7.2 Literaturverzeichnis

Adorno, Theodor W., Albert, Hans, Dahrendorf, Ralf, Habermas, Jürgen, Pilot, Haraldt, & Popper, Karl R. (1969). *Der Positivismusstreit in der deutschen Soziologie*. Neuwied: Luchterhand.

Aebischer, Helmut (Hg.). (1994). *das ZEBRA streifen* (Schriftenreihe des FBs Stadt-/Landschaftsplanung, Bd.20). Kassel: GhK.

Afheldt, Heik, Schultes, Wolfgang, Siebel, Walter & Sieverts, Thomas (Hg.). (1984). *Werkzeuge qualitativer Stadtforschung* (Schriftenreihe der Robert Bosch Stiftung – Beiträge zur Stadtforschung, Bd.3). Gerlingen: Bleicher.

Agnew, John A. & Duncan, James S. (Eds.). (1989). *The Power of Place: Bringing together Geographical and Sociological Imaginations*. Boston: Unwin Hyman.

Akademie für Raumforschung und Landesplanung (Hg.). (1995). *Handwörterbuch der Raumordnung*. Hannover: Vincentz.

– (1988). *Regionalprognosen* (Veröffentlichungen der Akademie, Bd.175). Hannover: Vincentz.

– (1984). *Wirkungsanalyse und Erfolgskontrolle* (Veröffentlichungen der Akademie, Bd.154). Hannover: Vincentz.

– (1973 & 1975). *Methoden der empirischen Regionalforschung 1 & 2* (Veröffentlichungen der Akademie, Bd.87 & 105). Hannover: Vincentz.

Albert, Hans (1984). Die Einheit der Sozialwissenschaften. In Ernst Topitsch (Hg.), *Logik der Sozialwissenschaften* (11.Aufl., S. 53-70). Königstein: Athenäum. (Erstausgabe erschien 1965)

– (1973). Probleme der Wissenschaftslehre in der Sozialforschung. In René König & Heinz Maus (Hg.), *Handbuch der empirischen Sozialforschung* (Bd.1, S. 57-102). Stuttgart: dtv & Enke.

– (1964). Probleme der Theoriebildung. In Hans Albert, *Theorie und Realität: Ausgewählte Aufsätze zur Wissenschaftslehre der Sozialwissenschaften* (S. 3-73). Tübingen: Mohr.

Alisch, Monika & Dangschat, Jens S. (1993). *Die solidarische Stadt: Ursachen von Armut und Strategien für einen sozialen Ausgleich*. Darmstadt: Verlag für wissenschaftliche Publikationen.

Alonso, William (1964). *Location and Land Use*. Cambridge: Harvard University Press.

Andranovich, Gregory D. & Riposa, Gerry (1993). *Doing Urban Research* (Applied Social Research Methods Series, Vol.33). Newbury Park: Sage.

Apel, Karl-Otto (1975). *Der Denkweg von Charles S. Peirce: Eine Einführung in den amerikanischen Pragmatismus*. Frankfurt: Suhrkamp.

Appleyard, Donald, Lynch, Kevin & Myer, John (1964). *The View from the Road*. Boston: MIT.

Arbeitsgruppe Bielefelder Soziologen (Hg.). (1973). *Alltagswissen, Interaktion und gesellschaftliche Wirklichkeit*. Reinbek: Rowohlt.

arch[+] – Zeitschrift für Architektur und Städtebau – 131 (1996). *InFormation: Faltung in der Architektur*. Aachen: ARCH[+]-Verlag

– 124/125 (1994). *Leicht und Schwer*. Aachen: ARCH[+]-Verlag

– 121 (1994). *Die Architektur des Komplexen*. Aachen: ARCH[+]-Verlag

– 119/120 (1993). *Die Architektur des Ereignisses*. Aachen: ARCH[+]-Verlag

Arendt, Hannah (1981). *Vita activa oder Vom tätigen Leben*. München: Piper. (Originalausgabe erschien 1958)

Asendorf, Christoph (1989). *Ströme und Strahlen: Das langsame Verschwinden der Materie um 1900* (Werkbund Archiv, Bd.18). Gießen: Anabas.

Atteslander, Peter (1995). *Methoden der empirischen Sozialforschung* (8.bearb.Aufl.). Berlin: de Gruyter. (Erstausgabe erschien 1968)

Augé, Marc (1994). *Orte und Nicht-Orte: Vorüberlegungen zu einer Ethnologie der Einsamkeit* (Michael Bischoff, Übers.). Frankfurt: Fischer. (Originalausgabe erschien 1992)

Bachelard, Gaston (1993). *Epistemologie*. Frankfurt: Fischer. (Originalausgabe erschien 1971 mit Texten aus den Jahren 1928-1953)

– (1987). *Poetik des Raumes*. Frankfurt: Fischer. (Originalaugabe erschien 1960)

– (1978). *Die Bildung des wissenschaftlichen Geistes: Beitrag zu einer Psychoanalyse der objektiven Erkenntnis* (Michael Bischoff, Übers.). Frankfurt: Suhrkamp. (Originalausgabe erschien 1938)

Bade, Franz-Josef (1994). *Regionale Beschäftigungsprognose 2000* (Dortmunder Beiträge zur Raumplanung, Bd.68). Dortmund: IRPUD.

Baecker, Dirk (1990). Die Dekonstruktion der Schachtel: Innen und Außen in der Architektur. In Niklas Luhmann, Frederick D. Bunsen & Dirk Baecker, *Unbeobachtbare Welt: Über Kunst und Architektur* (S. 67-104). Bielefeld: Haux.

Bahrdt, Hans P. (1965). Die wohnliche Stadt. In ders., *Die Kunst zu Hause zu sein*. München: Piper.

Bahrenberg, Gerhard, Giese, Ernst & Nipper, Josef (1990 & 1992). *Statistische Methoden in der Geographie* (Band 1 & 2). Stuttgart: Teubner.

Bales, Robert F. & Cohen, Stephan P. (1982). *SYMLOG: Ein System für die mehrstufige Beobachtung von Gruppen* (Johann Schneider & Peter Orlik, Übers.). Stuttgart: Klett-Cotta. (Originalausgabe erschien 1979)

Ballhaus, Edmund (1986). *Abschied vom alten Dorf: Eine Dorfentwicklung von 1900 bis heute*. Wiesbaden/Berlin: Bauverlag.

Barley, Nigel (1990). *Traumatische Tropen: Notizen aus meiner Lehmhütte*. Stuttgart: Klett-Cotta (Originalausgabe erschien 1986).

Barner, Jörg (1975). *Einführung in die Raumforschung und Landesplanung*. Stuttgart: Enke.

Barnes, John A. (1972). *Social Networks* (Addison-Wesley Module in Anthropology). Reading/Mass.:

Barnes, Trevor J. (1994). Probable writing: Derrida, deconstruction, and the quantitative revolution in human geography. *Environment and Planning, 26*(7), 1001-1170.

Barnes, Trevor J. & Duncan, James S. (Eds.). (1992). *Writing Worlds – Discourse, Text and Metaphor in the Representation of Landscape*. London/NY: Routledge.

Barrow, John D. (1993 a). *Die Natur der Natur: Wissen an den Grenzen von Raum und Zeit* (Anita Ehlers, Übers.). Heidelberg: Spektrum. (Originalausgabe erschien 1988)

– (1993 b). *Warum die Welt mathematisch ist* (Europäische Vorlesungen III; Herbert Mehrtens, Nachwort & Übers.). Frankfurt: Campus – Edition Pandora.

– (1992). *Theorien für Alles: Die philosophischen Ansätze der modernen Physik* (Anita Ehlers, Übers.). Heidelberg: Spektrum. (Originalausgabe erschien 1990)

Bartels, Hans-Peter (1992). *Logik und Weltbild* (Kieler Beiträge zur Politik und Sozialwissenschaft, Bd.4). Opladen: Leske + Budrich.

Baudrillard, Jean (1994). *Die Illusion und die Virtualität* (Helmut P. Einfalt, Übers.). Bern: Benteli. (Originalausgabe erschien 1993)

– (1991). *Das System der Dinge: Über unser Verhältnis zu den alltäglichen Gegenständen* (Joseph Garzuly, Über.). Frankfurt: Campus. (Originalausgabe erschien 1968)

Baumann, Zygmunt (1995). *Moderne und Ambivalenz: Das Ende der Eindeutigkeit* (Martin Suhr, Übers.). Frankfurt: Fischer. (Originalausgabe erschien 1991)

213

Bayertz, Kurt (1980). *Wissenschaft als historischer Prozeß: Die antipositivistische Wende in der Wissenschaftstheorie*. München: Fink.

Becker, Heidede & Schulz zur Wiesch, Jürgen (Hg.). (1982). *Sanierungsfolgen: Eine Wirkungsanalyse der Sanierungsfolgen in Berlin*. Stuttgart: Kohlhammer.

Becker, Ruth (1997) mit Beiträgen von Ayla Neusel. Forschungsperspektive Stadt. In Niedersächsisches Ministerium für Wissenschaft und Kultur (Hg.), *Berichte aus der Frauenforschung: Perspektiven für Naturwissenschaften, Technik und Medizin* (S. 453-494). Hannover: Referat für Presse- und Öffentlichkeitsarbeit.

Becker, Ruth & Neusel, Ayla (1997). Fachbericht Architektur und räumliche Planung. In Niedersächsisches Ministerium für Wissenschaft und Kultur (Hg.), *Berichte aus der Frauenforschung: Perspektiven für Naturwissenschaften, Technik und Medizin* (S. 191-267). Hannover: Referat für Presse- und Öffentlichkeitsarbeit.

Beer, Ursula (1990). *Geschlecht, Struktur, Geschichte: Soziale Konstituierung des Geschlechterverhältnisses*. Frankfurt: Campus.

Behnke, Heinrich, Remmert, Reinhold, Steiner, Hans-Georg & Tietz, Horst (1964/66). *Das Fischer Lexikon Mathematik* (Bd.1/2). Frankfurt: Fischer.

Benhabib, Seyla (1991). Modelle des öffentlichen Raums: Hannah Arendt, die liberale Tradition und Jürgen Habermas. *Soziale Welt, 42*, 147-165.

Berger, Peter L. & Luckmann, Thomas (1969). *Die gesellschaftliche Konstruktion der Wirklichkeit: Eine Theorie der Wissenssoziologie*. Frankfurt: Fischer. (Originalausgabe erschien 1966)

Blasius, Jörg & Dangschat, Jens S. (Hg.). (1990). *Gentrification: Die Aufwertung innenstadtnaher Wohnviertel*. Frankfurt: Campus.

Böhme, Gernot (1997, 12. April). Wissen: kulturelles Kapital. Die Wissensgesellschaft zwischen Expertenherrschaft und neuer Aufklärung. *Frankfurter Rundschau, 53* – Nr.85/15, ZB 3.

– (1993). *Am Ende des Baconschen Zeitalters: Studien zur Wissenschaftsentwicklung*. Frankfurt: Suhrkamp.

– (1980). *Alternativen der Wissenschaft*. Frankfurt: Suhrkamp.

Bohm, David (1985). *Die implizite Ordnung*. München: Dianus – Trikont.

Bohnsack, Ralf (1991). *Rekonstruktive Sozialforschung: Einführung in die Methodologie und Praxis qualitativer Forschung*. Opladen: Leske + Budrich.

Bohr, Niels (1985). *Atomphysik und menschliche Erkenntnis*. Braunschweig: Vieweg.

– (1931). *Atomtheorie und Naturbeschreibung*. Berlin: Springer

Bollnow, Otto F. (1963). *Mensch und Raum*. Stuttgart: Kohlhammer.

Bonß, Wolfgang (1982). *Die Einübung des Tatsachenblicks: Zur Struktur und Veränderung empirischer Sozialforschung*. Frankfurt: Suhrkamp.

Bonß, Wolfgang & Hartmann, Heinz (Hg.). (1985). *Entzauberte Wissenschaft* (Soziale Welt, Sonderband 3). Göttingen: O.Schwartz & Co.

Bornewasser, Manfred, Hesse, Friedrich Wilhelm, Mielke, Rosemarie & Schmidt, Hans Dieter (1976). *Einführung in die Sozialpsychologie*. Heidelberg: Quelle & Meyer (UTB).

Bortz, Jürgen (1984). *Lehrbuch der empirischen Forschung für Sozialwissenschaftler*. Berlin: Springer.

Bourdieu, Pierre (1991). Physischer, sozialer und angeeigneter physischer Raum. In Martin Wentz (Hg.), *Stadt-Räume* (S. 25-34). Frankfurt: Campus.

– (1985). *Sozialer Raum und „Klassen"/Lecon sur la lecon* (2 Vorlesungen; Bernd Schwibs, Übers.). Frankfurt: Suhrkamp. (Originalvorträge erschienen 1984/82)

– (1976). *Entwurf einer Theorie der Praxis auf der ethnologischen Grundlage der kabylischen Gesellschaft* (Cordula Pialoux & Bernd Schwibs, Übers.). Frankfurt: Suhrkamp. (Originaltexte erschienen 1965-72)

– (1974). *Zur Soziologie der symbolischen Formen* (Aufsätze; Wolfgang Fietkau, Übers.). Frankfurt: Suhrkamp. (Originalausgabe erschien 1970)

Boustedt, Olaf (1975). *Grundriß der empirischen Regionalforschung: Teil I – Raumstrukturen*. Hannover: Hermann Schroedel Verlag.

Braudel, Fernand (1992). Die lange Dauer. In Fernand Braudel, *Schriften zur Geschichte 1* (S. 49-87; Gerhard Schenke, Übers.). Stuttgart: Klett-Cotta. (Erstausgabe erschien 1958)

– (1986). *Aufbruch zur Weltwirtschaft* (Sozialgeschichte des 15.-18. Jahrhunderts, Bd.3; Siglinde Summerer & Gerda Kurz, Übers.). München: Kindler. (Originalausgabe erschien 1979)

Breckner, Ingrid & Sturm, Gabriele (1997). Raum-Bildung: Übungen zu einem gesellschaftlich begründeten Raum-Verstehen. In Jutta Ecarius & Martina Löw (Hg.), *Raumbildung – Bildungsräume* (Studien zur Erziehungswissenschaft und Bildungsforschung). Opladen: Leske + Budrich.

– (1993). Weibliche Lebenssituationen im Wandel: Gesellschaftliche Entwicklungen verändern die Gestaltungsspielräume von Frauen in räumlichen Strukturen. In Bundesministerium für Raumordnung, Bauwesen und Städtebau (Hg.), *Frauen planen die Stadt: Dokumentation eines Kolloquiums* (Schriftenreihe „Forschung", Heft Nr.493, S. 23-45). Bonn: BM Bau.

Breckner, Roswitha (1993 a). *„Ich war immer froh ein Entwurzelter zu sein": Aspekte einer biographischen Migrationsforschung am Beispiel einer Ost-West-Wanderung.* MS. zum Tagungsband „Postkommunismus", Leipzig.

– (1993 b). „Ich möchte einfach nur meine Ruhe, aber wenn's nicht mehr zu machen geht, dann kämpfe ich auch": Eine Fallanalyse zum Zusammenhang von Sanierungsverlauf und Lebensgeschichte. In AK Stadterneuerung (Hg.), *Jahrbuch Stadterneuerung 1993* (S. 75-93). Berlin: TU.

Breier, Karl-Heinz (1992). *Hannah Arendt zur Einführung*. Hamburg: Junius.

Bremm, Heinz Jürgen (1996). Das Dilemma einer ökologischen Raumplanung – oder: Anmerkungen zum Mensch-Natur-Verhältnis in der Postmoderne. In Klaus M. Schmals (Hg.), *Ökologische Planung der Gesellschaft – Gesellschaftliche Planung der Ökologie* (S. 319-326). Dortmund: IRPUD.

Bryman, Alan (1988). *Quantity and Quality in Social Research* (Contemporary Social Research 18). London: Routledge.

Budnick, Gislind (1993). Methoden und der Ermittlung problemorientierter Informationen. *Trialog – Zeitschrift für das Planen und Bauen in der Dritten Welt, 39*(4), 48-53.

BUND & Misereor (Hg.). (1996). *Zukunftsfähiges Deutschland*. Basel/Berlin.

Bühl, Achim (1996). *Cyber Society: Mythos und Realität der Informationsgesellschaft*. Köln: Papy Rossa.

Burckhardt, Lucius (1995). *Design ist unsichtbar*. Ostfildern: Cantz.

– (1990). Bergsteigen auf Sylt. *Bauwelt, Heft 7/8*, 311-315.

– (1987). Fragestunde mit dem Erdbockkäfer – oder: Vom Abbild der Natur in unseren Köpfen. *Verkehr und Umwelt, 3/1987.*

Burckhardt, Lucius u.a. (1988). *Die Fahrt nach Tahiti* (Schriftenreihe des FBs Stadt-/Landschaftsplanung, Bd.11). Kassel: GhK.

Burckhardt, Martin (1994). *Methamorphosen von Raum und Zeit: Eine Geschichte der Wahrnehmung*. Frankfurt: Campus.

Burt, Ronald S. (1980). Models of network structure. In Alex Inkeles, N.J. Smelser & R.H. Turner (Eds.), *Annual Review of Sociology* (Vol.6, p.79-141). Palo Alto/Cal.

Buttimer, Anne & Hartmann, R. (Hg.). (1985). *Zeit, Raum und Alltagswelt*. Wien.

Caesperlein, Gerold, Gliemann, Katrin & May, David (1996). *„Wie hat sich Ihr Leben verlaufen?" – Erforschung der Integration von Migrantinnen und Migranten im*

Wohnbereich mittels biographischer Methode. Unveröffentlichte Diplomarbeit an der Fakultät Raumplanung der Universität Dortmund, Dortmund.

Campbell, Donald T. & Stanley, Julian C. (1963). Experimental and quasi-experimental designs for research. In N.L. Gage (Ed.), *Handbook of Research on Teaching* (p.171-246). Chicago: Rand McNally.

Campbell, N.R. (1928). *An Account of the Principles of Measurement and Calculation.* London: Longmanns Green.

Canguilhem, Georges (1979). *Wissenschaftsgeschichte und Epistemologie: Gesammelte Aufsätze* (Michael Bischoff & Walter Seitter, Übers.). Frankfurt: Suhrkamp.

Carlstein, T. et al. (Eds.). (1978). *Making Sense of Time. Vol.1: Timing Space and Spacing Time./Vol.2: Human Geography and Time Geography.* London: Arnold.

Carnap, Rudolf (1969). *Einführung in die Philosophie der Naturwissenschaft* (Walter Hoering, Übers.). München: Nymphenburger Verlagshandel.

Castells, Manuel (1977). *Die kapitalistische Stadt: Ökonomie und Politik der Stadtentwicklung* (Michel Lang, Übers.). Hamburg: VSA. (Originalausgabe erschien 1975)

Certeau, Michel (1988). *Kunst des Handelns* (Ronald Vouillié, Übers.). Berlin: Merve. (Originalausgabe erschien 1980)

Chalmers, Alan F. (1986). *Wege der Wissenschaft: Einführung in die Wissenschaftstheorie.* Berlin: Springer.

Charle, Christophe (1994). Räumliche Lage und soziale Position: Ein Essay zur gesellschaftlichen Geographie des literarischen Feldes gegen Ende des 19. Jahrhunderts. In Louis Pinto & Franz Schultheis (Hg.), *Streifzüge durch das literarische Feld.* Konstanz: UVK.

Christaller, Walter (1968). *Die zentralen Orte in Süddeutschland: Eine ökonomisch-geographische Untersuchung über die Gesetzmäßigkeiten der Verbreitung und Entwicklung der Siedlungen mit städtischen Funktionen.* Darmstadt: Wissenschaftliche Buchgesellschaft. (Erstausgabe erschien 1933)

Chtouris, Sotiris, Heidenreich, Elisabeth & Ipsen, Detlev (1993). *Von der Wildnis zum urbanen Raum: Zur Logik der peripheren Verstadterung am Beispiel Athen.* Frankfurt: Campus.

Cicourel, Aaron V. (1970). *Methode und Messung in der Soziologie* (Frigga Haug, Übers.). Frankfurt: Suhrkamp. (Originalausgabe erschien 1964)

Ciompi, Luc (1988). *Außenwelt – Innenwelt: Die Entstehung von Zeit, Raum und psychischen Strukturen.* Göttingen: Vandenhoeck & Ruprecht.

Clar, Michael, Friedrichs, Jürgen & Hempel, Wolfgang (1979). *Zeitbudget und Aktionsräume von Stadtbewohnern* (Beiträge zur Stadtforschung, Bd.4). Hamburg: Christians.

Collins, Harry M. (1985). Die Soziologie des wissenschaftlichen Wissens: Studien zur gegenwärtigen Wissenschaft. In Wolfgang Bonß & Heinz Hartmann (Hg.), *Entzauberte Wissenschaft* (S. 129-149). Göttingen: O.Schwartz & Co. (Original erschien 1983)

Coombs, Clyde H., Dawes, Robin M. & Tversky, Amos (1975). *Mathematische Psychologie: Eine Einführung* (Dirk Wendt u.a., Übers.). Weinheim: Beltz. (Originalausgabe erschien 1970)

Creswell, John W. (1994). *Research Design: Qualitative & Quantitative Approaches.* London: Sage.

van den Daele, Wolfgang (1977). The Social Construction of Science. In Everett Mendelsohn, Peter Weingart & Richard Whitley (Eds.), *The Social Production of Scientific Knowledge.* Dordrecht: Reidel.

Dahme, Heinz-Jürgen & Rammstedt, Otthein (Hg.). (1984). *Georg Simmel und die Moderne: Neue Interpretationen und Materialien.* Frankfurt: Suhrkamp.

Damerow, Peter & Lefèvre, Wolfgang (Hg.). (1981). *Rechenstein, Experiment, Sprache: Historische Fallstudien zur Entstehung der exakten Wissenschaften.* Stuttgart: Klett-Cotta.

Dangschat, Jens S. (1995). Raum als Dimension sozialer Ungleichheit und Ort als Bühne der Lebensstilisierung? – Zum Raumbezug sozialer Ungleichheit und von Lebensstilen. In Otto G. Schwenk (Hg.), *Lebensstil zwischen Kulturwissenschaft und Sozialstrukturanalyse* (S. 83-119). Opladen: Leske + Budrich.

Davis, Philip J. & Hersh, Reuben (1988). *Descartes' Traum: Über die Mathematisierung von Zeit und Raum. Von denkenden Computern, Politik und Liebe.* Frankfurt: Krüger. (Originalausgabe erschien 1986)

Diekmann, Andreas (1995). *Empirische Sozialforschung: Grundlagen, Methoden, Anwendungen.* Reinbek: Rowohlt.

Dienel, Peter (1978). *Die Planungszelle.* Opladen: Westdeutscher Verlag.

Dröge, Franz & Krämer-Badoni, Thomas (1987). *Die Kneipe: Zur Soziologie einer Kulturform.* Frankfurt: Suhrkamp.

Der Duden (1989). *Duden Band 7: Ethymologie – Herkunftswörterbuch der deutschen Sprache.* Mannheim: Dudenverlag.

Durkheim, Émile (1981). *Die elementaren Formen des religiösen Lebens* (Ludwig Schmidts, Übers.; Dieter Henrich & Niklas Luhmann, Hg.). Frankfurt: Suhrkamp. (Originalausgabe erschien 1913)

– (1977). *Über die Teilung der sozialen Arbeit* (Niklas Luhmann, Einleitung). Frankfurt: Suhrkamp. (Originalausgabe erschien 1893)

– (1976). *Die Regeln der soziologischen Methode* (René König, Hg.). Neuwied: Luchterhand. (Originalausgabe erschien 1895)

Durkheim, Émile & Mauss, Marcel (1963). *Primitive Classification.* University of Chicago Press. (Originalausgabe erschien 1903)

Eberhard, Kurt (1987). *Einführung in die Erkenntnis- und Wissenschaftstheorie: Geschichte und Praxis der konkurrierenden Erkenntniswege.* Stuttgart: Kohlhammer

Eco, Umberto (1990). Die Abduktion in Uqbar. In ders., *Über Spiegel und andere Phänomene* (S. 200-213; Burkhart Kroeber, Übers.). München: dtv. (erstmals erschienen 1983)

Ehlers, Dietrich (1988). „Physik" in der Antike. In Wolfgang Schreier (Hg.), *Geschichte der Physik* (S. 14-64). Berlin: VEB Deutscher Verlag der Wissenschaften.

Eichenauer, Martina & Joeris, Dagmar (1991). Zum Wissenschaftsverständnis der Raumplanung: Versuch einer Standortbestimmung. *Raumplanung, Heft 53*, 128-133.

Einstein, Albert (1972). Geometrie und Erfahrung. In Karl Strubecker (Hg.), *Geometrie* (Wege der Forschung, Bd. CLXXVII). Darmstadt: Wissenschaftliche Buchgesellschaft. (erschien erstmals 1921)

– (1960). Vorwort. In Max Jammer, *Das Problem des Raumes: Die Entwicklung der Raumtheorien* (S. XI-XV). Darmstadt: Wissenschaftliche Buchgesellschaft. (erschien erstmals 1953)

Einstein, Albert & Infeld, Leopold (1995). *Die Evolution der Physik.* Reinbek: Rowohlt. (Originalausgabe erschien 1938)

Eisenhardt, Peter, Kurth, Dan & Stiehl, Horst (1995). *Wie Neues entsteht: Die Wissenschaft des Komplexen und Fraktalen.* Reinbek: Rowohlt.

Elias, Norbert (1984). *Über die Zeit – Arbeiten zur Wissenssoziologie II.* Frankfurt: Suhrkamp.

– (1983). *Engagement und Distanzierung – Arbeiten zur Wissenssoziologie I.* Frankfurt: Suhrkamp.

– (1977). Zur Grundlegung einer Theorie sozialer Prozesse. *Zeitschrift für Soziologie, 6*, 127-149.

– (1970). *Was ist Soziologie?* München: Juventa.

Ellwein, Thomas & Zoll, Ralf (1982). *Wertheim: Politik und Machtstruktur einer deutschen Stadt.* München: Juventa

Esser, Hartmut (1987). Zum Verhältnis von qualitativen und quantitativen Methoden in der Sozialforschung. In Wolfgang Voges (Hg.), *Methoden der Biographie- und Lebenslaufforschung* (S. 87-101). Opladen: Leske.

– (1980). *Aspekte der Wanderungssoziologie*. Darmstadt: Luchterhand.

Esser, Hartmut, Klenovitis, Klaus & Zehnpfennig, Helmut (1977). *Wissenschaftstheorie* (2 Bände). Stuttgart: Teubner.

Euklid (1980). *Die Elemente: Buch I – XIII* (Clemens Thaer, Übers. und Hg.). Darmstadt: Wissenschaftliche Buchgesellschaft. (entstanden um 300 v.u.Z.)

Faust, Isabelle, Ipsen, Detlev, Winkler, Justin & Werner, Hans U. (1995). *Klang Wege* (Schriftenreihe des FBs Stadt-/Landschaftsplanung, Bd.21). Kassel: GhK.

Feger, Hubert (1987). Netzwerkanalyse in Kleingruppen: Datenarten, Strukturregeln und Strukturmodelle. In Franz Urban Pappi (Hg.), *Methoden der Netzwerkanalyse* (Techniken der empirischen Sozialforschung, Bd.1, S. 203-251). München: Oldenbourg.

Feger, Hubert & Bredenkamp, Jürgen (Hg.). (1983). *Messen und Testen*. Göttingen: Hogrefe.

Fellner, Anne & Gestring, Norbert (1990). *‚Zukünfte‘ der Stadt: Szenarien zur Stadtentwicklung* (Beiträge der Universität Oldenburg zur Stadt- und Regionalplanung, Bd.6). Oldenburg: bis.

Feyerabend, Paul K. (1995). *Über Erkenntnis. Zwei Dialoge* (Ilse Griem & Hans G. Holl, Übers.). Frankfurt: Fischer. (Originalausgabe erschien 1989)

– (1976). *Wider den Methodenzwang: Skizze einer anarchistischen Erkenntnistheorie* (Hermann Vetter, Übers.). Frankfurt: Suhrkamp. (Originalausgabe erschien 1975)

Fiege, Karin & Zdunnek, Gabriele (Hg.). (1993). *Methoden – Hilfestellung oder Korsett? Erfahrungen mit empirischer Sozialforschung in Afrika, Asien und Lateinamerika* (ASA-Studien, Bd.27). Saarbrücken: Breitenbach.

Fischer, Ernst Peter (1987). *Niels Bohr*. München: Piper.

Fischer, Hans Rudi (1992). Zum Ende der großen Entwürfe. In ders. u.a. (Hg.), *Das Ende der großen Entwürfe* (S. 9-34). Frankfurt: Suhrkamp.

Fischer, Hans Rudi, Retzer, Arnold & Schweitzer, Jochen (Hg.). (1992). *Das Ende der großen Entwürfe*. Frankfurt: Suhrkamp.

Flick, Uwe (1995). *Qualitative Sozialforschung: Theorie, Methoden, Anwendung in Psychologie und Sozialwissenschaften*. Reinbek: Rowohlt.

Flick, Uwe, v.Kardorff, Ernst, Keupp, Heiner, v.Rosenstiel, Lutz & Wolff, Stephan (Hg.). (1991). *Handbuch qualitative Sozialforschung*. München: Psychologie Verlags Union.

Flyvbjerg, Bent (1989). Socrates didn't like the case method – Why should you? In Hans E. Klein (Ed.), *Case Method Research and Application: New Vistas* (p.33-42). Needham/Mass.: World Association for Case Method Research and Application.

Foucault, Michel (1991). Andere Räume. In Martin Wentz (Hg.), *Stadt-Räume* (S. 65-72). Frankfurt: Campus. (erschien erstmals 1967)

– (1976). *Überwachen und Strafen: Die Geburt des Gefängnisses* (Walter Seitter, Übers.). Frankfurt: Suhrkamp. (Originalausgabe erschien 1975)

– (1973). *Archäologie des Wissen* (Ulrich Köppen, Übers.). Frankfurt: Suhrkamp. (Originalausgabe erschien 1969)

– (1971). *Die Ordnung der Dinge: Eine Archäologie der Humanwissenschaften* (Ulrich Köppen, Übers.). Frankfurt: Suhrkamp. (Originalausgabe erschien 1966)

Franke, Joachim (1976). Die Erlebniswirkung von Wohnumgebungen – ein empirischer Ansatz der Ökologischen Psychologie. In Gerhard Kaminski (Hg.), *Umweltpsychologie: Perspektiven, Probleme, Praxis* (S. 134-143). Stuttgart: Klett.

Friedrichs, Jürgen (1980). *Methoden empirischer Sozialforschung*. Opladen: Westdeutscher Verlag. (Erstausgabe erschien 1973)

– (Hg.). (1977). *Stadtanalyse: Soziale und räumliche Organisation der Gesellschaft*. Reinbek: Rowohlt.

Früh, Werner (1991). *Inhaltsanalyse: Theorie und Praxis* (3.Aufl.). München: Ölschläger.

Fuchs, Gotthard, Moltmann, Bernhard & Prigge, Walter (Hg.). (1995). *Mythos Metropole*. Frankfurt: Suhrkamp

Fuchs, Thomas (1993, 19.Juni). Der fremde Blick auf die Landschaft: Von der Arbeit des Spaziergangswissenschaftlers Lucius Burckhardt. *Frankfurter Rundschau*, 49 – Nr. 139/25, ZB 6.

Fuhr, Reinhard & Gremmler-Fuhr, Martina (1995). *Gestalt-Ansatz: Grundkonzepte und -modelle aus neuer Perspektive*. Köln: Edition Humanistische Psychologie.

Garz, Detlef & Kraimer, Klaus (Hg.). (1994). *Die Welt als Text*. Frankfurt: Suhrkamp.

Gausemeier, Jürgen, Fink, Alexander & Schlake, Oliver (1995). *Planen und Führen mit Szenarien*. München: Carl Hanser.

Geertz, Clifford (1983). *Dichte Beschreibung: Beiträge zum Verstehen kultureller Systeme*. Frankfurt: Suhrkamp.

Genz, Henning (1994). *Die Entdeckung des Nichts: Leere und Fülle im Universum*. München: Carl Hauser.

Gibson, James J. (1982). *Wahrnehmung und Umwelt: Der ökologische Ansatz in der visuellen Wahrnehmung* (Gerhard Lücke & Ivo Kohler, Übers.). München: Urban & Schwarzenberg. (Originalausgabe erschien 1982)

Giddens, Anthony (1995). *Konsequenzen der Moderne* (Joachim Schulte, Übers.). Frankfurt: Suhrkamp. (Originalausgabe erschien 1990)

– (1988). *Die Konstitution der Gesellschaft: Grundzüge einer Theorie der Strukturierung* (Wolf-Hagen Krauth & Wilfried Spohn, Übers.). Frankfurt: Campus. (Originalausgabe erschien 1984)

– (1984). *Interpretative Soziologie: Eine kritische Einführung* (Wolfgang Föste, Übers.). Frankfurt: Campus (Originalausgabe erschien 1976)

Gierer, Alfred (1991). *Die gedachte Natur: Ursprung, Geschichte, Sinn und Grenzen der Naturwissenschaft*. München: Piper.

Gigerenzer, Gerd (1981). *Messung und Modellbildung in der Psychologie*. München: Reinhardt.

Ginzburg, Carlo (1983). *Spurensicherung. Über verborgene Geschichte, Kunst und soziales Gedächtnis* (Karl Friedrich Hauber, Übers.). Berlin: Wagenbach.

von Glasersfeld, Ernst (1992). Konstruktion der Wirklichkeit und des Begriffs der Objektivität. In Heinz Gumin & Heinrich Meier (Hg.), *Einführung in den Konstruktivismus* (Veröffentlichungen der Carl Friedrich von Siemens Stiftung, Bd.5, S. 9-39). München: Piper. (Erstausgabe erschien 1985)

Glatz, Peter (1988). Die Wurzeln und die Herausbildung der modernen Atomphysik. In Wolfgang Schreier (Hg.), *Geschichte der Physik* (S. 320-339). Berlin: VEB Deutscher Verlag der Wissenschaften.

Gnad, Fritz, Kupka, Sabine & Schelte, Jeanette (1989). *Das Telephoninterview als empirische Erhebungsmethode in der Raumplanung*. Dortmund.

Görzig, Bernd, Gornig, Martin & Schulz, Erika (1994). *Quantitative Szenarien zur Bevölkerungs- und Wirtschaftsentwicklung in Deutschland bis zum Jahr 2000*. Berlin: Duncker.

Goffman, Erving (1974). *Das Individuum im öffentlichen Austausch: Mikrostudien zur öffentlichen Ordnung* (R. & R.Wiggershaus, Übers.). Frankfurt: Suhrkamp. (Originalausgabe erschien 1971)

– (1977). *Rahmen Analyse: Ein Versuch über die Organisation von Alltagserfahrungen* (Hermann Vetter, Übers.). Frankfurt: Suhrkamp. (Originalausgabe erschien 1974)

Goodman, Nelson (1984). *Weisen der Welterzeugung* (Max Looser, Übers.). Frankfurt: Suhrkamp. (Originalausgabe erschien 19..).

Gosztonyi, Alexander (1976). *Der Raum: Geschichte seiner Probleme in Philosophie und Wissenschaft*. Freiburg: Alber.

Greiwe, Ulla, Kämper, Anja, Körbel, Alfred, Scholle, Thomas & Viebrock, Heini (1992). *Zukunftswerkstatt: Entwurfs- und Zielfindungsmethode in der Projektarbeit* (Materialien zur Projektarbeit, Heft 9). Dortmund: IRPUD.

Greiwe, Ulla & Sturm, Gabriele (1991). *Die teilstandardisierte Befragung in der Projektarbeit* (Materialien zur Projektarbeit, Heft 6). Dortmund: IRPUD.

Gribbin, John (1994). *Jenseits der Zeit: Experimente mit der 4. Dimension* (Ralf Friese, Übers.). Essen: Bettendorf. (Originalausgabe erschien 1992)

Gröning, Gert & Herlyn, Ulfert (Hg.). (1990). *Landschaftswahrnehmung und Landschaftserfahrung: Texte zur Konstitution und Rezeption von Natur als Landschaft*. München: Minerva.

Günter, Roland (1973). Eine Stadtbeobachtungsmethode. *Stadtbauwelt, 64/Heft 37*, 64-66.

Haarmann, Harald (1992). *Die Gegenwart der Magie: Kulturgeschichtliche und zeitkritische Betrachtungen*. Frankfurt: Campus.

Habermas, Jürgen (1990). *Strukturwandel der Öffentlichkeit* (mit einem Vorwort zur Neuauflage). Frankfurt: Suhrkamp. (Erstausgabe erschien 1962)

– (1985). *Zur Logik der Sozialwissenschaften* (5. erw. Aufl.). Frankfurt: Suhrkamp. (Erstausgabe erschien 1967)

– (1984). *Vorstudien und Ergänzungen zur Theorie des kommunikativen Handelns*. Frankfurt: Suhrkamp.

– (1981 a). *Theorie des kommunikativen Handelns 1: Handlungsrationalität und gesellschaftliche Rationalisierung*. Frankfurt: Suhrkamp.

– (1981 b). *Theorie des kommunikativen Handelns 2: Zur Kritik der funktionalistischen Vernunft*. Frankfurt: Suhrkamp.

– (1968). *Technik und Wissenschaft als ‚Ideologie'*. Frankfurt: Suhrkamp.

Hägerstrand, Torsten (1975). Space, time and human condition. In A. Karlqvist (Ed.), *Dynamic Allocation of Urban Space* (p.3-14). Farnborough: Saxon House.

– (1970). What about people in regional science? *Papers of the Regional Science Association, 24*, 7-21.

Häußermann, Hartmut & Siebel, Walter (Hg.). (1993). *Festivalisierung der Stadtpolitik: Stadtentwicklung durch große Projekte* (Leviathan-Sonderheft, Nr.13). Opladen: Westdeutscher Verlag.

Hahn, Achim & Peiniger, Enrique (1993). „Hier kennt jeder jeden". Soziologisch-hermeneutische Untersuchung einer ‚Wohnsituation' in einer Berliner Siedlung (Britz-Süd) der 50er Jahre. In AK Stadterneuerung (Hg.), *Jahrbuch Stadterneuerung 1993* (S. 94-110). Berlin: TU.

Halbwachs, Maurice (1985). *Das kollektive Gedächtnis* (Holde Lewest-Offermann, Übers.). Frankfurt: Fischer. (Originalausgabe erschien 1950)

Hall, Edward T. (1966). *The Hidden Dimension: An anthropologist examines man's use of space in private and public*. New York: Anchor Books.

Haltmeier, H. u.a. (1995). Wahrnehmung: Wie wir die Welt sehen – Sinne, Schein und Schönheit. *NATUR: Zeitschrift für eine ökologische Zukunft, 2/1995*.

Hamm, Bernd & Neumann, Ingo (1996) unter Mitarbeit von Peter Suska & Gabi Gotzen. *Siedlungs-, Umwelt- und Planungssoziologie* (Ökologische Soziologie, Bd.2). Opladen: Leske + Budrich (UTB).

Hard, Gerhard (1993 a). Über Räume reden: Zum Gebrauch des Wortes „Raum" in sozialwissenschaftlichem Zusammenhang. In Jörg Mayer (Hg.), *Die aufgeräumte Welt* (S. 53-77). Rehburg-Loccum: Ev. Akademie.

– (1993 b). Zur Imagination und Realität der Gesteine – nebst einigen Bemerkungen über die wissenschaftliche Geographie als eine unbewußte Semiotik. In Peter Jüngst & Oskar Meder (Hg.), *Zur psychosozialen Konstitution des Territoriums: Verzerrte Wirklichkeit oder Wirklichkeit als Zerrbild* (Urbs et Regio, Bd.61, S. 105-155). Kassel: GhK.

– (1989). Geographie als Spurenlesen. *Zeitschrift für Wirtschaftsgeographie, 33,* 2-11.

– (1987). Auf der Suche nach dem verlorenen Raum. In Manfred M. Fischer & Michael Sauberer (Hg.), *Gesellschaft – Wirtschaft – Raum* (S. 24-38). Wien: AK für Neue Methoden in der Regionalforschung.

– (1986). Der Raum – einmal systemtheoretisch gesehen. *Geographica Helvetica, Nr.2/86,* 77-83.

– (1985). Städtischer Rasen, hermeneutisch betrachtet: Ein Kapitel aus der Geschichte der Verleugnung der Stadt durch die Städter. *Klagenfurter Geographische Schriften, Heft 6/85,* 29-52.

Harder, Theodor (1994). *Dynamische Analyse: Eine Einführung in die mathematischen Grundlagen für Sozialwissenschaftler.* Regensburg: Friedrich Pustet.

– (1974). *Werkzeug der Sozialforschung.* München: Wilhelm Fink.

Harding, Sandra (1990). *Feministische Wissenschaftstheorie: Zum Verhältnis von Wissenschaft und sozialem Geschlecht* (Michael Haupt, Übers.). Hamburg: Argument. (Originalausgabe erschien 1986)

Harré, Rom (1984). Vorwort. In Karin Knorr-Cetina, *Die Fabrikation von Erkenntnis* (S. 11-15). Frankfurt: Suhrkamp.

Hasse, Jürgen (1988). *Die räumliche Vergesellschaftung des Menschen in der Postmoderne* (Karlsruher Manuskripte zur Mathematischen und Theoretischen Wirtschafts- und Sozialgeographie, Heft 91). Karlsruhe: Universität Karlsruhe.

Hauck, Gerhard (1984*). Geschichte der soziologischen Theorie: Eine ideologiekritische Einführung.* Reinbek: Rowohlt.

Hausdorff, Felix (1904). Das Raumproblem. *Annalen der Naturphilosophie, 3,* 1-23.

Hawking, Stephen W. (1988). *Eine kurze Geschichte der Zeit: Die Suche nach der Urkraft des Universums* (Carl Sagan, Einleitung; Hainer Kober, Übers.). Reinbek: Rowohlt. (Originalausgabe erschien 1988)

Hayward, Jeremy (1996). *Die Erforschung der Innenwelt: Neue Wege zum wissenschaftlichen Verständnis von Wahrnehmung, Erkennen und Bewußtsein* (Jochen Eggert, Übers.). Frankfurt: Insel. (Originalausgabe erschienen 1987).

Hedrick, T., Bickman, L. & Rog, D.J. (1992). *Planning Applied Research.* Newbury Park: Sage.

Heidenreich, Klaus (1987). Grundbegriffe der Meß- und Testtheorie. In Erwin Roth (Hg.), *Sozialwissenschaftliche Methoden* (S. 352-384). München: Oldenbourg.

Heinelt, Hubert & Mayer, Margit (1993). *Politik in europäischen Städten: Fallstudien zur Bedeutung lokaler Politik* (Stadtforschung aktuell, Bd.38). Basel: Birkhäuser.

Heitkamp, Thorsten (1993). Methodisches Konzept. In Volker Kreibich & Ursula von Petz (Hg.), *Die Urbanisierung der Peripherie von Madrid als Raum-Zeit-Paradigma* (Bericht 5; Forschungsvorhaben der DFG). Dortmund: IRPUD.

Heller, Eva (1989*). Wie Farben wirken: Farbpsychologie – Farbsymbolik – Farbgestaltung.* Reinbek: Rowohlt.

Hellstern, Gerd-Michael & Wollmann, Hellmut (1983). *Evaluierungsforschung: Ansätze und Methoden – dargestellt am Beispiel des Städtebaus* (Stadtforschung aktuell, Bd.7). Basel: Birkhäuser (Erstausgabe erschien 1978).

Henley, Nancy M. (1988). *Körperstrategien: Geschlecht, Macht und nonverbale Kommunikation* (Helga Herborth, Übers.). Frankfurt: Fischer. (Originalausgabe erschien 1977)

Hensel, Susann, Ihmig, Norbert & Otte, Michael (1988). *Mathematik und Technik im 19. Jahrhundert in Deutschland: Soziale Auseinandersetzung und Problematik.* Göttingen: Vandenhoek & Ruprecht.

Herkner, Werner (1974). Inhaltsanalyse. In Jürgen von Koolwijk & Maria Wieken-Mayser (Hg.), *Techniken der empirischen Sozialforschung 3: Erhebungsmethoden – Beobachtung und Analyse von Kommunikation* (S. 158-191). München: Oldenbourg.

Herlyn, Ulfert & Bertels, Lothar (Hg.). (1990). *Lebenslauf und Raumerfahrung* (Biographie & Gesellschaft, Bd.9). Opladen: Leske + Budrich.

Herlyn, Ulfert, Lakemann, Ulrich & Lettko, Barbara (1991). *Armut und Milieu: Benachteiligte Bewohner in großstädtischen Quartieren.* Basel/Boston/Berlin: Birkhäuser.

Herlyn, Ulfert & Poblotzki, Ursula (Hg.). (1992). *Von großen Plätzen und kleinen Gärten: Beiträge zur Nutzungsgeschichte von Freiräumen in Hannover* (Arbeiten zu sozialwissenschaftlich orientierten Freiraumplanung, Bd.12). München: Minerva.

Herlyn, Ulfert, Scheller, Gitta & Tessin, Wulf (1994). *Neue Lebensstile in der Arbeiterschaft? Eine empirische Untersuchung in zwei Industriestädten.* Opladen: Leske + Budrich.

Herlyn, Ulfert & Schwonke, Martin (1967). *Wolfsburg: Soziologische Analyse einer jungen Industriestadt.* Stuttgart: Enke.

Herrmann, Theodor (1987). Methoden als Problemlösungsmittel. In Erwin Roth (Hg.), *Sozialwissenschaftliche Methoden* (S. 18-46). München: Oldenbourg.

Hettlage, Robert (1991). Rahmenanalyse – oder die innere Organisation unseres Wissens um die Ordnung der Wiklichkeit. In Robert Hettlage & Karl Lenz (Hg.), *Erving Goffman – ein soziologischer Klassiker der zweiten Generation* (S. 95-154). Bern/Stuttgart: Haupt im UTB.

Hiss, Tony (1990). *The Experience of Place.* New York: Knopf.

Hoffmann, Dieter (1988). Die Herausbildung der modernen Quantenphysik. In Wolfgang Schreier (Hg.), *Geschichte der Physik* (S. 354-362). Berlin: VEB Deutscher Verlag der Wissenschaften

Hoffmann-Axthelm, Dieter (1994). *Die verpasste Stadt: Innenstadt Kassel – Zustandsanalyse und Methodik der Wiedergewinnung* (Schriftenreihe des FBs Stadt-/Landschaftsplanung, Bd.15). Kassel: GhK.

– (1984). *Sinnesarbeit: Nachdenken über Wahrnehmung.* Frankfurt: Campus.

Hoffmeyer-Zlotnik, Jürgen (1977). *Gastarbeiter im Sanierungsgebiet: Das Beispiel Kreuzberg* (Beiträge zur Stadtforschung, Bd.1). Hamburg: Christians.

Hofstadter, Douglas R. (1987). *Gödel, Escher, Bach: Ein endloses geflochtenes Band* (Philipp Wolf-Windegg & Hermann Feuersee, Übers.). Stuttgart: Klett-Cotta. (Originalausgabe erschien 1979)

Holland-Cunz, Barbara (1994). *Soziales Subjekt Natur: Natur- und Geschlechterverhältis in emanzipatorischen politischen Theorien.* Frankfurt: Campus.

Holz-Rau, Hans-Christian (1990). *Bestimmungsgrößen des Verkehrsverhaltens: Analyse bundesweiter Haushaltsbefragungen und modellierende Hochrechnung* (Schriftenreihe des Instituts für Verkehrsplanung und Verkehrswegebau, Heft 22). Berlin: TU.

Holz-Rau, Hans-Christian & Kutter, Eckhard (Hg.). (1991). *Verkehrsverhalten in der DDR und BRD: Erhebungsmethoden und Ergebnisse* (Schriftenreihe des Instituts für Verkehrsplanung und Verkehrswegebau, Heft 23). Berlin: TU.

Hopf, Christel (Hg.). (1979). *Qualitative Sozialforschung.* Stuttgart: Klett-Cotta.

Hülst, Dirk (1975). *Erfahrung – Gültigkeit – Erkenntnis.* Frankfurt: Campus.

Huinink, Johannes (1990). Sozialwissenschaftliche Mehrebenenmodelle und Gentrification. In Jörg Blasius & Jens S. Dangschat (Hg.), *Gentrification: Die Aufwertung innenstadtnaher Wohnviertel* (S. 251-273). Frankfurt: Campus.

Institut für Landes- & Stadtentwicklunsforschung – ILS (Hg.). (1989). *Szenarien in der Stadtentwicklung: Zum Stand der Diskussion.* Dortmund: ILS.

Institut für Regionalentwicklung & Strukturplanung – IRS (Hg.). (1993). *Vom Eigensinn des Raumes* (Graue Reihe – Materialien des IRS 1). Berlin: IRS.

Ipsen, Detlev (1993). Regionale Identität: Überlegungen zum politischen Charakter einer psychosozialen Raumkategorie. *Raumforschung und Raumordnung, 51,* 9-18.

– (1991). Stadt und Land – Metamorphosen einer Beziehung. In Hartmut Häußermann, Detlev Ipsen, Thomas Krämer-Badoni, Dieter Läpple, Marianne Rodenstein & Walter Siebel, *Stadt und Raum: Soziologische Analysen* (S. 117-156). Pfaffenweiler: Centaurus.

– (1987). Räumliche Vergesellschaftung. *Prokla, 17*/Heft 68, 113-130.

– (1986). Raumbilder – zum Verhältnis von kulturellem und ökonomischen Raum. *Informationen zur Raumentwicklung, Heft 11/12,* 921-931.

Ipsen, Detlev & Projekt WasserKultur (1994-96). *Wasserkultur: Urbanität – Technik – Ökologie* (Texte des Forschungsprojektes: Wasserkreislauf und urban-ökologische Entwicklung). Kassel: GhK.

Ipsen, Detlev, Helbig, H., Fuchs, Thomas & Rempel, Katja (1992). *Die Zukunft der Vergangenheit: Persistenz und Potential der Raumstruktur in Stadt und Umland von Erfurt* (KSPW – Graue Reihe, Nr.1110). Halle: KSPW.

Ipsen, Detlev, Werner, Hans-Ulrich u.a. (1992). *Klangräume* (Arbeitsberichte des FBs Stadt-/Landschaftsplanung, Heft 103). Kassel: GhK.

Jahoda, Marie, Lazarsfeld, Paul & Zeisel, Hans (1933). *Die Arbeitslosen von Marienthal.* Frankfurt: Suhrkamp.

Jammer, Max (1960). *Das Problem des Raumes: Die Entwicklung der Raumtheorien* (Paul Wilpert, Übers.). Darmstadt: Wissenschaftliche Buchgesellschaft. (Originalausgabe erschien 1954)

Joas, Hans (1988). Einführung: Eine soziologische Transformation der Praxisphilosophie – Giddens' Theorie der Strukturierung. In Anthony Giddens, *Die Konstitution der Gesellschaft* (S. 9-23). Frankfurt: Campus.

Joas, Hans (1984). Stichwort: Handeln, soziales. In Harald Kerber & Arnold Schmieder (Hg.), *Handbuch Soziologie* (S. 210-214). Reinbek: Rowohlt.

Jüngst, Peter (Hg.). (1984). *Innere und äußere Landschaften: Zur Symbolbelegung und emotionalen Besetzung von räumlicher Umwelt* (Urbs et Regio, Bd.34). Kassel: GhK.

Jüngst, Peter & Meder, Oskar (Hg.). (1995). *Aggressivität und Verführung, Monumentalität und Territorium: Zähmung des Unbewußten durch planerisches Handeln und ästhetische Form?* (Urbs et Regio, Bd.62). Kassel: GhK.

– (Hg.). (1993). *Zur psychosozialen Konstitution des Territoriums: Verzerrte Wirklichkeit oder Wirklichkeit als Zerrbild* (Urbs et Regio, Bd.61). Kassel: GhK.

– (Hg.). (1988). *Raum als Imagination und Realität: Zu seinem latenten und manifesten Sinn im sozialen und ökonomischen Handeln* (Urbs et Regio, Sonderband 48). Kassel: GhK.

– (Hg.). (1986). *Zur Grammatik der Landschaft: Über das Verhältnis von Szene und Raum* (Urbs et Regio, Bd.42). Kassel: GhK.

Jung, Thomas & Müller-Doohm, Stefan (Hg.). (1993). *,Wirklichkeit' im Deutungsprozeß: Verstehen und Methoden in den Kultur- und Sozialwissenschaften.* Frankfurt: Suhrkamp.

Jungk, Robert & Müller, Norbert R. (1981). *Zukunftswerkstätten.* Hamburg: Hoffmann & Campe.

Kämper, Anja & Wagner, Jeanette (1992). *Szenarien in der Projektarbeit: Methodik und Erfahrungen* (Materialien zur Projektarbeit, Heft 10). Dortmund: IRPUD.

Kant, Immanuel (1990). *Kritik der reinen Vernunft* (3.Aufl.; Raymond Schmidt, Hg.). Hamburg: Meiner. (Originalausgabe erschien 1926 nach den Auflagen von 1781 und 1787).

Kanitscheider, Bernulf (1988). *Das Weltbild Albert Einsteins*. München: Beck.

– (1979). *Philosophie und moderne Physik*. Darmstadt: Wissenschaftliche Buchgesellschaft.

Kelle, Udo (1994). *Empirisch begründete Theoriebildung: Zur Logik und Methodologie interpretativer Sozialforschung* (Status Passages and the Life Course, Vol.6). Weinheim: Deutscher Studien Verlag.

Kerber, Harald (1984). Stichwort: Erkenntnistheorie. In Harald Kerber & Arnold Schmieder (Hg.), *Handbuch Soziologie* (S. 119-131). Reinbek: Rowohlt.

Kerber, Harald & Schmieder, Arnold (Hg.). (1984). *Handbuch Soziologie: Zur Theorie und Praxis sozialer Beziehungen*. Reinbek: Rowohlt.

Kern, Stephen (1983). *The Culture of Space and Time*. Cambridge: Harvard University Press.

Kießling, Bernd (1988). Die ‚Theorie der Strukturierung‘: Ein Interview mit Anthony Giddens. *Zeitschrift für Soziologie, 17*, 9-23.

Kleining, Gerhard (1995). *Qualitativ-heuristische Sozialforschung: Schriften zur Theorie und Praxis*. Hamburg: Rolf Fechner.

– (1991 a). Methodologie und Geschichte qualitativer Sozialforschung. In Uwe Flick, u.a. (Hg.), *Handbuch qualitative Sozialforschung* (S. 11-22). München: PVU.

– (1991 b). Das qualitative Experiment. In Uwe Flick, u.a. (Hg.), *Handbuch qualitative Sozialforschung* (S. 263-266). München: PVU.

Klimek, Christa (1990). *Ortserkundung für Projekte* (Materialien zur Projektarbeit, Heft 4). Dortmund: IRPUD.

Kloas, J. & Kunert, U. (1993). *Vergleichende Auswertung von Haushaltsbefragungen zum Personenverkehr – KONTIV 1976, 1982, 1989* (Gutachten im Auftrag des Bundesministeriums für Verkehr). Berlin. DIW.

Knorr-Cetina, Karin D. (1985). Wie halten wir es mit der Unterscheidung zwischen Natur- und Sozialwissenschaften? In Wolfgang Bonß & Heinz Hartmann (Hg.), *Entzauberte Wissenschaft* (S. 275-297). Göttingen: O. Schwartz & Co.

– (1984). *Die Fabrikation von Erkenntnis: Zur Antropologie der Naturwissenschaft*. Frankfurt: Suhrkamp.

Köck, Helmuth (1987). *Chorische Logik: Die Grundperspektive geographischer Weltbetrachtung* (Beiträge zur Geographie und Raumplanung, Heft 11). Bremen.

König, René (Hg.). (1973). *Handbuch der empirischen Sozialforschung* (3.erw.Aufl., Bd.1). Stuttgart: Ferdinand Enke.

– (Hg.). (1967). *Das Fischer Lexikon Soziologie*. Frankfurt: Fischer.

– (1952). *Das Interview*. Köln: Kiepenheuer & Witsch.

Körner, Stephan (1977). *Erfahrung und Theorie: Ein wissenschaftstheoretischer Versuch*. Frankfurt: Suhrkamp.

Kokot, Waltraud & Bommer, Bettina C. (Hg.). (1991). *Ethnologische Stadtforschung: Eine Einführung*. Berlin: Dietrich Reimer.

Konau, Elisabeth (1977). *Raum und soziales Verhalten: Studien zu einer vernachlässigten Dimension soziologischer Theoriebildung*. Stuttgart: Enke.

Konukiewitz, Manfred (1985). *Die Implementation räumlicher Politik: Eine empirische Untersuchung zur Koordination des Vollzugs raumwirksamer Maßnahmenprogramme*. Opladen: Westdeutscher Verlag.

van Koolwijk, Jürgen & Wieken-Mayser, Maria (1974-87). *Techniken der empirischen Sozialforschung* (8 Bände). München: Oldenbourg.

Koyré, Alexandre (1969). *Von der geschlossenen Welt zum unendlichen Universum* (Rolf Dornbacher, Übers.). Frankfurt: Suhrkamp.

Krämer, Sybille (1988). *Symbolische Maschinen: Die Idee der Formalisierung in geschichtlichem Abriß*. Darmstadt: Wissenschaftliche Buchgesellschaft.

Krampen, Martin (Hg.). (1981). *Die Welt als Zeichen: Klassiker der modernen Semiotik*. Berlin: Severin & Siedler.

Krause, Karl-Jürgen (1976). *Verhaltensbezogene städtebauliche Gestaltung*. Hannover: Institut für Architektur- und Stadtforschung – IAS

Kreibich, Barbara, Kreibich, Volker & Ruhl, Gernot (1989). Vom Funktionsraum zum Aktionsraum: Wissenschaftliche Grundlagen für eine Modernisierung der Infrastruktur- und Regionalplanung. *Informationen zur Raumentwicklung, (1)*, 51-71.

Kreibich, Volker (Hg.). (1986). *Raum-Zeit-Labor*. Dortmund: IRPUD.

Kreibich, Volker, Döhla, Rainer & Westphal, Helmut (Hg.). (1994). *Wohnungsmarktbeobachtung – Informationen für die kommunale und regionale Wohnungspolitik* (Dortmunder Beiträge zur Raumplanung, Bd.66). Dortmund: IRPUD.

Kreibich, Volker, Kreibich, Barbara & Ruhl, Gernot (1987). *Aktionsraumforschung in der Landes- und Regionalplanung: Entwicklung eines Raum-Zeit-Modells* (Schriftenreihe Landes- und Stadtentwicklungsforschung des Landes NRW, Bd.41). Dortmund: ILS.

Kreibich, Volker, Krella, Bernd, von Petz, Ursula & Potz, Petra (1989-91). *Die Raum-Zeit Struktur römischer Borgate* (Forschungsvorhaben der Stiftung Volkswagenwerk im Schwerpunkt 'Geschichte und Zukunft europäischer Städte'). Dortmund: IRPUD.

Kristeva, Julia (1997, 21.Januar). Was für eine Revolte brauchen wir heute? Jenseits von Christentum und Nihilismus: Die „innere Umkehr" rührt an die Grenzen des einheitlichen Subjekts. *Frankfurter Rundschau, 53 – Nr. 17/4*, 12.

Kriz, Jürgen (1985). Die Wirklichkeit empirischer Sozialforschung. In Wolfgang Bonß & Heinz Hartmann (Hg.), *Entzauberte Wissenschaft* (S. 77-89). Göttingen: O.Schwartz & Co.

– (1984). Stichwort: Empirische Sozialforschung. In Harald Kerber & Arnold Schmieder (Hg.), *Handbuch Soziologie* (S. 101-111). Reinbek: Rowohlt.

– (1984). Stichwort: Methodenprobleme. In Harald Kerber & Arnold Schmieder (Hg.), *Handbuch Soziologie* (S. 374-383). Reinbek: Rowohlt.

– (1981). *Methodenkritik empirischer Sozialforschung*. Stuttgart: Teubner.

Kriz, Jürgen, Lück, Helmut E. & Heidbrink, Horst (1987). *Wissenschafts- und Erkenntnistheorie*. Opladen: Leske + Budrich.

Kromrey, Helmut (1990). *Informationsreduktion oder Informationsmanagement als handlungsleitende Strategie empirischer Erkenntnisgewinnung? Ein Vergleich quantitativer und qualitativer Ansätze der Sozialforschung*. (MS. , Dortmund.)

– (1984). Enträumlichung sozialen Verhaltens: Thesen zur Bedeutung der neuen Informations- und Kommunikationstechnologien. *arch+, 19* (Heft 75/76), 45-52.

– (1981). *Die gebaute Umwelt: Wohngebietsplanung im Bewohnerurteil* (Forschungstexte Wirtschafts- und Sozialwissenschaften, Bd.2). Opladen: Leske + Budrich

– (1980). *Empirirische Sozialforschung*. Opladen: Leske.

Kükelhaus, Hugo & zur Lippe, Rudolf (1982). *Entfaltung der Sinne: Ein 'Erfahrungsfeld' zur Bewegung und Besinnung*. Frankfurt: Fischer.

Kuhn, Thomas S. (1978). Die Funktion des Messens in der Entwicklung der physikalischen Wissenschaften. In ders., *Die Entstehung des Neuen: Studien zur Struktur der Wissenschaftsgeschichte* (S. 254-307; Hermann Vetter, Übers.). Frankfurt: Suhrkamp.

– (1976). *Die Struktur wissenschaftlicher Revolutionen* (2.Aufl. mit Postscript; Kurt Simon, Übers.). Frankfurt: Suhrkamp. (Originalausgabe erschien 1962)

Kulke, Christine (Hg.) u. Mitarb. v. Elvira Scheich (1985/1988). *Rationalität und sinnliche Vernunft: Frauen in der patriarchalen Realität*. Berlin: publica/Pfaffenweiler: Centaurus.

225

Kunzmann, Peter, Burkhard, Franz-Peter & Wiedmann, Franz (1991). *dtv-Atlas zur Philosophie*. München: dtv.

von Kutschera, Franz (1982). *Grundlagen der Ethik*. Berlin: de Gruyter.

– (1981). *Grundfragen der Erkenntnistheorie*. Berlin: de Gruyter.

Läpple, Dieter (1993). Transport, Logistik und logistische Raum-Zeit-Konfigurationen. In Dieter Läpple (Hg.), *Güterverkehr, Logistik und Umwelt* (S. 21-58). Berlin: Edition Sigma Bohn.

– (1991 a). Essay über den Raum. In Hartmut Häußermann, Detlev Ipsen, Thomas Krämer-Badoni, Dieter Läpple, Marianne Rodenstein & Walter Siebel, *Stadt und Raum: Soziologische Analysen* (S. 157-207). Pfaffenweiler: Centaurus.

– (1991 b). Gesellschaftszentriertes Raumkonzept. In Martin Wentz (Hg.), *Stadt-Räume* (S. 35-46). Frankfurt: Campus.

Lakatos, Imre (1982). *Philosophische Schriften Bd.1: Die Methodologie wissenschaftlicher Forschungsprogramme* (John Worrall & Gregory Currie, Hg.). Braunschweig: Vieweg. (Erstausgabe erschien 1970)

Lakatos, Imre & Musgrave, Alan (Hg.). (1974). *Kritik und Erkenntnisfortschritt*. Braunschweig: Vieweg.

Lamnek, Siegfried (1988). *Qualitative Sozialforschung. Bd. 1: Methodologie*. München: PVU.

Lang, Barbara (1994). *Unter Grund: Ethnographische Erkundungen in der Berliner U-Bahn*. Tübingen: Vereinigung für Volkskunde e.V.

Lankenau, Klaus & Zimmermann, Gunter E. (1995). Stichwort: Methoden der empirischen Sozialforschung. In Bernhard Schäfers (Hg.), *Grundbegriffe der Soziologie* (4.erw.Aufl., S. 192-203). Opladen: Leske + Budrich.

– (1995). Stichwort: Methodologie. In Bernhard Schäfers (Hg.), *Grundbegriffe der Soziologie* (4.erw.Aufl., S. 203-207). Opladen: Leske + Budrich.

Lash, Scott & Urry, John (1994). *Economies of Signs & Space*. London: Sage.

Lefèbvre, Henri (1991). *The Production of Space* (Donald Nicholson-Smith, transl.). Oxford: Blackwell. (Originalausgabe erschien 1974)

Lenk, Hans (Hg.). (1986). *Zur Kritik der wissenschaftlichen Rationalität*. Freiburg/München: Karl Alber.

Lenntorp, Bo (1976). *Paths in Space-Time Environments: A time-geographic study of movement possibilities of individuals*. Lund: Gleerup.

Leroi-Gourhan, André (1980). *Hand und Wort: Die Evolution von Technik, Sprache und Kunst* (Michael Bischoff, Übers.). Frankfurt: Suhrkamp. (Originalausgabe erschien 1964)

Levi-Strauss, Claude (1975). *Mythologica VI: Der nackte Mensch* (Eva Moldenhauer, Übers.). Frankfurt: Suhrkamp. (Originalausgabe erschien 1971)

– (1973). *Mythologica III: Der Ursprung der Tischsitten* (Eva Moldenhauer, Übers.). Frankfurt: Suhrkamp. (Originalausgabe erschien 1968)

– (1972). *Mythologica II: Vom Honig zur Asche* (Eva Moldenhauer, Übers.). Frankfurt: Suhrkamp. (Originalausgabe erschien 1966)

– (1971). *Mythologica I: Das Rohe und das Gekochte* (Eva Moldenhauer, Übers.). Frankfurt: Suhrkamp. (Originalausgabe erschien 1964)

Lienert, Gustav A. (1967). *Testaufbau und Testanalyse* (2.Aufl.). Weinheim: Beltz.

Linde, Hans (1972). Sachdominanz in Sozialstrukturen. In Hans Albert u.a. (Hg.), *Gesellschaft und Wissenschaft* (Band 4). Tübingen: Mohr.

List, Elisabeth (1993). Gebaute Welt – Raum, Körper und Lebenswelt in ihrem politischen Zusammenhang. In FOPA (Hg.), *Raum greifen und Platz nehmen* (FreiRäume-Sonderheft, S. 54-70). Dortmund: eFeF.

List, Elisabeth & Fiala, Ernst (Hg.). (1997). *Leib – Maschine – Bild: Körperdiskurse der Moderne.* Wien: Passagen.

Locqueneux, Robert (1989). *Kurze Geschichte der Physik* (Andreas Kleinert, Vorwort & Übers.). Göttingen: Vandenhoeck & Ruprecht – UTB. (Originalausgabe erschien 1987)

Löw, Martina (in Vorbereitung). *Raum: Eine Neubestimmung des soziologischen Grundbegriffs unter besonderer Berücksichtigung stadtsoziologischer, bildungs- und sozialisationstheoretischer Aspekte.* In Arbeit befindliche Habilitationsschrift, Martin-Luther-Universität Halle.

– (1997). Die Konstituierung sozialer Räume im Geschlechterverhältnis. In Stefan Hradil (Hg.), *Differenz und Integration* (Verhandlungen des 28. Kongresses für Soziologie in Dresden). Frankfurt: Campus.

– (1996). *Raum entsteht.* (Unveröffentlichtes MS.)

Lorenz, Konrad (1973). *Die Rückseite des Spiegels* (2.Aufl.). München: Piper.

Luhmann, Niklas (1990). Die Zukunft kann nicht beginnen: Temporalstrukturen der modernen Gesellschaft. In Peter Sloterdijk (Hg.), *Vor der Jahrtausendwende: Berichte zur Lage der Zukunft* (Bd.I, S. 119-150). Frankfurt: Suhrkamp.

Lynch, Kevin (1965). *Das Bild der Stadt.* Frankfurt: Ullstein. (Originalausgabe erschien 1960)

Maaß, Jürgen (1988). *Mathematik als soziales System: Geschichte und Perspektiven der Mathematik aus systemtheoretischer Sicht.* Weinheim: Deutscher Studien Verlag.

Mansfield, Y. & Ginosar, O. (1994). Evaluation of the repertory grid method in studies of locals' attitude towards tourism development processes. *Environment and Planning, 26*(6), 957-972.

Maspero, F. (1993). *Roissy Express: Eine Reise in die Pariser Vorstäd*te. Freiburg: Beck & Glückler.

Massey, Doreen (1994). *Space, Place and Gender.* Cambridge.

Masser, Ian (1989). Comparative Analysis in Urban and Regional Planning: An Overview. In Dieter Bökemann (Hg.), *Wozu Regionalwissenschaft? Befunde eines internationalen Symposiums* (Wiener Beiträge zur Regionalwissenschaft, Bd.9; S. 93-106). Wien: TU – Institut für Stadt- & Regionalforschung.

Masser, Ian & Williams, Richard (Eds.). (1986). *Learning from Other Countries.* Norwich: Geo Books.

May, Mark (1992). *Mentale Modelle von Städten: Wissenspsychologische Untersuchungen am Beispiel der Stadt Münster* (Internationale Hochschulschriften). Münster: Waxmann.

Mayer, Jörg (Hg.). (1993). *Die aufgeräumte Welt: Raumbilder und Raumkonzepte im Zeitalter globaler Marktwirtschaft* (Loccumer Protokolle 74). Rehberg-Loccum: Ev. Akademie Loccum.

Mayntz, Renate (1985). Über den begrenzten Nutzen methodologischer Regeln in der Sozialforschung. In Wolfgang Bonß & Heinz Hartmann (Hg.), *Entzauberte Wissenschaft* (S. 65-76). Göttingen: O.Schwartz & Co.

– (Hg.). (1980*). Implementation politischer Programme: Empirische Forschungsberichte.* Königstein: Athenaeum.

Mayring, Philipp (1990). *Einführung in die qualitative Sozialforschung: Eine Anleitung zu qualitativem Denken.* München: PVU.

– (1988). *Qualitative Inhaltsanalyse: Grundfragen und Techniken.* Weinheim: Deutscher Studienverlag. (Erstausgabe erschien 1983)

McDonogh, Gary (1993). The Geography of Emptiness. In Robert Rotenberg & Gary McDonogh (Eds.), *The Cultural Meaning of Urban Space* (p.3-15). Westport: Bargin & Garvey.

Meder, Oskar (1992). *„Ein Unglück kommt selten allein!"* – Ausgewählte Beispiele zum Verhältnis von Umweltzerstörung und gesellschaftlichen Krisen in der Geschichte – wissenschaftliche Diskussion und didaktische Reflexion (Urbs et Regio, Bd.56). Kassel: GhK.

Mehrabian, Albert (1987). *Räume des Alltags: Wie die Umwelt unser Verhalten bestimmt* (Günther Seib, Übers.). Frankfurt: Campus. (Originalausgabe erschien 1976)

Mehrtens, Herbert (1991). Symbolische Imperative: Zu Natur und Beherrschungsprogramm der wissenschaftlichen Moderne. In Wolfgang Zapf (Hg.), *Die Modernisierung moderner Gesellschaften* (Verhandlungen des 25. Deutschen Soziologentages in Frankfurt am Main 1990, S. 604-616). Frankfurt: Campus.

– (1990). *Moderne – Sprache – Mathematik: Eine Geschichte des Streits um die Grundlagen der Disziplin und des Subjekts formaler Systeme.* Frankfurt: Suhrkamp.

Mehrtens, Herbert & Nitschke, August (1988). Der Wandel am Anfang des 20. Jahrhunderts: Parallele Veränderungen in Wissenschaft, Kunst, Recht und in bevorzugten Bewegungsweisen. In Wissenschaftskolleg zu Berlin (Hg.), *Jahrbuch 1986/87* (S. 140-144). Berlin: Nicolaische Verlagsbuchhandlung.

Meise, Jürgen & Volwahsen, Andreas (Hg.). (1980). *Stadt- und Regionalplanung: Ein Methodenhandbuch.* Braunschweig: Vieweg.

Meisenheimer, Wolfgang (o.J.). *Raumstrukturen: Ein Skizzenbuch zum Studium räumlicher Ordnungen in der Architektur* („ad": Veröffentlichungen der FH Düsseldorf, Bd.16). Düsseldorf: FH.

Merchant, Carolyn (1987). *Der Tod der Natur: Ökologie, Frauen und neuzeitliche Naturwissenschaft* (Holger Fliessbach, Übers.). München: Beck. (Originalausgabe erschien 1980)

Merleau-Ponty, Maurice (1966). *Phänomenologie der Wahrnehmung.* Berlin: de Gruyter.

Meschkowski, Herbert (1979/1981/1986). *Problemgeschichte der Mathematik I-III,* Mannheim: B.I.-Wissenschaftsverlag.

(1979-1981). *Meyers Enzyklopädisches Lexikon* (9.Aufl. in 25 Bd.). Mannheim: Bibliographisches Institut.

Mitchell, C.J. (Ed.). (1969). *Social Networks in Urban Situations: Analysis of Personal Relationships in Central African Towns.* Manchester.

Mittelstaedt, Peter (1972). *Philosophische Probleme der modernen Physik* (4.Aufl.). Mannheim: BI Wissenschafts-Verlag.

Mittelstraß, Jürgen (Hg.). (1979). *Methodenprobleme der Wissenschaften vom gesellschaftlichen Handeln.* Frankfurt: Suhrkamp.

Modelmog, Ilse (1996). Zeit und Raum im Aufbruch: Kulturelle und gegenkulturelle Bewegungsmomente. In Ilse Modelmog & Edith Kirsch-Auwärter (Hg.), *Kultur in Bewegung: Beharrliche Ermächtigungen* (S. 147-164). Freiburg: Kore.

Moreno, Jakob Levy (1967). *Die Grundlagen der Soziometrie: Wege zur Neuordnung der Gesellschaft* (2.erw.Aufl.; G.Leutz, Übers.). Köln: Westdeutscher Verlag. (Originalausgabe erschien 1934/1956)

Müller, Ursula (1979). *Reflexive Soziologie und empirische Sozialforschung.* Frankfurt: Campus.

Mussel, Christine (1992). *Bedürfnisse in der Planung der Städte: Zur Theorie und Methode eines diskursiven Bedürfnisbegriffs* (Arbeitsberichte des FBs Stadt-/Landschaftsplanung, Heft 106). Kassel: GhK.

– (1987). Stadtteil als personelle Ressource: Gruppendiskussionen im Stadtteil – Nutzen für Frauen? *Nachrichtenblatt zur Stadt-und Regionalsoziologie, 5*(1).

Mutschler, Hans-Dieter (1993). Zwei Kulturen sind besser als keine: Wider die physikalischen Ganzheitslehren. *Merkur, 536,* 998ff.

Negt, Oskar & Kluge, Alexander (1981). *Geschichte und Eigensinn*. Frankfurt: Zweitausendeins.

Nestmann, Liesa (1987). Überlegungen und Methoden zur Erforschung der Wahrnehmung der städtischen Umwelt. *Die alte Stadt, Band 14*, 164-190.

Opp, Karl-Dieter (1970). *Methodologie der Sozialwissenschaften: Einführung in Probleme ihrer Theoriebildung*. Reinbek: Rowohlt.

Ortembra, Erich (1969). *Der Wirtschaftsraum – seine geographischen Grundlagen und Probleme*. Stuttgart.

van Os, C.H. (1968). Aus der Geschichte der Mathematik. In L(auwerens) Kuipers & R.Timmann (Hg.), *Handbuch der Mathematik* (S. 1-18). Berlin: de Gruyter.

Otte, Michael (1994). *Das Formale, das Soziale und das Subjektive. Eine Einführung in die Philosophie und Didaktik der Mathematik*. Frankfurt: Suhrkamp.

Palme, Herwig (1988). Raum und Prozeß aus der wissenschaftstheoretischen Position des Realismus. In Elisabeth Aufhauser & Rudolf Giffinger (Hg.), *Perspektiven Regionalwissenschaftlicher Forschung* (S. 39-47). Wien: AK für Methoden in der Regionalforschung.

Pappi, Franz Urban (1987). Die Netzwerkanalyse aus soziologischer Perspektive. In Franz Urban Pappi (Hg.), *Methoden der Netzwerkanalyse* (Techniken der empirischen Sozialforschung, Bd.1, S. 11-37). München: Oldenbourg.

Parkes, Don & Thrift, Nigel (1980). *Times, Spaces and Places*. Chichester: Wiley.

Parsons, Talcott (1975). *Gesellschaften: Evolutionäre und komparative Perspektiven* (Nils Thomas Lindquist, Übers.). Frankfurt: Suhrkamp. (Originalausgabe erschien 1971)

– (1951). *The Social System*. New York: Free Press.

– (1937). *The Structure of Social Action*. New York: Free Press.

Parsons, Talcott, Bales, Robert F. & Shils, Eduard (1953). *Working Papers in the Theory of Action*. New York: Free Press.

Paulos, John Allen (1992). *Von Algebra bis Zufall: Streifzüge durch die Mathematik* (Thomas M. Niehaus, Übers.). Frankfurt: Campus. (Originalausgabe erschien 1991)

Peirce, Charles Sanders (1986/1990/1993). *Semiotische Schriften* (3 Bände; Christian Kloesel & Hermann Pape, Hg. und Übers.). Frankfurt: Suhrkamp.

– (1983). *Phänomen und Logik der Zeichen* (Helmut Pape, Hg. und Übers.). Frankfurt: Suhrkamp. (Original erschien 1903)

von Petz, Ursula (1994). *„Was ist Raumplanung" – historische Perspektiven oder: 125 Jahre Raumplanung – eine Zeitreise*. (MS. eines Vortrags am 21.12.94 an der Fakultät Raumplanung der Universität Dortmund, Dortmund.)

Pfanzagl, J. (1968). *Theory of Measurement*. Würzburg: Physica.

Piaget, Jean (1972). *Die Entwicklung des Erkennens I: Das mathematische Denken* (Fritz Kubli, Übers.). Stuttgart: Klett. (Originalausgabe erschien 1950)

Piaget, Jean & Inhelder, Bärbel (1971-75). *Die Entwicklung des räumlichen Denkens beim Kinde*. Stuttgart: Klett.

Pieper, Richard (1993). Keine Gesellschaftlichkeit des Raumes ohne Räumlichkeit der Gesellschaft. *Nachrichtenblatt zur Stadt- und Regionalsoziologie, 8*, 18-22.

Pieper-Seier, Irene (1997). Fachbericht Mathematik. In Niedersächsisches Ministerium für Wissenschaft und Kultur (Hg.), *Berichte aus der Frauenforschung: Perspektiven für Naturwissenschaften, Technik und Medizin* (S. 97-124). Hannover: Referat für Presse- und Öffentlichkeitsarbeit.

Pignatelli, Pao!a Coppola (1979). Wege zu einer anderen räumlichen Logik. *Bauwelt*, Heft 31/32.

Pohlmann, Heinz-Josef (1993). Kommunikationsplanung: Planungstheoretische Perspektive für die Zukunft? *RaumPlanung 61*, 93-96.

Poincaré, Henri (1904). *Wissenschaft und Hypothese*. Leipzig: Teubner. (Originalausgabe erschien 1902)

Popper, Karl R. (1995). *Lesebuch: Ausgewählte Texte zu Erkenntnistheorie, Philosophie der Naturwissenschaften, Metaphysik, Sozialphilosophie* (David Miller, Hg.). Tübingen: J.C.B. Mohr im UTB.

– (1935). *Logik der Forschung*. Tübingen: J.C.B. Mohr.

Prigge, Walter (1986). *Zeit, Raum und Architektur: Zur Geschichte der Räume* (Schriftenreihe Politik und Planung der RWTH Aachen, Bd. 18). Köln: Deutscher Gemeindeverlag/Kohlhammer.

Prigogine, Ilya (1985). *Vom Sein zum Werden: Zeit und Komplexität in den Naturwissenschaften* (Friedrich Griese, Übers.). München: Piper.

Prigogine, Ilya & Stengers, Isabelle (1981). *Dialog mit der Natur: Neue Wege naturwissenschaftlichen Denkens* (Eckhard Rebhan & Rainer Feistel, Übers.). München: Piper.

Prinz, Michael & Zitelmann, Rainer (Hg.). (1994). *Nationalsozialismus und Modernisierung* (2. um Nachwort erw. Aufl.). Darmstadt: Wissenschaftliche Buchgesellschaft. (Erstauflage erschien 1991)

Ray, Christopher (1991). *Time, Space and Philosophy*. London: Routledge.

Reason, Peter (Ed.). (1994). *Participation in Human Inquiry*. London: Sage.

Reichertz, Jo (1986). *Probleme qualitativer Sozialforschung: Zur Entwicklungsgeschichte der Objektiven Hermeneutik*. Frankfurt: Campus.

Reinhardt, Fritz & Soeder, Heinrich (1974). *dtv-Atlas zur Mathematik*. München: DTV.

Resnikoff, Howard L. & Wells, Raymond O. (1983). *Mathematik im Wandel der Kulturen*. Braunschweig: Vieweg. (Originalausgabe erschien 1973)

Reutter, Oscar & Reutter, Ulrike (1996). *Autofreies Leben in der Stadt: Autofreie Stadtquartiere im Bestand* (Verkehr spezial, Bd.2). Dortmund: Vertrieb für Bau- & Planungsliteratur.

Revers, Wilhelm J. (1987). Die historische Relativität wissenschaftlicher Methoden – eine wissenschaftshistorische Kritik. In Erwin Roth (Hg.), *Sozialwissenschaftliche Methoden* (S. 72-85). München: Oldenbourg.

Ritsert, Jürgen (1996). *Einführung in die Logik der Sozialwissenschaften*. Münster: Westfälisches Dampfboot.

Rosenthal, Gabriele (1990). Die Auswertung: Hermeneutische Rekonstruktion erzählter Lebensgeschichten. In dies. (Hg., unter Mitarbeit von Christiane Grote), *„Als der Krieg kam, hatte ich mit Hitler nichts mehr zu tun"* (S. 246-251). Opladen: Leske + Budrich.

Roth, Erwin (Hg., unter Mitarbeit von Klaus Heidenreich). (1987). *Sozialwissenschaftliche Methoden*. München: Oldenbourg.

Rothacker, Erich (1948). *Logik und Systematik der Geisteswissenschaften*. Bonn: H.Bouvier.

Ruppert, Erich (1986). *Simulation räumlicher Interaktion: Eine Einführung in den sozialwissenschaftlichen Modellbau* (Dortmunder Beiträge zur Raumplanung, Bd.41). Dortmund: IRPUD.

Saunders, Peter (1987). *Soziologie der Stadt* (Sabine Acker, Übers.). Frankfurt: Campus. (Originalausgabe erschien 1981)

Schäfers, Bernhard (Hg.). (1995). *Grundbegriffe der Soziologie* (4.erw.Aufl.). Opladen: Leske + Budrich.

Schäfers, Bernhard & Köhler, Gabriele (1989). *Leitbilder der Stadtentwicklung: Wandel und jetzige Bedeutung im Expertenurteil*. Pfaffenweiler: Centaurus.

Schätzl, Ludwig (1978). *Wirtschaftsgeographie – Bd.1: Theorie*. Paderborn: Schoeningh im UTB.

Scheibing, Holger (1996). Expedition auf methodischem Neuland: Verknüpfung von Rollenspiel und Zukunftswerkstatt bei Wettbewerbs-Workshop. *RaumPlanung 74*, 134-136.

Scherpe, Klaus R. (Hg.). (1988). *Die Unwirklichkeit der Städte: Großstadtdarstellungen zwischen Moderne und Postmoderne.* Reinbek: Rowohlt.

Scheuch, Erwin K. (1967). Sachwort: Methoden. In René König (Hg.), *Das Fischer Lexikon Soziologie* (S. 194-224). Frankfurt: Fischer.

Schivelbusch, Wolfgang (1979). *Geschichte der Eisenbahnreise: Zur Industrialisierung von Raum und Zeit im 19. Jahrhundert.* Frankfurt: Ullstein.

Schmals, Klaus M (Hg.). (1996). *Ökologische Planung der Gesellschaft – Gesellschaftliche Planung der Ökologie* (Dortmunder Beiträge zur Raumplanung, Bd.78). Dortmund: IRPUD.

– (1983). *Stadt und Gesellschaft.* München: Academic.

Schmitz, Hermann (1967-1978). *System der Philosophie – Dritter Band: Der Raum* (5 Teile). Bonn: Bouvier.

Schneider, Gerda (1989). *Die Liebe zur Macht: Über die Reproduktion der Enteignung in der Landespflege* (Notizbuch 15 der Kasseler Schule). Kassel: GhK – AG Freiraum und Vegetation.

Schnell, Rainer, Hill, Paul & Esser, Elke (1988). *Methoden der empirischen Sozialforschung.* München: Oldenbourg.

Schönebeck, Claus (1996). *Wirtschaftsstruktur und Regionalentwicklung: Theoretische und empirische Befunde für die Bundesrepublik Deutschland* (Dortmunder Beiträge zur Raumplanung, Bd.75). Dortmund: IRPUD.

Schönhuth, Michael & Kievelitz, Uwe (1993). *Partizipative Erhebungs- und Planungsmethoden in der Entwicklungszusammenarbeit: Rapid Rural Appraisal – Participatory Appraisal* (Schriftenreihe der GTZ, No.231). Eschborn: TZ.

Schrader, Wilhelm F. & Sauberer, Michael (1976). *Methoden der empirischen Raumforschung* (Dortmunder Beiträge zur Raumplanung, Bd.1). Dortmund: IRPUD.

Schreier, Wolfgang (Hg.). (1988). *Geschichte der Physik: Ein Abriß.* Berlin: VEB Deutscher Verlag der Wissenschaften.

Schreier, Wolfgang & Franke, Martin (1988). Die Herausbildung und Weiterentwicklung der klassischen Mechanik. In Wolfgang Schreier (Hg.), *Geschichte der Physik* (S. 142-173). Berlin: VEB Deutscher Verlag der Wissenschaften.

Schrödinger, Erwin (Hg.). (1962). *Was ist ein Naturgesetz?* München: Oldenbourg.

Schröer, Norbert (Hg.). (1994). *Interpretative Sozialforschung: Auf dem Wege zu einer hermeneutischen Wissenssoziologie.* Opladen: Westdeutscher Verlag.

Schubert, Venanz (Hg.). (1987). *Der Raum.* St.Ottilien: EOS-Verlag.

Schütz, Alfred (1974). *Der sinnhafte Aufbau der sozialen Welt: Eine Einleitung in die verstehende Soziologie.* Frankfurt: Suhrkamp.

Schütz, Alfred & Luckmann, Thomas (1979/1984). *Strukturen der Lebenswelt* (2 Bände). Frankfurt: Suhrkamp.

Schütze, Fritz (1977). *Die Technik des narrativen Interviews in Interaktionsfeldstudien, dargestellt an einem Projekt zur Erforschung von kommunalen Machtstrukturen* (Arbeitsberichte und Forschungsmaterialien der Fakultät für Soziologie, Nr.1). Bielefeld: Universität Bielefeld.

Simmel, Georg (1992). *Soziologie: Untersuchungen über die Formen der Vergesellschaftung* (Otthein Rammstedt (Hg.), Gesamtausgabe, Bd.11). Frankfurt: Suhrkamp. (Erstausgabe erschien 1908)

– (1995). Die Großstädte und das Geistesleben. In Rüdiger Kramme (Hg.), *Georg Simmel: Aufsätze und Abhandlungen 1901 – 1908* (Bd.I, S. 116-131; in Otthein Rammstedt (Hg.), Gesamtausgabe, Bd.7). Frankfurt: Suhrkamp. (erschien erstmals 1903)

– (1995). Soziologie des Raumes. In Rüdiger Kramme (Hg.), *Georg Simmel: Aufsätze und Abhandlungen 1901 – 1908* (Bd.I, S. 132-183; in Otthein Rammstedt (Hg.), Gesamtausgabe, Bd.7). Frankfurt: Suhrkamp. (erschien erstmals 1903)

– (1995). Über räumliche Projektionen socialer Formen. In Rüdiger Kramme (Hg.), *Georg Simmel: Aufsätze und Abhandlungen 1901 – 1908* (Bd.I, S. 201-220; in Otthein Rammstedt (Hg.), Gesamtausgabe, Bd.7). Frankfurt: Suhrkamp. (erschien erstmals 1903)

– (1983). Die Differenzierung und das Prinzip der Kraftersparnis. In Georg Simmel, *Schriften zur Soziologie: Eine Auswahl* (S. 61-77; Hans-Jürgen Dahme & Otthein Rammstedt, Hg.). Frankfurt: Suhrkamp. (erschien erstmals 1890)

Simonyi, Károly (1990). *Kulturgeschichte der Physik* (Klara Christoph, Übers.). Thun/Frankfurt a.M.: Harri Deutsch. (Originalausgabe erschien 1978)

Smith, Dorothy E. (1989). Eine Soziologie für Frauen. In Elisabeth List & Herlinde Studer (Hg.), *Denkverhältnisse: Feminismus und Kritik* (S. 353-422). Frankfurt: Suhrkamp.

socialdata (1991). *Wirkungen flächenhafter Verkehrsberuhigung auf das Mobilitätsverhalten: Die Einschätzungen zur Verkehrsberuhigung und die Wohnstandortbewertung – Querschnittsauswertung.* München: Institut für Verkehrs- und Infrastrukturforschung.

Soja, Edward W. (1989). *Postmodern Geographies: The Reassertion of Space in Critical Social Theory.* London/NY: Verso. – (daraus erschien ein Kapitel 1991). Geschichte: Geographie: Modernität. In Martin Wentz (Hg.), *Stadt-Räume* (S. 73-90). Frankfurt: Campus.

Sombart, Nicolaus (1992). Nachrichten aus Ascona: Auf dem Wege zu einer kulturwissenschaftlichen Hermeneutik. In Walter Prigge (Hg.), *Städtische Intellektuelle: Urbane Milieus im 20. Jahrhundert* (S. 107-117). Frankfurt: Fischer

Specker, Ernst (1988). Postmoderne Mathematik: Abschied vom Paradies. *Dialectica, 42,* 163-169.

Spiekermann, Klaus & Wegener, Michael (1995). *Freedom from the Tyranny of Zones: Towards New GIS-Based Spatial Models.* (MS. eines Tagungspapieres, Friiberghs Heirgard – Schweden.)

Stegmüller, Wolfgang (1974). *Probleme und Resultate der Wissenschaftstheorie und Analytischen Philosophie* (5 Bände). Berlin: Springer.

Stevens, John O. (1975). *Die Kunst der Wahrnehmung: Übungen der Gestalttherapie* (Anna Sannwald, Übers.). München: Chr. Kaiser.

Stevens, S. S. (1959). Measurement, psychophysics and utility. In Charles West Churchman & Ratoosh (Eds.), *Measurement: Definitions and Theories.* New York: Wiley.

Stieb, Egbert (1985). *Die Raum-Zeit-Problematik: Untersuchung einer physikalischen Kontroverse im Zusammenhang philosophischer Begründbarkeit.* München: Profil.

Strubecker, Karl (1972). Einleitung. In Karl Strubecker (Hg.), *Geometrie* (Wege der Forschung, Bd.CLXXVII, S. 1-21). Darmstadt: Wissenschaftliche Buchgesellschaft.

Sturm, Gabriele (1997). Öffentlichkeit als Raum von Frauen. In Christine Bauhardt & Ruth Becker (Hg.), *Durch die Wand!* Pfaffenweiler: Centaurus.

– (1996). *Der Beitrag von Siedlungssoziologie und Demographie zur Raumplanung.* (MS. eines Vortrags am Fachbereich Raumplanung der TU Wien.)

– (1995). Von der Natur zur Ökologie – oder: Wie patriarchal sind „unsere" Umwelt-Konzepte? *Frei-Räume: Streitschrift der feministischen Organisation von Planerinnen und Architektinnen, Band 8,* 160-171.

– (1994 a). Wie forschen Frauen? Überlegungen zur Entscheidung für qualitatives oder quantifizierendes Vorgehen. In Angelika Diezinger, Hedwig Kitzer, u.a. (Hg.), *Erfahrung mit Methode: Wege sozialwissenschaftlicher Frauenforschung* (Forum Frauenforschung, Bd.8, S. 85-104). Freiburg: Kore.

- (1994 b). *Zur Dialektik des Raumes in der Raumplanung.* (MS. eines Vortrags am 9.11.94 an der Fakultät Raumplanung der Universität Dortmund, Dortmund.)
- (1992). SYMLOG-Strukturen geschlechtsspezifischer Interaktion. In Hans-Jürgen Andreß, u.a. (Hg.), *Theorie – Daten – Methoden: Neue Modelle und Verfahrensweisen in den Sozialwissenschaften* (S. 295-315). München: Oldenbourg.

Szabó, Arpad (1992). *Das geozentrische Weltbild: Astronomie, Geographie und Mathematik der Griechen.* München: dtv.

Taylor, Edwin F. & Wheeler, John Archibald (1994). *Physik der Raumzeit: Eine Einführung in die spezielle Relativitätstheorie* (Renate Dohmen, Übers.). Heidelberg: Spektrum. (Originalausgabe erschien 1992)

Tetens, Holm (1996). *Raum und Zeit als philosophisches Problem.* (MS. eines Vortrags in der Urania, Berlin.)

Thabe, Sabine (1997). *Drogen und Stadtstruktur: Lebenswelten zwischen Rausch und Raum.* Opladen: Leske + Budrich.

Thiel, Christian (1972). *Grundlagenkrise und Grundlagenstreit: Studie über das normative Fundament der Wissenschaften am Beispiel von Mathematik und Sozialwissenschaften.* Meisenheim: Anton Hain.

Thomas, Christian (1996, 7.Dezember). Der doppelte Boden: Anmerkungen zu einem Kolloquium über Urbanität. *Frankfurter Rundschau, 52* – Nr.286/49, 8.

von Thünen, Johann Heinrich (1990). *Der isolierte Staat in Beziehung auf Landwirtschaft und Nationalökonomie.* Berlin: Akademie-Verlag. (Erstausgabe erschien 1842)

Thurnher, Rainer (1993). Lebenswelt und gelebter Raum: Grundzüge des phänomenologischen Raumbegriffs und Möglichkeiten seiner Anwendung. In Jörg Mayer (Hg.), *Die aufgeräumte Welt* (S. 243-261). Rehburg-Loccum: Ev. Akademie.

Topitsch, Ernst (Hg.) unter Mitarbeit von Peter Payer. (1984). *Logik der Sozialwissenschaften* (11.Aufl.). Königstein: Athenäum. (Erstausgabe erschien 1965)

Trefil, James (1990). *Fünf Gründe, warum es die Welt nicht geben kann: Die Astrophysik der dunklen Materie* (Hubert Mania, Übers.). Reinbek: Rowohlt.

Treibel, Annette (1995). *Einführung in soziologische Theorien der Gegenwart.* Opladen: Leske + Budrich im UTB.

Varela, Francisco J. (1986). Das Gehen ist der Weg. In Rainer Kakuska (Hg.), *Andere Wirklichkeiten* (S. 155-167). München: Goldmann.

Vester, Michael, Hofmann, Michael & Zierke, Irene (Hg.). (1995). *Soziale Milieus in Ostdeutschland: Gesellschaftliche Strukturen zwischen Zerfall und Neubildung.* Köln: Bund.

Vester, Michael, v.Oertzen, Peter, Geiling, Heiko, Hermann, Thomas & Müller, Dagmar (1993). *Soziale Milieus im gesellschaftlichen Strukturwandel: Zwischen Integration und Ausgrenzung.* Köln: Bund.

Vilar, Pierre (1977). Marxistische Geschichte – eine Geschichte im Entstehen. In Claudia Honegger (Hg.), *Schrift und Materie der Geschichte: Vorschläge zur systematischen Aneignung historischer Prozesse* (S. 108-168). Frankfurt: Suhrkamp.

Virilio, Paul (1995). *Der negative Horizont: Bewegung, Geschwindigkeit, Beschleunigung* (Brigitte Weidmann, Übers.). Frankfurt: Fischer. (Originalausgabe erschien 1984)

Voges, Wolfgang (Hg.). (1987). *Methoden der Biographie- und Lebenslaufforschung* (Biographie & Gesellschaft, Bd.1). Opladen: Leske + Budrich.

Voss, Gabriele (1983*). Der zweite Blick: Prosper Ebel – Chronik einer Zeche und ihrer Siedlung.* Berlin: Ästhetik & Kommunikation.

Waibel, Leo (1973). Das Thünensche Gesetz und seine Bedeutung für die Landwirtschaftsgeographie. In K. Ruppert (Hg.), *Agrargeographie* (S. 103-146). Darmstadt: Wissenschaftliche Buchgesellschaft.

Weber, Alfred (1923). Industrielle Standortlehre: Allgemeine und kapitalistische Theorie des Standorts. In ders., *Grundriß der Sozialökonomie* (S. 58-86). Tübingen: Mohr.

Wegener, Michael (1994). *Raumplanung als Systemrationalität oder die Rettung der Raumplanung durch die Ökologie.* (MS. eines Vortrags am 7.12.94 an der Fakultät Raumplanung der Universität Dortmund, Dortmund.)

Wegener, Michael & Spiekermann, Klaus (1996). The Potential of Microsimulation for Urban Models. In G. Clarke (ed.), *Microsimulation for Urban and Regional Policay Analysis* (European Research in Regional Science, 6). London: Pion.

Wehling, Hans Werner (1981). Subjektive Stadtpläne als Ausdruck individueller Gliederung städtischer Strukturen. *Geographische Zeitschrift,* (2), 98-113.

Weingart, Peter (1976). *Wissensproduktion und soziale Struktur.* Frankfurt: Suhrkamp.

Welz, Gisela (1991). *Street life: Alltag in einem New Yorker Slum.* Frankfurt: Institut für Kulturanthropologie & Europäische Ethnologie.

Wenturis, Nikolaus, Vanhove, Walter & Dreier, Volker (1992). *Methodologie der Sozialwissenschaften: Eine Einführung.* Tübingen: Francke (UTB).

Wentz, Martin (Hg.). (1994). *Region* (Die Zukunft des Städtischen – Frankfurter Beiträge, Bd.5). Frankfurt: Campus.

– (Hg.). (1993). *Wohn-Stadt* (Die Zukunft des Städtischen – Frankfurter Beiträge, Bd.4). Frankfurt: Campus.

– (Hg.). (1992). *Planungskulturen* (Die Zukunft des Städtischen – Frankfurter Beiträge, Bd.3). Frankfurt: Campus.

– (Hg.). (1991). *Stadt-Räume* (Die Zukunft des Städtischen – Frankfurter Beiträge, Bd.2). Frankfurt: Campus.

Werlen, Benno (1988). Geographische Regionalforschung als Situationsanalyse: Ein Vorschlag aus kritisch rationaler Perspektive. In Elisabeth Aufhauser & Rudolf Giffinger (Hg.), *Perspektiven Regionalwissenschaftlicher Forschung* (S. 14-21). Wien: AK für Methoden in der Regionalforschung.

– (1987). *Gesellschaft, Handlung und Raum: Grundlagen handlungstheoretischer Sozialgeographie.* Stuttgart: Steiner.

Weyl, Hermann (1966). *Philosophie der Mathematik und Naturwissenschaft* (3.erw. Aufl.). München/Wien: Oldenbourg. (Erstausgabe erschien 1928)

– (1923). *Mathematische Analyse des Raumproblems.* Berlin: Springer.

Whitehead, Alfred North (1979). *Prozeß und Realität: Entwurf einer Kosmologie* (Hans Günter Holl, Übers.& Nachwort). Frankfurt: Suhrkamp. (Originalausgabe erschien 1941)

Whyte, William F. (1955). *Street Corner Society: The Social Structure of an Italian Slum* (2nd ed.). Chicago: University Press.

Willinger, Stephan (1995). Die Narrative Stadtanalyse. *RaumPlanung, Heft 71,* 246-248.

Winter, Joachim & Mach, Jürgen (Hg.). (1988). *Herausforderung Stadt: Aspekte einer Humanökologie.* Frankfurt: Ullstein.

Zacharias, Wolfgang (Hg.) (1989). *Gelebter Raum: Beiträge zu einer Ökologie der Erfahrung.* München: Pädagogische Aktion.

Zekl, Hans Günter (1990). *Topos: Die aristotelische Lehre vom Raum – eine Interpretation von „Physik", D 1-5.* Hamburg: Meiner.

Zetterberg, Hans (1967). Stichwort: Methoden. In René König (Hg.), *Das Fischer Lexikon Soziologie* (S. 194-224). Frankfurt: Fischer.

Zilsel, Edgar (1976). *Die sozialen Ursprünge der neuzeitlichen Wissenschaft* (Wolfgang Krohn, Übers.). Frankfurt: Suhrkamp. (Originalausgabe erschien 1942)

Zimmermann, Ekkart (1972). *Das Experiment in den Sozialwissenschaften.* Stuttgart: Teubner.

Zoll, Ralf (1974). *Wertheim 3: Kommunalpolitik und Machtstruktur.* München: Juventa.

7.3 Personenindex

Adorno, Theodor W. 22
Akademie für Raumforschung und
   Landesplanung 12
Albert, Hans 14, 22
Alonso, William 153
Anaxagoras aus Klazomenai 90
Anaximanderaus Milet 89, 125
Anaximenes aus Milet 89
Apel, Karl-Otto 46
Aquin, Thomas von 108
Archimedes aus Syrakus 100, 104f., 109
Arendt 105, 164ff., 179, 182, 184, 190,
   195
Aristarchos von Samos 100, 102, 138
Aristoteles aus Stagira 25, 67, 69, 71, 75,
   95ff., 107, 136, 189, 191f., 195, 198
Atteslander, Peter 21, 23
Augustinus, Aurelius 187

Bachelard, Gaston 16, 186
Bacon, Francis 31, 109, 206
Bade, Franz-Josef 63
Bales, Robert F. 161f.
Ballhaus, Edmund 57
Barner, Jörg 13
Barnes, Trevor J. 42
Barrow, John D. 68, 71, 73, 81f., 132, 134
Baudrillard, Jean 57
Baumann, Zygmunt 206
Becker, Heidede 55, 204f.
Benhabib, Seyla 168, 170
Berger, Peter L. 183
Bergson, Henri 143, 155
Bohm, David 143
Böhme, Gernot 206
Bohr 24, 34, 121ff., 141, 143
Bollnow, Ott F. 9, 16
Bolyai, János 79, 128
Borel, Èmil 82
Born, Max 123, 125
Bornewaser, Manfred 58
Bourbaki, Nicolas 77, 80
Bourdieu, Pierre 11, 173ff., 179, 184
Boustedt, Olaf 147

Braudel, Fernand 43, 143
Breckner, Roswitha 10, 12, 56, 203, 205
Bremm, Heinz-Jürgen 61
Broglie, Luois de 122f.
Brouwer, Luitzen 82
Bryman, Alan 60
BUND 63
Burckhardt, Lucius 53
Burkard, Franz-Peter 23, 66, 76, 106, 190
Burt, Ronald S. 43

Caesperlein, Gerold 56
Campbell, N.R. 28f., 58
Cantor, Georg 80
Carlstein, T. 177
Cartan, Henri 81
Castells, Manuel 142
Cauchy, Augustin 77
Chevalley, Claude 81
Christaller, Walter 153
Chwarismi, Muhammad ibn Musa Al 73
Cicourel, Aaron V. 33, 35
Ciompi, Luc 142, 144, 187
Clar, Michael 55
Clarke, Samuel 113
Collins, Harry M. 32
Comte, Auguste 117
Coombs, Clyde H. 37, 40

Daele, Wolfgang van den 20
Dahme, Heinz-Jürgen 157
Dahrendorf, Ralf 22
Dangschat, Jens S. 142
Darwin, Charles 148
Dawes, Robyn M. 37
Dedekind, Richard 77
Demokrit aus Abdera 74, 77, 87, 91, 96f.
Descartes, René 9, 76, 107f., 113ff., 187,
   189
Diekmann, Andreas 33, 36, 52, 54, 57f.
Diels 90
Dienel, Peter 59
Dieudonné, Jean 81
Dilthey, Wilhelm 21
Döhla, Rainer 57

Hofstadter, Douglas R. 79, 81, 133, 139
Holland-Cunz, Barbara 32
Holz-Rau, Hans-Christian 55
Hubble, Edwin P. 132
Hume, David 116
Husserl, Edmund 164, 187
Huygens, Christian 108

ILS 62
Inhelder, Bärbel 156
Ipsen. Detlev 43, 57, 201f.
IRS 11, 16

Jahoda, Marie 57
Jammer, Max 16, 84, 95, 112f., 115
Jaspers, Karl 164
Joas, Hans 161, 175f.
Jungk, Robert 59
Jüngst, Peter 53, 59, 202

Kämper, Anjy 62
Kandinsky, Wassily 157
Kant, Immanuel 8, 20, 22, 73, 115ff., 126,
    133, 136, 156, 159, 187, 191ff., 200
Kelle, Udo 47
Kepler, Johannes 91, 93, 104, 111
Kerber, Harald 27
Kjellén, Rudolf 149
Klein, Christian-Felix 85
Kleining, Gerhard 50, 59
Klenovits, Klaus 29
Kloas, J. 55
Kluge, Alexander 192
Knorr-Cetina, Karin D. 15, 34
Kolumbus. Chritoph 101
Konau, Elisabeth 16, 144, 147f., 155ff.,
    159, 161, 163, 176
König, René 54
Kopernikus, Nikolaus 100, 102, 104
Kranz 90
Kreibich, Barbara 55, 57, 177
Krella, Bernd 55
Kristeva, Julia 65
Kriz, Jürgen 25, 28, 34ff.
Kromrey, Helmut 29, 52, 54ff., 60, 62
Kronecker, Leopold 80, 82
Kuhn, Thomas S. 13, 143
Kunert, U. 55
Kunzmann, Peter 23, 47, 66, 76, 106, 128,
    187, 190f.

Kupka, Sabine 55
Kurth, Dan 27, 40, 74, 82, 90, 98, 105,
    117, 119, 135
Kutschera, Franz von 26
Kutter, Eckhard 55

Lamnek, Siegfried 60
Lankenau, Klaus 19, 20
Laplace, Pierre-Simon dr 115
Läpple, Dieter 16, 142f., 150ff., 179ff.,
    184, 195, 197f.
Lazarsfeld, Paul 57
Lee, Tsung-Dao 125
Leibniz, Gottfried-Wilhelm 77, 87, 107,
    114, 116, 128, 138, 187
Leukipp aus Milet 91
Lévi-Strauss, Claude 156
Lienert, Gustav A. 29, 34
Linde, A. 142
List, Elisabeth 9, 142, 173, 186
Lobatschewski, Nikolai 79, 128
Locke, John 115f.
Locqueneux, Robert 89f., 96, 98, 106ff.,
    112, 114f., 118, 121ff., 126, 129
Lorentz, Hendrik A. 125, 128
Lorenz, Konrad 30
Löw, Martina 142f., 173, 177, 182
Lück, Jürgen 25
Luckmann, Thomas 183
Luhmann, Niklas 143f.
Lynch, Kevin 53

Mach, Ernst 117, 120, 136
Mackinder, Sir Halford John 149
Mannheim, Karl 170
Massey, Doreen 182
Mauss, Marcel 155
Maxwell, James Clerk 118, 122
May, David 56
Mayer, Jörg 11, 16, 180
Mayring, Philipp 56
Meder, Oskar 53, 59, 202
Mehrtens, Herbert 65, 72, 76, 79, 84f.
Meisenheimer, Wolfgang 53
Meitner, Lise 123
Mercator 146
Merchant, Carolyn 31
Merleau-Ponty, Maurice 30
Meschkowski, Herbert 70, 71, 81ff., 94,
    104f., 139